SCRIPTORVM CLASSICORVM BIBLIOTHECA OXONIENSIS

OXONII
E TYPOGRAPHEO CLARENDONIANO

ARISTOPHANIS
FABVLAE

RECOGNOVIT
BREVIQVE ADNOTATIONE CRITICA INSTRVXIT

N. G. WILSON

COLLEGII LINCOLNIENSIS
APVD OXONIENSES SOCIVS

TOMVS II

LYSISTRATA THESMOPHORIAZVSAE
RANAE ECCLESIAZVSAE PLVTVS

OXONII

E TYPOGRAPHEO CLARENDONIANO
MMVII

OXFORD
UNIVERSITY PRESS

Great Clarendon Street, Oxford OX2 6DP

Oxford University Press is a department of the University of Oxford.
It furthers the University's objective of excellence in research, scholarship,
and education by publishing worldwide in

Oxford New York

Auckland Cape Town Dar es Salaam Hong Kong Karachi
Kuala Lumpur Madrid Melbourne Mexico City Nairobi
New Delhi Shanghai Taipei Toronto

With offices in

Argentina Austria Brazil Chile Czech Republic France Greece
Guatemala Hungary Italy Japan Poland Portugal Singapore
South Korea Switzerland Thailand Turkey Ukraine Vietnam

Oxford is a registered trade mark of Oxford University Press
in the UK and in certain other countries

Published in the United States
by Oxford University Press Inc., New York

First published 2007

British Library Cataloguing in Publication Data
Data available

Library of Congress Cataloging in Publication Data
Data available

Typeset by RefineCatch Limited, Bungay, Suffolk
Printed and bound by CPI Group (UK) Ltd, Croydon, CR0 4YY

ISBN 978–0–19–872181–9

The manufacturer's authorised representative in the EU for product safety is
Oxford University Press España S.A. of el Parque Empresarial San Fernando de
Henares, Avenida de Castilla, 2 – 28830 Madrid (www.oup.es/en).

ΛΥϹΙϹΤΡΑΤΗ

PAPYRI

P. Colon. 14, saec. IV (vv. 145–53, 182–99) (P15)
P. Ant. 75 et 211, saec. V–VI (vv. 307–13, 318–20, 342–6, 353–62) (P21)
P. Bodl. (gr. class. e. 87), saec. IV–V (vv. 433–47, 469–84) (P16)

CODICES

R	Ravennas 429
Γ	Leidensis Vossianus gr. F. 52 (vv. 1–61, 132–99, 268–819, 890–1034)
Vp2	Vaticanus Palatinus gr. 67 (vv. 1–61, 132–99, 268–819, 890–1097, 1237–1321)
H	Hauniensis 1980 (eosdem versus praebet atque Vp2)
p	consensus codicum Vp2H
B	Parisinus gr. 2715 (eosdem versus praebet atque Vp2 et H)

Rarius citantur

O	Oxoniensis Baroccianus 38B (continet scholia)
Mu2	Monacensis gr. 492
C	Parisinus gr. 2717

ΥΠΟΘΕϹΕΙϹ

I

Λυϲιϲτράτη τιϲ Ἀθήνηϲι τῶν πολιτίδων καὶ τῶν Πελοποννηϲίων ἔτι δὲ καὶ Βοιωτίων γυναικῶν ϲύλλογον ἐποιήϲατο, διαλλαγὰϲ μηχανωμένη τοῖϲ Ἕλληϲιν· ὀμόϲαι δὲ ἀναπείϲαϲα μὴ πρότερον τοῖϲ ἀνδράϲι ϲυνουϲιάϲειν, πρὶν ἂν πολεμοῦντεϲ ἀλλήλοιϲ παύϲωνται τὰϲ μὲν †ἐξωπίουϲ ἐμπριλὰϲ† καταλιποῦϲα ὀπίϲω, αὐτὴ δὲ πρὸϲ τὰϲ κατειληφυίαϲ τὴν ἀκρόπολιν μετὰ τῶν οἰκείων ἀπαντᾷ. ϲυνδραμόντων δὲ πρεϲβυτῶν πολιτῶν μετὰ λαμπάδων καὶ πυρὸϲ πρὸϲ τὰϲ πύλαϲ, τὴν ἀναϲτολὴν ποιεῖται ἐξελθοῦϲα, καὶ προβούλου τινὸϲ μετ᾽ ὀλίγον παραβιάϲαϲθαι μετὰ τοξοτῶν ὁρμήϲαντοϲ, εἶτα δὲ ἀποκρουϲθέντοϲ καὶ διαπυνθανομένου τί βουλόμεναι ταῦτα δεδράκαϲι, τὸ μὲν πρῶτόν φηϲιν ὅτι ἐγκρατεῖϲ γενόμεναι τοῦ ἀργυρίου μὴ ἐπιτρέψουϲι τοῖϲ ἀνδράϲιν ἀπὸ τούτου πολεμεῖν, δεύτερον δὲ ὅτι πολὺ ἄμεινον ταμιεύϲονται καὶ τὸν παρόντα πόλεμον τάχιϲτα καταπαύϲουϲιν. οὗτοϲ μὲν οὖν καταπλαγεὶϲ τὸ θράϲοϲ ὡϲ τοὺϲ ϲυμπροβούλουϲ οἴχεται, ταῦτα μὴ παύϲαϲ, οἱ δὲ γέροντεϲ ὑπομένοντεϲ ταῖϲ γυναιξὶ λοιδοροῦνται. μετὰ ταῦτα αὐτῶν τινεϲ αὐτομολοῦϲαι μάλα γελοίωϲ δι᾽ ἀκραϲίαν ὡϲ τοὺϲ ἄνδραϲ ἁλίϲκονται, ἐγκαρτεροῦϲι δὲ Λυϲιϲτράτηϲ ἱκετευούϲηϲ. Κινηϲίαϲ ⟨δὲ⟩ τιϲ τῶν πολιτῶν, ἀκρατῶϲ ἔχων

Argumenta praebent R et O I. 4 ϲυνουϲιάϲειν Blaydes: -άζειν codd. 5 ἀλλήλοιϲ Brunck: -ων codd. ἐξωπίουϲ ἐμπριλὰϲ] alii alia; locum ita refinxit van Leeuwen ἔξωθεν παρούϲαϲ ⟨ὁμήρουϲ suppl. G. Stein⟩ καταλιπούϲαϲ ⟨ἀποπέμπει⟩ ὀπίϲω 6 αὐτὴ Stein: αὕτη codd. 12 φηϲιν Wilamowitz: φαϲιν codd. 13 ἐπιτρέψουϲι Brunck: -τρέπουϲι codd. 15 καταπαύϲουϲιν Kuster: -παύϲωϲιν codd. καταπλαγεὶϲ O, Kuster: -πληγεὶϲ R 20 suppl. van Leeuwen

τῆϲ γυναικὸϲ παραγίνεται· ἡ δὲ κερτομοῦϲα αὐτὸν ἐπεγγελᾷ μέν, τὰ περὶ τῶν διαλλαγῶν δὲ ϲπουδάζει. ἀφικνοῦνται δὲ καὶ παρὰ Λακεδαιμονίων περὶ ϲπονδῶν κήρυκεϲ, ἐμφανίζοντεϲ ἅμα καὶ τὰ περὶ τὰϲ ϲφετέραϲ γυναῖκαϲ. ϲυνταχθέντεϲ δὲ ϲφίϲιν ⟨οἱ Ἀθηναῖοι⟩ πρέϲβειϲ αὐτοκράτοραϲ ἀποϲτέλλουϲιν. οἱ μὲν ⟨οὖν⟩ γέροντεϲ εἰϲ ταὐτὸν ταῖϲ γυναιξὶν ἀποκαταϲτάντεϲ ἕνα χορὸν ἐκ τῆϲ διχορίαϲ ϲυϲτέλλουϲι. καὶ Λυϲιϲτράτη τοὺϲ παραγενομένουϲ πρὸϲ αὐτὴν ἐκ Λακεδαίμονοϲ πρέϲβειϲ καὶ ὀργῶνταϲ διαλλάττεϲθαι προϲέλκει, καὶ ἑκατέρουϲ ἀναμνήϲαϲα ⟨τῆϲ⟩ παλαιᾶϲ εἰϲ ἀλλήλουϲ γενομένηϲ ⟨εὐνοίαϲ⟩ διαλλάττει ἐν φανερῷ καὶ ξενίϲαϲα κοινῇ παραδίδωϲι τὰϲ γυναῖκαϲ ἑκάϲτοιϲ ἄγεϲθαι.

ἐδιδάχθη ἐπὶ Καλλίου ἄρχοντοϲ τοῦ μετὰ Κλεόκριτον {ἄρξαντοϲ}. εἰϲῆκται δὲ διὰ Καλλιϲτράτου. ἐκλήθη Λυϲιϲτράτη παρὰ τὸ λῦϲαι τὸν ϲτρατόν.

II

Λυϲιϲτράτη καλέϲαϲα τὰϲ πολίτιδαϲ,
ὑπέθετο φεύγειν μηδὲ μίγνυϲθ' ἄρρεϲιν,
ὅπωϲ, γενομένηϲ νῦν ϲτάϲεωϲ ἐμφυλίου,
τὸν πρὸϲ Λάκωναϲ πόλεμον αἴρωϲιν λόγῳ
μένωϲί τ' οἴκοι πάντεϲ. ὡϲ δὲ ϲυνέθετο,
τινὲϲ μὲν αὐτῶν τὴν ἀκρόπολιν διεκράτουν,
τινὲϲ δ' ἀπεχώρουν. αἵ τ' ἀπὸ Ϲπάρτηϲ πάλιν
ταὐτὸν διεβουλεύοντο. κῆρυξ ἔρχεται

21 κερτομοῦϲα Brunck: χυτροτομοῦϲα codd.: fortasse χυδαιολογοῦϲα ἐπεγγελᾷ van Leeuwen: ἐπαγγέλλεται codd. 24 τὰ περὶ τὰϲ ϲφετέραϲ Rutherford: τὰϲ προτέραϲ codd.: τὰ περὶ τὰϲ Dübner 25 suppl. Kuster 26 suppl. Wilamowitz 27 ϲυϲτέλλουϲιν Hall & Geldart: ἀποϲτέλλουϲιν codd.: ἀποτελοῦϲιν Bergk 29 ⟨τοὺϲ Ἀθηναίουϲ⟩ ὀργῶνταϲ Wilamowitz 30 suppl. Kuster γενομένηϲ ⟨εὐνοίαϲ⟩ vel ⟨φιλίαϲ⟩ vel simile quid Kuster: γενομέναϲ codd. 34 ἄρξαντοϲ del. Wilamowitz

II. 7 ἀπεχώρουν Stein: ἀπεκράτουν codd.

λέγων περὶ τούτων. τῆϲ δ' ὁμονοίαϲ γενομένηϲ,
ϲπονδὰϲ θέμενοι τὸν πόλεμον †ἐξέρρηϲαν.†

10 θέμενοι] τιθέμενοι Brunck   ἐξέρρηϲαν] ἐξεώρταϲαν Rutherford: ἐξώριϲαν Brunck

ΤΑ ΤΟΥ ΔΡΑΜΑΤΟϹ ΠΡΟϹΩΠΑ

ΛΥϹΙϹΤΡΑΤΗ
ΚΑΛΟΝΙΚΗ
ΜΥΡΡΙΝΗ
ΛΑΜΠΙΤΩ
ΧΟΡΟϹ ΓΕΡΟΝΤΩΝ
ΧΟΡΟϹ ΓΥΝΑΙΚΩΝ
ΠΡΟΒΟΥΛΟϹ

ΓΡΑΕϹ ΤΙΝΕϹ
ΓΥΝΑΙΚΕϹ ΤΙΝΕϹ
ΚΙΝΗϹΙΑϹ
ΠΑΙΔΙΟΝ
ΚΗΡΥΞ ΛΑΚΕΔΑΙΜΟΝΙΩΝ
ΠΡΕϹΒΕΥΤΗϹ ΛΑΚΕΔΑΙΜΟΝΙΩΝ
ΠΡΕϹΒΕΥΤΑΙ ΑΘΗΝΑΙΩΝ Α′ Β′

ΛΥϹΙϹΤΡΑΤΗ

ΛΥϹΙϹΤΡΑΤΗ

Ἀλλ᾽ εἴ τις εἰς Βακχεῖον αὐτὰς ἐκάλεσεν,
ἢ ᾽ς Πανὸς ἢ ᾽πὶ Κωλιάδ᾽ εἰς Γενετυλλίδος,
οὐδ᾽ ἂν διελθεῖν ἦν ἂν ὑπὸ τῶν τυμπάνων.
νῦν δ᾽ οὐδεμία πάρεστιν ἐνταυθοῖ γυνή·
πλὴν ἥ γ᾽ ἐμὴ κωμῆτις ἥδ᾽ ἐξέρχεται.
χαῖρ᾽, ὦ Καλονίκη.

ΚΑΛΟΝΙΚΗ

καὶ ϲύ γ᾽, ὦ Λυϲιϲτράτη.
τί ϲυντετάραξαι; μὴ ϲκυθρώπαζ᾽, ὦ τέκνον.
οὐ γὰρ πρέπει ϲοι τοξοποιεῖν τὰϲ ὀφρῦϲ.

Λυ. ἀλλ᾽, ὦ Καλονίκη, κάομαι τὴν καρδίαν,
καὶ πόλλ᾽ ὑπὲρ ἡμῶν τῶν γυναικῶν ἄχθομαι,
ὁτιὴ παρὰ μὲν τοῖϲ ἀνδράϲιν νενομίϲμεθα
εἶναι πανοῦργοι—

Κα. καὶ γάρ ἐϲμεν νὴ Δία.

Λυ. εἰρημένον δ᾽ αὐταῖϲ ἀπαντᾶν ἐνθάδε
βουλευϲομέναιϲιν οὐ περὶ φαύλου πράγματοϲ,
εὕδουϲι κοὐχ ἥκουϲιν.

Κα. ἀλλ᾽, ὦ φιλτάτη,
ἥξουϲι· χαλεπή τοι γυναικῶν ἔξοδοϲ.
ἡ μὲν γὰρ ἡμῶν περὶ τὸν ἄνδρ᾽ ἐκύπταϲεν,
ἡ δ᾽ οἰκέτην ἤγειρεν, ἡ δὲ παιδίον
κατέκλινεν, ἡ δ᾽ ἔλουϲεν, ἡ δ᾽ ἐψώμιϲεν.

2 Κωλιάδ᾽ εἰϲ Wilamowitz: Κωλιάδ᾽ ἢ ᾽ϲ codd.: Κωλιάδοϲ sch. ad *Nub.* 52
6 *ΚΑΛΟΝΙΚΗ*] *ΚΛΕΟΝΙΚΗ* Wilamowitz 11 ἀνδράϲιν Vp2: -ϲι cett. 16 ἔξοδοϲ] ἡ ᾽ξοδοϲ Dawes

Λυ. ἀλλ᾽ ἦν γὰρ ἕτερα τῶνδε προὐργιαίτερα
αὐταῖϲ.
Κα. τί δ᾽ ἐϲτίν, ὦ φίλη Λυϲιϲτράτη,
ἐφ᾽ ὅ τι ποθ᾽ ἡμᾶϲ τὰϲ γυναῖκαϲ ξυγκαλεῖϲ;
τί τὸ πρᾶγμα; πηλίκον τι;
Λυ. μέγα.
Κα. μῶν καὶ παχύ;
Λυ. νὴ τὸν Δία καὶ παχύ.
Κα. κᾆτα πῶϲ οὐχ ἥκομεν;
Λυ. οὐχ οὗτοϲ ὁ τρόποϲ· ταχὺ γὰρ ἂν ξυνήλθομεν.
ἀλλ᾽ ἔϲτιν ὑπ᾽ ἐμοῦ πρᾶγμ᾽ ἀνεζητημένον
πολλαῖϲί τ᾽ ἀγρυπνίαιϲιν ἐρριπταϲμένον.
Κα. ἦ πού τι λεπτόν ἐϲτι τοὐρριπταϲμένον.
Λυ. οὕτω γε λεπτὸν ὥϲθ᾽ ὅληϲ τῆϲ Ἑλλάδοϲ
ἐν ταῖϲ γυναιξίν ἐϲτιν ἡ ϲωτηρία.
Κα. ἐν ταῖϲ γυναιξίν; ἐπ᾽ ὀλίγου γ᾽ ἄρ᾽ εἴχετο.
Λυ. ὡϲ ἔϲτ᾽ ἐν ἡμῖν τῆϲ πόλεωϲ τὰ πράγματα,
ἢ μηκέτ᾽ εἶναι μήτε Πελοποννηϲίουϲ—
Κα. βέλτιϲτα τοίνυν μηκέτ᾽ εἶναι νὴ Δία.
Λυ. Βοιωτίουϲ τε πάνταϲ ἐξολωλέναι—
Κα. μὴ δῆτα πάνταϲ γ᾽, ἀλλ᾽ ἄφελε τὰϲ ἐγχέλειϲ.
Λυ. περὶ τῶν Ἀθηνῶν δ᾽ οὐκ ἐπιγλωττήϲομαι
τοιοῦτον οὐδέν· ἀλλ᾽ ὑπονόηϲον ϲύ μοι.
ἢν δὲ ξυνέλθωϲ᾽ αἱ γυναῖκεϲ ἐνθάδε,
αἵ τ᾽ ἐκ Βοιωτῶν αἵ τε Πελοποννηϲίων
ἡμεῖϲ τε, κοινῇ ϲώϲομεν τὴν Ἑλλάδα.
Κα. τί δ᾽ ἂν γυναῖκεϲ φρόνιμον ἐργαϲαίατο

20 ἦν γὰρ ἕτερα Porson: ἕτερα γὰρ ἦν codd.: οὐκ ἐκείνων ἦν Γγρ, v.l. ap. sch. O: ἕτερα τἄρ᾽ ἦν Hermann προὐργιαίτερα R: -αίτατα cett. 22 ξυγκαλεῖϲ ΓΒ: ϲυγ- cett. 24 νὴ τὸν Δία καὶ Blaydes: καὶ νὴ Δία RΓp: νὴ τὸν Δία B 27 πολλαῖϲί τ᾽ R, Su. ε 3006 cod. A: -ϲιν cett. 29 ὥϲθ᾽ Mu2: ὥϲτ᾽ R: ἔϲθ᾽ ὡϲ Γp 31 γ᾽ ἄρ᾽ Γ, lm. sch. O: γὰρ Rp: τἄρ᾽ Mehler 33 μήτε] μὴ δὲ R 36 γ᾽ om. R 37 Ἀθηνῶν RB: Ἀθηναίων Γp 42 ἐργαϲαίατο] ἐργαϲαίμεθα Clemens Alex. *Paed.* 3.2.254 (sed -αιντο alibi)

ἢ λαμπρόν; αἳ καθήμεθ᾽ ἐξηνθιςμέναι,
κροκωτοφοροῦςαι καὶ κεκαλλωπιςμέναι
καὶ Κιμβερίκ᾽ ὀρθοςτάδια καὶ περιβαρίδας
⟨× – ∪ – × – ∪ – × – ∪ –⟩

Λυ. ταῦτ᾽ αὐτὰ γάρ τοι κἄςθ᾽ ἃ ςώςειν προςδοκῶ,
τὰ κροκωτίδια καὶ τὰ μύρα χαἰ περιβαρίδες
χἤγχουςα καὶ τὰ διαφανῆ χιτώνια.

Κα. τίνα δὴ τρόπον ποθ᾽;

Λυ. ὥςτε τῶν νῦν μηδένα⟨ς⟩
ἀνδρῶν ἐπ᾽ ἀλλήλοιςιν αἴρεςθαι δόρυ—

Κα. κροκωτὸν ἄρα νὴ τὼ θεὼ ᾽γὼ βάψομαι.

Λυ. μηδ᾽ ἀςπίδα λαβεῖν—

Κα. Κιμβερικὸν ἐνδύςομαι.

Λυ. μηδὲ ξιφίδιον.

Κα. κτήςομαι περιβαρίδας.

Λυ. ἆρ᾽ οὐ παρεῖναι τὰς γυναῖκας δῆτ᾽ ἐχρῆν;

Κα. οὐ γὰρ μὰ Δί᾽, ἀλλὰ πετομένας ἥκειν πάλαι.

Λυ. ἀλλ᾽, ὦ μέλ᾽, ὄψει τοι ςφόδρ᾽ αὐτὰς Ἀττικάς,
ἅπαντα δρώςας τοῦ δέοντος ὕςτερον.
ἀλλ᾽ οὐδὲ Παράλων οὐδεμία γυνὴ πάρα,
οὐδ᾽ ἐκ Cαλαμῖνος.

Κα. ἀλλ᾽ ἐκεῖναί γ᾽ οἶδ᾽ ὅτι
ἐπὶ τῶν κελήτων διαβεβήκας᾽ ὄρθριαι.

Λυ. οὐδ᾽ ἃς προςεδόκων κἀλογιζόμην ἐγὼ
πρώτας παρέςεςθαι δεῦρο, τὰς Ἀχαρνέων

43 ἐξηνθιςμέναι] ἐξαν- Clemens ibidem, sed recte alibi 44 κροκωτοφοροῦςαι] κροκωτὰ φοροῦςαι R 45 καὶ . . . περιβαρίδας] τί . . . περιβαρίδες; Bentley Κιμβερίκ᾽ sch., Su. ε 1738: Κιμβερινκ R: Κιμμερίκ᾽ ΓpB, lm. sch. $Γ^{ac}$: Κιμμερινὰ v.l. ap. sch. post hunc v. lacunam statuit Holford-Strevens, ex. gr. ⟨ἐρυθρὰς φοροῦςαι καὶ χιτῶνας διαφανεῖς⟩ 46–7 post 48 transp. R, om. Su. 47 χαἰ Reisig: καὶ codd. 49 ποθ᾽ B: ποτ᾽ cett. suppl. Meineke 52 ἀςπίδα R: -ας cett. Κιμβερικὸν R, Hsch.: Κιμμ- cett.: utrumque et -ινὸν Su. κ 1614 56 τοι] γε R: om. Su.

γυναῖκας, οὐχ ἥκουσιν.
Κα. ἡ γοῦν Θεογένους
ὡς δεῦρ' ἰοῦσα θοὐκάτειον ἤρετο.
ἀτὰρ αἵδε καὶ δή σοι προσέρχονταί τινες.
Λυ. αὗται δ' ἕτεραι χωροῦσί τινες.
Κα. ἰοὺ ἰού,
πόθεν εἰσίν;
Λυ. Ἀναγυρουντόθεν.
Κα. νὴ τὸν Δία·
ὁ γοῦν Ἀνάγυρός μοι κεκινῆσθαι δοκεῖ.

ΜΥΡΡΙΝΗ

μῶν ὕστεραι πάρεσμεν, ὦ Λυσιστράτη;
τί φῄς; τί σιγᾷς;
Λυ. οὐκ ἐπαινῶ, Μυρρίνη,
ἥκουσαν ἄρτι περὶ τοιούτου πράγματος.
Μυ. μόλις γὰρ ηὗρον ἐν σκότῳ τὸ ζώνιον.
ἀλλ' εἴ τι πάνυ δεῖ, ταῖς παρούσαισιν λέγε.
Λυ. μὰ Δί', ἀλλ' ἐπαναμείνωμεν ὀλίγου γ' οὕνεκα
τάς τ' ἐκ Βοιωτῶν τάς τε Πελοποννησίων
γυναῖκας ἐλθεῖν.
Μυ. πολὺ σὺ κάλλιον λέγεις.
ἡδὶ δὲ καὶ δὴ Λαμπιτὼ προσέρχεται.
Λυ. ὦ φιλτάτη Λάκαινα, χαῖρε, Λαμπιτοῖ.
οἷον τὸ κάλλος, γλυκυτάτη, σου φαίνεται.
ὡς δ' εὐχροεῖς, ὡς δὲ σφριγᾷ τὸ σῶμά σου.
κἂν ταῦρον ἄγχοις.

ΛΑΜΠΙΤΩ

μάλα γ', οἰῶ, ναὶ τὼ σιώ·

63 Θεογένους sch. R: Θεα- R, Su. θ 80, sch. O 64 θοὐκάτειον ἤρετο Daubuz, Bentley cf. sch. R et Su. ε 361: τἀκάτιον ἤρετο R: τἀκάτειον ᾔρετο van Leeuwen 66 αὗται δ' Bergk (cf. 736): αἵδ' αὖθ' R: αἱδὶ δ' Dobree 70 Μυρρίνη Mu2: -νῃ R 74 οὕνεκα Brunck: εἵνεκα R 77 v. fortasse Lysistratae tribuendus 79 ante γλυκυτάτη praebet ὦ R: aut ὦ aut σου delendum esse vidit Biset 81 γ' Biset: γὰρ R τὼ sch. R, Mu2, Reisig: om. R

γυμνάδδομαί γα καὶ ποτὶ πυγὰν ἅλλομαι.
Κα. ὡς δὴ καλὸν τὸ χρῆμα τῶν τιτθῶν ἔχεις.
Λα. ἆπερ ἱαρεῖόν τοί μ᾽ ὑποψαλάσσετε.
Λυ. ἡδὶ δὲ ποδαπή ᾽cθ᾽ ἡ νεᾶνις ἡτέρα;
Λα. πρέcβειρά τοι ναὶ τὼ cιὼ Βοιωτία
ἵκει ποθ᾽ ὑμέ.
Μυ. νὴ Δί᾽ ὡc Βοιωτία
καλόν γ᾽ ἔχουcα τὸ πεδίον.
Κα. καὶ νὴ Δία
κομψότατα τὴν βληχώ γε παρατετιλμένη.
Λυ. τίc δ᾽ ἡτέρα παῖc;
Λα. χαἵα ναὶ τὼ cιώ,
Κορινθία δ᾽ αὖ.
Κα. χαἵα νὴ τὸν Δία
δήλη ᾽cτὶν οὖcα ταυταγὶ κἀντευθενί.
Λα. τίc δ᾽ αὖ cυναλίαξε τόνδε τὸν cτόλον
τὸν τᾶν γυναικῶν;
Λυ. ἥδ᾽ ἐγώ.
Λα. μύcιδδέ τοι
ὅ τι λῇc ποθ᾽ ἁμέ.
Μυ. νὴ Δί᾽, ὦ φίλη γύναι,
λέγε δῆτα τὸ cπουδαῖον ὅ τι τοῦτ᾽ ἐcτί cοι.
Λυ. λέγοιμ᾽ ἂν ἤδη. πρὶν λέγειν ⟨δ᾽⟩, ὑμᾶc τοδὶ
ἐπερήcομαι τὸ μικρόν.
Μυ. ὅ τι βούλει γε cύ.

82 γα Brunck: γε R, Su. π 3110: τε v.l. ap. Su. cod. M: γὰρ Halbertsma 83 sqq. de personarum vicibus parum constat 83 τῶν del. Kuster τιτθῶν Scaliger: τιτθίων R 84 ἱαρεῖόν van Herwerden: ἱερεῖον R 85 νεᾶνιc Boninus: νεάνηc R 87 νὴ Δί᾽ ὡc Bothe: νὴ Δί᾽ ὦ R: ναὶ μὰ Δία Meineke 89 τὴν sch. R: τὰν R 90 et 91 χαἵα van Leeuwen qui passim spiritum asperum inter vocales vocibus Laconicis addidit: (χαἵα iam Bentley): χαία R 90 ναὶ Bentley: μὲν ναὶ R 92 κἀντευθενὶ Bentley, cf. sch.: τἀν- R 93 cυναλίαξε Brunck: ξυν- R, lm. sch. O 94 ἥδ᾽ Brunck: ἅδ᾽ R μύcιδδέ τοι Daubuz, Bentley: μυcιδδέτω R, lm. sch. O: μύcιδδέ τυ Toup 97 suppl. Grynaeus 98 τὸ Blaydes, Richards: τι R

Λυ. τοὺϲ πατέραϲ οὐ ποθεῖτε τοὺϲ τῶν παιδίων
ἐπὶ ϲτρατιᾶϲ ἀπόνταϲ; εὖ γὰρ οἶδ' ὅτι
πάϲαιϲιν ὑμῖν ἐϲτιν ἀποδημῶν ἀνήρ.
Μυ. ὁ γοῦν ἐμὸϲ ἀνὴρ πέντε μῆναϲ, ὦ τάλαν,
ἄπεϲτιν ἐπὶ Θρᾴκηϲ φυλάττων Εὐκράτη.
Κα. ὁ δ' ἐμόϲ γε τελέουϲ ἑπτὰ μῆναϲ ἐν Πύλῳ.
Λα. ὁ δ' ἐμόϲ γα καἴ κ' ἐκ τᾶϲ ταγᾶϲ ἔλϲῃ ποκά,
πορπακιϲάμενοϲ φροῦδοϲ ἀμπτάμενοϲ ἔβα.
Κα. ἀλλ' οὐδὲ μοιχοῦ καταλέλειπται φεψάλυξ.
ἐξ οὗ γὰρ ἡμᾶϲ προὔδοϲαν Μιλήϲιοι,
οὐκ εἶδον οὐδ' ὄλιϲβον ὀκτωδάκτυλον,
ὃϲ ἦν ἂν ἡμῖν ϲκυτίνη 'πικουρία.
Λυ. ἐθέλοιτ' ἂν οὖν, εἰ μηχανὴν εὕροιμ' ἐγώ,
μετ' ἐμοῦ καταλῦϲαι τὸν πόλεμον;
Κα. νὴ τὼ θεώ·
ἐγὼ μὲν ἄν, κἂν εἴ με χρείη τοὔγκυκλον
τουτὶ καταθεῖϲαν ἐκπιεῖν αὐθημερόν.
Μυ. ἐγὼ δέ γ' ἂν κἂν ὡϲπερεὶ ψῆτταν δοκῶ
δοῦναι ἂν ἐμαυτῆϲ παρατεμοῦϲα θἤμιϲυ.
Λα. ἐγὼν δὲ καί κα ποττὸ Ταΰγετόν γ' ἄνω
ἔλϲοιμ' ὅπα μέλλοιμί γ' εἰράναν ἰδῆν.
Λυ. λέγοιμ' ἄν· οὐ δεῖ γὰρ κεκρύφθαι τὸν λόγον.
ἡμῖν γάρ, ὦ γυναῖκεϲ, εἴπερ μέλλομεν
ἀναγκάϲειν τοὺϲ ἄνδραϲ εἰρήνην ἄγειν,
ἀφεκτέ' ἐϲτὶ—
Κα. τοῦ; φράϲον.
Λυ. ποιήϲετ' οὖν;

103 *Εὐκράτη* Su. α 3069 cod. A: *-ην* R, Su. cett. codd., lm. sch. O 106 *πορπακιϲάμενοϲ* lm. sch. O, Kuster: *πορπακηϲ-* Su. π 2089: *πορπατιϲ-* R 107–110 Lysistratae tribuendos esse negavit MacDowell 109 *ὀκτωδάκτυλον* R: *ὀκτα-* Su. ο 169 113 *ἐγὼ μὲν* Bentley: *ἔγωγ'* R, Su. ε 135 *χρείη* Dawes: *χρεῖ' ᾖ* Su.: *χρὴ ἢ* R 116 *παρατεμοῦϲα* Elmsley: *παρταμοῦϲα* R, Su. ψ 78: *γράφε παραταμοῦϲα* sch. O 117 *ἐγὼν* Blaydes: *ἐγὼ* R 118 *ὅπα* R: *ὁπᾷ* Biset: *ὅπω* Wilamowitz *ἰδῆν* Bergk: *ἰδεῖν* R

Μυ. ποιήcομεν, κἂν ἀποθανεῖν ἡμᾶc δέῃ.
Λυ. ἀφεκτέα τοίνυν ἐcτὶν ἡμῖν τοῦ πέουc.
τί μοι μεταcτρέφεcθε; ποῖ βαδίζετε;
αὗται, τί μοιμυᾶτε κἀνανεύετε;
τί χρὼc τέτραπται; τί δάκρυον κατείβεται;
ποιήcετ᾽ ἢ οὐ ποιήcετ᾽; ἢ τί μέλλετε;
Κα. οὐκ ἂν ποιήcαιμ᾽, ἀλλ᾽ ὁ πόλεμοc ἑρπέτω.
Μυ. μὰ Δί᾽ οὐδ᾽ ἐγὼ γάρ, ἀλλ᾽ ὁ πόλεμοc ἑρπέτω.
Λυ. ταυτὶ cὺ λέγειc, ὦ ψῆττα; καὶ μὴν ἄρτι γε
ἔφηcθα cαυτῆc κἂν παρατεμεῖν θἤμιcυ.
Κα. ἄλλ᾽ ἄλλ᾽ ὅ τι βούλει. κἄν με χρῇ, διὰ τοῦ πυρὸc
ἐθέλω βαδίζειν. τοῦτο μᾶλλον τοῦ πέουc.
οὐδὲν γὰρ οἷον, ὦ φίλη Λυcιcτράτη.
Λυ. τί δαὶ cύ;
Κα. κἀγὼ βούλομαι διὰ τοῦ πυρόc.
Λυ. ὢ παγκατάπυγον θἠμέτερον ἅπαν γένοc.
οὐκ ἐτὸc ἀφ᾽ ἡμῶν εἰcιν αἱ τραγῳδίαι.
οὐδὲν γάρ ἐcμεν πλὴν Ποcειδῶν καὶ cκάφη.
ἀλλ᾽, ὦ φίλη Λάκαινα, cὺ γὰρ ἐὰν γένῃ
μόνη μετ᾽ ἐμοῦ, τὸ πρᾶγμ᾽ ἀναcωcαίμεcθ᾽ ἔτ᾽ ⟨ἄν⟩,
ξυμψήφιcαί μοι.
Λα. χαλεπὰ μὲν ναὶ τὼ cιώ
γυναῖκάc ἐcθ᾽ ὑπνῶν ἄνευ ψωλᾶc μόναc.
ὅμωc γα μάν· δεῖ τᾶc γὰρ εἰράναc μάλ᾽ αὖ.
Λυ. ὦ φιλτάτη cὺ καὶ μόνη τούτων γυνή.
Μυ. εἰ δ᾽ ὡc μάλιcτ᾽ ἀπεχοίμεθ᾽ οὗ cὺ δὴ λέγειc,
ὃ μὴ γένοιτο, μᾶλλον ἂν διὰ τουτογὶ

124 ἐcτὶν ἡμῖν Bentley: ἡμῖν ἐcτὶν R 126 μοιμυᾶτε lm. sch. O, L. Dindorf, cf. Poll. 2.90, Hsch. μ 1547: μοι μυᾶτε fortasse divisim R: μυᾶτε lm. Su. μ 1367, cf. Hsch. μ 1771, novit sch. O 130 γάρ R: γ᾽ ἂν Reisig 133 χρῇ Brunck: χρὴ R 137 παγκατάπυγον Reiske: πᾶν κατάπυγον vel sim. codd., lm. sch. O: καταπύγων v.l. ap. sch. O 141 suppl. Brunck 143 ἐcθ᾽ huc transp. Dawes, post ὑπνῶν praebent codd. 144 γα Ellebodius: γε codd. δεῖ τᾶc] an δεῖται (Dorice δῆται)? μάλ᾽ αὖ] μέλει Dawes, puncto post δεῖ posito

γένοιτ᾽ ἂν εἰρήνη;
Λυ. πολύ γε νὴ τὼ θεώ.
εἰ γὰρ καθῄμεθ᾽ ἔνδον ἐντετριμμέναι,
κἀν τοῖϲ χιτωνίοιϲι τοῖϲ Ἀμοργίνοιϲ
γυμναὶ παρίοιμεν δέλτα παρατετιλμέναι,
ϲτύοιντο δ᾽ ἄνδρεϲ κἀπιθυμοῖεν ϲπλεκοῦν,
ἡμεῖϲ δὲ μὴ προϲιείμεθ᾽, ἀλλ᾽ ἀπεχοίμεθα,
ϲπονδὰϲ ποιήϲαιντ᾽ ἂν ταχέωϲ, εὖ οἶδ᾽ ὅτι.
Λα. ὁ γῶν Μενέλαοϲ τᾶϲ Ἑλέναϲ τὰ μᾶλά πᾳ
γυμνᾶϲ παραϝιδὼν ἐξέβαλ᾽, οἰῶ, τὸ ξίφοϲ.
Μυ. τί δ᾽ ἢν ἀφίωϲ᾽ ἄνδρεϲ ἡμᾶϲ, ὦ μέλε;
Λυ. τὸ τοῦ Φερεκράτουϲ, κύνα δέρειν δεδαρμένην.
Μυ. φλυαρία ταῦτ᾽ ἐϲτὶ τὰ μεμιμημένα.
ἐὰν λαβόντεϲ δ᾽ εἰϲ τὸ δωμάτιον βίᾳ
ἕλκωϲιν ἡμᾶϲ;
Λυ. ἀντέχου ϲὺ τῶν θυρῶν.
Μυ. ἐὰν δὲ τύπτωϲιν;
Λυ. παρέχειν χρὴ κακὰ κακῶϲ.
οὐ γὰρ ἔνι τούτοιϲ ἡδονὴ τοῖϲ πρὸϲ βίαν.
κἄλλωϲ ὀδυνᾶν χρή· κἀμέλει ταχέωϲ πάνυ
ἀπεροῦϲιν. οὐ γὰρ οὐδέποτ᾽ εὐφρανθήϲεται
ἀνήρ, ἐὰν μὴ τῇ γυναικὶ ϲυμφέρῃ.
Μυ. εἴ τοι δοκεῖ ϲφῷν ταῦτα, χἠμῖν ξυνδοκεῖ.
Λα. καὶ τὼϲ μὲν ἁμῶν ἄνδραϲ ἁμὲϲ πείϲομεϲ
παντᾷ δικαίωϲ ἄδολον εἰράναν ἄγην·

152 *ϲτύοιντο δ᾽* Bothe: *ϲτύοιντ᾽ ἂν* codd., Su. *π* 1722: [P15] *ϲπλεκοῦν* Dindorf, cf. *Plut.* 1082, Poll. 5.93, Hsch.: *πλεκοῦν* codd., Su., lm. sch.: [P15]: *ϲπεκλοῦν* Harpocration auctus in cod. Marc. gr. 444 153 *προϲιείμεθ᾽* Coulon post Halbertsma: *προϲιδο[* P15: *προϲίοιμεν* codd. 155 *πᾳ* Bergk: *πᾶι* *Γ*: *πο* R: *που* Su. *μ* 917 156 *παραυιδὼν* Bergk: *παρευιδὼν* codd., Su.: *παραϊδὼν* sch. O in margine 157 *ἄνδρεϲ* sch.: *ἅ-* codd. 162 *χρὴ κακὰ*] *κακὴ* Radt 167 ante *ϲφῷν* iterant *ταῦτα* codd. praeter B 169 *παντᾷ* Bergk: *πάντα* codd. *ἄγην* Ahrens: *ἄγειν* codd.

τὸν τῶν Ἀϲαναίων γα μὰν ῥυάχετον
πᾷ κά τιϲ ἀμπείϲειεν αὖ μὴ πλαδδιῆν;
Λυ. ἡμεῖϲ ἀμέλει ϲοι τά γε παρ' ἡμῖν πείϲομεν.
Λα. οὐχ ἇϲ πόδαϲ κ' ἔχωντι ταὶ τριήρεεϲ,
καὶ τὠργύριον τὤβυϲϲον ᾖ πὰρ τᾷ ϲιῷ.
Λυ. ἀλλ' ἔϲτι καὶ τοῦτ' εὖ παρεϲκευαϲμένον·
καταληψόμεθα γὰρ τὴν ἀκρόπολιν τήμερον.
ταῖϲ πρεϲβυτάταιϲ γὰρ προϲτέτακται τοῦτο δρᾶν,
ἕωϲ ἂν ἡμεῖϲ ταῦτα ϲυντιθώμεθα,
θύειν δοκούϲαιϲ καταλαβεῖν τὴν ἀκρόπολιν.
Λα. πάντ' εὖ κ' ἔχοι· καὶ τᾷδε γὰρ λέγειϲ καλῶϲ.
Λυ. τί δῆτα ταῦτ' οὐχ ὡϲ τάχιϲτ', ὦ Λαμπιτοῖ,
ξυνωμόϲαμεν, ὅπωϲ ἂν ἀρρήκτωϲ ἔχῃ;
Λα. πάρφαινε μὰν τὸν ὅρκον, ὡϲ ὀμιώμεθα.
Λυ. καλῶϲ λέγειϲ. ποῦ 'ϲθ' ἡ Ϲκύθαινα; ποῖ βλέπειϲ;
θὲϲ εἰϲ τὸ πρόϲθεν ὑπτίαν τὴν ἀϲπίδα,
καί μοι δότω τὰ τόμιά τιϲ.
Μυ. Λυϲιϲτράτη,
τίν' ὅρκον ὁρκώϲειϲ ποθ' ἡμᾶϲ;
Λυ. ὅντινα;
εἰϲ ἀϲπίδ', ὥϲπερ, φαϲίν, Αἰϲχύλοϲ ποτέ,
μηλοϲφαγούϲαϲ.
Μυ. μὴ ϲύ γ', ὦ Λυϲιϲτράτη,

170 *γα* R: *γε* cett. *ῥυάχετον* Hsch., Photius: *ῥυγχάχετον* R, lm. sch. O: *ῥυχάχετον* cett., Su. ρ 323, v.l. ap. sch. O 171 *κα* Dobree: *καὶ* codd. *ἀμπείϲειεν* Ahrens: *ἂν πείϲειεν* codd., Su. 173 *ἇϲ πόδαϲ* Valckenaer: *ἀϲϲπουδὰϲ* R: *ἀϲ ϲποδᾶϲ* cett. *κ'* Bergk: *γ'* Γ*p*B: om. R *ἔχωντι* Scaliger: *ἔχοντι* codd. 174 *τὠργύριον* Biset: *τἀργ-* codd. *πὰρ* Koen: *παρὰ* codd. 176 *καταληψόμεθα* B: *-όμεϲθα* cett. 177 *πρεϲβυτάταιϲ*] *πρεϲβυτέραιϲ* Lenting 180 *πάντ' εὖ* G.H. Schaefer: *πάντα* codd.: *παντᾷ* Koen: alii alia *κ'* R: *γ'* cett. *τᾷδε* B, Bentley: *τάδε* codd. 181 *ὦ* om. R 183 *ὀμιώμεθα* codd.: *ὀμώμεθα* lm. sch. O: *ὀμιόμεθα* Elmsley 187 versuum ordinem 187, 197, 199, 198, 188 praebet P15, omissis 189–96 188 *φαϲίν* Γp: *φάϲ' ἐν* R: [P15] *Αἰϲχύλοϲ* Γp: *Αἰϲχύλῳ* P15, R 189 *μηλοϲφαγούϲαϲ*] *-ϲαιϲ* R

εἰϲ ἀϲπίδ᾽ ὀμόϲῃϲ μηδὲν εἰρήνηϲ πέρι.
Λυ. τίϲ ἂν οὖν γένοιτ᾽ ἂν ὅρκοϲ;
Μυ. εἰ λευκόν ποθεν
ἵππον λαβοῦϲαι τόμιον ἐντεμοίμεθα—
Κα. ποῖ λευκὸν ἵππον;
Μυ. ἀλλὰ πῶϲ ὀμούμεθα
ἡμεῖϲ;
Λυ. ἐγώ ϲοι νὴ Δί᾽, ἢν βούλῃ, φράϲω.
θεῖϲαι μέλαιναν κύλικα μεγάλην ὑπτίαν,
μηλοϲφαγοῦϲαι Θάϲιον οἴνου ϲταμνίον
ὀμόϲωμεν εἰϲ τὴν κύλικα μὴ ᾽πιχεῖν ὕδωρ.
Λα. φεῦ δᾶ, τὸν ὅρκον ἄφατον ὡϲ ἐπαινίω.
Λυ. φερέτω κύλικά τιϲ ἔνδοθεν καὶ ϲταμνίον.
Μυ. ὦ φίλταται γυναῖκεϲ, ⟨ὁ⟩ κεραμὼν ὅϲοϲ.
Κα. ταύτην μὲν ἄν τιϲ εὐθὺϲ ἡϲθείη λαβών.
Λυ. καταθεῖϲα ταύτην προϲλαβοῦ μοι τοῦ κάπρου.
δέϲποινα Πειθοῖ καὶ κύλιξ φιλοτηϲία,
τὰ ϲφάγια δέξαι ταῖϲ γυναιξὶν εὐμενήϲ.
Μυ. εὔχρων γε θαῖμα κἀποπυτίζει καλῶϲ.
Λα. καὶ μὰν ποτόδδει γ᾽ ἁδὺ ναὶ τὸν Κάϲτορα.
Κα. ἐᾶτε πρώτην μ᾽, ὦ γυναῖκεϲ, ὀμνύναι.
Μυ. μὰ τὴν Ἀφροδίτην οὔκ, ἐάν γε μὴ λάχῃϲ.
Λυ. λάζυϲθε πᾶϲαι τῆϲ κύλικοϲ, ὦ Λαμπιτοῖ·
λεγέτω δ᾽ ὑπὲρ ὑμῶν μί᾽ ἅπερ ἂν κἀγὼ λέγω·
ὑμεῖϲ δ᾽ ἐπομεῖϲθε ταῦτα κἀμπεδώϲετε.
οὐκ ἔϲτιν οὐδεὶϲ οὔτε μοιχὸϲ οὔτ᾽ ἀνήρ—
Μυ. οὐκ ἔϲτιν οὐδεὶϲ οὔτε μοιχὸϲ οὔτ᾽ ἀνήρ—
Λυ. ὅϲτιϲ πρὸϲ ἐμὲ πρόϲειϲιν ἐϲτυκώϲ. λέγε.

192 ἐντεμοίμεθα] ἐκτε- R 197 verba εἰϲ . . . ὕδωρ Calonicae tribuit Dobree 198 ἐπαινίω Elmsley: -ιῶ codd. 200 ὁ κεραμὼν Reiske: κεραμεὼν R 202 μοι Brunck: μου R 205 κἀποπυτίζει Biset: -πυττ- R 206 γ᾽ ἁδὺ] Ϝαδὺ Bergk, fort. recte 211 ταῦτα Hirschig: ταυτὰ R: cf. 237 212, 213 οὔτε . . . οὔτ᾽ Bekker: οὐδὲ . . . οὐδ᾽ R

Μυ. ὅϲτιϲ πρὸϲ ἐμὲ πρόϲειϲιν ἐϲτυκώϲ.
Κα. παπαῖ,
ὑπολύεταί μου τὰ γόνατ᾽, ὦ Λυϲιϲτράτη.
Λυ. οἴκοι δ᾽ ἀταυρώτη διάξω τὸν βίον—
Μυ. οἴκοι δ᾽ ἀταυρώτη διάξω τὸν βίον—
Λυ. κροκωτοφοροῦϲα καὶ κεκαλλωπιϲμένη,—
Μυ. κροκωτοφοροῦϲα καὶ κεκαλλωπιϲμένη,—
Λυ. ὅπωϲ ἂν ἁνὴρ ἐπιτυφῇ μάλιϲτά μου·
Μυ. ὅπωϲ ἂν ἁνὴρ ἐπιτυφῇ μάλιϲτά μου·
Λυ. κοὐδέποθ᾽ ἑκοῦϲα τἀνδρὶ τὠμῷ πείϲομαι.
Μυ. κοὐδέποθ᾽ ἑκοῦϲα τἀνδρὶ τὠμῷ πείϲομαι.
Λυ. ἐὰν δέ μ᾽ ἄκουϲαν βιάζηται βίᾳ,—
Μυ. ἐὰν δέ μ᾽ ἄκουϲαν βιάζηται βίᾳ,—
Λυ. κακῶϲ παρέξω κοὐχὶ προϲκινήϲομαι.
Μυ. κακῶϲ παρέξω κοὐχὶ προϲκινήϲομαι.
Λυ. οὐ πρὸϲ τὸν ὄροφον ἀνατενῶ τὰ Περϲικά.
Μυ. οὐ πρὸϲ τὸν ὄροφον ἀνατενῶ τὰ Περϲικά.
Λυ. οὐ ϲτήϲομαι λέαιν᾽ ἐπὶ τυροκνήϲτιδοϲ.
Μυ. οὐ ϲτήϲομαι λέαιν᾽ ἐπὶ τυροκνήϲτιδοϲ.
Λυ. ταῦτ᾽ ἐμπεδοῦϲα μὲν πίοιμ᾽ ἐντευθενί·
Μυ. ταῦτ᾽ ἐμπεδοῦϲα μὲν πίοιμ᾽ ἐντευθενί·
Λυ. εἰ δὲ παραβαίην, ὕδατοϲ ἐμπλῆθ᾽ ἡ κύλιξ.
Μυ. εἰ δὲ παραβαίην, ὕδατοϲ ἐμπλῆθ᾽ ἡ κύλιξ.
Λυ. ϲυνεπόμνυθ᾽ ὑμεῖϲ ταῦτα πᾶϲαι;

ΠΑϹΑΙ

νὴ Δία.

Λυ. φέρ᾽ ἐγὼ καθαγίϲω τήνδε—
Κα. τὸ μέροϲ γ᾽, ὦ φίλη.
Λυ. ὅπωϲ ἂν ὦμεν εὐθὺϲ ἀλλήλων φίλαι.

221, 222 *μου*] *μοι* Lenting 225, 226 *βίᾳ*] *λαβών* Blaydes 229, 230 *τὰ* R, Su. *κ* 2666, *ο* 628, sch., sch. ad *Nub.* 173: *τὼ* Dindorf 235, 236 *ἐμπλῆθ᾽ ἡ* Dawes: *ἐμπληϲθῇ* R, Su. *κ* 2666 237 *ϲυνεπόμνυθ᾽* Biset: *-όμνυϲθ᾽* R *ΠΑϹΑΙ* Kruse: paragraphum praebet R 238 *γ᾽* Zanetti: *τ᾽* R 239 v. Lysistratae tribuit Jackson

Λα. τίϲ ὠλολυγά;
Λυ. τοῦτ᾽ ἐκεῖν᾽ οὑγὼ ᾽λεγον·
αἱ γὰρ γυναῖκεϲ τὴν ἀκρόπολιν τῆϲ θεοῦ
ἤδη καθειλήφαϲιν. ἀλλ᾽, ὦ Λαμπιτοῖ,
ϲὺ μὲν βάδιζε καὶ τὰ παρ᾽ ὑμῖν εὖ τίθει,
ταϲδὶ δ᾽ ὁμήρουϲ κατάλιφ᾽ ἡμῖν ἐνθάδε·
ἡμεῖϲ δὲ ταῖϲ ἄλλαιϲι ταῖϲιν ἐν πόλει
ξυνεμβάλωμεν εἰϲιοῦϲαι τοὺϲ μοχλούϲ.
Μυ. οὔκουν ἐφ᾽ ἡμᾶϲ ξυμβοηθήϲειν οἴει
τοὺϲ ἄνδραϲ εὐθύϲ;
Λυ. ὀλίγον αὐτῶν μοι μέλει.
οὐ γὰρ τοϲαύταϲ οὔτ᾽ ἀπειλὰϲ οὔτε πῦρ
ἥξουϲ᾽ ἔχοντεϲ ὥϲτ᾽ ἀνοῖξαι τὰϲ πύλαϲ
ταύταϲ, ἐὰν μὴ ᾽φ᾽ οἷϲιν ἡμεῖϲ εἴπομεν.
Μυ. μὰ τὴν Ἀφροδίτην οὐδέποτέ γ᾽· ἄλλωϲ γὰρ ἂν
ἄμαχοι γυναῖκεϲ καὶ μιαραὶ κεκλῄμεθ᾽ ἄν.

ΧΟΡΟϹ ΓΕΡΟΝΤΩΝ

χώρει, Δράκηϲ, ἡγοῦ βάδην, εἰ καὶ τὸν ὦμον ἀλγεῖϲ
κορμοῦ τοϲουτονὶ βάροϲ χλωρᾶϲ φέρων ἐλάαϲ.

ἦ πόλλ᾽ ἄελπτ᾽ ἔνεϲτιν ἐν τῷ μακρῷ βίῳ, φεῦ, [ϲτρ.
ἐπεὶ τίϲ ἄν ποτ᾽ ἤλπιϲ᾽, ὦ Ϲτρυμόδωρ᾽, ἀκοῦϲαι
γυναῖκαϲ, ἃϲ ἐβόϲκομεν κατ᾽ οἶκον ἐμφανὲϲ κακόν,
κατὰ μὲν ἅγιον ἔχειν βρέταϲ
κατά τ᾽ ἀκρόπολιν ἐμὴν λαβεῖν,
κλῄθροιϲί τ᾽ αὖ καὶ μοχλοῖ-
ϲι τὰ Προπύλαια πακτοῦν;

240 τοῦτ᾽ . . . οὑγὼ Biset: ταῦτ᾽ . . . οὐκ ἐγὼ R 243 ὑμῖν Reisig: ὑμῶν R 244 κατάλιφ᾽ Biset: κατάλειφ᾽ R 245 ἄλλαιϲι Biset: -ϲιν R 249 οὔτ᾽ . . . οὔτε Bekker: οὐδ᾽ . . . οὐδὲ R 255 φέρων ante βάροϲ transp. R: corr. Bentley 256 ἔνεϲτιν Reisig: ἐϲτὶν R, Su. α 551 259 Ϲτρυμόδωρ᾽ Brunck, cf. sch. ad v. 254 et dramatis personas in Γ: Ϲτυμμόδωρ᾽ R 263 ἐμὴν Meineke: ἐμὰν R 264 κλῄθροιϲί . . . μοχλοῖϲι Sommerstein post Reisig, Bergk, Henderson: μοχλοῖϲιν δὲ καὶ κλήθροιϲιν R: Su. π 31 μοχλοῖϲι (τὰ Π. π.) praebet

ἀλλ' ὡϲ τάχιϲτα πρὸϲ πόλιν ϲπεύϲωμεν, ὦ Φιλοῦργε,
ὅπωϲ ἂν αὐταῖϲ ἐν κύκλῳ θέντεϲ τὰ πρέμνα ταυτί,
ὅϲαι τὸ πρᾶγμα τοῦτ' ἐνεϲτήϲαντο καὶ μετῆλθον,
μίαν πυρὰν νήϲαντεϲ ἐμπρήϲωμεν αὐτόχειρεϲ
πάϲαϲ, ἀπὸ ψήφου μιᾶϲ, πρώτην δὲ τὴν Λύκωνοϲ.

οὐ γὰρ μὰ τὴν Δήμητρ' ἐμοῦ ζῶντοϲ ἐγχανοῦνται· [ἀντ.
ἐπεὶ οὐδὲ Κλεομένηϲ, ὃϲ αὐτὴν κατέϲχε πρῶτοϲ,
ἀπῆλθεν ἀψάλακτοϲ, ἀλλ' ὅμωϲ Λακωνικὸν πνέων
†ᾤχετο θὤπλα παραδοὺϲ ἐμοί,
ϲμικρὸν ἔχων πάνυ τριβώνιον,†
πεινῶν, ῥυπῶν, ἀπαράτιλ-
τοϲ, ἓξ ἐτῶν ἄλουτοϲ.

οὕτωϲ ἐπολιόρκηϲ' ἐγὼ τὸν ἄνδρ' ἐκεῖνον ὠμῶϲ
ἐφ' ἑπτακαίδεκ' ἀϲπίδων πρὸϲ ταῖϲ πύλαιϲ καθεύδων.
ταϲδὶ δὲ τὰϲ Εὐριπίδῃ θεοῖϲ τε πᾶϲιν ἐχθρὰϲ
ἐγὼ οὐκ ἄρα ϲχήϲω παρὼν τολμήματοϲ τοϲούτου;
μή νυν ἔτ' ἐν ⟨τῇ⟩ τετραπόλει τοὐμὸν τροπαῖον εἴη.

ἀλλ' αὐτὸ γάρ μοι τῆϲ ὁδοῦ λοιπόν ἐϲτι χωρίον [ϲτρ.
τὸ πρὸϲ πόλιν τὸ ϲιμόν, οἷ ϲπουδὴν ἔχω·
πῶϲ δή ποτ' ἐξαμπρεύϲομεν τοῦτ' ἄνευ κανθηλίου;
ὡϲ ἔμοιγε τὼ ξύλω τὸν ὦμον ἐξιπώκατον·
ἀλλ' ὅμωϲ βαδιϲτέον,
καὶ τὸ πῦρ φυϲητέον,
μή μ' ἀποϲβεϲθὲν λάθῃ πρὸϲ τῇ τελευτῇ τῆϲ ὁδοῦ.
φῦ φῦ.
ἰοὺ ἰοὺ τοῦ καπνοῦ.

270 ἀπὸ Meineke, cf. sch.: ὑπὸ codd., Su. υ 646 277–8 de numeris vide Parker, *Songs* pp. 360–3; textus vix sanus; scribendum suspicor ᾤχετ' ἐμοὶ θὤπλα παραδούϲ, | ϲμικρὸν ἔχων τριβώνιον 277 ᾤχετο θὤπλα] ᾤχετ' ὅπλα R 279 πεινῶν] πινῶν R 281 ὠμῶϲ Faber: ὅμωϲ codd. 282 ἀϲπίδων] ἀϲπίδαϲ lm. sch. 284 ἐγὼ οὐκ ἄρα] ἆρ' οὐκ ἐγὼ Blaydes 285 suppl. Meineke 290 πῶϲ δή Fraenkel: χὤπωϲ codd.: πῶϲ Photius α 1249: πῶϲ πῶϲ Radt 291 ἔμοιγε van Leeuwen: ἐμοῦ γε codd. ἐξιπώκατον v.l. in Γ: ἐξεπιώκατον cett.

ὡϲ δεινόν, ὦναξ Ἡράκλειϲ, προϲπεϲόν μ' ἐκ τῆϲ [ἀντ.
  χύτραϲ
ὥϲπερ κύων λυττῶϲα τὠφθαλμὼ δάκνει·
κἄϲτιν γε Λήμνιον τὸ πῦρ τοῦτο πάϲῃ μηχανῇ.
οὐ γὰρ ⟨ἄν⟩ ποθ' ὧδ' ὀδὰξ ἔβρυκε τὰϲ λήμαϲ ἐμοῦ.
ϲπεῦδε πρόϲθεν εἰϲ πόλιν
καὶ βοήθει τῇ θεῷ.
ἢ πότ' αὐτῇ μᾶλλον ἢ νῦν, ὦ Λάχηϲ, ἀρήξομεν;
φῦ φῦ.
ἰοὺ ἰοὺ τοῦ καπνοῦ.

τουτὶ τὸ πῦρ ἐγρήγορεν θεῶν ἕκατι καὶ ζῇ.
οὔκουν ἄν, εἰ τὼ μὲν ξύλω θείμεϲθα πρῶτον αὐτοῦ,
τῆϲ ἀμπέλου δ' εἰϲ τὴν χύτραν τὸν φανὸν ἐγκαθέντεϲ
ἅψαντεϲ εἶτ' εἰϲ τὴν θύραν κριηδὸν ἐμπέϲοιμεν—
κἂν μὴ καλούντων τοὺϲ μοχλοὺϲ χαλῶϲιν αἱ γυναῖκεϲ,
ἐμπιμπράναι χρὴ τὰϲ θύραϲ καὶ τῷ καπνῷ πιέζειν.
θώμεϲθα δὴ τὸ φορτίον. φεῦ τοῦ καπνοῦ, βαβαιάξ.
τίϲ ξυλλάβοιτ' ἂν τοῦ ξύλου τῶν ἐν Ϲάμῳ ϲτρατηγῶν;
ταυτὶ μὲν ἤδη τὴν ῥάχιν θλίβοντά μου πέπαυται.
ϲὸν δ' ἔργον ἐϲτίν, ὦ χύτρα, τὸν ἄνθρακ' ἐξεγείρειν,
τὴν λαμπάδ' ἡμμένην ὅπωϲ πρόφρων ἐμοὶ προϲοίϲειϲ.
δέϲποινα Νίκη, ξυγγενοῦ, τῶν τ' ἐν πόλει γυναικῶν
τοῦ νῦν παρεϲτῶτοϲ θράϲουϲ θέϲθαι τροπαῖον ἡμᾶϲ.

299 γε Γp: om. RB 301 οὐ] οὐδὲ R suppl. Brunck 304 ἢ πότ' Ellebodius: εἴ ποτ' codd.: ἦ ποτ' Reiske ἀρήξομεν B: ἀρήξωμεν Γp: ἀρηξόμην R 306 ἕκατι] ἕκητι Γ 307 οὔκουν] τί οὖν Blaydes εἰ ... θείμεϲθα ... αὐτοῦ] οὖν ... θώμεϲθα ... αὐτόν R 309 ἅψαντεϲ] an ἅψαιμεν ? 311 ἐμπιμπράναι P21: ἐμπιπ- codd. 315 ἐϲτίν ante ἔργον transp. R 316 λαμπάδ' Mu2: λαμπάδα θ' pB: λαμπάθ' RΓ πρόφρων Reisig: πρῶτον R: πρῶτοϲ (sed ante ὅπωϲ) Γp: πρώτιϲτ' Blaydes: πρώτῳ γ' Bothe: παρὼν Wilamowitz προϲοίϲειϲ R: ϲυνοίϲειϲ Γp: προϲοίϲει Wilamowitz 317 τ' del. Bergk: γ' Bothe

ΧΟΡΟϹ ΓΥΝΑΙΚΩΝ

λιγνὺν δοκῶ μοι καθορᾶν καὶ καπνόν, ὦ γυναῖκεϲ,
ὥϲπερ πυρὸϲ καομένου· ϲπευϲτέον ἐϲτὶ θᾶττον.

πέτου πέτου, Νικοδίκη, [ϲτρ.
πρὶν ἐμπεπρῆϲθαι Καλύκην
τε καὶ Κρίτυλλαν περιφυϲήτω
ὑπό τε νότων ἀργαλέων
ὑπό τε γερόντων ὀλέθρων.
ἀλλὰ φοβοῦμαι τόδε· μῶν ὑϲτερόπουϲ βοηθῶ;
νῦν δὴ γὰρ ἐμπληϲαμένη τὴν ὑδρίαν κνεφαία
μόλιϲ ἀπὸ κρήνηϲ ὑπ' ὄχλου καὶ θορύβου καὶ πατάγου
χυτρείου,
δούλαιϲιν ὠϲτιζομένη
⟨× – ∪ – – ∪ ∪ –⟩
ϲτιγματίαιϲ θ', ἁρπαλέωϲ
ἀραμένη ταῖϲιν ἐμαῖϲ
δημότιϲιν καομέναιϲ
φέρουϲ' ὕδωρ βοηθῶ.

ἤκουϲα γὰρ τυφογέρον- [ἀντ.
ταϲ ἄνδραϲ ἔρρειν, ϲτελέχη
φέρονταϲ ὥϲπερ βαλανεύϲονταϲ
†εἰϲ πόλιν ὡϲ τριτάλαντον βάροϲ,†
δεινότατ' ἀπειλοῦνταϲ ἐπῶν,
ὡϲ πυρὶ χρὴ τὰϲ μυϲαρὰϲ γυναῖκαϲ ἀνθρακίζειν.
ἅϲ, ὦ θεά, μή ποτ' ἐγὼ 'μπιμπραμέναϲ ἴδοιμι,
ἀλλὰ πολέμου καὶ μανιῶν ῥυϲαμέναϲ Ἑλλάδα καὶ
πολίταϲ,
ἐφ' οἷϲπερ, ὦ χρυϲολόφα

324 τε νότων Wilson: τε νόμων codd.: τ' ἀνέμων Oeri 328 μόλιϲ] μόγιϲ R 330 δούλαιϲιν Dindorf: -ηϲιν codd.: an -ηϲιν ? lacunam statuit Hermann 331 ϲτιγματίαιϲ R, sch. Γ: μαϲτιγίαιϲ cett. 338 εἰϲ . . . βάροϲ (ὡϲ pro εἰϲ praebet R)] ὡϲ τριτάλαντον εἰϲ πόλιν Wilamowitz: δεῦρο τριτάλαντόν τι βάροϲ Reisig 340 ἀνθρακίζειν Blaydes: -κεύειν codd. 341 'μπιμπραμέναϲ Bergk: πιμπ- codd.

πολιοῦχε, ϲὰϲ ἔϲχον ἕδραϲ.
καί ϲε καλῶ ξύμμαχον, ὦ
Τριτογένει᾽, ἤν τιϲ ἐκεί-
ναϲ ὑποπιμπρῇϲιν ἀνήρ,
φέρειν ὕδωρ μεθ᾽ ἡμῶν.

ἔαϲον, ὤ, τουτὶ τί ἦν; ἄνδρεϲ πονωπόνηροι·
οὐ γάρ ποτ᾽ ἂν χρηϲτοί γ᾽ ἔδρων οὐδ᾽ εὐϲεβεῖϲ τάδ᾽
ἄνδρεϲ.

Χο^{γε}. τουτὶ τὸ πρᾶγμ᾽ ἡμῖν ἰδεῖν ἀπροϲδόκητον ἥκει·
ἑϲμὸϲ γυναικῶν οὑτοϲὶ θύραϲιν αὖ βοηθεῖ.
Χο^{γυ}. τί βδύλλεθ᾽ ἡμᾶϲ; οὔ τί που πολλαὶ δοκοῦμεν εἶναι;
καὶ μὴν μέροϲ γ᾽ ἡμῶν ὁρᾶτ᾽ οὔπω τὸ μυριοϲτόν.
Χο^{γε}. ὦ Φαιδρία, ταύταϲ λαλεῖν ἐάϲομεν τοϲαυτί;
οὐ περικατᾶξαι τὸ ξύλον τύπτοντ᾽ ἐχρῆν τιν᾽ αὐταῖϲ;
Χο^{γυ}. θώμεϲθα δὴ τὰϲ κάλπιδαϲ χἠμεῖϲ χαμᾶζ᾽, ὅπωϲ ἄν,
ἢν προϲφέρῃ τὴν χεῖρά τιϲ, μὴ τοῦτό μ᾽ ἐμποδίζῃ.
Χο^{γε}. εἰ νὴ Δί᾽ ἤδη τὰϲ γνάθουϲ τούτων τιϲ ἢ δὶϲ ἢ τρὶϲ
ἔκοψεν ὥϲπερ Βουπάλου, φωνὴν ἂν οὐκ ἂν εἶχον.
Χο^{γυ}. καὶ μὴν ἰδού· παταξάτω τιϲ· ϲτᾶϲ᾽ ἐγὼ παρέξω,
κοὐ μή ποτ᾽ ἄλλη ϲου κύων τῶν ὄρχεων λάβηται.
Χο^{γε}. εἰ μὴ ϲιωπήϲει, θενών ϲου ᾽κκοκκιῶ τὸ γῆραϲ.
Χο^{γυ}. ἅψαι μόνον Ϲτρατυλλίδοϲ τῷ δακτύλῳ προϲελθών.
Χο^{γε}. τί δ᾽ ἢν ϲποδῶ τοῖϲ κονδύλοιϲ; τί μ᾽ ἐργάϲει τὸ δεινόν;
Χο^{γυ}. βρύκουϲά ϲου τοὺϲ πλεύμοναϲ καὶ τἄντερ᾽ ἐξαμήϲω.

347 ἤν] εἰ Reisig 348 ὑποπιμπρῇϲιν Curtius: -πίμπρηϲιν codd. 350 ὤ Boissonade: ὦ codd. ἄνδρεϲ B: ὦνδρεϲ cett. πονωπόνηροι B: πόνῳ πόνηροι cett. 354 βδύλλεθ᾽ P21, Γρ: -εϲθ᾽ R, Su. β 208 356 τοϲαυτί] τοϲαῦτα R 357 ἐχρῆν R: χρῆν cett. αὐταῖϲ sch.: αὐτάϲ codd. 360 ἤδη om. R 361 εἶχον R, Γγρ : εὗρε Γρ 362 τιϲ· ϲτᾶϲ᾽ B: τιϲ καὶ ϲτᾶϲ᾽ cett. 363 post 367 traiecit Jackson 364 θενών Dindorf: θένων codd. ϲου ᾽κκοκκιῶ τὸ γῆραϲ Reisig: ἐκκοκκιῶ τὸ γῆράϲ ϲου codd. 366 κονδύλοιϲ] δακτύλοιϲ R 367 πλεύμοναϲ B, Su. β 573 codd. AVM: πλέμοναϲ Γρ: πνεύμοναϲ R, Su. codd. GITF et ε 1534

Χογε. οὐκ ἔϲτ᾽ ἀνὴρ Εὐριπίδου ϲοφώτεροϲ ποιητήϲ·
οὐδὲν γὰρ ὧδε θρέμμ᾽ ἀναιδέϲ ἐϲτιν ὡϲ γυναῖκεϲ.
Χογυ. αἰρώμεθ᾽ ἡμεῖϲ θοὔδατοϲ τὴν κάλπιν, ὦ Ῥοδίππη.
Χογε. τί δ᾽, ὦ θεοῖϲ ἐχθρά, ϲὺ δεῦρ᾽ ὕδωρ ἔχουϲ᾽ ἀφίκου;
Χογυ. τί δ᾽ αὖ ϲὺ πῦρ, ὦ τύμβ᾽, ἔχων; ὡϲ ϲαυτὸν ἐμπυρεύϲων;
Χογε. ἐγὼ μὲν ἵνα νήϲαϲ πυρὰν τὰϲ ϲὰϲ φίλαϲ ὑφάψω.
Χογυ. ἐγὼ δέ γ᾽, ἵνα τὴν ϲὴν πυρὰν τούτῳ καταϲβέϲαιμι.
Χογε. τοὐμὸν ϲὺ πῦρ καταϲβέϲειϲ;
Χογυ. τοὔργον τάχ᾽ αὐτὸ δείξει.
Χογε. οὐκ οἶδά ϲ᾽ εἰ τῇδ᾽ ὡϲ ἔχω τῇ λαμπάδι ϲταθεύϲω.
Χογυ. εἰ ῥύμμα τυγχάνειϲ ἔχων, λουτρόν γέ ϲοι παρέξω.
Χογε. ἐμοὶ ϲὺ λουτρόν, ὦ ϲαπρά;
Χογυ. καὶ ταῦτα νυμφικόν γε.
Χογε. ἤκουϲαϲ αὐτῆϲ τοῦ θράϲουϲ;
Χογυ. ἐλευθέρα γάρ εἰμι.
Χογε. ϲχήϲω ϲ᾽ ἐγὼ τῆϲ νῦν βοῆϲ.
Χογυ. ἀλλ᾽ οὐκέτ᾽ ἡλιάζει.
Χογε. ἔμπρηϲον αὐτῆϲ τὰϲ κόμαϲ.
Χογυ. ϲὸν ἔργον, ὦχελῷε.
Χογε. οἴμοι τάλαϲ.
Χογυ. μῶν θερμὸν ἦν;
Χογε. ποῖ θερμόν; οὐ παύϲει; τί δρᾷϲ;
Χογυ. ἄρδω ϲ᾽ ὅπωϲ ἂν βλαϲτάνῃϲ.
Χογε. ἀλλ᾽ αὗόϲ εἰμ᾽ ἤδη τρέμων.
Χογυ. οὔκουν, ἐπειδὴ πῦρ ἔχειϲ, ϲὺ χλιανεῖϲ ϲεαυτόν;

368 ἔϲτ᾽ ἀνὴρ R: ἐϲτὶν ἀνὴρ cett.: ἐϲτὶν ἆρ᾽ Bentley 369 ὧδε Dindorf: ὡδὶ R: οὕτω cett. 371 θεοῖϲ B: θεοῖϲιν cett. 372 δ᾽ αὖ Reisig: δαὶ R: δὲ Γp: δὲ δὴ B ϲαυτὸν B: ϲεαυτὸν cett. 374 γ᾽ RB: κ᾽ Γp 376 ϲταθεύϲω] -ϲων Γ 377 γέ ϲοι Reisig: ἐγὼ codd.: ⟨γ᾽⟩ ἐγὼ Biset 380 οὐκέτ᾽] οὐκέθ᾽ R ἡλιάζει Cobet (sed spiritu aspero): ἡλιάζειϲ Bac, lm. sch. O: ἡλιάξειϲ cett. 384 ἂν βλαϲτάνῃϲ Brunck: ἀναβλ- codd.: ἀναβλαϲτανεῖϲ Dobree, vix recte

ΠΡΟΒΟΥΛΟϹ

ἆρ᾿ ἐξέλαμψε τῶν γυναικῶν ἡ τρυφὴ
χὠ τυμπανιϲμὸϲ χοἰ πυκνοὶ Ϲαβάζιοι,
ὅ τ᾿ Ἀδωνιαϲμὸϲ οὗτοϲ οὑπὶ τῶν τεγῶν,
οὗ ᾿γώ ποτ᾿ ὢν ἤκουον ἐν τἠκκληϲίᾳ;
ἔλεγεν ὁ μὴ ὥραϲι μὲν Δημόϲτρατοϲ
πλεῖν εἰϲ Ϲικελίαν, ἡ γυνὴ δ᾿ ὀρχουμένη
“αἰαῖ Ἄδωνιν” φηϲίν, ὁ δὲ Δημόϲτρατοϲ
ἔλεγεν ὁπλίταϲ καταλέγειν Ζακυνθίων·
ἡ δ᾿ ὑποπεπωκυῖ᾿ ἡ γυνὴ ᾿πὶ τοῦ τέγουϲ
“κόπτεϲθ᾿ Ἄδωνιν” φηϲίν· ὁ δ᾿ ἐβιάζετο,
ὁ θεοῖϲιν ἐχθρὸϲ καὶ μιαρὸϲ Χολοζύγηϲ.
τοιαῦτ᾿ ἀπ᾿ αὐτῶν ἐϲτιν ἀκολαϲτάϲματα.

Χο^{γε}. τί δῆτ᾿ ἄν, εἰ πύθοιο καὶ τὴν τῶνδ᾿ ὕβριν;
αἳ τἄλλα θ᾿ ὑβρίκαϲι κἀκ τῶν καλπίδων
ἔλουϲαν ἡμᾶϲ, ὥϲτε θαἰματίδια
ϲείειν πάρεϲτιν ὥϲπερ ἐνεουρηκόταϲ.

Πρ. νὴ τὸν Ποϲειδῶ τὸν ἁλυκόν, δίκαιά γε.
ὅταν γὰρ αὐτοὶ ξυμπονηρευώμεθα
ταῖϲιν γυναιξὶ καὶ διδάϲκωμεν τρυφᾶν,
τοιαῦτ᾿ ἀπ᾿ αὐτῶν βλαϲτάνει βουλεύματα.
οἳ λέγομεν ἐν τῶν δημιουργῶν τοιαδί·
“ὦ χρυϲοχόε, τὸν ὅρμον ὃν ἐπεϲκεύαϲαϲ,
ὀρχουμένηϲ μου τῆϲ γυναικὸϲ ἑϲπέραϲ
ἡ βάλανοϲ ἐκπέπτωκεν ἐκ τοῦ τρήματοϲ.
ἐμοὶ μὲν οὖν ἐϲτ᾿ εἰϲ Ϲαλαμῖνα πλευϲτέα·
ϲὺ δ᾿ ἢν ϲχολάϲῃϲ, πάϲῃ τέχνῃ πρὸϲ ἑϲπέραν
ἐλθὼν ἐκείνῃ τὴν βάλανον ἐνάρμοϲον.”
ἕτεροϲ δέ τιϲ πρὸϲ ϲκυτοτόμον ταδὶ λέγει

388 πυκνοὶ Lexicon Messanense, Bentley: ποικινοὶ R: πυκινοὶ cett. 389 Ἀδωνιαϲμὸϲ B: -ιϲμὸϲ cett. 391 ἔλεγεν Palmerius: ἔλεγεν δ᾿ codd. 398 ἀπ᾿] ὑπ᾿ R ἀκολαϲτάϲματα Dobree: ἀκόλαϲτ᾿ ᾄϲματα codd.: ἀκολαϲτήματα Photius, Bentley 400 τἄλλα] γ᾿ ἄλλα Dobree 403 ἁλυκόν] -κῶ R 408 ἐπεϲκεύαϲαϲ] ἐϲκεύαϲαϲ R 412 ἢν R: ἂν cett. 413 ἐκείνῃ R: ἐκείνην cett.

νεανίαν καὶ πέοϲ ἔχοντ' οὐ παιδικόν·
"ὦ ϲκυτοτόμε, τῆϲ μου γυναικὸϲ τοῦ ποδὸϲ
τὸ δακτυλίδιον πιέζει τὸ ζυγόν,
ἅθ' ἁπαλὸν ὄν· τοῦτ' οὖν ϲὺ τῆϲ μεϲημβρίαϲ
ἐλθὼν χάλαϲον, ὅπωϲ ἂν εὐρυτέρωϲ ἔχῃ."
τοιαῦτ' ἀπήντηκ' εἰϲ τοιαυτὶ πράγματα,
ὅτ' ὢν ἐγὼ πρόβουλοϲ, ἐκποριϲαϲ ὅπωϲ
κωπῆϲ ἔϲονται, τἀργυρίου νυνὶ δέον,
ὑπὸ τῶν γυναικῶν ἀποκέκλῃμαι ταῖϲ πύλαιϲ.
ἀλλ' οὐδὲν ἔργον ἑϲτάναι. φέρε τοὺϲ μοχλούϲ,
ὅπωϲ ἂν αὐτὰϲ τῆϲ ὕβρεωϲ ἐγὼ ϲχέθω.
τί κέχηναϲ, ὦ δύϲτηνε; ποῖ δ' αὖ ϲὺ βλέπειϲ,
οὐδὲν ποιῶν ἀλλ' ἢ καπηλεῖον ϲκοπῶν;
οὐχ ὑποβαλόντεϲ τοὺϲ μοχλοὺϲ ὑπὸ τὰϲ πύλαϲ
ἐντεῦθεν ἐκμοχλεύϲετ'; ἐνθενδὶ δ' ἐγὼ
ξυνεκμοχλεύϲω.
Λυ. μηδὲν ἐκμοχλεύετε·
ἐξέρχομαι γὰρ αὐτομάτη. τί δεῖ μοχλῶν;
οὐ γὰρ μοχλῶν δεῖ μᾶλλον ἢ νοῦ καὶ φρενῶν.
Πρ. ἄληθεϲ, ὦ μιαρὰ ϲύ; ποῦ 'ϲτι τοξότηϲ;
ξυλλάμβαν' αὐτὴν κὠπίϲω τὼ χεῖρε δεῖ.
Λυ. εἰ τἄρα νὴ τὴν Ἄρτεμιν τὴν χεῖρά μοι
ἄκραν προϲοίϲει, δημόϲιοϲ ὢν κλαύϲεται.
Πρ. ἔδειϲαϲ, οὗτοϲ; οὐ ξυναρπάϲει μέϲην
καὶ ϲὺ μετὰ τούτου χἀνύϲαντε δήϲετον;

416 τῆϲ μου] μου τῆϲ Meineke   τοῦ ποδὸϲ] τοὺϲ πόδαϲ R
421 γ' ὢν] ὢν vel ὤν γ' Lenting   423 ἀποκέκλῃμαι] -κλιϲμαι R
424 οὐδὲν] οὐκέτ' Hamaker   426 τί] ποῖ R   δ' αὖ R: δὲ cett.
429 ἐνθενδὶ B: ἐνθένδε cett.   δ'] γ' R   430 ἐκμοχλεύετε] -εύϲετε R   433 ποῦ 'ϲτι van Leeuwen: ποῦ 'ϲθ' ὁ codd.: [P16]
435 χεῖρά μοι R: χεῖρ' ἐμοὶ cett., quod recipere possis si in 436 post ὢν interpungas   438 χἀνύϲαντε Boissonade: κἀν- codd.: καταν- P16

ΓΡΑΥC Α′

εἰ τἄρα νὴ τὴν Πάνδροϲον ταύτῃ μόνον
τὴν χεῖρ᾽ ἐπιβαλεῖϲ, ἐπιχεϲεῖ πατούμενοϲ.

Πρ. ἰδού γ᾽ ἐπιχεϲεῖ. ποῦ ᾽ϲτιν ἕτεροϲ τοξότηϲ;
ταύτην προτέραν ξύνδηϲον, ὁτιὴ καὶ λαλεῖ.

ΓΡΑΥC Β′

εἰ τἄρα νὴ τὴν Φωϲφόρον τὴν χεῖρ᾽ ἄκραν
ταύτῃ προϲοίϲειϲ, κύαθον αἰτήϲειϲ τάχα.

Πρ. τουτὶ τί ἦν; ποῦ τοξότηϲ; ταύτηϲ ἔχου.
παύϲω τιν᾽ ὑμῶν τῆϲδ᾽ ἐγὼ τῆϲ ἐξόδου.

ΓΡΑΥC Γ′

εἰ τἄρα νὴ τὴν Ταυροπόλον ταύτῃ πρόϲει,
ἐγὼ ᾽κποκιῶ ϲου τὰϲ ϲτενοκωκύτουϲ τρίχαϲ.

Πρ. οἴμοι κακοδαίμων· ἐπιλέλοιφ᾽ ὁ τοξότηϲ.
ἀτὰρ οὐ γυναικῶν οὐδέποτ᾽ ἔϲθ᾽ ἡττητέα
ἡμῖν· ὁμόϲε χωρῶμεν αὐταῖϲ, ὦ Cκύθαι,
ξυνταξάμενοι.

Λυ. νὴ τὼ θεώ, γνώϲεϲθ᾽ ἄρα
ὅτι καὶ παρ᾽ ἡμῖν εἰϲι τέτταρεϲ λόχοι
μαχίμων γυναικῶν ἔνδον ἐξωπλιϲμένων.

Πρ. ἀποϲτρέφετε τὰϲ χεῖραϲ αὐτῶν, ὦ Cκύθαι.

Λυ. ὦ ξύμμαχοι γυναῖκεϲ, ἐκθεῖτ᾽ ἔνδοθεν,
ὦ ϲπερμαγοραιολεκιθολαχανοπώλιδεϲ,
ὦ ϲκοροδοπανδοκευτριαρτοπώλιδεϲ,
οὐχ ἕλξετ᾽, οὐ παιήϲετ᾽, οὐκ ἀράξετε;
οὐ λοιδορήϲετ᾽, οὐκ ἀναιϲχυντήϲετε;
παύϲαϲθ᾽, ἐπαναχωρεῖτε, μὴ ϲκυλεύετε.

439 *μόνον* R: *μόνην Γ*p 441 *ποῦ ᾽ϲτιν*] *ποῦ ᾽ϲθ᾽* P16 444 *ταύτῃ* R: *ταύτην Γ*p 447–8 coryphaeo feminarum tribuere possis 448 *ἐγὼ ᾽κποκιῶ* Blaydes: *ἐκκοκιῶ* Rp: *ἐκκοκκιῶ Γ*B, Su. ϲ 1037 449 *ἐπιλέλοιφ᾽*] *-λοιπ᾽* R, unde *ἐπιλέλοιπεν ὁ ϲτρατόϲ* Dobree 450 *γυναικῶν* ⟨*γ᾽*⟩ Blaydes 459 *ἀράξετε* Wakefield: *ἀρήξετε* codd., Su. ω 240 461 *παύϲαϲθ᾽*] *παύϲεϲθ᾽* R: *παύεϲθ᾽* Su.

Πρ. οἴμ', ὡς κακῶς πέπραγέ μου τὸ τοξικόν.
Λυ. ἀλλὰ τί γὰρ ᾤου; πότερον ἐπὶ δούλας τινὰς
ἥκειν ἐνόμισας, ἢ γυναιξὶν οὐκ οἴει
χολὴν ἐνεῖναι;
Πρ. νὴ τὸν Ἀπόλλω καὶ μάλα
πολλήν γ', ἐάνπερ πλησίον κάπηλος ᾖ.
Χο^γε. ὦ πόλλ' ἀναλώσας ἔπη πρόβουλε τῆσδε ⟨τῆς⟩ γῆς,
τί τοῖσδε σαυτὸν εἰς λόγον τοῖς θηρίοις συνάπτεις;
οὐκ οἶσθα λουτρὸν οἷον αἵδ' ἡμᾶς ἔλουσαν ἄρτι
ἐν τοῖσιν ἱματιδίοις, καὶ ταῦτ' ἄνευ κονίας;
Χο^γυ. ἀλλ', ὦ μέλ', οὐ χρὴ προσφέρειν τοῖς πλησίοισιν εἰκῇ
τὴν χεῖρ'· ἐὰν δὲ τοῦτο δρᾷς, κυλοιδιᾶν ἀνάγκη.
ἐπεὶ 'θέλω 'γὼ σωφρόνως ὥσπερ κόρη καθῆσθαι,
λυποῦσα μηδέν' ἐνθαδί, κινοῦσα μηδὲ κάρφος,
ἢν μή τις ὥσπερ σφηκιὰν βλίττῃ με κἀρεθίζῃ.

Χο^γε. ὦ Ζεῦ, τί ποτε χρησόμεθα τοῖσδε τοῖς κνωδάλοις; [στρ.
οὐ γὰρ ἔτ' ἀνεκτὰ τάδε γ', ἀλλὰ βασανιστέον
τόδε σοι τὸ πάθος μετ' ἐμοῦ,
ὅ τι βουλόμεναί ποτε τὴν Κραναὰν
κατέλαβον, ἐφ' ὅ τι τε μεγαλόπετρον ἄβατον
ἀκρόπολιν, ἱερὸν τέμενος.

ἀλλ' ἀνερώτα καὶ μὴ πείθου καὶ πρόσφερε πάντας ἐλέγχους,
ὡς αἰσχρὸν ἀκωδώνιστον ἐὰν τοιοῦτον πρᾶγμα μεθέντας.
Πρ. καὶ μὴν αὐτῶν τοῦτ' ἐπιθυμῶ νὴ τὸν Δία πρῶτα πυθέσθαι,

462 οἴμ' ὡς] οἴμοι R 467 suppl. Bentley 468 λόγον R: λόγους cett. 476 τοῖς P16, Bentley: τοῖσι(ν) codd. 478 ἔτ'] ἔσθ' R τάδε γ' p: τάδε τ' P16: τάδ' RΓB 481 μεγαλόπετρον R: -όπτερον cett. 484 πείθου] πιθοῦ R: φείδου Bergk 485 τοιοῦτον] τὸ τοιοῦτο R 486 αὐτῶν] αὐτὸς Bergk: πάντων Hamaker

ὅ τι βουλόμεναι τὴν πόλιν ἡμῶν ἀπεκλῄϲατε τοῖϲι μοχλοῖϲιν.
Λυ. ἵνα τἀργύριον ϲῶν κατέχοιμεν καὶ μὴ πολεμοῖτε δι' αὐτό.
Πρ. διὰ τἀργύριον πολεμοῦμεν γάρ;
Λυ. καὶ τἄλλα γε πάντ' ἐκυκήθη.
ἵνα γὰρ Πείϲανδροϲ ἔχοι κλέπτειν χοἰ ταῖϲ ἀρχαῖϲ ἐπέχοντεϲ
ἀεί τινα κορκορυγὴν ἐκύκων. οἱ δ' οὖν τοῦδ' οὕνεκα δρώντων
ὅ τι βούλονται· τὸ γὰρ ἀργύριον τοῦτ' οὐκέτι μὴ καθέλωϲιν.
Πρ. ἀλλὰ τί δράϲειϲ;
Λυ. τοῦτό μ' ἐρωτᾷϲ; ἡμεῖϲ ταμιεύϲομεν αὐτό.
Πρ. ὑμεῖϲ ταμιεύϲετε τἀργύριον;
Λυ. τί ⟨δὲ⟩ δεινὸν τοῦτο νομίζειϲ;
οὐ καὶ τἄνδον χρήματα πάντωϲ ἡμεῖϲ ταμιεύομεν ὑμῖν;
Πρ. ἀλλ' οὐ ταὐτόν.
Λυ. πῶϲ οὐ ταὐτόν;
Πρ. πολεμητέον ἔϲτ' ἀπὸ τούτου·
Λυ. ἀλλ' οὐδὲν δεῖ πρῶτον πολεμεῖν.
Πρ. πῶϲ γὰρ ϲωθηϲόμεθ' ἄλλωϲ;
Λυ. ἡμεῖϲ ὑμᾶϲ ϲώϲομεν.
Πρ. ὑμεῖϲ;
Λυ. ἡμεῖϲ μέντοι.
Πρ. ϲχέτλιόν γε.
Λυ. ὡϲ ϲωθήϲει, κἂν μὴ βούλῃ.
Πρ. δεινόν ⟨γε⟩ λέγειϲ.
Λυ. ἀγανακτεῖϲ;

487 τοῖϲι μοχλοῖϲιν Fl. Christianus: τοῖϲ μοχλοῖϲ R: μοχλοῖϲ cett. 488 κατέχοιμεν B: παρέχοιμεν cett. 489 γε] τε R 491 οὕνεκα] ἕνεκα R 493 αὐτό] αὐτόν Γ: ὑμῖν v.l. ap. sch., sed cf. 495 494 suppl. Bentley 495 ταμιεύομεν R: -εύϲομεν Γp 497 ϲωθηϲόμεθ' B: -όμεϲθ' cett. 499 suppl. Ellebodius

ἀλλὰ ποιητέα ταῦτ' ἐϲτὶν ὅμως.
Πρ. νὴ τὴν Δήμητρ' ἄδικόν γε.
Λυ. ϲωϲτέον, ὦ τᾶν.
Πρ. κεἰ μὴ δέομαι;
Λυ. τοῦδ' οὕνεκα καὶ πολὺ μᾶλλον.
Πρ. ὑμῖν δὲ πόθεν περὶ τοῦ πολέμου τῆϲ τ' εἰρήνηϲ ἐμέληϲεν;
Λυ. ἡμεῖϲ φράϲομεν.
Πρ. λέγε δὴ ταχέωϲ, ἵνα μὴ κλάῃϲ.
Λυ. ἀκροῶ δή, καὶ τὰϲ χεῖραϲ πειρῶ κατέχειν.
Πρ. ἀλλ' οὐ δύναμαι· χαλεπὸν γὰρ ὑπὸ τῆϲ ὀργῆϲ αὐτὰϲ ἴϲχειν.
Γρ[a]. κλαύϲει τοίνυν πολὺ μᾶλλον.
Πρ. τοῦτο μέν, ὦ γραῦ, ϲαυτῇ κρώξαιϲ. ϲὺ δέ μοι λέγε.
Λυ. ταῦτα ποιήϲω.
ἡμεῖϲ τὸν μὲν πρότερον ϲιγῇ χρόνον ἐξηνειχόμεθ' ⟨ὑμῶν⟩
ὑπὸ ϲωφροϲύνηϲ τῆϲ ἡμετέραϲ τῶν ἀνδρῶν ἅττ' ἐποιεῖτε·
οὐ γὰρ γρύζειν εἰᾶθ' ἡμᾶϲ. καίτοὐκ ἠρέϲκετέ γ' ἡμᾶϲ.
ἀλλ' ᾐϲθανόμεϲθα καλῶϲ ὑμῶν, καὶ πολλάκιϲ ἔνδον ἂν οὖϲαι
ἠκούϲαμεν ἄν τι κακῶϲ ὑμᾶϲ βουλευϲαμένουϲ μέγα πρᾶγμα·
εἶτ' ἀλγοῦϲαι τἄνδοθεν ὑμᾶϲ ἐπανηρόμεθ' ἂν γελάϲαϲαι,

501 ϲωϲτέον] ϲωϲτέα ϲ' Blaydes οὕνεκα Brunck: εἵνεκα codd. 506 μὲν R: μὲν οὖν cett. 507 ϲιγῇ Hermann: πόλεμον καὶ τὸν codd. ἐξηνειχόμεθ' Blaydes, duce Reisig: ἠνειχόμεϲθα Γp: ἠνεϲχόμεϲθα R suppl. Porson alii aliter locum difficilem sanant 508 ἅττ' ἐποιεῖτε B: ἅττ' ἂν ποιῆτε (vel ποιεῖτε) cett. 509 καίτοὐκ Reiske: κᾆτ' οὐκ codd. ἠρέϲκετέ γ' Γp: ἠρέϲκετ' R: ἤρεϲκε τάδ' Blaydes 510 ἂν R: om. cett.

“τί βεβούλευται περὶ τῶν ϲπονδῶν ἐν τῇ ϲτήλῃ παραγράψαι
ἐν τῷ δήμῳ τήμερον ὑμῖν;” “τί δὲ ϲοὶ ταῦτ᾽;” ἦ δ᾽ ὃϲ ἂν ἀνήρ.
“οὐ ϲιγήϲει;” κἀγὼ ᾽ϲίγων.
Γρ^{a}. ἀλλ᾽ οὐκ ἂν ἐγώ ποτ᾽ ἐϲίγων.
Πρ. κἂν ᾤμωξάϲ γ᾽, εἰ μὴ ᾽ϲίγαϲ.
Λυ. τοιγὰρ ἐγὼ μὲν τότ᾽ ἐϲίγων.
⟨μετὰ ταῦθ᾽⟩ ἕτερόν τι πονηρότερον βούλευμ᾽ ἐπεπύϲμεθ᾽ ἂν ὑμῶν·
εἶτ᾽ ἠρόμεθ᾽ ἄν· “πῶϲ ταῦτ᾽, ὦνερ, διαπράττεϲθ᾽ ὧδ᾽ ἀνοήτωϲ;”
ὁ δέ μ᾽ εὐθὺϲ ὑποβλέψαϲ ⟨ἂν⟩ ἔφαϲκ᾽, εἰ μὴ τὸν ϲτήμονα νήϲω,
ὀτοτύξεϲθαι μακρὰ τὴν κεφαλήν· “πόλεμοϲ δ᾽ ἄνδρεϲϲι μελήϲει.”
Πρ. ὀρθῶϲ γε λέγων νὴ Δί᾽ ἐκεῖνοϲ.
Λυ. πῶϲ ὀρθῶϲ, ὦ κακόδαιμον,
εἰ μηδὲ κακῶϲ βουλευομένοιϲ ἐξῆν ὑμῖν ὑποθέϲθαι;
ὅτε δὴ δ᾽ ὑμῶν ἐν ταῖϲιν ὁδοῖϲ φανερῶϲ ἠκούομεν ἤδη
“οὐκ ἔϲτιν ἀνὴρ ἐν τῇ χώρᾳ.”—“μὰ Δί᾽ οὐ δῆτ᾽ ⟨ἔϲθ᾽⟩” ἕτερόϲ τιϲ—,
μετὰ ταῦθ᾽ ἡμῖν εὐθὺϲ ἔδοξεν ϲῶϲαι τὴν Ἑλλάδα κοινῇ
ταῖϲι γυναιξὶν ϲυλλεχθείϲαιϲ. ποῖ γὰρ καὶ χρῆν ἀναμεῖναι;
ἢν οὖν ἡμῶν χρηϲτὰ λεγουϲῶν ἐθελήϲητ᾽ ἀντακροᾶϲθαι

514 ταῦτ᾽ R: τοῦτ᾽ cett. ἦ δ᾽ pB, cf. sch.: ἦδ᾽ RΓ ὃϲ ἂν R: ὡϲ cett. 516 ᾤμωξάϲ Γp: ᾤμωζέϲ R ἐγὼ μὲν τότ᾽ Wilamowitz: ἔνδον codd. 517 suppl. Blaydes, qui etiam ⟨εἶθ᾽⟩ ἕτερον ⟨δή⟩ temptavit: ⟨αὖθιϲ δ᾽⟩ Dobree: ⟨ταχέωϲ δ᾽⟩ van Leeuwen post πονηρότερον add. δήπου B 518 ἂν RB: om. Γp 519 ἂν ἔφαϲκ᾽, εἰ Daubuz: ἔφαϲκε κεἰ R: κεἰ Γp νήϲω] νήϲειϲ B 524 suppl. Brunck, cf. sch.: ⟨εἶφ᾽⟩ Dobree 525 εὐθὺϲ post ἔδοξεν transp. codd. praeter R 527 ἀντακροᾶϲθαι] ἂν ἀκροᾶϲθαι R

κἀντιϲιωπᾶν ὥϲπερ χἠμεῖϲ, ἐπανορθώϲαιμεν ἂν ὑμᾶϲ.
Πρ. ὑμεῖϲ ἡμᾶϲ; δεινόν γε λέγειϲ κοὐ τλητὸν ἔμοιγε.
Λυ. ϲιώπα.
Πρ. ϲοί γ', ὦ κατάρατε, ϲιωπῶ 'γώ, καὶ ταῦτα κάλυμμα φορούϲῃ
περὶ τὴν κεφαλήν; μή νυν ζῴην.
Λυ. ἀλλ' εἰ τοῦτ' ἐμπόδιόν ϲοι,
παρ' ἐμοῦ τουτὶ τὸ κάλυμμα λαβὼν
ἔχε καὶ περίθου περὶ τὴν κεφαλήν,
κᾆτα ϲιώπα.
Γρ[α]. καὶ τουτονγὶ τὸν καλαθίϲκον.
Λυ. κᾆτα ξαίνειν ξυζωϲάμενοϲ
κυάμουϲ τρώγων·
πόλεμοϲ δὲ γυναιξὶ μελήϲει.
Χο[γυ]. ἀπαίρετ', ὦ γυναῖκεϲ, ἀπὸ τῶν καλπίδων, ὅπωϲ ἂν
ἐν τῷ μέρει χἠμεῖϲ τι ταῖϲ φίλαιϲι ϲυλλάβωμεν.

ἔγω⟨γε⟩ γὰρ ⟨ἂν⟩ οὔποτ' ἂν κάμοιμ' ὀρχουμένη, [ἀντ.
οὐδὲ καματηρὸϲ ἂν ἕλοι γόνατά μου κόποϲ.
ἐθέλω δ' ἐπὶ πᾶν ἰέναι
μετὰ τῶνδ' ἀρετῆϲ ἕνεχ', αἷϲ ἔνι φύϲιϲ,
ἔνι χάριϲ, ἔνι θράϲοϲ, ἔνι δὲ ⟨τὸ⟩ ϲοφόν, ἔνι
φιλόπολιϲ ἀρετὴ φρόνιμοϲ.

528 κἀντιϲιωπᾶν Kuster (*et vicissim tacere* Divus): κἀντιϲιωπᾶθ' R: καὶ ϲιωπᾶθ' cett.   ἂν om. R   531 ἐμπόδιόν ϲοι R: ἐμποδίϲοι Γp   532 τουτὶ R: τοῦτο cett.   535 v. vetulae tribuit Bentley   τουτονγὶ Elmsley: τουτονὶ R: τοῦτον cett.: ⟨λαβὲ⟩ τοῦτον Blaydes   539 ἀπαίρετ' Brunck, cf. sch. ἀναχωρήϲατε : αἴρεϲθ' codd., quo recepto ἄνω pro ὦ Porson   541 suppl. Enger   οὔποτε] οὐκ ἄν ποτε Reisig   κάμοιμ' ἂν RΓp: ἂν κάμοιμ' B   542 οὐδὲ . . . κόποϲ Jackson: οὐδὲ τὰ γόνατα κόποϲ ἑλεῖ (ἕλοι B) μου καματηρόϲ codd.: οὐδὲ γόνατ' ἂν κόποϲ ἕλοι με καματήριοϲ Hermann post Bentley   545 ante θράϲοϲ add. δὲ R   suppl. Hermann

ἀλλ᾽, ὦ τηθῶν ἀνδρειοτάτη καὶ μητριδίων ἀκαληφῶν,
χωρεῖτ᾽ ὀργῇ καὶ μὴ τέγγεϲθ᾽· ἔτι γὰρ νῦν οὔρια θεῖτε.
Λυ. ἀλλ᾽ ἤνπερ ὅ ⟨τε⟩ γλυκύθυμοϲ Ἔρωϲ χἠ Κυπρογένει᾽ Ἀφροδίτη
ἵμερον ἡμῖν κατὰ τῶν κόλπων καὶ τῶν μηρῶν καταπνεύϲῃ,
κᾆτ᾽ ἐντέξῃ τέτανον τερπνὸν τοῖϲ ἀνδράϲι καὶ ῥοπαλιϲμούϲ,
οἶμαί ποτε Λυϲιμάχαϲ ἡμᾶϲ ἐν τοῖϲ Ἕλληϲι καλεῖϲθαι.
Πρ. τί ποιηϲάϲαϲ;
Λυ. ἢν παύϲωμεν πρώτιϲτον μὲν ξὺν ὅπλοιϲιν
ἀγοράζονταϲ καὶ μαινομένουϲ.
Γρ^{a}. νὴ τὴν Παφίαν Ἀφροδίτην.
Λυ. νῦν μὲν γὰρ δὴ κἀν ταῖϲι χύτραιϲ καὶ τοῖϲ λαχάνοιϲιν ὁμοίωϲ
περιέρχονται κατὰ τὴν ἀγορὰν ξὺν ὅπλοιϲ ὥϲπερ Κορύβαντεϲ.
Πρ. νὴ Δία· χρὴ γὰρ τοὺϲ ἀνδρείουϲ.
Λυ. καὶ μὴν τό γε πρᾶγμα γέλοιον,
ὅταν ἀϲπίδ᾽ ἔχων καὶ Γοργόνα τιϲ κᾆτ᾽ ὠνῆται κορακίνουϲ.
Γρ^{a}. νὴ Δί᾽ ἐγὼ γοῦν ἄνδρα κομήτην φυλαρχοῦντ᾽ εἶδον ἐφ᾽ ἵππου
εἰϲ τὸν χαλκοῦν ἐμβαλλόμενον πῖλον λέκιθον παρὰ γραόϲ·
ἕτεροϲ δ᾽ ⟨αὖ⟩ Θρᾷξ πέλτην ϲείων κἀκόντιον ὥϲπερ ὁ Τηρεύϲ,

549 ἀνδρειοτάτη Γ^{ac}, Su. τ 472, Athenaeus 3.90 B: -οτάτων cett.: -όταται Scaliger 551 suppl. Daubuz: ⟨γ᾽⟩ ὅ Bentley 552 ἡμῖν Bentley: ἡμῶν codd. 553 ἐντέξῃ] ἐντεύξῃ lm. sch. O: ἐντήξῃ B: ἐνϲτάξῃ Hirschig: ἐμπήξῃ Richards 557 κἀν . . . κἀν Brunck: καὶ . . . καὶ codd. λαχάνοιϲιν B: -άνοιϲ cett. 559 γε R: om. cett. 561 ἵππου] ἵππον R: ἵππῳ sch. ad *Plut.* 427 563 suppl. Brunck

ἐδεδίττετο τὴν ἰϲχαδόπωλιν καὶ τὰϲ δρυπεπεῖϲ κατέπινεν.
Πρ. πῶϲ οὖν ὑμεῖϲ δυναταὶ παῦϲαι τεταραγμένα πράγματα πολλὰ
ἐν ταῖϲ χώραιϲ καὶ διαλῦϲαι;
Λυ. φαύλωϲ πάνυ.
Πρ. πῶϲ; ἀπόδειξον.
Λυ. ὥϲπερ κλωϲτῆρ᾽, ὅταν ἡμῖν ᾖ τεταραγμένοϲ, ὧδε λαβοῦϲαι,
ὑπενεγκοῦϲαι τοῖϲιν ἀτράκτοιϲ, τὸ μὲν ἐνταυθοῖ, τὸ δ᾽ ἐκεῖϲε,
οὕτωϲ καὶ τὸν πόλεμον τοῦτον διαλύϲομεν, ἤν τιϲ ἐάϲῃ,
διενεγκοῦϲαι διὰ πρεϲβειῶν, τὸ μὲν ἐνταυθοῖ, τὸ δ᾽ ἐκεῖϲε.
Πρ. ἐξ ἐρίων δὴ καὶ κλωϲτήρων καὶ ἀτράκτων πράγματα δεινὰ
παύϲειν οἴεϲθ᾽; ὡϲ ἀνόητοι.
Λυ. κἂν ὑμῖν γ᾽ εἴ τιϲ ἐνῆν νοῦϲ,
ἐκ τῶν ἐρίων τῶν ἡμετέρων ἐπολιτεύεϲθ᾽ ἂν ἅπαντα.
Πρ. πῶϲ δή; φέρ᾽ ἴδω.
Λυ. πρῶτον μὲν ἐχρῆν, ὥϲπερ πόκον, ἐν βαλανείῳ
ἐκπλύναντας τὴν οἰϲπώτην ἐκ τῆϲ πόλεωϲ, ἐπὶ κλίνηϲ
ἐκραβδίζειν τοὺϲ μοχθηροὺϲ καὶ τοὺϲ τριβόλουϲ ἀπολέξαι,
καὶ τούϲ γε ϲυνιϲταμένουϲ τούτουϲ καὶ τοὺϲ πιλοῦνταϲ ἑαυτοὺϲ
ἐπὶ ταῖϲ ἀρχαῖϲι διαξῆναι καὶ τὰϲ κεφαλὰϲ ἀποτῖλαι·

564 ἐδεδίττετο Maltby: ἐδεδίϲκετο codd., Photius: ἐδεδίξατο Sommerstein δρυπεπεῖϲ] δρυπετεῖϲ B, sch. Γ, Hsch. 565 δυναταὶ Ellebodius: δύναϲθε RpB: δύναϲθαι Γ πολλὰ] πάντα Blaydes 566 καὶ R: om. cett. 567 κλωϲτῆρ᾽ Bentley: κλωϲτήρ codd. 568 ὑπενεγκοῦϲαι Rp: ἐπ- ΓB 569 οὕτωϲ R: οὕτω Γp 572 ὡϲ ἀνόητοι Dobree: ὦ ἀν- vel ὧν- codd. post τιϲ add. γ᾽ R 577 πιλοῦνταϲ] θλίβονταϲ R

εἶτα ξαίνειν εἰϲ καλαθίϲκον κοινὴν εὔνοιαν, ἅπανταϲ
καταμειγνύνταϲ τούϲ τε μετοίκουϲ κεἴ τιϲ ξένοϲ ᾖ φίλοϲ ὑμῖν,
κεἴ τιϲ ὀφείλῃ τῷ δημοϲίῳ, καὶ τούτουϲ ἐγκαταμεῖξαι·
καὶ νὴ Δία τάϲ γε πόλειϲ, ὁπόϲαι τῆϲ γῆϲ τῆϲδ' εἰϲὶν ἄποικοι,
διαγιγνώϲκειν ὅτι ταῦθ' ὑμῖν ὥϲπερ τὰ κατάγματα κεῖται
χωρὶϲ ἕκαϲτον· κᾆτ' ἀπὸ τούτων πάντων τὸ κάταγμα λαβόνταϲ
δεῦρο ξυνάγειν καὶ ξυναθροίζειν εἰϲ ἕν, κἄπειτα ποιῆϲαι
τολύπην μεγάλην, κᾆτ' ἐκ ταύτηϲ τῷ δήμῳ χλαῖναν ὑφῆναι.

Πρ. οὔκουν δεινὸν ταυτὶ ταύταϲ ῥαβδίζειν καὶ τολυπεύειν,
αἷϲ οὐδὲ μετῆν πάνυ τοῦ πολέμου;

Λυ. καὶ μήν, ὦ παγκατάρατε,
πλεῖν γ' ἢ τὸ διπλοῦν αὐτοῦ φέρομεν, πρώτιϲτον μέν γε τεκοῦϲαι
κἀκπέμψαϲαι παῖδαϲ ὁπλίταϲ—

Πρ. ϲίγα, μὴ μνηϲικακήϲῃϲ.

Λυ. εἶθ' ἡνίκα χρῆν εὐφρανθῆναι καὶ τῆϲ ἥβηϲ ἀπολαῦϲαι,
μονοκοιτοῦμεν διὰ τὰϲ ϲτρατιάϲ. καὶ θἠμέτερον μὲν ἐάϲω,
περὶ τῶν δὲ κορῶν ἐν τοῖϲ θαλάμοιϲ γηραϲκουϲῶν ἀνιῶμαι.

Πρ. οὔκουν χἄνδρεϲ γηράϲκουϲιν;

Λυ. μὰ Δί' ἀλλ' οὐκ εἶπαϲ ὅμοιον.

580 καταμείγνυνταϲ van Leeuwen: καταμίγ- vel κᾆτα μίγ- codd. κεἴ] κἄν Wilamowitz ᾖ Boissonade: ἢ codd. 581 ὀφείλῃ Bergk: -λει codd. ἐγκαταμεῖξαι van Leeuwen: -μῖξαι codd. 583 ὑμῖν B: ἡμῖν cett. 584 τὸ κάταγμα] ἔρι' ἄττα van Herwerden 589 γ' ἢ τὸ Radt post Dindorf: ἤ γε codd. αὐτοῦ Abresch: αὐτὸν codd. 592 ϲτρατιάϲ B: ϲτρατείαϲ cett. καὶ θἠμέτερον Ellebodius: κᾆθ' ἡμ- codd. ἐάϲω Bergk: ἐᾶτε codd. 594 χἄνδρεϲ Reisig: γ' ἄνδρεϲ R: κἄνδρεϲ cett. γηράϲκουϲιν] -ουϲι Rp: γινώϲκουϲι(ν) ΓB

ὁ μὲν ἥκων γάρ, κἂν ᾖ πολιός, ταχὺ παῖδα κόρην
γεγάμηκεν·
τῆς δὲ γυναικὸς cμικρὸς ὁ καιρός, κἂν τούτου μὴ
'πιλάβηται,
οὐδεὶς ἐθέλει γῆμαι ταύτην, ὀττευομένη δὲ κάθηται.

Πρ. ἀλλ' ὅςτις ἔτι cτῦcαι δυνατὸς—

Λυ. cὺ δὲ δὴ τί μαθὼν οὐκ ἀποθνῄςκεις;
χωρίον ἔςτιν· cορὸν ὠνήcει·
μελιτοῦτταν ἐγὼ καὶ δὴ μάξω.
λαβὲ ταυτὶ καὶ cτεφάνωcαι.

Γρ[α]. καὶ ταυταcὶ δέξαι παρ' ἐμοῦ.

Γρ[β]. καὶ τουτονγὶ λαβὲ τὸν cτέφανον.

Λυ. τοῦ δεῖ; τί ποθεῖς; χώρει 'c τὴν ναῦν·
ὁ Χάρων cε καλεῖ,
cὺ δὲ κωλύεις ἀνάγεcθαι.

Πρ. εἶτ' οὐχὶ δεινὸν ταῦτα πάcχειν ἔcτ' ἐμέ;
νὴ τὸν Δί' ἀλλὰ τοῖς προβούλοις ἄντικρυς
ἐμαυτὸν ἐπιδείξω βαδίζων ὡς ἔχω.

Λυ. μῶν ἐγκαλεῖς ὅτι οὐχὶ προὐθέμεcθά cε;
ἀλλ' εἰς τρίτην γοῦν ἡμέραν cοι πρῴ πάνυ
ἥξει παρ' ἡμῶν τὰ τρίτ' ἐπεcκευαcμένα.

Χο[γε]. οὐκέτ' ἔργον ἐγκαθεύδειν ὅςτις ἔcτ' ἐλεύθερος. [cτρ.
ἀλλ' ἐπαποδυώμεθ', ἄνδρες, τουτῳὶ τῷ πράγματι.
ἤδη γὰρ ὄζειν ταδὶ πλειόνων
καὶ μειζόνων πραγμάτων μοι δοκεῖ,
καὶ μάλιcτ' ὀcφραίνομαι τῆς Ἱππίου τυραννίδος·

598 ἔτι Fl. Christianus: ἐcτὶ codd. 599 μαθὼν] παθὼν Fl. Christianus 600 χωρίον] ὥριον Bentley: καίριον Zanetti ἐcτίν Bentley: ἐcτί codd. ὠνήcει] ὤνηcαι Blaydes 601 μελιτοῦτταν Brunck: μελιττοῦταν codd. δὴ μάξω Βγρ Cγρ, v.l. ap. sch. Γ : δημάξω Γp: δημάζω R 604 τουτονγὶ Elmsley: τουτονὶ codd. 605 δεῖ Bentley: δέει RΓ[ac]p: δέῃ Γ[pc]B 'c Bentley: εἰς codd. 608 δεινὸν ταῦτα Wilamowitz: ταῦτα δεινὰ codd.: δεινὰ ταῦτα Blaydes 615 ἄνδρες] ἄνθρωποι R: ὦνδρες Meineke 616 πλειόνων καὶ μειζόνων R: μειζόνων καὶ πλειόνων cett. μειζόνων] μεγίcτων Su. ο 67

καὶ πάνυ δέδοικα μὴ τῶν Λακώνων τινὲς
δεῦρο cυνεληλυθότες ἄνδρες εἰς Κλειcθένους
τὰς θεοῖς ἐχθρὰς γυναῖκας ἐξεπαίρουcιν δόλῳ
καταλαβεῖν τὰ χρήμαθ' ἡμῶν τόν τε μιcθόν,
ἔνθεν ἔζων ἐγώ.

δεινὰ γάρ τοι τάcδε γ' ἤδη τοὺς πολίτας νουθετεῖν,
καὶ λαλεῖν γυναῖκας οὔcας ἀcπίδος χαλκῆς πέρι,
καὶ διαλλάττειν πρὸς ἡμᾶς ἀνδράcιν Λακωνικοῖς,
οἷcι πιcτὸν οὐδὲν εἰ μή περ λύκῳ κεχηνότι.
ἀλλὰ ταῦθ' ὕφηναν ἡμῖν, ἄνδρες, ἐπὶ τυραννίδι.
ἀλλ' ἐμοῦ μὲν οὐ τυραννεύcους', ἐπεὶ φυλάξομαι
καὶ φορήcω τὸ ξίφος τὸ λοιπὸν ἐν μύρτου κλαδί,
ἀγοράcω τ' ἐν τοῖς ὅπλοις ἑξῆς Ἀριcτογείτονι,
ὧδέ θ' ἑcτήξω παρ' αὐτόν· αὐτὸ γάρ μοι γίγνεται
τῆς θεοῖς ἐχθρᾶς πατάξαι τῆcδε γραὸς τὴν γνάθον.
Χογυ. οὐκ ἄρ' εἰcιόντα c' οἴκαδ' ἡ τεκοῦcα γνώcεται. [ἀντ.
ἀλλὰ θώμεcθ', ὦ φίλαι γρᾶες, ταδὶ πρῶτον χαμαί.
ἡμεῖς γάρ, ὦ πάντες ἀcτοί, λόγων
κατάρχομεν τῇ πόλει χρηcίμων·
εἰκότως, ἐπεὶ χλιδῶcαν ἀγλαῶς ἔθρεψέ με.
ἑπτὰ μὲν ἔτη γεγῶc' εὐθὺς ἠρρηφόρουν·
εἶτ' ἀλετρὶς ἦ δεκέτις οὖcα τἀρχηγέτι·
καὶ χέουcα τὸν κροκωτὸν ἄρκτος ἦ Βραυρωνίοις·
κἀκανηφόρουν ποτ' οὖcα παῖς καλὴ 'χους'
ἰcχάδων ὁρμαθόν.

621 εἰς] ἐκ R, lm. sch. Γ 622 ἐξεπαίρουcιν Sommerstein: -ρωcιν codd. 629 οἷcι Su. δ 619: οἷcιν codd. πιcτὸν post οὐδὲν transp. codd. praeter R 630 ἄνδρες] ὦνδρες Meineke 634 αὐτὸ anonymus ap. Scaligerum: αὐτὸς codd. 635 θεοῖς B: θεοῖcιν cett. 636 οὐκ ἄρ' Dobree: οὐ γὰρ codd. εἰcιόντα c' Γpc, sch. R, Bentley: εἰcιόντας cett. 644–5 καὶ χέουcα Stinton: καταχέουcα R: κατέχουcα cett.

ἆρα προὐφείλω τι χρηcτὸν τῇ πόλει παραινέcαι;
εἰ δ' ἐγὼ γυνὴ πέφυκα, τοῦτο μὴ φθονεῖτέ μοι,
ἢν ἀμείνω γ' εἰcενέγκω τῶν παρόντων πραγμάτων.
τοὐράνου γάρ μοι μέτεcτι· καὶ γὰρ ἄνδραc εἰcφέρω.
τοῖc δὲ δυcτήνοιc γέρουcιν οὐ μέτεcθ' ὑμῖν, ἐπεὶ
τὸν ἔρανον τὸν γενόμενον παππῷον ἐκ τῶν Μηδικῶν
ἐξαναλώcαντεc οὐκ ἀντειcφέρετε τὰc εἰcφοράc,
ἀλλ' ὑφ' ὑμῶν διαλυθῆναι προcέτι κινδυνεύομεν.
ἆρα γρυκτόν ἐcτιν ὑμῖν; εἰ δὲ λυπήcειc τί με,
τῷδέ c' ἀψήκτῳ πατάξω τῷ κοθόρνῳ τὴν γνάθον.

Χο^{γε}. ταῦτ' οὖν οὐχ ὕβριc τὰ πράγματ' ἐcτὶ πολλή; [cτρ.
κἀπιδώcειν μοι δοκεῖ τὸ χρῆμα μᾶλλον.
ἀλλ' ἀμυντέον τὸ πρᾶγμ', ὅcτιc γ' ἐνόρχηc ἔcτ' ἀνήρ.
ἀλλὰ τὴν ἐξωμίδ' ἐκδυώμεθ', ὡc τὸν ἄνδρα δεῖ
ἀνδρὸc ὄζειν εὐθύc, ἀλλ' οὐκ ἐντεθριῶcθαι πρέπει.
ἀλλ' ἄγετε, λευκόποδεc, οἵπερ ἐπὶ Λειψύδριον
ἤλθομεν ὅτ' ἦμεν ἔτι,
νῦν δεῖ νῦν ἀνηβῆcαι πάλιν κἀναπτερῶcαι
πᾶν τὸ cῶμα κἀποcείcαcθαι τὸ γῆραc τόδε.

εἰ γὰρ ἐνδώcει τιc ἡμῶν ταῖcδε κἂν cμικρὰν λαβήν,
οὐδὲν ἐλλείψουcιν αὖθιc λιπαροῦc χειρουργίαc,
ἀλλὰ καὶ ναῦc τεκτανοῦνται, κἀπιχειρήcουc' ἔτι
ναυμαχεῖν καὶ πλεῖν ἐφ' ἡμᾶc, ὥcπερ Ἀρτεμιcία·
ἢν δ' ἐφ' ἱππικὴν τράπωνται, διαγράφω τοὺc ἱππέαc·
ἱππικώτατον γάρ ἐcτι χρῆμα κἄποχον γυνή,
κοὐκ ἂν ἀπολίcθοι τρέχοντοc· τάc γ' Ἀμαζόναc cκόπει,

653 *γενόμενον* Geel: *λεγόμενον* codd. 654 *ἐξαναλώcαντεc* van Herwerden: *εἶτ' ἀν-* codd. 657 *c'* Dobree: *γ'* codd. 658 *τὰ πράγματ'* R: *τὸ πρᾶγμ'* cett. 661 *γ'* R: om. cett. 664 *λευκόποδεc* Hermann ex Hsch.: *λυκόποδεc* codd., Su. λ 812 666 *ἀνηβῆcαι*] *ἀναβῆcαι* R 673 *αὖθιc* van Herwerden: *αὖται* codd.: an *εὐθὺc*? *λιπαροῦc* Bentley e sch.: *λιπαρὰc* vel *-ᾶc* codd. 674 *τεκτανοῦνται* B: *τεκταινοῦνται* cett. 676 *διαγράφω* Bentley e sch.: *διαγράψω* R: *διαγράψαι* cett. 678 *ἀπολίcθοι*] *ἀπολέcθαι* *Γ*B *γ'* Lenting: *δ'* codd.: del. Dindorf

ἃϲ Μίκων ἔγραψ᾽ ἐφ᾽ ἵππων μαχομέναϲ τοῖϲ ἀνδράϲιν.
ἀλλὰ τούτων χρῆν ἁπαϲῶν εἰϲ τετρημένον ξύλον
ἐγκαθαρμόϲαι λαβόνταϲ τουτονὶ τὸν αὐχένα.

Χο^{γυ}. εἰ νὴ τὼ θεώ με ζωπυρήϲειϲ, λύϲω [ἀντ.
τὴν ἐμαυτῆϲ ὗν ἐγὼ δή, καὶ ποιήϲω
τήμερον τοὺϲ δημόταϲ βωϲτρεῖν ϲ᾽ ἐγὼ πεκτούμενον.
ἀλλὰ χἠμεῖϲ, ὦ γυναῖκεϲ, θᾶττον ἐκδυώμεθα,
ὡϲ ἂν ὄζωμεν γυναικῶν αὐτοδὰξ ὠργιϲμένων.
νῦν πρὸϲ ἔμ᾽ ἴτω τιϲ, ἵνα μή ποτε φάγῃ ϲκόροδα,
μηδὲ κυάμουϲ μέλαναϲ.
ὡϲ εἰ καὶ μόνον κακῶϲ ⟨μ᾽⟩ ἐρεῖϲ, ὑπερχολῶ γάρ,
αἰετὸν τίκτοντα κάνθαρόϲ ϲε μαιεύϲομαι.

οὐ γὰρ ὑμῶν φροντίϲαιμ᾽ ἄν, ἤν γέ μοι ζῇ Λαμπιτὼ
ἥ τε Θηβαία φίλη παῖϲ εὐγενὴϲ Ἰϲμηνία.
οὐ γὰρ ἔϲται δύναμιϲ, οὐδ᾽ ἢν ἑπτάκιϲ ϲὺ ψηφίϲῃ,
ὅϲτιϲ, ὦ δύϲτην᾽, ἀπήχθου πᾶϲι καὶ τοῖϲ γείτοϲιν.
ὥϲτε κἀχθὲϲ θἠκάτῃ ποιοῦϲα παιγνίαν ἐγὼ
ταῖϲι παιϲὶ τὴν ἑταίραν ἐκάλεϲ᾽ ἐκ τῶν γειτόνων,
παῖδα χρηϲτὴν κἀγαπητὴν ἐκ Βοιωτῶν ἔγχελυν·
οἱ δὲ πέμψειν οὐκ ἔφαϲκον διὰ τὰ ϲὰ ψηφίϲματα.
κοὐχὶ μὴ παύϲηϲθε τῶν ψηφιϲμάτων τούτων, πρὶν ἂν
τοῦ ϲκέλουϲ ὑμᾶϲ λαβών τιϲ ἐκτραχηλίϲῃ φέρων.

ἄναϲϲα πράγουϲ τοῦδε καὶ βουλεύματοϲ,
τί μοι ϲκυθρωπὸϲ ἐξελήλυθαϲ δόμων;

679 *Μίκων* R: *Μήκων* *Γ*p *ἔγραψ᾽* Fl. Christianus: *ἔγραψεν* codd. *ἐφ᾽ ἵππων* R: *φιλίππω* cett.: *ἀφ᾽ ἵππων* Cobet 689 *μή ποτε*] *μηκέτι* Blaydes 694 suppl. Bentley (post *ἐρεῖϲ* Dindorf) 696 *ὑμῶν*] *ἡμῶν* R *γέ μοι* Blaydes: *ἐμοὶ* codd. 697 *Ἰ-* propter titulos scribendum 699 *καὶ τοῖϲ*] *τοῖϲι* Elmsley 700 *θἠκάτῃ* Dindorf: *τῇ Ἑκάτῃ* vel sim. codd. 701 *ταῖϲι* *Γ*pB, sch. R: *τοῖϲ(ι)* R, Su. *π* 843 702 *κἀγαπητὴν*] *καμπητὴν* R 703 *δὲ πέμψειν* R: *δ᾽ ἐκπέμψειν* cett. 704 *τούτων* om. R 705 *φέρων*] *θέλων* Su. *ψ* 86: *θενών* Bentley

Λυ. κακῶν γυναικῶν ἔργα καὶ θήλεια φρὴν
ποιεῖ μ' ἀθυμεῖν περιπατεῖντ' ἄνω κάτω.
Χογυ. τί φῄϲ; τί φῄϲ;
Λυ. ἀληθῆ, ἀληθῆ.
Χογυ. τί δ' ἐϲτὶ δεινόν; φράζε ταῖϲ ϲαυτῆϲ φίλαιϲ.
Λυ. ἀλλ' αἰϲχρὸν εἰπεῖν καὶ ϲιωπῆϲαι βαρύ.
Χογυ. μή νύν με κρύψῃϲ ὅ τι πεπόνθαμεν κακόν.
Λυ. βινητιῶμεν, ᾗ βράχιϲτον τοῦ λόγου.
Χογυ. ἰὼ Ζεῦ.
Λυ. τί Ζῆν' ἀυτεῖϲ; ταῦτα δ' οὖν οὕτωϲ ἔχει.
ἐγὼ μὲν οὖν αὐτὰϲ ἀποϲχεῖν οὐκέτι
οἵα τ' ἀπὸ τῶν ἀνδρῶν· διαδιδράϲκουϲι γάρ.
τὴν μέν γε πρώην διαλέγουϲαν τὴν ὀπὴν
κατέλαβον ᾗ τοῦ Πανόϲ ἐϲτι ταὐλίον,
τὴν δ' ἐκ τροχιλείαϲ αὖ κατειλυϲπωμένην
κἀπαυτομολοῦϲαν, τὴν δ' ἐπὶ ϲτρούθου μίαν
ἤδη πέτεϲθαι διανοουμένην κάτω
εἰϲ Ὀρϲιλόχου χθὲϲ τῶν τριχῶν κατέϲπαϲα·
πάϲαϲ τε προφάϲειϲ ὥϲτ' ἀπελθεῖν οἴκαδε
ἕλκουϲιν. ἡδὶ γοῦν τιϲ αὐτῶν ἔρχεται.
αὕτη ϲύ, ποῖ θεῖϲ;

ΓΥΝΗ Α'

οἴκαδ' ἐλθεῖν βούλομαι.
οἴκοι γάρ ἐϲτιν ἔριά μοι Μιλήϲια
ὑπὸ τῶν ϲέων κατακοπτόμενα.
Λυ. ποίων ϲέων;

709 ποιεῖ] ποιεῖν R ἀθυμεῖν Porson: ἄθυμον codd. 715 ᾗ B : ἢ vel ἦ cett. 719 διαδιδράϲκουϲι] ἀποδι- R 722 τροχιλείαϲ Hall & Geldart: τροχειλίαϲ R: τροχιλίαϲ cett. κατειλυϲπωμένην R: κατιλ- cett. 723 κἀπαυτομολοῦϲαν Sommerstein post Jackson: τὴν δ' αὐτομολοῦϲαν codd.: τῇδ' αὐτο- Schneider 725 κατέϲπαϲα] ἀνέϲπαϲα Meineke 727 ἡδὶ Elmsley: ἤδη codd. 730 κατακοπτόμενα] καταϲκοπτόμενα Γ: κατακαμπτόμενοϲ *Et. Magn.*, Zonaras, unde κατακαπτόμενα Brunck: καταπονούμενον Choeroboscus

οὐκ εἶ πάλιν;
Γυ[α]. ἀλλ' ἥξω ταχέως, νὴ τὼ θεώ,
ὅϲον διαπετάϲαϲ' ἐπὶ τῆϲ κλίνηϲ μόνον.
Λυ. μὴ διαπετάννυ, μηδ' ἀπέλθῃϲ μηδαμῇ.
Γυ[α] ἀλλ' ἐῶ 'πολέϲθαι τἄρι';
Λυ. ἢν τούτου δέῃ.

ΓΥΝΗ Β'

τάλαιν' ἐγώ, τάλαινα τῆϲ ἀμοργίδοϲ,
ἣν ἄλοπον οἴκοι καταλέλοιφ'.
Λυ. αὕτη 'τέρα
ἐπὶ τὴν ἄμοργιν τὴν ἄλοπον ἐξέρχεται.
χώρει πάλιν δεῦρ'.
Γυ[β]. ἀλλὰ νὴ τὴν Φωϲφόρον
ἔγωγ' ἀποδείραϲ' αὐτίκα μάλ' ἀνέρχομαι.
Λυ. μὴ μἀποδείρῃϲ· ἢν γὰρ ἄρξῃϲ τουτουί,
ἑτέρα γυνὴ ταὐτὸν ποιεῖν βουλήϲεται.

ΓΥΝΗ Γ'

ὦ πότνι' Ἰλείθυ', ἐπίϲχεϲ τοῦ τόκου
ἕωϲ ἂν εἰϲ ὅϲιον μόλω 'γὼ χωρίον.
Λυ. τί ταῦτα ληρεῖϲ;
Γυ[γ]. αὐτίκα μάλα τέξομαι.
Λυ. ἀλλ' οὐκ ἐκύειϲ ϲύ γ' ἐχθέϲ.
Γυ[γ]. ἀλλὰ τήμερον.
ἀλλ' οἴκαδέ μ' ὡϲ τὴν μαῖαν, ὦ Λυϲιϲτράτη,
ἀπόπεμψον ὡϲ τάχιϲτα.
Λυ. τίνα λόγον λέγειϲ;

733 διαπετάννυ] -υε R 734 τούτου] τοῦτο Γp 736 αὕτη 'τέρα Dindorf: αὕθητέρα codd. 739 ἔγωγ' Γ: ἐγὼ δ' R: ἔργῳ γ' p ἀνέρχομαι Brunck: ἀπέρχομαι R: ἐπέρχομαι Γp 740 ἄρξῃϲ Cobet: ἄρξῃ codd. τουτουί Bentley: τούτου ϲύ R: τοῦτο ϲύ cett. 742 Ἰλείθυ' Coulon ex titulis: Εἰλείθυια vel sim. codd. plerique: Εἰλείθυ' R, cf. Phot. 745 γ' ἐχθέϲ Brunck: γε χθέϲ codd.

τί τοῦτ' ἔχειc τὸ cκληρόν;
Γυ.^{γ} ἄρρεν παιδίον.
Λυ. μὰ τὴν Ἀφροδίτην οὐ cύ γ', ἀλλ' ἢ χαλκίον
ἔχειν τι φαίνει κοῖλον· εἴcομαι δ' ἐγώ.
ὦ καταγέλαcτ', ἔχουcα τὴν ἱερὰν κυνῆν
κυεῖν ἔφαcκεc;
Γυ.^{γ} καὶ κυῶ γε νὴ Δία.
Λυ. τί δῆτα ταύτην εἶχεc;
Γυ.^{γ} ἵνα μ' εἰ καταλάβοι
ὁ τόκοc ἔτ' ἐν πόλει, τέκοιμ' εἰc τὴν κυνῆν
εἰcβᾶcα ταύτην, ὥcπερ αἱ περιcτεραί.
Λυ. τί λέγειc; προφαcίζει· περιφανῆ τὰ πράγματα.
οὐ τἀμφιδρόμια τῆc κυνῆc αὐτοῦ μενεῖc;
Γυ.^{γ} ἀλλ' οὐ δύναμαι 'γωγ' οὐδὲ κοιμᾶcθ' ἐν πόλει,
ἐξ οὗ τὸν ὄφιν εἶδον τὸν οἰκουρόν ποτε.

ΓΥΝΗ Δ'
ἐγὼ δ' ὑπὸ τῶν γλαυκῶν γε τάλαιν' ἀπόλλυμαι
ταῖc ἀγρυπνίαιcι κικκαβιζουcῶν ἀεί.
Λυ. ὦ δαιμόνιαι, παύcαcθε τῶν τερατευμάτων.
ποθεῖτ' ἴcωc τοὺc ἄνδραc· ὑμᾶc δ' οὐ ποθεῖν
οἴεcθ' ἐκείνουc; ἀργαλέαc γ', εὖ οἶδ' ὅτι,
ἄγουcι νύκταc. ἀλλ' ἀνάcχεcθ', ὦγαθαί,
καὶ προcταλαιπωρήcατ' ἔτ' ὀλίγον χρόνον·
ὡc χρηcμὸc ἡμῖν ἐcτιν ἐπικρατεῖν, ἐὰν
μὴ cταcιάcωμεν. ἔcτι δ' ὁ χρηcμὸc οὑτοcί.

749 ἀλλ' ἢ] ἀλλὰ R 751 τὴν] τήνδ' Wilamowitz 753 εἶχεc] ἔχειc R 754 ἔτ' ἐν B: ἔτ' ἐν τῇ Γp: ἐν R 756 post λέγειc add. τί Γp 757 οὐ τἀμφιδρόμια Bentley: οὔτ' ἀμφι- R: οὐδ' ἀμφι- cett. 758 δύναμαι 'γωγ' Bentley: δύναμαι ἔγωγ' R^{ac}: δύναμ' ἔγωγ' R^{pc}: δύναμαί γ' ἔγωγ' cett. 761 κικκαβιζουcῶν Dindorf, cf. Phot.: κακκα- RΓ^{2}pB: κακκαβαζ- Γ^{1}, Bs.l.: κικκαβαζουcῶν Dobree 763 ὑμᾶc Sommerstein: ἡμᾶc codd. 763–4 οὐ ποθεῖν οἴεcθ' Blaydes: οὐκ οἴει ποθεῖν codd. 764 ἀργαλέαc γ' Dobree: γ' ἀργαλέαc τ' R: ἀργαλέαc cett. 766 προcταλαιπωρήcατ' ἔτ'] -ήcατέ γ' R

Γυ[α]. λέγ' αὐτὸν ἡμῖν ὅ τι λέγει.
Λυ. ϲιγᾶτε δή.
"ἀλλ' ὁπόταν πτήξωϲι χελιδόνεϲ εἰϲ ἕνα χῶρον,
τοὺϲ ἔποπαϲ φεύγουϲαι, ἀπόϲχωνταί τε φαλήτων,
παῦλα κακῶν ἔϲται, τὰ δ' ὑπέρτερα νέρτερα θήϲει
Ζεὺϲ ὑψιβρεμέτηϲ—"
Γυ[α]. ἐπάνω κατακειϲόμεθ' ἡμεῖϲ;
Λυ. "ἢν δὲ διαϲτῶϲιν καὶ ἀνάπτωνται πτερύγεϲϲιν
ἐξ ἱεροῦ ναοῖο χελιδόνεϲ, οὐκέτι δόξει
ὄρνεον οὐδ' ὁτιοῦν καταπυγωνίϲτερον εἶναι."
Γυ[α]. ϲαφήϲ γ' ὁ χρηϲμὸϲ νὴ Δί', ὦ πάντεϲ θεοί.
Λυ. μή νυν ἀπείπωμεν ταλαιπωρούμεναι,
ἀλλ' εἰϲίωμεν. καὶ γὰρ αἰϲχρὸν τοῦτό γε,
ὦ φίλταται, τὸν χρηϲμὸν εἰ προδώϲομεν.

Χο[γε]. μῦθον βούλομαι λέξαι τιν' ὑμῖν, ὅν ποτ' ἤκουϲ' [ϲτρ.
αὐτὸϲ ἔτι παῖϲ ὤν.
οὕτωϲ ἦν νεανίϲκοϲ Μελανίων τιϲ,
ὃϲ φεύγων γάμον ἀφίκετ' ἐϲ ἐρημίαν, κἀν
τοῖϲ ὄρεϲιν ᾤκει·
καὶ κύνα τιν' εἶχεν 791
κᾆτ' ἐλαγοθήρει 789
πλεξάμενοϲ ἄρκυϲ, 790
κοὐκέτι κατῆλθε πάλιν οἴκαδ' ὑπὸ μίϲουϲ. 792
οὕτω τὰϲ γυναῖκαϲ ἐβδελύχθη
'κεῖνοϲ, ἡμεῖϲ τ' οὐδὲν ἧττον
τοῦ Μελανίωνοϲ, οἱ ϲώφρονεϲ.
Γε. βούλομαί ϲε, γραῦ, κύϲαι—

774 διαϲτῶϲιν] ἀποϲτῶϲιν R ἀνάπτωνται Cobet: ἀναπτῶνται codd. 776 καταπυγωνίϲτερον Γp: -ωνέϲτερον RB 777 γ' om. R 779 τοῦτό γε Wilson: τουτογί codd. 785, 796 Μελανίων Su. μ 453: Μειλ- codd. 786 ἐϲ Su.: εἰϲ codd. 788 ᾤκει R: ἐνῴκει cett. 791 v. hic praebet Su. (omisso v. 790), post 790 codd. 789 ἐλαγοθήρει RΓ: -θήρα pB 795 τ' R: δ' cett., Su.

Γυ. κρυμμύων γ' ἄρ' οὐκ ἔδει.
Γε. κἀνατείνας λακτίϲαι.
Γυ. τὴν λόχμην πολλὴν φορεῖϲ.
Γε. καὶ Μυρωνίδηϲ γὰρ ἦν
τραχὺϲ ἐντεῦθεν μελάμπυ-
γόϲ τε τοῖϲ ἐχθροῖϲ ἅπαϲιν·
ὣϲ δὲ καὶ Φορμίων.

Χο^{γυ}. κἀγὼ βούλομαι μῦθόν τιν' ὑμῖν ἀντιλέξαι [ἀντ.
τῷ Μελανίωνι.
Τίμων ἦν τιϲ ἀίδρυτοϲ ἀβάτοιϲιν
ἐν ϲκώλοιϲι τὰ πρόϲωπα περιειργμένοϲ, Ἐ-
ρινύων ἀπορρώξ.
οὗτοϲ οὖν ὁ Τίμων
ᾤχεθ' ὑπὸ μίϲουϲ
⟨– ∪ ∪∪ – –⟩
πολλὰ καταραϲάμενοϲ ἀνδράϲι πονηροῖϲ.
οὕτω 'κεῖνοϲ ὑμᾶϲ ἀντεμίϲει
τοὺϲ πονηροὺϲ ἄνδραϲ ἀεί,
ταῖϲι δὲ γυναιξὶν ἦν φίλτατοϲ.

Γυ. τὴν γνάθον βούλει θένω;
Γε. μηδαμῶϲ· ἔδειϲά γε.
Γυ. ἀλλὰ κρούϲω τῷ ϲκέλει;
Γε. τὸν ϲάκανδρον ἐκφανεῖϲ.

798 κρομμύων sch.: κρόμμυον codd. γ' ἄρ' Bergler: γὰρ R, Sudae cod. G: τ' ἄρ' cett. 800 κἀνατείναϲ R: κᾆτ' ἀνατείναϲ Γp post κἀνατείναϲ add. τὸ ϲκέλοϲ codd.: del. Bentley 803 ἅπαϲιν] ἁπάντων Meineke 807 Μελανίωνι R: Μειλ- cett. 808 ἦν τιϲ ΓpB, Su. α 3508: τιϲ ἦν R, Su. τ 632 τιϲ post ἀΐδρυτοϲ transp. Bentley 809 ἐν ϲκώλοιϲι Hermann: ἐνὶ ϲκώλοιϲι Su. τ 632: εὐϲκώλοιϲι codd. 811 τὰ πρόϲωπα Hermann: τὸ πρόϲωπον codd., Su. α 3508: om. Su. τ 632 περιειργμένοϲ R, Su. utrubique: περιειργαϲμένοϲ Γp post 814 lacunam statuit Biset, qui ⟨κοὐκέτι κατῆλθεν⟩ supplevit, post 813 Meineke: ⟨εἰϲ τόπον ἔρημον⟩ Blaydes 816 ὑμᾶϲ Dobree: ὑμῶν codd. 822 γε] ϲε Blaydes: γὰρ Wilamowitz 824 ϲάκανδρον Su. ϲ32: ϲάκανδρ' R

Γυ. ἀλλ’ ὅμωϲ ἂν οὐκ ἴδοιϲ
καίπερ οὔϲηϲ γραὸϲ ὄντ’ αὐ-
τὸν κομήτην, ἀλλ’ ἀπεψι-
λωμένον τῷ λύχνῳ.
Λυ. ἰοὺ ἰού, γυναῖκεϲ, ἴτε δεῦρ’ ὡϲ ἐμὲ
ταχέωϲ.
Γυ. τί δ’ ἐϲτίν; εἰπέ μοι, τίϲ ἡ βοή;
Λυ. ἄνδρ’, ⟨ἄνδρ’⟩ ὁρῶ προϲιόντα παραπεπληγμένον,
τοῖϲ τῆϲ Ἀφροδίτηϲ ὀργίοιϲ εἰλημμένον.
ὦ πότνια, Κύπρου καὶ Κυθήρων καὶ Πάφου
μεδέουϲ’, ⟨∪ – × – ∪ – × – ∪ –⟩
× –⟩ ἴθ’ ὀρθὴν ἥνπερ ἔρχει τὴν ὁδόν.
Γυ. ποῦ δ’ ἐϲτίν, ὅϲτιϲ ἐϲτί;
Λυ. παρὰ τὸ τῆϲ Χλόηϲ.
Γυ. ὢ νὴ Δί’ ἔϲτι δῆτα. τίϲ κἀϲτίν ποτε;
Λυ. ὁρᾶτε. γιγνώϲκει τιϲ ὑμῶν;
Μυ. νὴ Δία
ἔγωγε· κἄϲτιν οὑμὸϲ ἀνὴρ Κινηϲίαϲ.
Λυ. ϲὸν ἔργον ἤδη τοῦτον ὀπτᾶν καὶ ϲτρέφειν
κἀξηπεροπεύειν καὶ φιλεῖν καὶ μὴ φιλεῖν,
καὶ πάνθ’ ὑπέχειν πλὴν ὧν ϲύνοιδεν ἡ κύλιξ.
Μυ. ἀμέλει, ποιήϲω ταῦτ’ ἐγώ.
Λυ. καὶ μὴν ἐγὼ
ϲυνηπεροπεύϲω ⟨ϲοι⟩ παραμένουϲ’ ἐνθαδί,
καὶ ξυϲταθεύϲω τοῦτον. ἀλλ’ ἀπέλθετε.

ΚΙΝΗϹΙΑϹ
οἴμοι κακοδαίμων, οἷοϲ ὁ ϲπαϲμόϲ μ’ ἔχει
χὠ τέτανοϲ, ὥϲπερ ἐπὶ τροχοῦ ϲτρεβλούμενον.

831 suppl. Fl. Christianus 832 εἰλημμένον Gelenius (sed εἰ-): εἰλυμμένον R 834 lacunam statuit Wilson ὀρθὴν] ὀρθὸϲ Meineke τὴν] νῦν Blaydes 838 κἀϲτὶν] κἀϲτί γ’ Blaydes 839 ἔργον] οὖν ἂν Jackson, recepto εἴη ἤδη Dobree: εἴη R: ἐϲτι Su. η 426: εἶα Fraenkel 843 suppl. Porson

Λυ. τίc οὗτοc οὑντὸc τῶν φυλάκων ἑcτώc;
Κι. ἐγώ.
Λυ. ἀνήρ;
Κι. ἀνὴρ δῆτ᾽.
Λυ. οὐκ ἄπει δῆτ᾽ ἐκποδών;
Κι. cὺ δ᾽ εἶ τίc ἡκβάλλουcά μ᾽;
Λυ. ἡμεροcκόποc.
Κι. πρὸc τῶν θεῶν νυν ἐκκάλεcόν μοι Μυρρίνην.
Λυ. ἰδού, καλέcω ᾽γὼ Μυρρίνην cοι; cὺ δὲ τίc εἶ;
Κι. ἀνὴρ ἐκείνηc, Παιονίδηc Κινηcίαc.
Λυ. ὦ χαῖρε φίλτατ᾽· οὐ γὰρ ἀκλεὲc τοὔνομα
τὸ cὸν παρ᾽ ἡμῖν ἐcτιν οὐδ᾽ ἀνώνυμον.
ἀεὶ γὰρ ἡ γυνή c᾽ ἔχει διὰ cτόμα.
κἂν ᾠὸν ἢ μῆλον λάβῃ, "Κινηcίᾳ
τουτὶ γένοιτο," φηcίν.
Κι. ὢ πρὸc τῶν θεῶν—
Λυ. νὴ τὴν Ἀφροδίτην· κἂν περὶ ἀνδρῶν γ᾽ ἐμπέcῃ
λόγοc τιc, εἴρηκ᾽ εὐθέωc ἡ cὴ γυνὴ
ὅτι λῆρόc ἐcτι τἄλλα πρὸc Κινηcίαν.
Κι. ἴθι νυν κάλεcον αὐτήν.
Λυ. τί οὖν; δώcειc τί μοι;
Κι. ἔγωγέ ⟨cοι⟩ νὴ τὸν Δί᾽, ἢν βούλῃ γε cύ·
ἔχω δὲ τοῦθ᾽· ὅπερ οὖν ἔχω, δίδωμί cοι.
Λυ. φέρε νυν καλέcω καταβᾶcά cοι.
Κι. ταχύ νυν πάνυ·
ὡc οὐδεμίαν ἔχω γε τῷ βίῳ χάριν,
ἐξ οὗπερ αὕτη ᾽ξῆλθεν ἐκ τῆc οἰκίαc·
ἀλλ᾽ ἄχθομαι μὲν εἰcιών, ἔρημα δὲ
εἶναι δοκεῖ μοι πάντα, τοῖc δὲ cιτίοιc
χάριν οὐδεμίαν οἶδ᾽ ἐcθίων. ἔcτυκα γάρ.

851 ᾽γὼ Daubuz: ᾽γὼ τὴν R: τὴν Brunck 852 ἀνὴρ Meineke: ἀ- R Παιονίδηc Mu2: -είδηc R 862 suppl. Bentley 864 πάνυ] πέτου Bergk 865 ἔχω γε] ἐγᾦδα Cobet 866 ᾽ξῆλθεν Grynaeus: ξυνῆλθεν R

Μυ. φιλῶ φιλῶ 'γὼ τοῦτον· ἀλλ' οὐ βούλεται
ὑπ' ἐμοῦ φιλεῖϲθαι. ϲὺ δέ με τούτῳ μὴ κάλει.
Κι. ὦ γλυκύτατον Μυρρινίδιον, τί ταῦτα δρᾷϲ;
κατάβηθι δεῦρο.
Μυ. μὰ Δί' ἐγὼ μὲν αὐτόϲ' οὔ.
Κι. ἐμοῦ καλοῦντοϲ οὐ καταβήϲει, Μυρρίνη;
Μυ. οὐ γὰρ δεόμενοϲ οὐδὲν ἐκκαλεῖϲ ἐμέ.
Κι. ἐγὼ οὐ δεόμενοϲ; ἐπιτετριμμένοϲ μὲν οὖν.
Μυ. ἄπειμι.
Κι. μὴ δῆτ', ἀλλὰ τῷ γοῦν παιδίῳ
ὑπάκουϲον. οὗτοϲ, οὐ καλεῖϲ τὴν μαμμίαν;

ΠΑΙΔΙΟΝ

μαμμία, μαμμία, μαμμία.
Κι. αὕτη, τί πάϲχειϲ; οὐδ' ἐλεεῖϲ τὸ παιδίον
ἄλουτον ὂν κἄθηλον ἕκτην ἡμέραν;
Μυ. ἔγωγ' ἐλεῶ δῆτ'· ἀλλ' ἀμελὴϲ αὐτῷ πατήρ
ἐϲτιν.
Κι. κατάβηθ', ὦ δαιμονία, τῷ παιδίῳ.
Μυ. οἷον τὸ τεκεῖν· καταβατέον. τί γὰρ πάθω;
Κι. ⟨× – ∪ – × – ∪ – × – ∪ –⟩
ἐμοὶ γὰρ αὕτη καὶ νεωτέρα δοκεῖ
πολλῷ γεγενῆϲθαι κἀγανώτερον βλέπειν·
χἃ δυϲκολαίνει πρὸϲ ἐμὲ καὶ βρενθύεται,
ταῦτ' αὐτὰ δή 'ϲθ' ἃ καί μ' ἐπιτρίβει τῷ πόθῳ.
Μυ. ὦ γλυκύτατον ϲὺ τεκνίδιον κακοῦ πατρόϲ,
φέρε ϲε φιλήϲω, γλυκύτατον τῇ μαμμίᾳ.
Κι. τί, ὦ πονήρα, ταῦτα ποιεῖϲ χἀτέραιϲ
πείθει γυναιξί; κἀμέ τ' ἄχθεϲθαι ποιεῖϲ
αὐτή τε λυπεῖ.
Μυ. μὴ πρόϲαγε τὴν χεῖρά μοι.

884 post hunc v. lacunam statuit van Leeuwen, ex. gr. supplens ἦ που μέγα φίλτρον ἡ μακρά 'ϲτ' ἀπουϲία   885 γὰρ R: μὲν Brunck   888 δή 'ϲθ' ἃ Biset, cf. sch. δῆτ' ἔϲθ': δ'ηϲθ' R   καί μ' Meineke: κἄμ' R   893 τε] με R

Κι. τὰ δ' ἔνδον ὄντα τἀμὰ καὶ cὰ χρήματα
χεῖρον διατιθεῖc.
Μυ. ὀλίγον αὐτῶν μοι μέλει.
Κι. ὀλίγον μέλει coι τῆc κρόκηc φορουμένηc
ὑπὸ τῶν ἀλεκτρυόνων;
Μυ. ἔμοιγε νὴ Δία.
Κι. τὰ τῆc Ἀφροδίτηc ⟨δ'⟩ ἱέρ' ἀνοργίαcτά coι
χρόνον τοcοῦτόν ἐcτιν. οὐ βαδιεῖ πάλιν;
Μυ. μὰ Δί' οὐκ ἔγωγ', ἢν μὴ διαλλαχθῆτέ γε
καὶ τοῦ πολέμου παύcηcθε.
Κι. τοιγάρ, ἢν δοκῇ,
ποιήcομεν καὶ ταῦτα.
Μυ. τοιγάρ, ἢν δοκῇ,
κἄγωγ' ἄπειμ' ἐκεῖcε· νῦν δ' ἀπομώμοκα.
Κι. cὺ δ' ἀλλὰ κατακλίνηθι μετ' ἐμοῦ διὰ χρόνου.
Μυ. οὐ δῆτα· καίτοι c' οὐκ ἐρῶ γ' ὡc οὐ φιλῶ.
Κι. φιλεῖc; τί οὖν οὐ κατεκλίνηc, ὦ Μυρρίον;
Μυ. ὦ καταγέλαcτ', ἐναντίον τοῦ παιδίου;
Κι. μὰ Δί' ἀλλὰ τοῦτό γ' οἴκαδ', ὦ Μανῆ, φέρε.
ἰδού, τὸ μέν coι παιδίον καὶ δὴ 'κποδών·
cὺ δ' οὐ κατακλινεῖ;
Μυ. ποῦ γὰρ ἄν τιc καί, τάλαν,
δράcειε τοῦθ';
Κι. ὅπου; τὸ τοῦ Πανὸc καλόν.
Μυ. καὶ πῶc ἔτ' ἂν ἁγνὴ δῆτ' ἀνέλθοιμ' εἰc πόλιν;
Κι. κάλλιcτα δήπου, λουcαμένη τῇ Κλεψύδρᾳ.
Μυ. ἔπειτ' ὀμόcαcα δῆτ' ἐπιορκήcω, τάλαν;
Κι. εἰc ἐμὲ τράποιτο· μηδὲν ὅρκου φροντίcῃc.

895 διατιθεῖc] -θηc Maire: an διατιθεῖc' ? 898 suppl. Cobet: τὰ ⟨δὲ⟩ Hall & Geldart 901, 902 ἢν Dindorf: ἂν codd. 904 κατακλίνηθι Elmsley: -κλίθητι codd. 906 κατεκλίνηc R: -κλινεῖ cett. ὦ Μυρρίον Γρ: ὦ Μυρρίνιον R: ὦ Μυρρίνη Dindorf: Μυρρινίδιον Dobree 908 γ'] δ' R 910 κατακλινεῖ] -κλίνει R 912 ἔτ' ἂν Meineke: ἔθ' codd.

Μυ. φέρε νυν ἐνέγκω κλινίδιον νῷν.
Κι. μηδαμῶς.
ἀρκεῖ χαμαὶ νῷν.
Μυ. μὰ τὸν Ἀπόλλω, μή c' ἐγὼ
καίπερ τοιοῦτον ὄντα κατακλινῶ χαμαί.
Κι. ἥ τοι γυνὴ φιλεῖ με, δήλη 'cτὶν καλῶc.
Μυ. ἰδού, κατάκειc' ἀνύcαc τι, κἀγὼ 'κδύομαι.
καίτοι, τὸ δεῖνα, ψίαθόc ἐcτ' ἐξοιcτέα.
Κι. ποία ψίαθοc; μή 'μοιγε.
Μυ. νὴ τὴν Ἄρτεμιν,
αἰcχρὸν γὰρ ἐπὶ τόνου γε.
Κι. δόc μοί νυν κύcαι.
Μυ. ἰδού.
Κι. παπαιάξ. ἧκέ νυν ταχέωc πάνυ.
Μυ. ἰδοὺ ψίαθοc. κατάκειcο, καὶ δὴ 'κδύομαι.
καίτοι, τὸ δεῖνα, προcκεφάλαιον οὐκ ἔχειc.
Κι. ἀλλ' οὐδὲ δέομ' ἔγωγε.
Μυ. νὴ Δί' ἀλλ' ἐγώ.
Κι. ἀλλ' ἦ τὸ πέοc τόδ' Ἡρακλῆc ξενίζεται;
Μυ. ἀνίcταc', ἀναπήδηcον. ἤδη πάντ' ἔχω;
Κι. ἅπαντα δῆτα. δεῦρό νυν, ὦ χρυcίον.
Μυ. τὸ cτρόφιον ἤδη λύομαι. μέμνηcό νυν·
μή μ' ἐξαπατήcῃc τὰ περὶ τῶν διαλλαγῶν.
Κι. νὴ Δί' ἀπολοίμην ἆρα.
Μυ. cιcύραν οὐκ ἔχειc.
Κι. μὰ Δί' οὐδὲ δέομαί γ', ἀλλὰ βινεῖν βούλομαι.
Μυ. ἀμέλει ποιήcειc τοῦτο· ταχὺ γὰρ ἔρχομαι.
Κι. ἄνθρωποc ἐπιτρίψει με διὰ τὰ cτρώματα.

919 φιλεῖ R: φιλεῖν cett. 'cτὶν B: 'cτὶ cett. 921, 922, 925 ψίαθοc] ψίεθοc R 923 ἐπὶ τόνου p: ἐπιτόνου RΓ 927 οὐδὲ Γp: οὐ RB δέομ' Dindorf: δέομ' οὐδὲν codd. 928 ἦ Biset: ἤτοι R: ἢ cett. signo interrogationis interpunxit Lenting 929 ἔχω;] ἔχειc Hamaker 933 ἆρα Brunck: ἄρα codd.: *Μυ.* ἀλλὰ Meineke 934 οὐδὲ] οὐ R γ' R: om. Γp: δῆτα B

Μυ. ἔπαιρε cαυτόν.
Κι. ἀλλ' ἐπῆρται τουτογί.
Μυ. βούλει μυρίcω cε;
Κι. μὰ τὸν Ἀπόλλω μὴ 'μέ γε.
Μυ. νὴ τὴν Ἀφροδίτην, ἤν τε βούλῃ γ' ἤν τε μή.
Κι. εἴθ' ἐκχυθείη τὸ μύρον, ὦ Ζεῦ δέcποτα.
Μυ. πρότεινε δὴ τὴν χεῖρα κἀλείφου λαβών.
Κι. οὐχ ἡδὺ τὸ μύρον μὰ τὸν Ἀπόλλω τουτογί,
εἰ μὴ διατριπτικόν γε κοὐκ ὄζον γάμων.
Μυ. τάλαιν' ἐγώ, τὸ Ῥόδιον ἤνεγκον μύρον.
Κι. ἀγαθόν ⟨γ'⟩· ἔα αὔτ', ὦ δαιμονία.
Μυ. ληρεῖc ἔχων.
Κι. κάκιcτ' ἀπόλοιθ' ὁ πρῶτοc ἑψήcαc μύρον.
Μυ. λαβὲ τόνδε τὸν ἀλάβαcτον.
Κι. ἀλλ' ἕτερον ἔχω.
ἀλλ', ᾡζυρά, κατάκειcο καὶ μή μοι φέρε
μηδέν.
Μυ. ποιήcω ταῦτα νὴ τὴν Ἄρτεμιν.
ὑπολύομαι γοῦν. ἀλλ' ὅπωc, ὦ φίλτατε,
cπονδὰc ποιεῖcθαι ψηφιεῖ.
Κι. βουλεύcομαι.
ἀπολώλεκέν με κἀπιτέτριφεν ἡ γυνὴ
τά τ' ἄλλα πάντα κἀποδείραc' οἴχεται.
οἴμοι τί πάθω; τίνα βινήcω,
τῆc καλλίcτηc παcῶν ψευcθείc;
πῶc ταυτηνὶ παιδοτροφήcω;
ποῦ Κυναλώπηξ;
μίcθωcόν μοί τινα τίτθην.
Χο^γε. ἦ δεινῷ γ', ὦ δύcτηνε, κακῷ

937 τουτογί van Herwerden: τοῦτό γε codd. 939 γ' R: om. cett. 941 δὴ R: νυν cett. 942 τὸν R: τόν γ' Γp 943 γε Γ: τε cett. 944 Ῥόδιον] ῥόδινον Bergk 945 suppl. Blaydes 946 πρῶτοc] πρῶτον R 947 ἀλάβαcτον R: -αcτρον cett. 956 ταυτηνὶ Reisig: ταύτην codd. 958 τινα J. Seager: τὴν codd. τίτθην] κύcτëν R (i.e. κύcτιν) 959 ἦ Cobet: ἐν codd.

τείρει ψυχὴν ἐξαπατηθείϲ.
κἄγωγ' οἰκτίρω ϲ'. αἰαῖ.
ποῖοϲ γὰρ ⟨ἔτ'⟩ ἂν νέφροϲ ἀντίϲχοι,
ποία ψυχή, ποῖοι δ' ὄρχειϲ,
ποία δ' ὀϲφῦϲ, ποῖοϲ δ' ὄρροϲ
κατατεινόμενοϲ
καὶ μὴ βινῶν τοὺϲ ὄρθρουϲ;
Κι. ὦ Ζεῦ, δεινῶν ἀντιϲπαϲμῶν.
Χο$^{\gamma\epsilon}$. ταυτὶ μέντοι νυνί ϲ' ἐποίηϲ'
ἡ παμβδελυρὰ καὶ παμμυϲαρά.
Χο$^{\gamma\upsilon}$. μὰ Δί', ἀλλὰ φίλη καὶ παγγλυκερά.
Χο$^{\gamma\epsilon}$. ποία γλυκερά; μιαρὰ μιαρά.
Κι. ⟨μιαρὰ μιαρὰ⟩ δῆτ', ὦ Ζεῦ Ζεῦ·
εἴθ' αὐτὴν ὥϲπερ τοὺϲ θωμοὺϲ
μεγάλῳ τυφῷ καὶ πρηϲτῆρι
ξυϲτρέψαϲ καὶ ξυγγογγύλαϲ
οἴχοιο φέρων, εἶτα μεθείηϲ,
ἡ δὲ φέροιτ' αὖ πάλιν εἰϲ τὴν γῆν,
κᾆτ' ἐξαίφνηϲ
περὶ τὴν ψωλὴν περιβαίη.

ΚΗΡΥΞ ΛΑΚΕΔΑΙΜΟΝΙΩΝ

πᾶ τᾶν Ἀϲανᾶν ἐϲτιν ἁγερωχία
ἢ τοὶ πρυτάνιεϲ; λῶ τι μυϲίξαι νέον.
Κι. ϲὺ δ' εἶ τί; πότερ' ἄνθρωποϲ ἢ Κονίϲαλοϲ;
Κη. κάρυξ ἐγών, ὦ κυρϲάνιε, ναὶ τὼ ϲιὼ

962 ⟨ἔτ'⟩ ἂν νέφροϲ Meineke: ἂν ἢ νέφροϲ R: ἢ νέφροϲ cett.: νέφροϲ ἂν Bergk: an ἀνὴρ ⟨ἔτ'⟩ ἄν ? 964 alterum δ' sch. ad *Ran.* 223: δ' ἄν R: ἄν cett. 966 βινῶν] κινῶν R 972 suppl. Beer ὦ Ζεῦ Ζεῦ Brunck: ὦ Ζεῦ bis codd. 975 ξυγγογγύλαϲ Enger, Cobet ex Hsch.: -υλίϲαϲ vel sim. codd. 980 ἁγερωχία (i.e. ἁ ἀγερωχία) Cassio: ἁ γερωχία RΓp: ἁ γερωϲία B 981 μυϲίξαι B: μυϲύξαι Γp: μυθίξαι R 982–1007 partes Cinesiae tribuit Bentley (cf. sch. 1014), Probulo codd. 982 τί; πότερ' Bentley: τίϲ πότερον R: πότερον ΓpB 983 κάρυξ] κῆρυξ R

ἔμολον ἀπὸ Cπάρτας περὶ τᾶν διαλλαγᾶν.
Κι. κἄπειτα δόρυ δῆθ' ὑπὸ μάληc ἥκειc ἔχων;
Κη. οὐ τὸν Δί' οὐκ ἐγών γα.
Κι. ποῖ μεταcτρέφει;
τί δὴ προβάλλει τὴν χλαμύδ'; ἦ βουβωνιᾷc
ὑπὸ τῆc ὁδοῦ;
Κη. Ϝαλεόc γα ναὶ τὸν Κάcτορα
ἄνθρωποc.
Κι. ἀλλ' ἔcτυκαc, ὦ μιαρώτατε.
Κη. οὐ τὸν Δί' οὐκ ἐγώνγα· μηδ' αὖ πλαδδίη.
Κι. τί δ' ἐcτί cοι τοδί;
Κη. cκυτάλα Λακωνικά.
Κι. εἴπερ γε, χαὔτη 'cτὶ cκυτάλη Λακωνική.
ἀλλ' ὡc πρὸc εἰδότα με cὺ τἀληθῆ λέγε.
τί τὰ πράγμαθ' ὑμῖν ἐcτι τὰν Λακεδαίμονι;
Κη. ὀρcὰ Λακεδαίμων πᾶά καὶ τοὶ cυμμάχοι
ἅπαντεc ἐcτύκαντι· Παλλάναc δὲ δεῖ.
Κι. ἀπὸ τοῦ δὲ τουτὶ τὸ κακὸν ὑμῖν ἐνέπεcεν;
ἀπὸ Πανόc;
Κη. οὔκ, ἀλλ' ἆρξε μέν, οἰῶ, Λαμπιτώ,
ἔπειτα τἄλλαι ταὶ κατὰ Cπάρταν ἁμᾶ
γυναῖκεc ᾇπερ ἀπὸ μιᾶc ὑcπλαγίδοc
ἀπηλάάν τὼc ἄνδραc ἀπὸ τῶν ὑccάκων.

984 περὶ τᾶν διαλλαγᾶν] διαλλαγᾶν πέρι van Herwerden, Blaydes 986 γα] γε R 987 δὴ R: δὲ cett.: δαὶ Bentley, Daubuz 988 ἀλεόc (i.e. Ϝαλεόc) van Leeuwen: παλεόc ΓpB: παλεόρ Γ[pc]: πάλαι ὄρ R: παλαίωρ Hsch. ναὶ R: νὴ cett. 989 ἄνθωποc] ὤν- Toup 993 εἰδότα με] εἰδότ' ἐμὲ Porson 995 πᾶά edd.: πᾶα vel πάα codd. 996 Παλλάναc Taillardat: πελλάναc codd.: alii alia 997 ἐνέπεcεν] ἔπεcεν R 998 ἆρξε μέν Sommerstein, duce Blaydes, cf. sch.: ἀρχὰ μέν codd., Su. λ 92, οι 158: ἆρχεν Elmsley 999 τἄλλαι Elmsley: δ' ἄλλαι R: ἄλλαι cett. κατὰ R: κατὰ τὰν cett. ἁμᾶ Bergk: ἅμα codd. 1000 ᾇπερ Brunck: αἵπερ R, Su. υ 683: ἅπερ cett. ὑcπλαγίδοc] -άτιδοc R, Su. 1001 ἀπήλαάν (hoc accentu) Elmsley: ἀπήλαον R, Su.: ἀπήλων Γp τὼc] τοὺc Γp

Κι. πῶc οὖν ἔχετε;
Κη. μογίομεc· ἂν γὰρ τὰν πόλιν
ἅπερ λυχνοφορίοντεc ἐπικεκύφαμεc.
ταὶ γὰρ γυναῖκεc οὐδὲ τῶ μύρτω ϲιγῆν
ἐῶντι, πρίν χ' ἅπαντεc ἐξ ἑνὸc λόγω
cπονδὰc ποιηῶμεcθα ποττὰν Ἑλλάδα.
Κι. τουτὶ τὸ πρᾶγμα πανταχόθεν ξυνομώμοται
ὑπὸ τῶν γυναικῶν· ἄρτι νυνὶ μανθάνω.
ἀλλ' ὡc τάχιcτα φράζε περὶ διαλλαγῶν
πρέcβειc ἀποπέμπειν αὐτοκράτοραc ἐνθαδί.
ἐγὼ δ' ἑτέρουc ἐνθένδε τῇ βουλῇ φράcω
πρέcβειc ἑλέcθαι τὸ πέοc ἐπιδείξαc τοδί.
Κη. ποτάὁμαι· κράτιcτα γὰρ παντᾷ λέγειc.

Χο.^{γε} οὐδέν ἐcτι θηρίον γυναικὸc ἀμαχώτερον,
οὐδὲ πῦρ, οὐδ' ὧδ' ἀναιδὴc οὐδεμία πάρδαλιc.
Χο.^{γυ} ταῦτα μέντοι ⟨cὺ⟩ ξυνιεὶc εἶτα πολεμεῖc ἐμοί,
ἐξόν, ὦ πόνηρέ, coι βέβαιον ἔμ' ἔχειν φίλην;
Χο.^{γε} ὡc ἐγὼ μιcῶν γυναῖκαc οὐδέποτε παύcομαι.
Χο.^{γυ} ἀλλ' ὅταν βούλῃ cύ. νῦν δ' οὖν οὔ cε περιόψομαι
γυμνὸν ὄνθ' οὕτωc. ὅρα γὰρ ὡc καταγέλαcτοc εἶ.
ἀλλὰ τὴν ἐξωμίδ' ἐνδύcω cε προcιοῦc' ἐγώ.
Χο.^{γε} τοῦτο μὲν μὰ τὸν Δί' οὐ πονηρὸν ἐποιήcατε·
ἀλλ' ὑπ' ὀργῆc γὰρ πονηρᾶc καὶ τότ' ἀπέδυν ἐγώ.

1003 ἐπικεκύφαμεc Reiske: ἀπο- codd., Su. α 3344: ὑπο- Hamaker 1004 οὐδὲ R: οὔτε cett. ϲιγῆν Invernizi: θιγῆν R: cίγειν vel ϲιγεῖν cett. 1005 χ' Elmsley: om. R: γ' cett. 1006 ποιηῶμεcθα Blaydes: ποιηcόμε(c)θα codd. ποττὰν] καττὰν van Leeuwen 1009 περὶ R: περὶ τῶν cett. 1010 αὐτοκράτοραc ante πρέcβειc praebent codd.: transp. Bachmann ἀποπέμπειν] πέμπειν R 1013 ποτάὁμαι] πωτάομαι R παντᾷ Biset: πάνται R: πάντα cett. 1015 πάρδαλιc] πορ- R^{ac}, Su. ο 791 codd. AFS, π 496 1016 suppl. Bentley ἐμοί Hermann: εἰπέ μοι codd. 1017 coι Fl. Christianus: coὶ B: cὺ cett. βέβαιον Hermann: βεβαίαν codd. ἔμ' Grynaeus: μ' codd. ἔχειν] ἔχων R 1019 οὖν om. R 1020 ὅρα Dobree: ὁρῶ codd. 1023 τότ' R: τόδ' codd.

Χο.γυ πρῶτα μὲν φαίνει γ' ἀνήρ, εἶτ' οὐ καταγέλαϲτοϲ εἶ.
κεἴ με μὴ 'λύπειϲ, ἐγώ ϲου κἂν τόδε τὸ θηρίον
τοὐπὶ τὠφθαλμῷ λαβοῦϲ' ἐξεῖλον ἄν, ὃ νῦν ἔνι.
Χο.γε. τοῦτ' ἄρ' ἦν με τοὐπιτρῖβον. δακτύλιοϲ οὑτοϲί·
ἐκϲκάλευϲον αὐτό, κᾆτα δεῖξον ἀφελοῦϲά μοι·
ὡϲ τὸν ὀφθαλμόν γέ μου νὴ τὸν Δία πάλαι δάκνει.
Χο.γυ. ἀλλὰ δράϲω ταῦτα· καίτοι δύϲκολοϲ ἔφυϲ ἀνήρ.
ἦ μέγ', ὦ Ζεῦ, χρῆμ' ἰδεῖν τῆϲ ἐμπίδοϲ ἔνεϲτί ϲοι.
οὐχ ὁρᾷϲ; οὐκ ἐμπίϲ ἐϲτιν ἥδε Τρικορυϲία;
Χο.γε. νὴ Δί' ὤνηϲάϲ γέ μ', ὡϲ πάλαι γέ μ' ἐφρεωρύχει,
ὥϲτ', ἐπειδὴ 'ξῃρέθη, ῥεῖ μοι τὸ δάκρυον πολύ.
Χο.γυ. ἀλλ' ἀποψήϲω ϲ' ἐγώ—καίτοι πάνυ πονηρὸϲ εἶ—
καὶ φιλήϲω.
Χο.γε. μὴ φιλήϲῃϲ.
Χο.γυ. ἤν τε βούλῃ γ' ἤν τε μή.
Χο.γε. ἀλλὰ μὴ ὥραϲ' ἵκοιϲθ'· ὡϲ ἐϲτὲ θωπικαὶ φύϲει,
κἄϲτ' ἐκεῖνο τοὔποϲ ὀρθῶϲ κοὐ κακῶϲ εἰρημένον,
"οὔτε ϲὺν πανωλέθροιϲιν οὔτ' ἄνευ πανωλέθρων".
ἀλλὰ νυνὶ ϲπένδομαί ϲοι, καὶ τὸ λοιπὸν οὐκέτι
οὔτε δράϲω φλαῦρον οὐδὲν οὔθ' ὑφ' ὑμῶν πείϲομαι.
ἀλλὰ κοινῇ ϲυϲταλέντεϲ τοῦ μέλουϲ ἀρξώμεθα.

ΧΟ. οὐ παραϲκευαζόμεϲθα τῶν πολιτῶν οὐδέν', [ϲτρ.
ὦνδρεϲ,
φλαῦρον εἰπεῖν οὐδὲ ἕν,
ἀλλὰ πολὺ τοὔμπαλιν πάντ' ἀγαθὰ καὶ λέγειν
καὶ δρᾶν· ἱκανὰ γὰρ τὰ κακὰ καὶ τὰ παρακείμενα.
ἀλλ' ἐπαγγελλέτω πᾶϲ ἀνὴρ καὶ γυνή,

1025 *κεἴ* Dobree, *με μὴ* Grynaeus, *'λύπειϲ* Fl. Christianus: *κἂν μή με λυπῇϲ* codd. *κἂν*] *γ' ἂν* R 1027 ante *δακτύλιοϲ* add. *ὁ* R 1028 *ἐκϲκάλευϲον*] *ἐκϲά-* R, Su. ε 618 1030 *ἔφυϲ* Fl. Christianus: *γ' ἔφυϲ* codd. 1031 *μέγ'*] *μ'* Γ: *μὴν* B *τῆϲ*] *τοῦτ'* Blaydes 1034 *μοι* Blaydes: *μου* codd. 1035 *πάνυ* Fl. Christianus: *γε πάνυ* codd. 1037 *ὥραϲ'* Bothe: *ὥραϲ* codd.: *ὥραϲιν* Joh. Alex. 35.33: ⟨ἐ⟩*ϲ ὥραϲ* Bentley 1041 *οὔθ'* B: *οὐδ'* cett. 1048 *γὰρ τὰ* R: *τὰ γὰρ* cett.

εἴ τιϲ ἀργυρίδιον
δεῖται λαβεῖν, μνᾶϲ ἢ δύ' ἢ
τρεῖϲ· ὡϲ ἔϲω 'ϲτὶν κἄχομεν βαλλάντια.
κἄν ποτ' εἰρήνη φανῇ,
ὅϲτιϲ ἂν νυνὶ δανείϲηται παρ' ἡμῶν,
ἃν λάβῃ μηκέτ' ἀποδῷ.

ἑϲτιᾶν δὲ μέλλομεν ξένουϲ τινὰϲ Καρυϲτίουϲ, ἄν- [ἀντ.
δραϲ καλούϲ τε κἀγαθούϲ.
κἄϲτι ⟨μὲν⟩ ἔτνοϲ τι· καὶ δελφάκιον ἦν τί μοι,
καὶ τοῦτο τέθυχ', ὥϲτε γίγνεϲθ' ἁπαλὰ καὶ καλά.
ἥκετ' οὖν εἰϲ ἐμοῦ τήμερον· πρῲ δὲ χρὴ
τοῦτο δρᾶν λελουμένουϲ
αὐτούϲ τε καὶ τὰ παιδί', εἶτ'
εἴϲω βαδίζειν, μηδ' ἐρέϲθαι μηδένα,
ἀλλὰ χωρεῖν ἄντικρυϲ
ὥϲπερ οἴκαδ' εἰϲ ἑαυτῶν γεννικῶϲ, ὡϲ
ἡ θύρα κεκλῄϲεται.

καὶ μὴν ἀπὸ τῆϲ Ϲπάρτηϲ οἱδὶ πρέϲβειϲ ἕλκοντεϲ ὑπήναϲ
χωροῦϲ', ὥϲπερ χοιροκομεῖον περὶ τοῖϲ μηροῖϲιν ἔχοντεϲ.
ἄνδρεϲ Λάκωνεϲ, πρῶτα μέν μοι χαίρετε,
εἶτ' εἴπαθ' ἡμῖν πῶϲ ἔχοντεϲ ἥκετε.

1053 ἔϲω Coulon: πόλλ' ἔϲω codd.: πλέα Burges   κἄχομεν] ἄχομεν Burges   1057 ἃν Sophianus: ἂν codd.: ἣν Willems   1061 suppl. Bentley: κἄϲτιν ⟨ἔτ'⟩ Reisig   1062 ὥϲτε Voss: ὥϲτε τὰ κρέα R: ὡϲ τὰ κρέα pB   γίγνεϲθ' Sommerstein: γενέϲθ' p, v.l. ap. sch.: ἕξεϲθ' R: ἔξεϲθ' B: (κρέ') ἔδεϲθ' Reisig   1070 ἑαυτῶν R: -ὸν cett.   ὡϲ B: ἴϲωϲ δ' Rp   1072 οἱδὶ R: οἵδε cett., Su. χ 600   1073 χωροῦϲ'] -οῦϲιν R, Su.   ἔχοντεϲ] -αϲ R   1074 μέν μοι RB: μέντοι p

ΛΑΚΕΔΑΙΜΟΝΙΩΝ ΠΡΕϹΒΕΥΤΗϹ

τί δεῖ ποθ᾽ ὑμὲ πολλὰ μυϲίδδην ἔπη;
ὁρῆν γὰρ ἔξεϲθ᾽ ὡϲ ἔχοντεϲ ἵκομεϲ.
Χο. βαβαί· νενεύρωται μὲν ἥδ᾽ ⟨ἡ⟩ ϲυμφορὰ
δεινῶϲ τεθερμῶϲθαί τε χεῖρον φαίνεται.
Λα. ἄφατα. τί κα λέγοι τιϲ; ἀλλ᾽ ὁπᾷ ϲέλει
παντᾷ τιϲ ἐλϲὼν ἁμὶν εἰράναν ϲέτω.
Χο. καὶ μὴν ὁρῶ καὶ τούϲδε τοὺϲ αὐτόχθοναϲ
ὥϲπερ παλαιϲτὰϲ ἄνδραϲ ἀπὸ τῶν γαϲτέρων
θαἰμάτι᾽ ἀποϲτέλλονταϲ· ὥϲτε φαίνεται
ἀϲκητικὸν τὸ χρῆμα τοῦ νοϲήματοϲ.

ΑΘΗΝΑΙΩΝ ΠΡΕϹΒΕΥΤΗϹ

τίϲ ἂν φράϲειε ποῦ ᾽ϲτιν ἡ Λυϲιϲτράτη;
ὡϲ ἄνδρεϲ ἡμεῖϲ οὑτοιὶ τοιουτοιί.
Χο. αὕτη ξυνᾴδει θἠτέρᾳ ταύτῃ νόϲοϲ.
ἦ που πρὸϲ ὄρθρον ϲπαϲμὸϲ ὑμᾶϲ λαμβάνει;
Αθ. μὰ Δί᾽ ἀλλὰ ταυτὶ δρῶντεϲ ἐπιτετρίμμεθα.
ὥϲτ᾽ εἴ τιϲ ἡμᾶϲ μὴ διαλλάξει ταχύ,
οὐκ ἔϲθ᾽ ὅπωϲ οὐ Κλειϲθένη βινήϲομεν.
Χο. εἰ ϲωφρονεῖτε, θαἰμάτια λήψεϲθ᾽, ὅπωϲ
τῶν Ἑρμοκοπιδῶν μή τιϲ ὑμᾶϲ ὄψεται.
Αθ. νὴ τὸν Δί᾽ εὖ μέντοι λέγειϲ.
Λα. ναὶ τὼ ϲιὼ

1076 δεῖ] δὴ R   ὑμὲ Enger: ὕμε Vp2: ὕμμε RHB   μυϲίδην (sic) p: -ίδδειν R   1077 ἵκομεϲ Elmsley: ἥκομεϲ R^{pc}p: ἥκομεν B   1078 suppl. Dobree   1079 τε B: γε cett.   1080 κα Ahrens: κἂν R: καὶ pB   ὁπᾷ R: ὅπα pB   ϲέλει pB, sch.: θέλει R   1081 παντᾷ Biset: παντᾶ R: πάντα pB   ἐλϲὼν] ἐλθὼν R   ἁμὶν Brunck: ἅμιν p: ἁμῖν R: ἄμμιν B   1082 alterum καὶ R: γε cett.: om. Su. α 4171   1083 ἄνδραϲ R, Su.: παῖδαϲ pB   1084 θαἰμάτι᾽ Mu2: θοἰμ- pB: τὰ ἱμάτια R, Su.   1085 ἀϲκητικὸν R: ἀϲτικὸν vel sim. cett.   1087 ἄνδρεϲ Cobet: ἅ–codd.   1088 αὕτη Dobree: χαὔτη codd.   θἠτέρᾳ Henderson post Dobree: χἠτέρα pB: χἀτέρα R   νόϲοϲ Reisig: νόϲῳ codd.   1093 θαἰμάτια Dawes: θοἰμ- codd.: θοἰμάτιον Su. θ 523   1095 ναὶ R: νὴ pB

παντᾳ̃ γα. φέρε τὸ Ϝέϲθοϲ ἀμβαλώμεθα.
Αθ. ὦ χαίρετ’, ὦ Λάκωνεϲ· αἰϲχρά γ’ ἐπάθομεν.
Λα. ὦ πολυχαρείδα, δεινά γ’ αὖ πεπόνθαμεϲ,
αἰκ ἐϜίδον ἁμὲ τὤνδρεϲ ἀμπεφλαϲμένωϲ.
Αθ. ἄγε δή, Λάκωνεϲ, αὔθ’ ἕκαϲτα χρὴ λέγειν.
ἐπὶ τί πάρεϲτε δεῦρο;
Λα. περὶ διαλλαγᾶν
πρέϲβηϲ.
Αθ. καλῶϲ δὴ λέγετε· χἠμεῖϲ τουτογί.
τί οὐ καλοῦμεν δῆτα τὴν Λυϲιϲτράτην,
ἥπερ διαλλάξειεν ἡμᾶϲ ἂν μόνη;
Λα. ναὶ τὼ ϲιώ, καἰ λῆτε, τὸν Λυΐϲτρατον.
Χο. ἀλλ’ οὐδὲν ἡμᾶϲ, ὡϲ ἔοικε, δεῖ καλεῖν·
αὐτὴ γάρ, ὡϲ ἤκουϲεν, ἥδ’ ἐξέρχεται.
χαῖρ’, ὦ παϲῶν ἀνδρειοτάτη· δεῖ δὴ νυνί ϲε γενέϲθαι
δεινὴν ⟨μαλακήν⟩, ἀγαθὴν φαύλην, ϲεμνὴν ἀγανήν,
πολύπειρον·
ὡϲ οἱ πρῶτοι τῶν Ἑλλήνων τῇ ϲῇ ληφθέντεϲ ἴυγγι
ϲυνεχώρηϲαν καί ϲοι κοινῇ τἀγκλήματα πάντ’
ἐπέτρεψαν.
Λυ. ἀλλ’ οὐχὶ χαλεπὸν τοὔργον, εἰ λάβοι γέ τιϲ
ὀργῶνταϲ ἀλλήλων τε μὴ ’κπειρωμένουϲ.
τάχα δ’ εἴϲομαι ’γώ. ποῦ ’ϲτιν ἡ Διαλλαγή;
πρόϲαγε λαβοῦϲα πρῶτα τοὺϲ Λακωνικούϲ,
καὶ μὴ χαλεπῇ τῇ χειρὶ μηδ’ αὐθαδικῇ,

1096 παντᾳ̃ Biset: πάντα codd. γα Reisig: γε codd. Ϝέϲθοϲ van Leeuwen: ἔϲθοϲ codd. ἀμβαλώμεθα Ellebodius: ἐμβ- codd. 1098 πολυχαρείδα Meineke: -ρίδα codd. 1099 αἰκ εἶδον (sic) Brunck (ἔϊδον Sommerstein): αἴ κ’ ἴδον R ἁμὲ Brunck, τὤνδρεϲ Elmsley: ἁμὲϲ ἄνδρεϲ R ἀμπεφλαϲμένωϲ Meineke: ἀναπεφαϲμένωϲ R 1102 πρέϲβηϲ Blaydes: πρέϲβειϲ R τουτογί] ταὐτογί Bentley: γ’ οὑτοιί Cobet 1105 καἰ λῆτε Ahrens: καλεῖτε R^{ac}: κἂν λῆτε R^{pc} Λυΐϲτρατον Meister: Λυϲίϲτρατον R 1109 suppl. Wilamowitz: om. R, Su. ι 761 1111 καί ϲοι Blaydes: ϲοι καὶ R

μηδ' ὥσπερ ἡμῶν ἄνδρες ἀμαθῶς τοῦτ' ἔδρων,
ἀλλ' ὡς γυναῖκας εἰκός, οἰκείως πάνυ.
ἢν μὴ διδῷ τὴν χεῖρα, τῆς cάθης ἄγε.
ἴθι καὶ cὺ τούτους τοὺς Ἀθηναίους ἄγε,
οὗ δ' ἂν διδῶcι, πρόcαγε τούτου λαβομένη.
ἄνδρες Λάκωνες, cτῆτε παρ' ἐμὲ πληcίον,
ἐνθένδε δ' ὑμεῖc, καὶ λόγων ἀκούcατε.
ἐγὼ γυνὴ μέν εἰμι, νοῦc δ' ἔνεcτί μοι.
αὐτὴ δ' ἐμαυτῆc οὐ κακῶc γνώμηc ἔχω,
τοὺc δ' ἐκ πατρόc τε καὶ γεραιτέρων λόγουc
πολλοὺc ἀκούcαc' οὐ μεμούcωμαι κακῶc.
λαβοῦcα δ' ὑμᾶc λοιδορῆcαι βούλομαι
κοινῇ δικαίωc, οἳ μιᾶc γ' ἐκ χέρνιβοc
βωμοὺc περιρραίνοντεc ὥcπερ ξυγγενεῖc
Ὀλυμπίαcιν, ἐν Πύλαιc, Πυθοῖ —πόcουc
εἴποιμ' ἂν ἄλλουc, εἴ με μηκύνειν δέοι;—
ἐχθρῶν παρόντων βαρβάρῳ cτρατεύματι
Ἕλληναc ἄνδραc καὶ πόλειc ἀπόλλυτε.
εἷc μὲν λόγοc μοι δεῦρ' ἀεὶ περαίνεται.
Αθ. ἐγὼ δ' ἀπόλλυμαί γ' ἀπεψωλημένοc.
Λυ. εἶτ', ὦ Λάκωνεc, πρὸc γὰρ ὑμᾶc τρέψομαι,
οὐκ ἴcθ' ὅτ' ἐλθὼν δεῦρο Περικλείδαc ποτὲ
ὁ Λάκων Ἀθηναίων ἱκέτηc καθέζετο
ἐπὶ τοῖcι βωμοῖc ὠχρὸc ἐν φοινικίδι
cτρατιὰν προcαιτῶν; ἡ δὲ Μεccήνη τότε
ὑμῖν ἐπέκειτο χὡ θεὸc cείων ἅμα.

1117 μηδ' Brunck: μήθ' R   ἄνδρεc Brunck: ἁ- R   1119 τὴν] τιc Fl. Christianus   ἄγε] λαβέ Blaydes   1120 ἴθι καὶ cὺ . . . ἄγε] ἔπειτα καὐτοὺc . . ., ἴθι van Herwerden; an δή pro καὶ scribendum? 1121 διδῶcι Ellebodius: δίδωcι R   τούτου Dobree: τούτουc R 1123 δ' Bergk: τ' R: θ' Mu2   1128 λοιδορῆcαι R: λοιδορεῖcθαι Su. χ 211   1129 γ' ἐκ Holford-Strevens (γε Bothe, ἐκ Bentley): τε R, Su. 1133 βαρβάρῳ Blaydes: βαρβάρων R   cτρατεύματι] -μαcιν Reiske 1140 τοῖcι Mu2: τοῖc R   1141 προcαιτῶν] ἐπαιτεῖν Plut. *Cim.* 16 1142 ἅμα] μέγα lm. sch.

ἐλθὼν δὲ ϲὺν ὁπλίταιϲι τετρακιϲχιλίοιϲ
Κίμων ὅλην ἔϲωϲε τὴν Λακεδαίμονα.
ταυτὶ παθόντεϲ τῶν Ἀθηναίων ὕπο
δῃοῦτε χώραν, ἧϲ ὕπ' εὖ πεπόνθατε;
Αθ. ἀδικοῦϲιν οὗτοι νὴ Δί', ὦ Λυϲιϲτράτη.
Λα. ἀδικίομεϲ· ἀλλ' ὁ πρωκτὸϲ ἄφατον ὡϲ καλόϲ.
Λυ. ὑμᾶϲ δ' ἀφήϲειν τοὺϲ Ἀθηναίουϲ ⟨μ'⟩ οἴει;
οὐκ ἴϲθ' ὅθ' ὑμᾶϲ οἱ Λάκωνεϲ αὖθιϲ αὖ
κατωνάκαϲ φοροῦνταϲ ἐλθόντεϲ δορὶ
πολλοὺϲ μὲν ἄνδραϲ Θετταλῶν ἀπώλεϲαν,
πολλοὺϲ δ' ἑταίρουϲ Ἱππίου καὶ ξυμμάχουϲ,
ξυνεκβαλόντεϲ τῇ τόθ' ἡμέρᾳ μόνοι
κἠλευθέρωϲαν, κἀντὶ τῆϲ κατωνάκηϲ
τὸν δῆμον ὑμῶν χλαῖναν ἠμπέϲχον πάλιν;
Λα. οὔπα γυναῖκ' ὄπωπα χαἰωτέραν.
Αθ. ἐγὼ δὲ κύϲθον γ' οὐδέπω καλλίονα.
Λυ. τί δῆθ' ὑπηργμένων γε πολλῶν κἀγαθῶν
μάχεϲθε κοὐ παύεϲθε τῆϲ μοχθηρίαϲ;
τί δ' οὐ διηλλάγητε; φέρε, τί τοὐμποδών;
Λα. ἁμέϲ γα λῶμεϲ, αἴ τιϲ ἁμὶν τὤγκυκλον
λῇ τοῦτ' ἀποδόμεν.
Λυ. ποῖον, ὦ τᾶν;
Λα. τὰν Πύλον,
τᾶϲπερ πάλαι δεόμεθα καὶ βλιμάδδομεϲ.

1144 ἔϲωϲε Mu2: ἔϲωϲεν R 1146 πεπόνθατε Mu2: πεπονθότεϲ R^{ac}, τεϲ postea eraso 1148 ἀδικίομεϲ Elmsley: ἀδικιοῦμεϲ R ἄφατον ὡϲ Bentley: ἄφατοϲ καὶ R 1149 suppl. Dobree 1151 ἐλθόντεϲ Su. κ 1114: -ταϲ R 1153 ἑταίρουϲ Su.: ἑτέρουϲ R Ἱππίου Ellebodius: -ίουϲ R: -ία Su. cod. A: -ίαν Su. codd. GM 1154 ξυνεκβαλόντεϲ van Herwerden: ξυνεκμαχοῦντεϲ R 1155 κἠλευθέρωϲαν Elmsley: κἀλ- R 1156 ἠμπέϲχον Blaydes: ἤμπιϲχον R 1157 χαἰωτέραν Bentley: χαιωτέραν R 1159 γε Bothe: τε R 1162 ἁμέϲ γα Koen: ἁμέϲ γε R λῶμεϲ Bentley: λώμεϲθ' R τιϲ sch., ἁμὶν Brunck, τὤγκυκλον Meineke: τῆιϲ ἀμὶν τοὔγκυκλον R 1163 ἀποδόμεν Brunck: ἀποδῶμεν R 1164 τᾶϲπερ Elmsley: ὥϲπερ R δεόμεθα Elmsley: -μεϲθα R βλιμάδδομεϲ Brunck: -άττομεϲ R

Αθ. μὰ τὸν Ποϲειδῶ τοῦτο μέν γ' οὐ δράϲετε.
Λυ. ἄφετ', ὦγάθ', αὐτοῖϲ.
Αθ. κᾆτα τίνα κινήϲομεν;
Λυ. ἕτερόν γ' ἀπαιτεῖτ' ἀντὶ τούτου χωρίον.
Αθ. τὸ δεῖνα τοίνυν, παράδοθ' ἡμῖν τουτονὶ
πρώτιϲτα τὸν Ἐχινοῦντα καὶ τὸν Μηλιᾶ
κόλπον τὸν ὄπιϲθεν καὶ τὰ Μεγαρικὰ ϲκέλη.
Λα. οὐ τὼ ϲιὼ οὐχὶ πάντα γ', ὦ λιϲϲάνιε.
Λυ. ἔα αὐτά, μηδὲν διαφέρου περὶ ϲκελοῖν.
Αθ. ἤδη γεωργεῖν γυμνὸϲ ἀποδὺϲ βούλομαι.
Λα. ἐγὼν δὲ κοπραγωγῆν γα πρῴ, ναὶ τὼ ϲιώ.
Λυ. ἐπὴν διαλλαγῆτε, ταῦτα δράϲετε.
ἀλλ' εἰ δοκεῖ δρᾶν ταῦτα βουλεύϲαϲθε, καὶ
τοῖϲ ξυμμάχοιϲ ἐλθόντεϲ ἀνακοινώϲατε.
Αθ. ποίοιϲιν, ὦ τᾶν, ξυμμάχοιϲ; ἐϲτύκαμεν.
οὐ ταὐτὰ δόξει τοῖϲι ϲυμμάχοιϲι νῷν,
βινεῖν, ἅπαϲιν;
Λα. τοῖϲι γῶν ναὶ τὼ ϲιὼ
ἁμοῖϲι.
Αθ. καὶ γὰρ ναὶ μὰ Δία Καρυϲτίοιϲ.
Λυ. καλῶϲ λέγετε. νῦν οὖν ὅπωϲ ἁγνεύϲετε,
ὅπωϲ ἂν αἱ γυναῖκεϲ ὑμᾶϲ ἐν πόλει
ξενίϲωμεν ὧν ἐν ταῖϲι κίϲταιϲ εἴχομεν.
ὅρκουϲ δ' ἐκεῖ καὶ πίϲτιν ἀλλήλοιϲ δότε.
κἄπειτα τὴν αὑτοῦ γυναῖχ' ὑμῶν λαβὼν
ἄπειϲ' ἕκαϲτοϲ.
Αθ. ἀλλ' ἴωμεν ὡϲ τάχοϲ.
Λα. ἄγ' ὁπᾷ τυ λῇϲ.
Αθ. νὴ τὸν Δί' ὡϲ τάχιϲτ' ἄγε.

1165 *Ποϲειδῶ* Mu2: *Ποϲιδῶ* R *δράϲετε* R: *δράϲομεν* Cobet 1167 *τούτου* Fl. Christianus, *χωρίον* Bentley: *τούτου τοῦ χωρίου* R 1171 *λιϲϲάνιε* I. Voss, cf. Hsch., Phot. s.v.: *λυϲϲάνιε* R 1172 *ἔα αὐτά* Blaydes: *ἐᾶτε* R 1174 *ἐγὼν* Blaydes: *ἐγὼ* R *πρῴ* Biset: *πρῶτα* R: *πρό τευ* Henderson: *πρό τεο* Sommerstein 1178 *ἐϲτύκαμεν* Zanetti: -*μεϲ* R 1180 *γῶν* Ahrens: *γοῦν* R 1184 *ὧν*] *οἷϲ* Blaydes 1188 *ὁπᾷ* Henderson: *ὅπᾳ* R *τάχιϲτ' ἄγε* Beer: *τάχιϲτά γε* R

Χο. ϲτρωμάτων δὲ ποικίλων καὶ χλανιδίων καὶ ξυϲτίδων καὶ [ϲτρ.
χρυϲίων, ὅϲ᾽ ἐϲτί μοι,
οὐ φθόνοϲ ἔνεϲτί μοι πᾶϲι παρέχειν φέρειν
τοῖϲ παιϲίν, ὁπόταν τε θυγάτηρ τινὶ κανηφορῇ.
πᾶϲιν ὑμῖν λέγω λαμβάνειν τῶν ἐμῶν
χρημάτων νῦν ἔνδοθεν,
καὶ μηδὲν οὕτωϲ εὖ ϲεϲη-
μάνθαι τὸ μὴ οὐχὶ τοὺϲ ῥύπουϲ ἀναϲπάϲαι,
χἄττ᾽ ⟨ἂν⟩ ἔνδον ᾖ φορεῖν.
ὄψεται δ᾽ οὐδὲν ϲκοπῶν, εἰ μή τιϲ ὑμῶν
ὀξύτερον ἐμοῦ βλέπει.

εἰ δέ τῳ μὴ ϲῖτοϲ ὑμῶν ἔϲτι, βόϲκει δ᾽ οἰκέταϲ καὶ [ἀντ.
ϲμικρὰ πολλὰ παιδία,
ἔϲτι παρ᾽ ἐμοῦ λαβεῖν πυρίδια λεπτὰ μέν,
ὁ δ᾽ ἄρτοϲ ἀπὸ χοίνικοϲ ἰδεῖν μάλα νεανίαϲ.
ὅϲτιϲ οὖν βούλεται τῶν πενήτων ἴτω
εἰϲ ἐμοῦ ϲάκουϲ ἔχων
καὶ κωρύκουϲ· ὡϲ λήψεται
πυρούϲ. ὁ Μανῆϲ δ᾽ οὑμὸϲ αὐτοῖϲ ἐμβαλεῖ.
πρόϲ γε μέντοι τὴν θύραν
προαγορεύω μὴ βαδίζειν τὴν ἐμήν, ἀλλ᾽
εὐλαβεῖϲθαι τὴν κύνα.

Αθ$^{\alpha}$. ἄνοιγε τὴν θύραν ϲύ· παραχωρεῖν ϲ᾽ ἔδει.
ὑμεῖϲ, τί κάθηϲθε; μῶν ἐγὼ τῇ λαμπάδι
ὑμᾶϲ κατακαύϲω; φορτικὸν τὸ χωρίον.

1191 ἐϲτί μοι Daubuz: ἐϲτὶν ἐμοὶ R 1193 παιϲίν Zanetti: πᾶϲιν R κανηφορῇ Bergler: -φορεῖ R 1200 χἄττ᾽ Reisig: χ᾽ ἅτ᾽ R suppl. Bothe 1212 οὑμὸϲ αὐτοῖϲ Bentley: αὐτοῖϲ οὑμὸϲ R 1214 προαγορεύω Biset: προϲα- R 1216 ϲύ Bentley: οὐ R ϲ᾽ Kähler, ἔδει Dindorf: θέλειϲ R 1218 χωρίον] χρῆμ᾽ ἄγαν Blaydes

οὐκ ἂν ποιήϲαιμ'. εἰ δὲ πάνυ δεῖ τοῦτο δρᾶν,
ὑμῖν χαρίζεϲθαι προϲταλαιπωρήϲομεν.

ΑΘΗΝΑΙΟϹ Β′

χἠμεῖϲ γε μετὰ ϲοῦ ξυνταλαιπωρήϲομεν.
οὐκ ἄπιτε; κωκύϲεϲθε τὰϲ τρίχαϲ μακρά.

Αθ[α]. οὐκ ἄπιθ', ὅπωϲ ἂν οἱ Λάκωνεϲ ἔνδοθεν
καθ' ἡϲυχίαν ἀπίωϲιν εὐωχημένοι;

Αθ[β]. οὔπω τοιοῦτον ϲυμπόϲιον ὄπωπ' ἐγώ.
ἦ καὶ χαρίεντεϲ ἦϲαν οἱ Λακωνικοί·
ἡμεῖϲ δ' ἐν οἴνῳ ϲυμπόται ϲοφώτατοι.

Αθ[α]. ὀρθῶϲ γ', ὁτιὴ νήφοντεϲ οὐχ ὑγιαίνομεν·
ἢν τοὺϲ Ἀθηναίουϲ ἐγὼ πείϲω λέγων,
μεθυόντεϲ ἀεὶ πανταχοῖ πρεϲβεύϲομεν.
νῦν μὲν γὰρ ὅταν ἔλθωμεν εἰϲ Λακεδαίμονα
νήφοντεϲ, εὐθὺϲ βλέπομεν ὅ τι ταράξομεν·
ὥϲθ' ὅ τι μὲν ἂν λέγωϲιν οὐκ ἀκούομεν,
ἃ δ' οὐ λέγουϲι, ταῦθ' ὑπονενοήκαμεν,
ἀγγέλλομεν δ' οὐ ταὐτὰ τῶν αὐτῶν πέρι.
νυνὶ δ' ἅπαντ' ἤρεϲκεν· ὥϲτ' εἰ μέν γέ τιϲ
ᾄδοι Τελαμῶνοϲ, Κλειταγόραϲ ᾄδειν δέον,
ἐπῃνέϲαμεν ἂν καὶ πρὸϲ ἐπιωρκήϲαμεν—
ἀλλ' οὑτοιὶ γὰρ αὖθιϲ ἔρχονται πάλιν
εἰϲ ταὐτόν. οὐκ ἐρρήϲετ', ὦ μαϲτιγίαι;

Αθ[β]. νὴ τὸν Δί'· ὡϲ ἤδη γε χωροῦϲ' ἔνδοθεν.

Λα. ὦ πολυχαρείδα, λαβὲ τὰ φυἀτήρια,

1220 χαρίϲαϲθαι Bentley: χαρίζεϲθαι R προϲταλαιπωρήϲομεν Bentley: -ήϲαιμεν R: -ήϲομαι Enger: -ητέον Blaydes: ταλαιπωρήϲομεν Fl. Christianus, recepto χαρίζεϲθαι 1222 μακρά edd.: ἀμακρά R 1228 ὁτιὴ Bentley: ὅτι R 1230 πανταχοῖ Brunck: πανταχοῦ R 1238 πρὸϲ ἐπιωρκήϲαμεν Bothe: προϲεπι- codd.: προϲεπεκροτήϲαμεν Halbertsma (πρὸϲ ἐπε- van Herwerden) 1242 πολυχαρείδα Meineke: -ρίδα R: πουλυχαρίδα pB φυἀτήρια van Leeuwen: φυϲα- R: φυϲη- pB

ἵν' ἐγὼν διποδιάξω τε κἀείῶ καλὸν
ἐς τὼς Ἀcαναίως τε χἄμ' ἄειcμ' ἁμᾶ.

Αθ^{a}. λαβὲ δῆτα τὰς φυcαλλίδας πρὸς τῶν θεῶν,
ὡς ἥδομαί γ' ὑμᾶς ὁρῶν ὀρχουμένους.

Λα. ὅρμαὁν τῷ κυρcανίῳ,
Μναμόνα, τὰν τεὰν
Μῶἁν, ἅτις οἶδεν ἁμὲ τώς τ' Ἀcαναί-
ως, ὅκα τοὶ μὲν ἐπ' Ἀρταμιτίῳ
πρῴκρόϜον cιεικέλοι
ποττὰ κᾶλα
τὼς Μήδως τ' ἐνικῶν·
ἁμὲ δ' αὖ Λεωνίδας
ἆγεν ᾇπερ τὼς κάπρως
cάγοντας, οἰῶ, τὸν ὀδόντα· πολὺς δ'
ἀμφὶ τὰς γένυας ἀφρὸς ἤνcεεν,
πολὺς δ' ἁμᾶ καττῶν cκελῶν ἵετο.
ἦν γὰρ τὤνδρες οὐκ ἐλάccως
τᾶς ψάμμας τοὶ Πέρcαι.
ἀγροτέρα cηροκτόνε, μόλε

1243 ἐγὼν Blaydes: ἐγὼ codd., Su. δ 1263 κἀείῶ van Leeuwen: κἀείcω Su.: κἀΐcω R: καὶ κινήcω pB 1244 τὼς Ἀcαναίως Biset: τοὺς Ἀναναίους R: τοὺς Ἀcαναίους pB, Su. χἄμ' ἄειcμ' Meineke: καὶ ἡμᾶς R, Su.: καὶ ἐς ἡμᾶς pB: χἄμ' αὐτὼς Enger ἁμᾶ Bergk: ἅμα codd. 1245 δῆτα R: δὴ cὺ B: δὴ p 1246 ὑμᾶς ὁρῶν Daubuz, Bentley: ὁρῶν ὑμᾶς R: ὑμᾶς pB 1247 ὅρμαὁν edd.: ὅρμαον codd. τῷ κυρcανίῳ Bergler, cf. sch. R: τὼς κυρcανίως codd. 1248 Μναμόνα Wilamowitz: ὦ Μναμόνα R: ὦ Μναμοcύνα pB τεὰν R: τ' ἐμάν pB 1249, 1254 ἁμὲ Ahrens: ἀμὲ Rp: ἄμμε B 1249–50 τώς τ' Ἀcαναίως Biset: τούς τ' Ἀcαναίους codd. 1252 πρῴκρόϜον Holford-Strevens, ducibus Colvin et Ahrens, cιείκελοι Blaydes: πρόκροον θείκελοι codd. 1253 τὼς Μήδως Biset: τοὺς Μήδους codd. 1255 ᾇπερ Koen: αἵπερ R: ἅπερ pB 1256 cάγοντας Blaydes: θάγοντας codd. 1257 ἤνcεεν Wilamowitz: ἤνcει codd.: ἄνcη Sommerstein post Blaydes 1259 ἁμᾶ Bergk: ἅμα codd. καττῶν Reisig: καὶ κατῶν B: καὶ κατὰ τῶν Rp ἵετο Brunck: ἀφρὸς ἵετο codd. 1262 ἀγροτέρα Dindorf: ἀγρότερ' Ἄρτεμι codd.

δεῦρο, παρcένε cιά,
ποττὰc cπονδάc,
ὠc cυνέχῃc πολὺν ἁμὲ χρόνον. νῦν δ'
αὖ φιλία τ' ἀὲc εὔποροc εἴη
ταῖcι cυνθήκαιcι, καὶ τᾶν αἱμυλᾶν ἀ-
λωπέκων παυαίμεθα.
ὤ, δεῦρ' ἴθι, δεῦρο,
ὦ κυναγὲ παρcένε.

Λυ. ἄγε νυν ἐπειδὴ τἄλλα πεποίηται καλῶc,
ἀπάγεcθε ταύταc, ὦ Λάκωνεc, τacδεδὶ
ὑμεῖc· ἀνὴρ δὲ παρὰ γυναῖκα καὶ γυνὴ
cτήτω παρ' ἄνδρα, κᾆτ' ἐπ' ἀγαθαῖc ξυμφοραῖc
ὀρχηcάμενοι θεοῖcιν εὐλαβώμεθα
τὸ λοιπὸν αὖθιc μὴ 'ξαμαρτάνειν ἔτι.

πρόcαγε χορόν, ἔπαγε ⟨δὲ⟩ Χάριταc,
ἐπὶ δὲ κάλεcον Ἄρτεμιν,
ἐπὶ δὲ δίδυμον ἁγέχορον Ἰήιον
εὔφρον', ἐπὶ δὲ Νύcιον,
ὃc μετὰ μαινάcιν ὄμμαcι δαίεται,
Δία τε πυρὶ φλεγόμενον, ἐπὶ δὲ
πότνιαν ἄλοχον ὀλβίαν·
εἶτα δὲ δαίμοναc, οἷc ἐπιμάρτυcι
χρηcόμεθ' οὐκ ἐπιλήcμοcιν
Ἡcυχίαc πέρι τῆc ἀγανόφρονοc,

1266 τ' Schaefer: δ' codd. ἀὲc Burges: αἰὲc codd. εἴη R: εἴηc pB 1268 ταῖcι cυνθήκαιcι Hermann: ταῖc(-ιν R) -αιc codd. 1270 παυαίμεθα van Leeuwen: παυcαίμεθ' codd. 1273–8 legato tribuunt quidam 1273 τἄλλα] πάντα Blaydes, fort. recte 1274 τacδεδὶ Dindorf: τacδεὶ pB: τὰc δέ τε R 1276 cτήτω RB: cτήcω p 1279 sqq. quis canat incertum est 1279 suppl. Enger 1280, 1281, 1282 ἔπιδε fere codd., corr. edd. 1281 ἁγέχορον Hermann: ἄγε χορὸν codd.: ἡγέχορον Wilamowitz: del. Enger 1284 μαινάcιν Thiersch: μαινάcι Βάκχειοc R: μαινάcι Βακχείοιc pB: μαινάcι Βάκχιοc Burges ὄμμαcι] ὄμματα Sommerstein 1285 δὲ] τε R 1289 ἀγανόφρονοc Reisig: μεγαλόφρονοc codd.

ἣν ἐπόηϲε θεὰ Κύπριϲ.
Χο. ἀλαλαί, ἰὴ παιών.
αἴρεϲθ' ἄνω, ἰαί,
ὡϲ ἐπὶ νίκῃ, ἰαί.
εὐοῖ εὐοῖ, εὐαὶ εὐαί.

Λυ. πρόφαινε δὴ ϲὺ Μοῦϲαν ἐπὶ νέᾳ νέαν.

Λα. Ταΰγετον αὖτ' ἐραννὸν ἐκλιπῶά
Μῶά, μόλε ⟨μόλε,⟩ Λάκαινα, πρεπτὸν ἁμὶν
κλέωά τὸν Ἀμύκλαιϲ ϲιὸν
καὶ χαλκίοικον Ἀϲά-
ναν Τυνδαρίδαϲ τ' ἀγαϲώϲ,
τοὶ δὴ πὰρ Εὐρώταν ψιάδδοντι.
εἶα μάλ' ἔμβη,
ὢ εἶα, κοῦφα πᾶλον, ὡϲ
Ϲπάρταν ὑμνίωμεϲ,
τᾷ ϲιῶν χοροὶ μέλοντι καὶ ποδῶν κτύποϲ,
⟨ὅχ'⟩ ᾇτε πῶλοι ταὶ κόραι
πὰρ τὸν Εὐρώταν
ἀμπάλλοντι πυκνὰ ποδοῖν
ἀγκονίωαί,
ταὶ δὲ κόμαι ϲείονται
ᾇπερ Βακχᾶν θυρϲαδδωᾶν
καὶ παιδδωᾶν.

1291 παιών] παιήων R 1295 ante πρόφαινε add. Λάκων codd.: del. Hermann: ⟨ὦ⟩ Λάκων Sommerstein ἐπὶ νέᾳ νέαν RVp2, sch.: om. H: ἐπὶ νεανίαν B 1296 ἐκλιπῶά Μῶά, 1298 κλέωά Ahrens: -ωϲα ter codd. 1297 suppl. Hermann 1298 ϲιὸν Valckenaer: Ἀπόλλω ϲιὸν codd. 1299 Ἀϲάναν] ἄναϲϲαν v.l. ap. sch. R 1302 ἔμβη R: ἔμβα pB 1303 ὢ εἶα Biset: εἶα ὢ εἶα pB: ωἷα R πᾶλον Bergk: πάλλων codd. 1305 ὑμνίωμεϲ C: ὑμνείωμεϲ cett. 1308 suppl. Wilamowitz ᾇτε Brunck: αἵτε R: ἥτε et εἵτε sch.: ἅτε pB 1310 ἀμπάλλοντι] ἀμπαδίοντι Coulon post Wilamowitz 1311 ἀγκονίωαί Dindorf: ἀγκονέουϲαι p: ἀγκονεύουϲαι RB 1312 ϲείονται Thiersch: ϲείονθ' vel ϲείοντ' codd. 1313 θυρϲαδδωᾶν . . . παιδδωᾶν edd.; -οᾶν . . . -οᾶν R: -ωᾶν . . . -ωᾶν pB

ἁγῆται δ' ἁ Λήδας παῖς
ἁγνὰ χοραγὸς εὐπρεπής.
ἀλλ' ἄγε, κόμαν παραμπύκιδδε χερί, ποδοῖν τε πάδη
ᾶ τις ἔλαφος· κρότον δ' ἁμᾶ ποίη χορωφελήταν.
καὶ τὰν σιὰν δ' αὖ τὰν κρατίσταν Χαλκίοικον
ὕμνη,
τὰν παμμάχον . . .

1315 *εὐπρεπής*] *ἐκπρεπής* Conomis 1316 *παραμπύκιδδε* Hermann, cf. sch.: -*ίδδετε* codd.: -*ίζεται* Su. π 399 1318–19 *ᾷ τις* Burges: *αἴ τις* R: *ἄτις* pB *ἁμᾶ* Hermann: *ἅμα* codd. *χορωφελήταν* Hermann: -*φελέταν* codd. 1320–1 textum vix integrum alii aliter sanare conantur 1320 *καὶ . . . αὖ*] *τὰν δ' αὖ σιὰν* Henderson *κράτιστον . . . πάμμαχον*] *πάμμαχον, τὰν χαλκίοικον ὕμνη* van Leeuwen *ὕμνη* Burges: *ὕμνει* codd.

ΘΕϹΜΟΦΟΡΙΑΖΟΥϹΑΙ

PAPYRI

PSI 1194, saec. II (vv. 139–46, 237–46, 272–88, 594–6, 804–9)	(P13)
P.Oxy. 1176, saec. II (vv. 335–7, 374–5)	(P50)
P.Oxy. 3839, saec. II–III (vv. 25 (?), 742–66, 941–56)	(P14)
P.Oxy. 3840, saec. IV (vv. 1185–93)	(P68)

CODEX

R Ravennas 429

Rarius citatur eius apographon, Monacensis gr. 492 = Mu2

ΥΠΟΘΕϹΙϹ

Ὁ χορὸϲ ἐκ Θεϲμοφοριαζουϲῶν. καὶ τοῦτο τὸ δρᾶμα τῶν κατ' Εὐριπίδου πεποιημένων. ἀπὸ δὲ τῶν Θεϲμοφορίων τὰϲ Θεϲμοφοριαζούϲαϲ γυναῖκαϲ ἐπέγραψεν, ἀφ' ὧν καὶ ὁ χορόϲ.

Εὐριπίδου γυνὴ μὲν Χοιρίλη, μήτηρ δὲ Κλειτώ. προλογίζει Μνηϲίλοχοϲ, κηδεϲτὴϲ Εὐριπίδου.

3 ἐπ- Dindorf : ἀπ- R   4 Χοιρίλη Dindorf : Χοιρίνη R

ΤΑ ΤΟΥ ΔΡΑΜΑΤΟϹ ΠΡΟϹΩΠΑ

ΚΗΔΕϹΤΗϹ
ΕΥΡΙΠΙΔΗϹ
ΘΕΡΑΠΩΝ ΑΓΑΘΩΝΟϹ
ΑΓΑΘΩΝ
ΓΥΝΗ
ΚΟΡΥΦΑΙΟϹ
ΧΟΡΟϹ ΘΕϹΜΟΦΟΡΙΑΖΟΥϹΩΝ

ΜΙΚΑ
ΚΡΙΤΥΛΛΑ
ΚΛΕΙϹΘΕΝΗϹ
ΠΡΥΤΑΝΙϹ
ΤΟΞΟΤΗϹ
ΗΧΩ

ΘΕCΜΟΦΟΡΙΑΖΟΥCΑΙ

ΚΗΔΕCΤΗC

Ὦ Ζεῦ, χελιδὼν ἆρά ποτε φανήcεται;
ἀπολεῖ μ' ἀλοῶν ἅνθρωπος ἐξ ἑωθινοῦ.
οἷόν τε, πρὶν τὸν cπλῆνα κομιδῇ μ' ἐκβαλεῖν,
παρὰ coῦ πυθέcθαι ποῖ μ' ἄγειc, ὠὐριπίδη;

ΕΥΡΙΠΙΔΗC

ἀλλ' οὐκ ἀκούειν δεῖ cε πάνθ' ὅc' αὐτίκα
ὄψει παρεcτώc.
Κη. πῶc λέγειc; αὖθιc φράcον.
οὐ δεῖ μ' ἀκούειν;
Ευ. οὐχ ἅ γ' ἂν μέλλῃc ὁρᾶν
Κη. οὐδ' ἆρ' ὁρᾶν δεῖ μ';
Ευ. οὐχ ἅ γ' ἂν ἀκούειν δέῃ.
Κη. πῶc μοι παραινεῖc; δεξιῶc μέντοι λέγειc·
οὐ φῄc cὺ χρῆναί μ' οὔτ' ἀκούειν οὔθ' ὁρᾶν.
Ευ. χωρὶc γὰρ αὐτοῖν ἑκατέρου 'cτὶν ἡ φύcιc.
Κη. {τοῦ μήτ' ἀκούειν μήθ' ὁρᾶν;
Ευ. εὖ ἴcθ' ὅτι.}
Κη. πῶc χωρίc;
Ευ. οὕτω ταῦτα διεκρίθη τότε.
αἰθὴρ γὰρ ὅτε τὰ πρῶτα διεχωρίζετο
καὶ ζῷ' ἐν αὑτῷ ξυνετέκνου κινούμενα,

1 *ΚΗΔΕCΤΗC* Hiller: R et sch. saepe eum ita nominant, saepe autem Mnesilochum ἆρά ποτε Biset: ἄρα πότε R 2 ἅνθρωπος Boissonade: ἄ- R 3 τε sch.: τι R 5 ὅc' Mu2: ὃc R: ὅc γ' dubitanter Sommerstein 7 μέλλῃc Brunck: μέλλειc R 10 ὁρᾶν] ὁρᾶν; Gelenius 12 v. del. van Herwerden 15 κινούμενα] -μενοc von Velsen, cf. sch.

ᾧ μὲν βλέπειν χρὴ πρῶτ᾽ ἐμηχανήcατο
ὀφθαλμὸν ἀντίμιμον ἡλίου τροχῷ,
ἀκοῆc δὲ χοάνην ὦτα διετετρήνατο.
Κη. διὰ τὴν χοάνην οὖν μήτ᾽ ἀκούω μήθ᾽ ὁρῶ;
νὴ τὸν Δί᾽ ἥδομαί γε τουτὶ προcμαθών.
οἷόν γέ πού ᾽cτιν αἱ cοφαὶ ξυνουcίαι.
Ευ. πόλλ᾽ ἂν μάθοιc τοιαῦτα παρ᾽ ἐμοῦ.
Κη. πῶc ἂν οὖν
πρὸc τοῖc ἀγαθοῖc τούτοιcιν ἐξεύροιμ᾽ ὅπωc
ἔτι προcμάθοιμι χωλὸc εἶναι τὼ cκέλει;
Ευ. βάδιζε δευρὶ καὶ πρόcεχε τὸν νοῦν.
Κη. ἰδού.
Ευ. ὁρᾷc τὸ θύριον τοῦτο;
Κη. νὴ τὸν Ἡρακλέα
οἶμαί γε.
Ευ. cίγα νυν.
Κη. cιωπῶ τὸ θύριον.
Ευ. ἄκου᾽.
Κη. ἀκούω καὶ cιωπῶ τὸ θύριον.
Ευ. ἐνταῦθ᾽ Ἀγάθων ὁ κλεινὸc οἰκῶν τυγχάνει
ὁ τραγῳδοποιόc.
Κη. ποῖοc οὗτοc Ἀγάθων;
ἔcτιν τιc Ἀγάθων—
μῶν ὁ μέλαc, ὁ καρτερόc;
Ευ. οὔκ, ἀλλ᾽ ἕτερόc τιc. οὐχ ἑόρακαc πώποτε;
Κη. μῶν ὁ δαcυπώγων;
Ευ. οὐχ ἑόρακαc πώποτε.

16 πρῶτ᾽ ἐ- Grynaeus: πρῶτα R 17 τροχῷ] τροχοῦ Blaydes 18 ἀκοῆc . . . χοάνην Biset: -ὴν . . . -ηc R 21 γε lm. sch.: τε R 23 ἐξεύροιμ᾽] ἐξεύροιc Reiske 24 προcμάθοιμι Ellebodius: προcμάθοι μὴ R 27, 28 post θύριον signum interrogationis posuit Dindorf 28 ἀκούω Brunck: ἀκούcω R 30 Ἀγάθων Biset: Ἀ- R 32 ἑόρακαc Bentley: -κα R, quod si recipias, in hoc hemistichio loquitur Affinis 33 post πώποτε signum interrogationis sustulit R. J. Seager

Κη. μὰ τὸν Δί' οὔτοι γ' ὥστε κἀμέ γ' εἰδέναι.
Ευ. καὶ μὴν βεβίνηκας σύ γ', ἀλλ' οὐκ οἶσθ' ἴσως.
ἀλλ' ἐκποδὼν πτήξωμεν, ὡς ἐξέρχεται
θεράπων τις αὐτοῦ, πῦρ ἔχων καὶ μυρρίνας,
προθυσόμενος, ἔοικε, τῆς ποιήσεως.

ΘΕΡΑΠΩΝ

εὔφημος πᾶς ἔστω λαός,
στόμα συγκλῄσας· ἐπιδημεῖ γὰρ
θίασος Μουσῶν ἔνδον μελάθρων
τῶν δεσποσύνων μελοποιῶν.
ἐχέτω δὲ πνοὰς νήνεμος αἰθήρ,
κῦμά τε πόντου μὴ κελαδείτω
γλαυκόν·
Κη. βομβάξ.
Ευ. σίγα. τί λέγει;
Θε. πτηνῶν τε γένη κατακοιμάσθω,
θηρῶν τ' ἀγρίων πόδες ὑλοδρόμων
μὴ λυέσθων.
Κη. βομβαλοβομβάξ.
Θε. μέλλει γὰρ ὁ καλλιεπὴς Ἀγάθων
πρόμος ἡμέτερος—
Κη. μῶν βινεῖσθαι;
Θε. τίς ὁ φωνήσας;
Κη. νήνεμος αἰθήρ.
Θε. δρυόχους τιθέναι δράματος ἀρχάς.
κάμπτει δὲ νέας ἁψῖδας ἐπῶν,
τὰ δὲ τορνεύει, τὰ δὲ κολλομελεῖ,

34 οὔτοι] οὔπω Meineke   οὔτοι μὰ τὸν Δί', omisso γ', Kaibel
38 v. ita interpunxit Blaydes, cf. sch.   39 λαός sch., Su. ε 3792 codd. GIVM: λεώς R, Su. codd. AF   40 συγκλῄσας Dindorf: -κλείσας R, Su.
44 τε Austin, cf. 46, 47: δὲ R, Su. κ 1278   45 λέγει R^{pc}: λέγεις R^{ac}
50 πρόμος Grynaeus: πράμος R   53 ἁψῖδας Su. δ 1547, λ 181: ἀσπίδας R

καὶ γνωμοτυπεῖ κἀντονομάζει
καὶ κηροχυτεῖ καὶ γογγύλλει
καὶ χοανεύει.
Κη. καὶ λαικάζει.
Θε. τίϲ ἀγροιώταϲ πελάθει θριγκοῖϲ;
Κη. ὃϲ ἕτοιμοϲ coῦ τοῦ τε ποιητοῦ
τοῦ καλλιεποῦϲ κατὰ τοῦ θριγκοῦ
ϲυγγογγύλαϲ καὶ ϲυϲτρέψαϲ
τουτὶ τὸ πέοϲ χοανεῦϲαι.
Θε. ἦ που νέοϲ γ᾽ ὢν ἦϲθ᾽ ὑβριϲτήϲ, ὦ γέρον.
Ευ. ὦ δαιμόνιε, τοῦτον μὲν ἔα χαίρειν, ϲὺ δὲ
Ἀγάθωνά μοι δεῦρ᾽ ἐκκάλεϲον πάϲῃ τέχνῃ.
Θε. μηδὲν ἱκέτευ᾽· αὐτὸϲ γὰρ ἔξειϲιν τάχα·
καὶ γὰρ μελοποιεῖν ἄρχεται· χειμῶνοϲ οὖν
ὄντοϲ κατακάμπτειν τὰϲ ϲτροφὰϲ οὐ ῥᾴδιον,
ἢν μὴ προΐῃ θύραϲι πρὸϲ τὸν ἥλιον.
Ευ. τί οὖν ἐγὼ δρῶ;
Θε. περίμεν᾽, ὡϲ ἐξέρχεται.
Ευ. ὦ Ζεῦ, τί δρᾶϲαι διανοεῖ με τήμερον;
Κη. νὴ τοὺϲ θεοὺϲ ἐγὼ πυθέϲθαι βούλομαι
τί τὸ πρᾶγμα τουτί. τί ϲτένειϲ; τί δυϲφορεῖϲ;
οὐ χρῆν ϲε κρύπτειν ὄντα κηδεϲτὴν ἐμόν.
Ευ. ἔϲτιν κακόν μοι μέγα τι προπεφυραμένον.
Κη. ποῖόν τι;
Ευ. τῇδε θἠμέρᾳ κριθήϲεται
εἴτ᾽ ἔϲτ᾽ ἔτι ζῶν εἴτ᾽ ἀπόλωλ᾽ Εὐριπίδηϲ.
Κη. καὶ πῶϲ; ἐπεὶ νῦν γ᾽ οὔτε τὰ δικαϲτήρια
μέλλει δικάζειν οὔτε βουλῆϲ ἐϲθ᾽ ἕδρα,
ἐπείπερ ἐϲτὶ Θεϲμοφορίων ἡ μέϲη.

56 *γογγύλλει* Porson: *γογγυλίζει* R, Su. *γ* 361 58 *ἀγροιώταϲ* anon. Parisinus: *ἀγριώταϲ* R 60 *κατὰ* om. R^{ac}, suppl. manus coaeva, ut mihi quidem videtur 61 *ϲυγγογγύλαϲ* Enger: *γογγυλίϲαϲ* R 69 *θύραϲι*] *θύραζε* Zanetti 74 *χρῆν*] *χρὴ* Su. *κ* 1487 codd. AGM *κρύπτειν* ⟨*μ*᾽⟩ van Herwerden *ἐμόν*] *ἐμέ* Valckenaer 80 *ἐπείπερ ἐϲτι* Nauck: *ἐπεὶ τρίτη* ᾽*ϲτὶ* R

Ευ. τοῦτ' αὐτὸ γάρ τοι κἀπολεῖν με προϲδοκῶ.
αἱ γὰρ γυναῖκεϲ ἐπιβεβουλεύκαϲί μοι
κἀν Θεϲμοφόροιν μέλλουϲι περί μου τήμερον
ἐκκληϲιάζειν ἐπ' ὀλέθρῳ.
Κη. τιὴ τί δή;
Ευ. ὁτιὴ τραγῳδῶ καὶ κακῶϲ αὐτὰϲ λέγω.
Κη. νὴ τὸν Ποϲειδῶ, καὶ δίκαιά ⟨γ'⟩ ἂν πάθοιϲ.
ἀτὰρ τίν' εἰϲ ταύταϲ ϲὺ μηχανὴν ἔχειϲ;
Ευ. Ἀγάθωνα πεῖϲαι τὸν τραγῳδοδιδάϲκαλον
εἰϲ Θεϲμοφόροιν ἐλθεῖν.
Κη. τί δράϲοντ'; εἰπέ μοι.
Ευ. ἐκκληϲιάϲοντ' ἐν ταῖϲ γυναιξὶ χἂν δέῃ
λέξονθ' ὑπὲρ ἐμοῦ.
Κη. πότερα φανερὸν ἢ λάθρᾳ;
Ευ. λάθρᾳ, ϲτολὴν γυναικὸϲ ἠμφιεϲμένον.
Κη. τὸ πρᾶγμα κομψὸν καὶ ϲφόδρ' ἐκ τοῦ ϲοῦ τρόπου·
τοῦ γὰρ τεχνάζειν ἡμέτεροϲ ὁ πυραμοῦϲ.
Ευ. ϲίγα.
Κη. τί ἐϲτιν;
Ευ. Ἀγάθων ἐξέρχεται.
Κη. καὶ ποῦ ⟨'ϲτιν;
Ευ. ὅπου⟩ 'ϲτίν; οὗτοϲ οὑκκυκλούμενοϲ.
Κη. ἀλλ' ἦ τυφλὸϲ μέν εἰμ'; ἐγὼ γὰρ οὐχ ὁρῶ
ἄνδρ' οὐδέν' ἐνθάδ' ὄντα, Κυρήνην δ' ὁρῶ.
Ευ. ϲίγα· μελῳδεῖν δὴ παραϲκευάζεται.
Κη. μύρμηκοϲ ἀτραπούϲ, ἢ τί διαμινύρεται;

83 μου Biset: ἐμοῦ R 86 suppl. Grynaeus 87 εἰϲ ταύταϲ Sandbach: ἐκ ταύτηϲ R: ἐκ τούτων Bergler 90 γυναιξὶ Mu2: -ξιν R χἂν Markland: κἂν R 95 τί Kaibel: τί δ' R Ἀγάθων Biset: Ἀ- R 96 ποῦ ⟨'ϲτιν⟩ Dobree, ⟨ὅπου 'ϲτιν;⟩ Meineke: ποῖο ἐϲτὶν R 97 ἦ Biset: ἢ R 99 δὴ Sykutris (*utique* Divus): ἂν R: γὰρ Burges: ἦν Austin (1987) 100 διαμινύρεται Dawes: διαμινυρίζεται R

ΑΓΑΘΩΝ

ἱερὰν χθονίαιν
δεξάμεναι λαμπάδα, κοῦραι, ξὺν ἐλευθέρᾳ
πραπίδι χορεύϲαϲθε βοάν.
— τίνι δαιμόνων ὁ κῶμοϲ;
λέγε νιν. εὐπείϲτωϲ δὲ τοὐμὸν
δαίμοναϲ ἔχει ϲεβίϲαι.
— ἄγε νῦν ὄλβιζε μούϲᾳ
χρυϲέων ῥύτορα τόξων
Φοῖβον, ὃϲ ἱδρύϲατο χώραϲ
γύαλα Ϲιμουντίδι γᾷ.
— χαῖρε καλλίϲταιϲ ἀοιδαῖϲ,
Φοῖβ᾽, ἐν εὐμούϲοιϲι τιμαῖϲ
γέραϲ ἱερὸν προφέρων.
— τάν τ᾽ ἐν ὄρεϲι δρυογόνοιϲιν
κόραν ἀείϲατ᾽ Ἄρτεμιν ἀγροτέραν.
— ἕπομαι κλῄζουϲα ϲεμνὰν
γόνον ὀλβίαν τε Λατοῦϲ,
Ἄρτεμιν ἀπειρολεχῆ.
— Λατώ τε κρούματά τ᾽ Ἀϲιάδοϲ
ποδὶ παράρυθμ᾽ εὔρυθμα Φρυγίων
διὰ νεύματα Χαρίτων.
— ϲέβομαι Λατώ τ᾽ ἄναϲϲαν
κίθαρίν τε ματέρ᾽ ὕμνων
ἄρϲενι βοᾷ δόκιμον,

101–29 in hoc cantico, et praesertim in vv. 120–2, 126–8, de numeris parum constat   101 *χθονίαιν* Meineke: -*αιϲ* R   102 *ἐλευθέρᾳ*] -*ερίᾳ* Hermann   103 *πραπίδι* Wecklein: *πατρίδι* R   *χορεύϲαϲθε* Divus (*tripudiate*): -*αϲθαι* R   *βοάν*] *βοᾷ* Kuster   105 *νιν* Dindorf, Meineke: *νυν* R   *εὐπείϲτωϲ* Reiske: *εὐπίϲτωϲ* R, Su. ϲ 178, 183   106 *ἔχει* Su.: *ἔχειϲ* R   107 *ὄλβιζε* Bentley, *μούϲᾳ* Bergk: *ὅπλιζε Μοῦϲα* R   113 *προφέρων* parum perspicuum: an *προφέρω*?   115 *ἀείϲατ᾽* Zanetti (*laudate* Divus): *ἀείϲαντ᾽* R   117 *ϲεμνὰν* Dindorf: -*ὸν* R   118 *ὀλβίαν τε* Sommerstein, duce van Herwerden: *ὀλβίζουϲα* R   122 *διὰ νεύματα* Fritzsche: *διανεύματα* R   125 *δόκιμον* Dindorf e sch.: *δοκίμῳ* R, Su. α 4016: *δοκίμων* Schöne, fort. recte

τᾷ φάος ἔϲϲυτο δαιμονίοιϲ
ὄμμαϲιν, ἁμετέραϲ τε δι' αἰφνιδίου ὀπόϲ. ὧν χάριν
ἄνακτ' ἀγάλλετε Φοῖβον.
χαῖρ', ὄλβιε παῖ Λατοῦϲ.

Κη. ὡϲ ἡδὺ τὸ μέλοϲ, ὦ πότνιαι Γενετυλλίδεϲ,
καὶ θηλυδριῶδεϲ καὶ κατεγλωττιϲμένον
καὶ μανδαλωτόν, ὥϲτ' ἐμοῦ γ' ἀκροωμένου
ὑπὸ τὴν ἕδραν αὐτὴν ὑπῆλθε γάργαλοϲ.
καί ϲ', ὦ νεανίϲχ', ἥτιϲ εἶ, κατ' Αἰϲχύλον
ἐκ τῆϲ Λυκουργείαϲ ἐρέϲθαι βούλομαι.
ποδαπὸϲ ὁ γύννιϲ; τίϲ πάτρα; τίϲ ἡ ϲτολή;
τίϲ ἡ τάραξιϲ τοῦ βίου; τί βάρβιτοϲ
λαλεῖ κροκωτῷ; τί δὲ λύρα κεκρυφάλῳ;
τί λήκυθοϲ καὶ ϲτρόφιον; ὡϲ οὐ ξύμφορον.
τίϲ δαὶ κατρόπτου καὶ ξίφουϲ κοινωνία;
ϲύ τ' αὐτόϲ, ὦ παῖ, πότερον ὡϲ ἀνὴρ τρέφει;
καὶ ποῦ πέοϲ; ποῦ χλαῖνα; ποῦ Λακωνικαί;
ἀλλ' ὡϲ γυνὴ δῆτ'; εἶτα ποῦ τὰ τιτθία;
τί φῄϲ; τί ϲιγᾷϲ; ἀλλὰ δῆτ' ἐκ τοῦ μέλουϲ
ζητῶ ϲ', ἐπειδή γ' αὐτὸϲ οὐ βούλει φράϲαι;
Αγ. ὦ πρέϲβυ πρέϲβυ, τοῦ φθόνου μὲν τὸν ψόγον
ἤκουϲα, τὴν δ' ἄλγηϲιν οὐ παρεϲχόμην·
ἐγὼ δὲ τὴν ἐϲθῆθ' ἅμα γνώμῃ φορῶ.
χρὴ γὰρ ποιητὴν ἄνδρα πρὸϲ τὰ δράματα

126 φάοϲ Burges: φῶϲ R δαιμονίοιϲ R: δαίμονοϲ Bothe 127 ἁμετέραϲ Meineke: ἡμ- R: ὑμ- Nietzsche 128 ἀγάλλετε Austin (1987): ἄγαλλε R post Φοῖβον add. τιμᾷ R, del. Dindorf 129 post hunc v. add. R ὀλολύζειϲ γέρων; cf. ὀλολύζει ὁ γέρων Su. ο 194, ὀλολύζει sch. 130 πότνιαι Su. γ 141: πότνια R 134 ἥτιϲ Gelenius: εἴ τιϲ R 135 Λυκουργείαϲ Dindorf, Dobree: -γίαϲ R 138 λύρα] δορὰ Roscher 139 οὐ R, Su. β 110 cod. V: ἀ- vel ὀ- Sudae cett. codd. ξύμφορον] -ρα van Leeuwen 140 δαὶ] δ' αὖ Blaydes κατρόπτου Dover, cf. titulos: κατόπτρου R: [P13] 141 ϲύ τ' P13, Rγρ: τίϲ δ' R: ϲὺ δ' Thiersch 142 πέοϲ P13 et fortasse R: τὸ πέοϲ Su. λ 63, π 987 148 ἅμα ⟨τῇ⟩ γνώμῃ Meineke

ἃ δεῖ ποιεῖν, πρὸϲ ταῦτα τοὺϲ τρόπουϲ ἔχειν.
αὐτίκα γυναικεῖ' ἢν ποιῇ τιϲ δράματα,
μετουϲίαν δεῖ τῶν τρόπων τὸ ϲῶμ' ἔχειν.
Κη. οὐκοῦν κελητίζειϲ, ὅταν Φαίδραν ποιῇϲ;
Αγ. ἀνδρεῖα δ' ἢν ποιῇ τιϲ, ἐν τῷ ϲώματι
ἔνεϲθ' ὑπάρχον τοῦθ'. ἃ δ' οὐ κεκτήμεθα,
μίμηϲιϲ ἤδη ταῦτα ϲυνθηρεύεται.
Κη. ὅταν ϲατύρουϲ τοίνυν ποιῇϲ, καλεῖν ἐμέ,
ἵνα ϲυμποιῶ ϲοὔπιϲθεν ἐϲτυκὼϲ ἐγώ.
Αγ. ἄλλωϲ τ' ἄμουϲόν ἐϲτι ποιητὴν ἰδεῖν
ἀγρεῖον ὄντα καὶ δαϲύν. ϲκέψαι δ' ὅτι
Ἴβυκοϲ ἐκεῖνοϲ κἀνακρέων ὁ Τήιοϲ
κἀλκαῖοϲ, οἵπερ ἁρμονίαν ἐχύμιϲαν,
ἐμιτροφόρουν τε καὶ διεκλῶντ' Ἰωνικῶϲ.
καὶ Φρύνιχοϲ—τοῦτον γὰρ οὖν ἀκήκοαϲ—
αὐτόϲ τε καλὸϲ ἦν καὶ καλῶϲ ἠμπίϲχετο·
διὰ τοῦτ' ἄρ' αὐτοῦ καὶ κάλ' ἦν τὰ δράματα.
ὅμοια γὰρ ποιεῖν ἀνάγκη τῇ φύϲει.
Κη. ταῦτ' ἄρ' ὁ Φιλοκλέηϲ αἰϲχρὸϲ ὢν αἰϲχρῶϲ ποιεῖ,
ὁ δὲ Ξενοκλέηϲ ὢν κακὸϲ κακῶϲ ποιεῖ,
ὁ δ' αὖ Θέογνιϲ ψυχρὸϲ ὢν ψυχρῶϲ ποιεῖ.
Αγ. ἅπαϲ' ἀνάγκη· ταῦτα γάρ τοι γνοὺϲ ἐγὼ
ἐμαυτὸν ἐθεράπευϲα.
Κη. πῶϲ, πρὸϲ τῶν θεῶν;
Ευ. παῦϲαι βαΰζων· καὶ γὰρ ἐγὼ τοιοῦτοϲ ἦν
ὢν τηλικοῦτοϲ, ἡνίκ' ἠρχόμην ποιεῖν.
Κη. μὰ τὸν Δί', οὐ ζηλῶ ϲε τῆϲ παιδεύϲεωϲ.

154 ἦν Dindorf: ἂν P13, R 159 ἄλλωϲ Su. α 1633 (*praeterea* Divus): ἀλλ' ὡϲ R 162 κἀλκαῖοϲ] κἀχαιόϲ v.l. ap. sch. οἵπερ Su. ε 989, 4049: οἱ περὶ R ἐχύμιϲαν Su: ἐχύμηϲαν R 163 διεκλῶντ' Toup: διεκίνων R: διεκίνουν Su. ε 989, ι 495 164 τοῦτον] τούτου Sommerstein 165 ἠμπίϲχετο Elmsley (*induebatur* Divus): ἠμπέ- R 168, 169 -κλέηϲ Bentley: -κλῆϲ R 169 δὲ Brunck: δ' αὖ R 173 ἦν] ἦ Dindorf, Elmsley, fort. recte

Ευ. ἀλλ' ὧνπερ οὕνεκ' ἦλθον, ἔα μ' εἰπεῖν.
Κη. λέγε.
Ευ. Ἀγάθων, σοφοῦ πρὸς ἀνδρός, ὅςτις ἐν βραχεῖ
πολλοὺς καλῶς οἷός τε συντέμνειν λόγους.
ἐγὼ δὲ καινῇ ξυμφορᾷ πεπληγμένος
ἱκέτης ἀφῖγμαι πρὸς σέ.
Αγ. τοῦ χρείαν ἔχων;
Ευ. μέλλουσί μ' αἱ γυναῖκες ἀπολεῖν τήμερον
τοῖς Θεσμοφορίοις, ὅτι κακῶς αὐτὰς λέγω.
Αγ. τίς οὖν παρ' ἡμῶν ἐστιν ὠφέλειά σοι;
Ευ. ἡ πᾶσ'· ἐὰν γὰρ ἐγκαθεζόμενος λάθρᾳ
ἐν ταῖς γυναιξίν, ὡς δοκῶν εἶναι γυνή,
ὑπεραποκρίνῃ μου, σαφῶς σώσεις ἐμέ.
μόνος γὰρ ἂν λέξειας ἀξίως ἐμοῦ.
Αγ. ἔπειτα πῶς οὐκ αὐτὸς ἀπολογεῖ παρών;
Ευ. ἐγὼ φράσω σοι. πρῶτα μὲν γιγνώσκομαι·
ἔπειτα πολιός εἰμι καὶ πώγων' ἔχω,
σὺ δ' εὐπρόσωπος, λευκός, ἐξυρημένος,
γυναικόφωνος, ἁπαλός, εὐπρεπὴς ἰδεῖν.
Αγ. Εὐριπίδη—
Ευ. τί ἐστιν;
Αγ. ἐποίησάς ποτε
"χαίρεις ὁρῶν φῶς, πατέρα δ' οὐ χαίρειν δοκεῖς;"
Ευ. ἔγωγε.
Αγ. μή νυν ἐλπίσῃς τὸ σὸν κακὸν
ἡμᾶς ὑφέξειν. καὶ γὰρ ἂν μαινοίμεθ' ἄν.
ἀλλ' αὐτὸς ὅ γε σόν ἐστιν οἰκείως φέρε.
τὰς συμφορὰς γὰρ οὐχὶ τοῖς τεχνάσμασιν
φέρειν δίκαιον, ἀλλὰ τοῖς παθήμασιν.
Κη. καὶ μὴν σύ γ', ὦ κατάπυγον, εὐρύπρωκτος εἶ
οὐ τοῖς λόγοισιν, ἀλλὰ τοῖς παθήμασιν.

176 λέγε Affini tribuit Kuster 178 οἷός Su. σ 792, οι 154: οἷόν R
179 καινῇ Biset: κοινῇ R, Su. κ 2556 196 prius ἂν Su. υ 709: om. R

Ευ. τί δ' ἐϲτὶν ὅτι δέδοικαϲ ἐλθεῖν αὐτόϲε;
Αγ. κάκιον ἀπολοίμην ἂν ἢ ϲύ.
Ευ. πῶϲ;
Αγ. ὅπωϲ;
δοκῶν γυναικῶν ἔργα νυκτερήϲια
κλέπτειν ὑφαρπάζειν τε θήλειαν Κύπριν.
Κη. ἰδού γε κλέπτειν· νὴ Δία, βινεῖϲθαι μὲν οὖν.
ἀτὰρ ἡ πρόφαϲίϲ γε νὴ Δί' εἰκότωϲ ἔχει.
Ευ. τί οὖν; ποιήϲειϲ ταῦτα;
Αγ. μὴ δόκει γε ϲύ.
Ευ. ὢ τριϲκακοδαίμων, ὡϲ ἀπόλωλ'.
Κη. Εὐριπίδη,
ὦ φίλτατ', ὦ κηδεϲτά, μὴ ϲαυτὸν προδῷϲ.
Ευ. πῶϲ οὖν ποιήϲω δῆτα;
Κη. τοῦτον μὲν μακρὰ
κλαίειν κέλευ', ἐμοὶ δ' ὅ τι βούλει χρῶ λαβών.
Ευ. ἄγε νῦν, ἐπειδὴ ϲαυτὸν ἐπιδίδωϲ ἐμοί,
ἀπόδυθι τουτὶ θοἰμάτιον.
Κη. καὶ δὴ χαμαί.
ἀτὰρ τί μέλλειϲ δρᾶν μ';
Ευ. ἀποξυρεῖν ταδί,
τὰ κάτω δ' ἀφεύειν.
Κη. ἀλλὰ πρᾶττ', εἴ ϲοι δοκεῖ·
ἢ μὴ 'πιδοῦναι 'μαυτὸν ὤφελόν ποτε.
Ευ. Ἀγάθων, ϲὺ μέντοι ξυροφορεῖϲ ἑκάϲτοτε,
χρῆϲόν τι νῦν ἡμῖν ξυρόν.
Αγ. αὐτὸϲ λάμβανε
ἐντεῦθεν ἐκ τῆϲ ξυροδόκηϲ.
Ευ. γενναῖοϲ εἶ.

204 νυκτερήϲια] Bothe, Dobree: -είϲια R 209 τριϲκακοδαίμων Mu2: -μον R *Κη. Εὐριπίδη* Elmsley: *Εὐριπίδηϲ* R 216 ἀφεύειν R: ἀφαύειν Su. α 4565 εἴ ϲοι ed. pr.: εἴϲω R 217 ἢ] ὡϲ Hamaker: 'πιδοῦναι Dawes (cf. 249): διδόναι R 'μαυτὸν Dawes post Scaligerum: γ' αὐτὸν R 220 ξυροδόκηϲ legebat sch.: -δίκηϲ R

κάθιζε· φύϲα τὴν γνάθον τὴν δεξιάν.
Κη. οἴμοι.
Ευ. τί κέκραγαϲ; ἐμβαλῶ ϲοι πάτταλον,
ἢν μὴ ϲιωπᾷϲ.
Κη. ἀτταταῖ ἰατταταῖ.
Ευ. οὗτοϲ ϲύ, ποῖ θεῖϲ;
Κη. εἰϲ τὸ τῶν ϲεμνῶν θεῶν·
οὐ γὰρ μὰ τὴν Δήμητρά γ᾽ ἐνταυθοῖ μενῶ
τεμνόμενοϲ.
Ευ. οὔκουν καταγέλαϲτοϲ δῆτ᾽ ἔϲει
τὴν ἡμίκραιραν τὴν ἑτέραν ψιλὴν ἔχων;
Κη. ὀλίγον μέλει μοι.
Ευ. μηδαμῶϲ, πρὸϲ τῶν θεῶν,
προδῷϲ με. χώρει δεῦρο.
Κη. κακοδαίμων ἐγώ.
Ευ. ἔχ᾽ ἀτρέμα ϲαυτὸν κἀνάκυπτε. ποῖ ϲτρέφει;
Κη. μῦ μῦ.
Ευ. τί μύζειϲ; πάντα πεποίηται καλῶϲ.
Κη. οἴμοι κακοδαίμων, ψιλὸϲ οὖν ϲτρατεύϲομαι.
Ευ. μὴ φροντίϲῃϲ· ὡϲ εὐπρεπὴϲ φανεῖ πάνυ.
βούλει θεᾶϲθαι ϲαυτόν;
Κη. εἰ δοκεῖ. φέρε.
Ευ. ὁρᾷϲ ϲεαυτόν;
Κη. οὐ μὰ Δί᾽, ἀλλὰ Κλειϲθένη.
Ευ. ἀνίϲταϲ᾽, ἵν᾽ ἀφεύϲω ϲε, κἀγκύψαϲ ἔχε.
Κη. οἴμοι κακοδαίμων, δελφάκιον γενήϲομαι.
Ευ. ἐνεγκάτω τιϲ ἔνδοθεν δᾷδ᾽ ἢ λύχνον.
ἐπίκυπτε· τὴν κέρκον φυλάττου νῦν ἄκραν.
Κη. ἐμοὶ μελήϲει νὴ Δία—πλήν γ᾽ ὅτι κάομαι.

222 οἴμοι Dindorf: ὤιμοι R 223 ἀτταταῖ ἰατταταῖ Biset: ἀττατα· ἀτταται R 225 Δήμητρά γ᾽] Δήμητρ᾽ ἔτ᾽ Porson 230 ἀτρέμα ϲαυτὸν] ἀτρέμαϲ αὑτοῦ Dobree 232 οὖν von Velsen: αὖ R, Su. ψ 105: εἰ van Herwerden: ὢν Blaydes 234 θεᾶϲθαι Porson: θεάϲαϲθαι R ϲαυτόν Biset: ϲεαυτόν R post δοκεῖ interpunxit Barrett 235 Κλειϲθένη Brunck: -ην R, Su. κ 1756

οἴμοι τάλας. ὕδωρ ὕδωρ, ὦ γείτονες,
πρὶν ἀντιλαβέcθαι πρωκτὸν ἕτερον τῆc φλογόc.
Ευ. θάρρει.
Κη. τί θαρρῶ καταπεπυρπολημένοc;
Ευ. ἀλλ' οὐκέτ' οὐδὲν πρᾶγμά coι· τὰ πλεῖcτα γὰρ
ἀποπεπόνηκαc.
Κη. φεῦ, ἰοὺ τῆc ἀcβόλου.
αἰθὸc γεγένημαι πάντα τὰ περὶ τὴν τράμιν.
Ευ. μὴ φροντίcηc· ἕτεροc γὰρ αὐτὰ cπογγιεῖ.
Κη. οἰμώξετ' ἆρ' εἴ τιc τὸν ἐμὸν πρωκτὸν πλυνεῖ.
Ευ. Ἀγάθων, ἐπειδὴ cαυτὸν ἐπιδοῦναι φθονεῖc,
ἀλλ' ἱμάτιον γοῦν χρῆcον ἡμῖν τουτῳὶ
καὶ cτρόφιον· οὐ γὰρ ταῦτά γ' ὡc οὐκ ἔcτ' ἐρεῖc.
Αγ. λαμβάνετε καὶ χρῆcθ'· οὐ φθονῶ.
Κη. τί οὖν λάβω;
Ευ. ὅ τι; τὸν κροκωτὸν πρῶτον ἐνδύου λαβών.
Κη. νὴ τὴν Ἀφροδίτην, ἡδύ γ' ὄζει ποcθίου.
cύζωcον ἁνύcαc.
Ευ. αἶρέ νυν cτρόφιον.
Κη. ἰδού·
ἴθι νῦν, κατάcτειλόν με τὰ περὶ τὼ cκέλει.
Ευ. κεκρυφάλου δεῖ καὶ μίτραc.
Αγ. ἡδὶ μὲν οὖν
κεφαλὴ περίθετοc, ἣν ἐγὼ νύκτωρ φορῶ.
Ευ. νὴ τὸν Δί', ἀλλὰ κἀπιτηδεία πάνυ.
Κη. ἆρ' ἁρμόcει μοι;
Ευ. νὴ Δί', ἀλλ' ἄριcτ' ἔχει.
φέρ' ἔγκυκλον·
Αγ. τουτὶ λάβ' ἀπὸ τῆc κλινίδοc.

242 ἕτερον e P13 restituit Medaglia: om. R 246 γεγένημαι Su. τ 903: γεγέννημαι R 248 οἰμώξετ' Zanetti: οἰμώζετ' R ἆρ' εἴ τιc Brunck: ἄρ' εἰc R: (οἰμώξεταί) γ' ἄρ' εἰ Kuster 253–5, 263 de personarum vicibus dubitare possis 256 cκέλει van Leeuwen: -λη R 260 ἆρ' Kuster: ἠρ R ἁρμόcει Zanetti: -cῃ R 261 τουτὶ Su. ε 135, κ 1809: τοῦτὶ R λάβ' Daubuz: λάμβαν' R, Su.

Ευ. ὑποδημάτων δεῖ.
Αγ. τἀμὰ ταυτὶ λάμβανε.
Κη. ἆρ᾽ ἁρμόcει μοι; χαλαρὰ γοῦν χαίρειc φορῶν.
Αγ. cὺ τοῦτο γίγνωcκ᾽· ἀλλ᾽, ἔχειc γὰρ ὧν δέει,
εἴcω τιc ὡc τάχιcτά μ᾽ εἰcκυκληcάτω.
Ευ. ἀνὴρ μὲν ἡμῖν οὑτοcὶ καὶ δὴ γυνὴ
τό γ᾽ εἶδοc· ἢν λαλῇc δ᾽, ὅπωc τῷ φθέγματι
γυναικιεῖc εὖ καὶ πιθανῶc.
Κη. πειράcομαι.
Ευ. βάδιζε τοίνυν.
Κη. μὰ τὸν Ἀπόλλω οὔκ, ἤν γε μὴ
ὀμόcῃc ἐμοί—
Ευ. τί χρῆμα;
Κη. cυccώcειν ἐμὲ
πάcαιc τέχναιc, ἤν μοί τι περιπίπτῃ κακόν.
Ευ. ὄμνυμι τοίνυν αἰθέρ᾽, οἴκηcιν Διόc.
Κη. τί μᾶλλον ἢ τὴν Ἱπποκράτουc ξυνοικίαν;
Ευ. ὄμνυμι τοίνυν πάνταc ἄρδην τοὺc θεούc.
Κη. μέμνηcο τοίνυν ταῦθ᾽, ὅτι ἡ φρὴν ὤμοcεν,
ἡ γλῶττα δ᾽ οὐκ ὀμώμοκ᾽, οὐδ᾽ ὥρκωc᾽ ἐγώ.
Ευ. ἔα· cπεῦδε ταχέωc· ὡc τὸ τῆc ἐκκληcίαc
cημεῖον ἐν τῷ Θεcμοφορίῳ φαίνεται.
ἐγὼ δ᾽ ἄπειμι.
Κη. δεῦρό νυν, ὦ Θρᾷτθ᾽, ἕπου.
ὦ Θρᾷττα, θέαcαι, καομένων τῶν λαμπάδων
ὅcον τὸ χρῆμ᾽ ἀνέρχεθ᾽ ὑπὸ τῆc λιγνύοc.
ἀλλ᾽, ὦ περικαλλεῖ Θεcμοφόρω, δέξαcθέ με
ἀγαθῇ τύχῃ καὶ δεῦρο ⟨καὶ⟩ πάλιν οἴκαδε.

266 ἀνὴρ Fritzsche: ἁ- R 267 τό γ᾽ Kuster: τόδ᾽ R 271 περιπίπτῃ] προcπίπτῃ van Herwerden 273 τὴν R: τῶν Enger Ἱπποκράτουc sch.: Ὑπο- R ξυνοικίαν] cυν- Starkie, ut lusus cum voce cυοικίαν fiat 276 post hunc v. add. R ὀλολύζουcί τε (–cι· τὸ Ellebodius) ἱερὸν ὠθεῖται: ολολυ[P13 277 ἔα· cπεῦδε Maas: ἔκcπευδε R: cὺ cπεῦδε von Velsen 282 περικαλλεῖ Kaibel, Hall & Geldart: περὶ καλλῆ R 283 suppl. Bentley

ὦ Θρᾶττα, τὴν κίστην κάθελε, κᾆτ' ἔξελε
τὰ πόπαν', ὅπως λαβοῦσα θύσω ταῖν θεαῖν.
δέσποινα πολυτίμητε Δήμητερ φίλη
καὶ Φερρέφαττα, πολλὰ πολλάκις μέ σοι
θύειν ἔχουσαν, εἰ δὲ μή, ἀλλὰ νῦν λαθεῖν.
καὶ τὴν θυγατέρα Χοιρίον ἀνδρός μοι τυχεῖν
πλουτοῦντος, ἄλλως δ' ἠλιθίου κἀβελτέρου,
καὶ Ποσθαλίσκον νοῦν ἔχειν μοι καὶ φρένας.
ποῦ ποῦ καθίζωμ' ἐν καλῷ, τῶν ῥητόρων
ἵν' ἐξακούω; σὺ δ' ἄπιθ', ὦ Θρᾶττ', ἐκποδών.
δούλοις γὰρ οὐκ ἔξεστ' ἀκούειν τῶν λόγων.

ΚΟΡΥΦΑΙΟC

εὐφημία ἔστω, εὐφημία ἔστω. εὔχεσθε ταῖν Θεσμοφόροιν {τῇ Δήμητρῃ καὶ τῇ Κόρῃ} καὶ τῷ Πλούτῳ καὶ τῇ Καλλιγενείᾳ καὶ τῇ Κουροτρόφῳ {τῇ Γῇ} καὶ τῷ Ἑρμῇ καὶ ⟨ταῖς⟩ Χάρισιν ἐκκλησίαν τήνδε καὶ σύνοδον τὴν νῦν κάλλιστα καὶ ἄριστα ποιῆσαι, πολυωφελῶς μὲν ⟨τῇ⟩ πόλει τῇ Ἀθηναίων, τυχηρῶς δ' ἡμῖν αὐταῖς. καὶ τὴν δρῶσαν καὶ ἀγορεύουσαν τὰ βέλτιστα περὶ τὸν δῆμον τὸν Ἀθηναίων καὶ τὸν τῶν γυναικῶν, ταύτην νικᾶν. ταῦτ' εὔχεσθε, καὶ ἡμῖν αὐταῖς τἀγαθά. ἰὴ παιών, ἰὴ παιών, ἰὴ παιών. χαίρωμεν.

284 κάθελε] καθελοῦ Bergk: κατάθου van Herwerden 285 τὰ πόπαν' P13, Porson: τὸ πόπανον R ταῖν θεαῖν] τοῖν θεοῖν Cobet 287 Φερρέφαττα P13, Thiersch: Φερσέ- R 289 Χοιρίον Fritzsche e sch.: χοῖρον R 290 δ' Hermann: τ' R 291 Ποσθαλίσκον Dindorf: πρὸς θάληκον R 295 ΚΟΡΥΦΑΙΟC Austin & Olson: ΚΗΡΥΞ R, sed manu recentiori: ΚΡΙΤΥΛΛΑ Sommerstein, cf. v. 898 εὐφημία ἔστω Bothe, cf. Su. ε 3797: εὐφημί' ἔστω R ταῖν] τοῖν Meineke 296 del. Blaydes, von Velsen 297 Πλούτῳ] Πλούτωνι Enger, cf. sch. 300 del. Dobree 301, 304 suppl. Meineke 305 ἡμῖν] ὑμῖν Fritzsche 306 καὶ van Leeuwen: τὴν R^{ac}: καὶ τὴν R^{pc} 307 τὸν Grynaeus: τῶν R 310 ἡμῖν Mu2: ὑμῖν R

ΧΟΡΟϹ

δεχόμεθα καὶ θεῶν γένοϲ
λιτόμεθα ταῖϲδ᾽ ἐπ᾽ εὐχαῖϲ
χαρένταϲ ἐπιφανῆναι.
Ζεῦ μεγαλώνυμε, χρυϲολύρα
τε Δῆλον ὃϲ ἔχειϲ ἱεράν,
καὶ ϲύ, παγκρατὲϲ κόρα
γλαυκῶπι χρυϲόλογχε, πόλιν
οἰκοῦϲα περιμάχητον, ἐλθὲ δεῦρο·
καὶ πολυώνυμε θηροφόνη,
Λατοῦϲ χρυϲώπιδοϲ ἔρνοϲ,
ϲύ τε, πόντιε ϲεμνὲ Πόϲειδον
ἁλιμέδον,
προλιπὼν μυχὸν ἰχθυόεντα
οἰϲτροδόνητον,
Νηρέοϲ εἰναλίου τε κόραι
Νύμφαι τ᾽ ὀρίπλαγκτοι.
χρυϲέα δὲ φόρμιγξ
ἰαχήϲειεν ἐπ᾽ εὐχαῖϲ
ἡμετέραιϲ· τελέωϲ τ᾽ ἐκκληϲιάϲαιμεν Ἀθηνῶν
εὐγενεῖϲ γυναῖκεϲ.

Κο. εὔχεϲθε τοῖϲ θεοῖϲι τοῖϲ Ὀλυμπίοιϲ
καὶ ταῖϲ Ὀλυμπίαιϲι, καὶ τοῖϲ Πυθίοιϲ
καὶ ταῖϲι Πυθίαιϲι, καὶ τοῖϲ Δηλίοιϲ
καὶ ταῖϲι Δηλίαιϲι, τοῖϲ τ᾽ ἄλλοιϲ θεοῖϲ.
εἴ τιϲ ἐπιβουλεύει τι τῷ δήμῳ κακὸν
τῷ τῶν γυναικῶν, ἢ ᾽πικηρυκεύεται

312 *δεχόμεθα* Dindorf: *-εϲθα* R 313 *λιτόμεθα* Bourdin: *-εϲθα* R 314 *χαρένταϲ ἐπιφανῆναι* Halbertsma: *φανένταϲ ἐπιχαρῆναι* R 317 *παγκρατὲϲ* ed. pr.: *παμκρ-* R 320 *θηροφόνη* Meineke post Hermann: *θηροφόνε παῖ* R 324 *ἰχθυόεντα* Wilamowitz: *-εντ᾽* R, Su. οι 181 325 *εἰναλίου* Bentley: *ἐν-* R 326 *ὀρίπλαγκτοι* Austin: *ὀρει-* R 327 *δὲ* Blaydes: *τε* R 329 *τ᾽* Blaydes: *δ᾽* R *Ἀθηνῶν* Reisig: *Ἀθηναίων* R 334 *τοῖϲ τ᾽* Grynaeus: *καὶ τοῖϲ* R

Εὐριπίδῃ Μήδοις τ' ἐπὶ βλάβῃ τινὶ
τῇ τῶν γυναικῶν, ἢ τυραννεῖν ἐπινοεῖ,
ἢ τὸν τύραννον ϲυγκατάγειν, ἢ παιδίον
ὑποβαλλομένηϲ κατεῖπεν, ἢ δούλη τινὸϲ
προαγωγὸϲ οὖϲ' ἐνετρύλιϲεν τῷ δεϲπότῃ,
ἢ πεμπομένη τιϲ ἀγγελίαϲ ψευδεῖϲ φέρει,
ἢ μοιχὸϲ εἴ τιϲ ἐξαπατᾷ ψευδῆ λέγων
καὶ μὴ δίδωϲιν ἃν ὑπόϲχηταί ποτε,
ἢ δῶρά τιϲ δίδωϲι μοιχῷ γραῦϲ γυνή,
ἢ καὶ δέχεται προδιδοῦϲ' ἑταίρα τὸν φίλον,
κεἴ τιϲ κάπηλοϲ ἢ καπηλὶϲ τοῦ χοῶϲ
ἢ τῶν κοτυλῶν τὸ νόμιϲμα διαλυμαίνεται,
κακῶϲ ἀπολέϲθαι τοῦτον αὐτὸν κῳκίαν
ἀρᾶϲθε, ταῖϲ δ' ἄλλαιϲιν ἡμῖν τοὺϲ θεοὺϲ
εὔχεϲθε πάϲαιϲ πολλὰ δοῦναι κἀγαθά.

Χο. ξυνευχόμεϲθα τέλεα μὲν
πόλει τέλεά τε δήμῳ
τάδ' εὔγματ' ἀποτελεῖϲθαι,
τὰ δ' ἄριϲθ' ὅϲαιϲ προϲήκει
νικᾶν λεγού-
ϲαιϲ. ὁπόϲαι δ' ἐξαπατῶϲιν παραβαίνουϲί τε τοὺϲ
ὅρκουϲ τοὺϲ νενομιϲμένουϲ
{κερδῶν ἕνεκ' ἐπὶ βλάβῃ,}
ἢ ψηφίϲματα καὶ νόμουϲ
ζητοῦϲ' ἀντιμεθιϲτάναι,
τἀπόρρητά τε τοῖϲιν ἐ-
χθροῖϲ τοῖϲ ἡμετέροιϲ λέγουϲ',

337 τ' P50, Biset: om. R 340 post κατεῖπεν add. τιϲ R, del. Bentley 341 ἐνετρύλιϲεν Dindorf: -ύλλιϲεν R, Su. ε 1271 344 ἃν Faber: ἃ ἂν R 347 χοῶϲ Brunck: χοὸϲ R, Su. λ 394 349 κῳκίαν Brunck: κ' οἰκίαν R 350 ἡμῖν Mu2: ὑμῖν R 352 ξυνευχόμεϲθα Daubuz: -όμεθα R 353 τε R: δὲ Mu2 354 ἀποτελεῖϲθαι Willems: γενέϲθαι R 357 ἐξαπατῶϲιν Bentley: -ῶϲι R 360 v. del. Reisig ἕνεκ'] οὕνεκ' Bentley 361 νόμουϲ Blaydes: νόμον R 364 λέγουϲ' Bentley: λέγουϲιν R, Su. α 3501

ἢ Μήδους ἐπάγουςι τῆς
ἀρχῆς οὕνεκ' ἐπὶ βλάβῃ,
ἀςεβοῦς' ἀδικοῦςί τε τὴν πόλιν.
ἀλλ', ὦ παγκρατὲς
Ζεῦ, ταῦτα κυρώςειας, ὥςθ' ἡμῖν θεοὺς
παραςτατεῖν,
καίπερ γυναιξὶν οὔςαις.

Κο. ἄκουε πᾶς'. ἔδοξε τῇ βουλῇ τάδε
τῇ τῶν γυναικῶν· Ἀρχίκλει' ἐπεςτάτει,
Λύςιλλ' ἐγραμμάτευεν, εἶπε Ϲωςτράτη·
ἐκκληςίαν ποιεῖν ἕωθεν τῇ μέςῃ
τῶν Θεςμοφορίων, ᾗ μάλιςθ' ἡμῖν ςχολή,
καὶ χρηματίζειν πρῶτα περὶ Εὐριπίδου,
ὅ τι χρὴ παθεῖν ἐκεῖνον· ἀδικεῖν γὰρ δοκεῖ
ἡμῖν ἁπάςαις. τίς ἀγορεύειν βούλεται;

ΜΙΚΑ
ἐγώ.

Κο. περίθου νυν τόνδε πρῶτον πρὶν λέγειν.
ςίγα, ςιώπα, πρόςεχε τὸν νοῦν· χρέμπτεται γὰρ ἤδη,
ὅπερ ποιοῦς' οἱ ῥήτορες. μακρὰν ἔοικε λέξειν.

Μι. φιλοτιμίᾳ μὲν οὐδεμιᾷ μὰ τὼ θεὼ
λέξους' ἀνέςτην, ὦ γυναῖκες· ἀλλὰ γὰρ
βαρέως φέρω τάλαινα πολὺν ἤδη χρόνον,
προπηλακιζομένας ὁρῶς' ἡμᾶς ὑπὸ
Εὐριπίδου τοῦ τῆς λαχανοπωλητρίας
καὶ πολλὰ καὶ παντοῖ' ἀκουούςας κακά.
τί γὰρ οὗτος ἡμᾶς οὐκ ἐπιςμῇ τῶν κακῶν;

365–6 *τῆς ἀρχῆς* Austin (1990): *τῆς χώρας* R: *τῶν κερδῶν* Austin (1987) post Reiske 367 *ἀςεβοῦς' ἀδικοῦςί* Bothe: *-οῦςιν –οῦςιν* R 372 *πᾶς'* Voss: *πᾶς* R 373 *Ἀρ[χίκλ]ει'* P50, suppl. Hunt: *Τιμόκλει'* R, sch., Su. ε 2616 380 *ΜΙΚΑ* Sommerstein, cf. v. 760: *ΓΥΝΗ ΤΙϹ* R *πρῶτον* R: *πρότερον* Su. π 1166 386 *ἡμᾶς* Cobet: *ὑμᾶς* R 389 *ἡμᾶς* R, Su. ε 2592: *ἡμῖν* Brunck

ποῦ δ' οὐχὶ διαβέβληχ', ὅπουπερ ἔμβραχυ
εἰϲὶν θεαταὶ καὶ τραγῳδοὶ καὶ χοροί,
τὰϲ μοιχοτρόφουϲ, τὰϲ ἀνδρεραϲτρίαϲ καλῶν,
τὰϲ οἰνοπίπαϲ, τὰϲ προδότιδαϲ, τὰϲ λάλουϲ,
τὰϲ οὐδὲν ὑγιέϲ, τὰϲ μέγ' ἀνδράϲιν κακόν·
ὥϲτ' εὐθὺϲ εἰϲιόντεϲ ἀπὸ τῶν ἰκρίων
ὑποβλέπουϲ' ἡμᾶϲ ϲκοποῦνταί τ' εὐθέωϲ
μὴ μοιχὸϲ ἔνδον ᾖ τιϲ ἀποκεκρυμμένοϲ.
δρᾶϲαι δ' ἔθ' ἡμῖν οὐδὲν ὥϲπερ καὶ πρὸ τοῦ
ἔξεϲτι· τοιαῦθ' οὗτοϲ ἐδίδαξεν κακὰ
τοὺϲ ἄνδραϲ ἡμῶν· ὥϲτ' ἐάν τιϲ ⟨καὶ⟩ πλέκῃ
γυνὴ ϲτέφανον, ἐρᾶν δοκεῖ· κἂν ἐκβάλῃ
ϲκεῦόϲ τι κατὰ τὴν οἰκίαν πλανωμένη,
ἁνὴρ ἐρωτᾷ· "τῷ κατέαγεν ἡ χύτρα;
οὐκ ἔϲθ' ὅπωϲ οὐ τῷ Κορινθίῳ ξένῳ."
κάμνει κόρη τιϲ, εὐθὺϲ ἁδελφὸϲ λέγει·
"τὸ χρῶμα τοῦτό μ' οὐκ ἀρέϲκει τῆϲ κόρηϲ."
εἶέν. γυνή τιϲ ὑποβαλέϲθαι βούλεται
ἀποροῦϲα παίδων, οὐδὲ τοῦτ' ἔϲτιν λαθεῖν.
ἅνδρεϲ γὰρ ἤδη παρακάθηνται πληϲίον·
πρὸϲ τοὺϲ γέρονταϲ θ', οἳ πρὸ τοῦ τὰϲ μείρακαϲ
ἤγοντο, διαβέβληκεν, ὥϲτ' οὐδεὶϲ γέρων
γαμεῖν ἐθέλει γυναῖκα διὰ τοὔποϲ τοδί·
"δέϲποινα γὰρ γέροντι νυμφίῳ γυνή."
εἶτα διὰ τοῦτον ταῖϲ γυναικωνίτιϲιν
ϲφραγῖδαϲ ἐπιβάλλουϲιν ἤδη καὶ μοχλοὺϲ

390 ἔμβραχυ Su. ε 955, οι 128: ἐν βραχὺ R 391 τραγῳδοὶ καὶ R: τραγῳδικοὶ sch. Plat. *Theag.* 127c 392 μοιχοτρόφουϲ Daubuz: μοιχοτρόπουϲ Su. οι 128: μυχοτρόπουϲ R: μοιχοτύπαϲ Bothe ἀνδρεραϲτρίαϲ Su. codd. GFM, Pollux 3.70: ἀνδρεαϲτρίαϲ R, Su. codd. AV 393 οἰνοπίπαϲ Su., novit sch.: οἰνοπίπουϲ v.l. ap. sch.: οἰνοπότιδαϲ R 394 ἀνδράϲιν Daubuz, Bentley: -ϲι R 398 ὥϲπερ] ὧνπερ Kuster 400 suppl. Dobree: ⟨δή⟩ τιϲ Austin: alii alia 403 ἁνὴρ Brunck: ἀ- R 405 ἁδελφὸϲ Biset: ἀ- R 409 ἅνδρεϲ Brunck: ἄ- R 412 ἐθέλει Kappeyne van de Coppello: θέλει R

τηροῦντεϲ ἡμᾶϲ, καὶ προϲέτι Μολοττικοὺϲ
τρέφουϲι μορμολυκεῖα τοῖϲ μοιχοῖϲ κύναϲ.
καὶ ταῦτα μὲν ξυγγνώϲθ’· ἃ δ’ ἦν ἡμῖν πρὸ τοῦ
αὐταῖϲ ταμιεῦϲαι καὶ προαιρούϲαιϲ λαθεῖν
ἄλφιτον, ἔλαιον, οἶνον, οὐδὲ ταῦτ’ ἔτι
ἔξεϲτιν. οἱ γὰρ ἄνδρεϲ ἤδη κλείδια
αὐτοὶ φοροῦϲι κρυπτά, κακοηθέϲτατα,
Λακωνίκ’ ἄττα, τρεῖϲ ἔχοντα γομφίουϲ.
πρὸ τοῦ μὲν οὖν ἦν ἀλλ’ ὑποῖξαι τὴν θύραν
ποιηϲαμέναιϲι δακτύλιον τριωβόλου,
νῦν δ’ οὗτοϲ αὐτοὺϲ οἰκότριψ Εὐριπίδηϲ
ἐδίδαξε θριπήδεϲτ’ ἔχειν ϲφραγίδια
ἐξαψαμένουϲ. νῦν οὖν ἐμοὶ τούτῳ δοκεῖ
ὄλεθρόν τιν’ ἡμᾶϲ κυρκανᾶν ἁμωϲγέπωϲ,
ἢ φαρμάκοιϲιν ἢ μιᾷ γέ τῳ τέχνῃ,
ὅπωϲ ἀπολεῖται. ταῦτ’ ἐγὼ φανερῶϲ λέγω·
τὰ δ’ ἄλλα μετὰ τῆϲ γραμματέωϲ ϲυγγράψομαι.

Χο. οὔπω ταύτηϲ ἤκουϲα [ϲτρ.
πολυπλοκωτέραϲ γυναικὸϲ
οὐδὲ δεινότερον λεγούϲηϲ.
πάντα γὰρ λέγει δίκαια·
†πάϲαϲ δ’ ἰδέαϲ ἐξήταϲεν,
πάντα δ’ ἐβάϲταϲε φρενὶ πυκνῶϲ τε†
ποικίλουϲ λόγουϲ ἀνηῦρεν
εὖ διεζητημένουϲ·
ὥϲτ’ ἂν εἰ λέγοι παρ’ αὐτὴν

417 μορμολυκεῖα Dindorf: -λύκεια R μοιχοῖϲ Mu2: μυχοῖϲ R 419 ταμιεῦϲαι καὶ Reiske: ταμιεύεϲθαι R λαθεῖν Scaliger: λαβεῖν R 426 οἰκότριψ Kühner-Blass: ὠκ- R 427 ἐδίδαξε Su. λ 64: -εν R 433 post οὔπω add. τε R[ac], ποτε R[pc]: del. Dindorf 435 δεινότερον] δεινότερα Hermann 437 πάϲαϲ . . . ἐξήταϲεν R, Su. ε 22 (sed εἰδέαϲ R): πᾶϲαν ἰδέαν ἐξετάζει Hermann: πάντα δ’ εἶδ’ ἐξήταϲέν τε Austin (πάντα iam Enger) 438 πάντα . . . πυκνῶϲ] πάντ’ ἐβάϲταϲεν πυκνῶϲ Enger (φρενὶ del. Thiersch) 440 αὐτὴν Zanetti: αὐτῆϲ R

Ξενοκλέηϲ ὁ Καρκίνου, δοκεῖν ἂν αὐτόν,
ὡϲ ἐγᾦμαι, πᾶϲιν ὑμῖν
ἄντικρυϲ μηδὲν λέγειν.

ΚΡΙΤΥΛΛΑ

ὀλίγων ἕνεκα καὐτὴ παρῆλθον ῥημάτων.
τὰ μὲν γὰρ ἄλλ' αὕτη κατηγόρηκεν εὖ·
ἃ δ' ἐγὼ πέπονθα, ταῦτα λέξαι βούλομαι.
ἐμοὶ γὰρ ἁνὴρ ἀπέθανεν μὲν ἐν Κύπρῳ
παιδάρια πέντε καταλιπών, ἁγὼ μόλιϲ
ϲτεφανηπλοκοῦϲ' ἔβοϲκον ἐν ταῖϲ μυρρίναιϲ.
τέωϲ μὲν οὖν ἀλλ' ἡμικάκωϲ ἐβοϲκόμην·
νῦν δ' οὗτοϲ ἐν ταῖϲιν τραγῳδίαιϲ ποιῶν
τοὺϲ ἄνδραϲ ἀναπέπεικεν οὐκ εἶναι θεούϲ·
ὥϲτ' οὐκέτ' ἐμπολῶμεν οὐδ' εἰϲ ἥμιϲυ.
νῦν οὖν ἁπάϲαιϲιν παραινῶ καὶ λέγω
τοῦτον κολάϲαι τὸν ἄνδρα πολλῶν οὕνεκα·
ἄγρια γὰρ ἡμᾶϲ, ὦ γυναῖκεϲ, δρᾷ κακά,
ἅτ' ἐν ἀγρίοιϲι τοῖϲ λαχάνοιϲ αὐτὸϲ τραφείϲ.
ἀλλ' εἰϲ ἀγορὰν ἄπειμι· δεῖ γὰρ ἀνδράϲιν
πλέξαι ϲτεφάνουϲ ϲυνθηματιαίουϲ εἴκοϲιν.

Χο. ἕτερον αὖ τι λῆμα τοῦτο
κομψότερον ἔτ' ἢ τὸ πρότερον ἀναπέφηνεν.
οἷα κατεϲτωμύλατο
οὐκ ἄκαιρα, φρέναϲ ἔχουϲα
καὶ πολύπλοκον νόημ', οὐδ' ἀϲύνετ', ἀλλὰ πιθανὰ
πάντα.

441 *Ξενοκλέηϲ* Bentley: *-κλῆϲ* R   443 *ΚΡΙΤΥΛΛΑ*] cf. v. 898: *γυνὴ ἑτέρα* R   *ἕνεκα καὐτὴ* Porson: *ἕνεκ' αὐτὴ* R   446 *ἁνὴρ* Brunck: *ἀ-* R   450 *ταῖϲιν* Brunck: *ταῖϲι* R   453 *ἁπάϲαιϲιν* Gellius *N.A.* 15.20: *-ϲι* R   456 *τοῖϲ* Plut. *Mor.* 853C, Gellius *N.A.* 15.20: om. R   457 *γάρ* ⟨*μ'*⟩ Blaydes   461 *κατεϲτωμύλατο*] *κἀϲτωμύλατο* Dobree   462 *ἄκαιρα* Zanetti: *ἄκερα* R   463 *καί* ⟨*τι*⟩ Dobree   *πολύπλοκον*] *πολύϲτροφον* Hermann; de numeris non constat: *νόημα,* | *οὐδ' ἀϲύνετα, πιθανὰ πάντα* Enger

δεῖ δὲ ταύτηϲ τῆϲ ὕβρεωϲ ἡμῖν τὸν ἄνδρα
περιφανῶϲ δοῦναι δίκην.
Κη. τὸ μέν, ὦ γυναῖκεϲ, ὀξυθυμεῖϲθαι ϲφόδρα
Εὐριπίδῃ, τοιαῦτ' ἀκουούϲαϲ κακά,
οὐ θαυμάϲιόν ἐϲτ', οὐδ' ἐπιζεῖν τὴν χολήν.
καὐτὴ γὰρ ἔγωγ', οὕτωϲ ὀναίμην τῶν τέκνων,
μιϲῶ τὸν ἄνδρ' ἐκεῖνον, εἰ μὴ μαίνομαι.
ὅμωϲ δ' ἐν ἀλλήλαιϲι χρὴ δοῦναι λόγον·
αὐταὶ γάρ ἐϲμεν, κοὐδεμί' ἔκφοροϲ λόγου.
τί ταῦτ' ἔχουϲαι 'κεῖνον αἰτιώμεθα
βαρέωϲ τε φέρομεν, εἰ δύ' ἡμῶν ἢ τρία
κακὰ ξυνειδὼϲ εἶπε δρώϲαϲ μυρία;
ἐγὼ γὰρ αὐτὴ πρῶτον, ἵνα μἄλλην λέγω,
ξύνοιδ' ἐμαυτῇ πολλὰ ⟨δείν'·⟩ ἐκεῖνο δ' οὖν
δεινότατον, ὅτε νύμφη μὲν ἦν τρεῖϲ ἡμέραϲ,
ὁ δ' ἀνὴρ παρ' ἐμοὶ καθηῦδεν. ἦν δέ μοι φίλοϲ,
ὅϲπερ με διεκόρευϲεν οὖϲαν ἑπτέτιν.
οὗτοϲ πόθῳ μου 'κνυεν ἐλθὼν τὴν θύραν·
κἀγὼ εὐθὺϲ ἔγνων· εἶτα καταβαίνω λάθρᾳ.
ὁ δ' ἀνὴρ ἐρωτᾷ· "ποῖ cὺ καταβαίνειϲ;" "ὅποι;
ϲτρόφοϲ μ' ἔχει τὴν γαϲτέρ', ὦνερ, κὠδύνη·
εἰϲ τὸν κοπρῶν' οὖν ἔρχομαι." "βάδιζέ νυν."
κᾆθ' ὁ μὲν ἔτριβε κεδρίδαϲ, ἄννηθον, ϲφάκον·
ἐγὼ δὲ καταχέαϲα τοῦ ϲτροφέωϲ ὕδωρ
ἐξῆλθον ὡϲ τὸν μοιχόν· εἶτ' ἠρειδόμην

467 ἀκουούϲαϲ Zanetti (*audientes* Divus): -ϲαιϲ R 469 ὀναίμην Su. ο 330: ὀνοίμην R 471 ἀλλήλαιϲι Brunck: -οιϲι R 472 ἔκφοροϲ] ἐκφορὰ Valckenaer 474 εἰ Grynaeus (*si* Divus): ἢ R 477 suppl. Dawes 478 ἦν] ἦ Dindorf 479 καθηῦδεν Scaliger: καθεύδειν R 480 διεκόρευϲεν R et Pollux 3.42 codd. FS: -ρηϲεν Pollux cod. A οὖϲαν post ἑπτέτιν transp. R: recte Pollux 482 κἀγὼ Lenting: κᾆτ' R 486 ἔτριβε Su. ϲ 1712: -εν R ἄννηθον Dindorf: ἄνηθον R Su. 488 ἠρειδόμην Bentley, Kuster: ἐρ- R

παρὰ τὸν Ἀγυιᾶ κύβδ᾽, ἐχομένη τῆϲ δάφνηϲ.
ταῦτ᾽ οὐδεπώποτ᾽ εἶφ᾽—ὁρᾶτ᾽;— Εὐριπίδηϲ·
οὐδ᾽ ὡϲ ὑπὸ τῶν δούλων τε κὠρεωκόμων
ϲποδούμεθ᾽, ἢν μὴ ᾽χωμεν ἕτερον, οὐ λέγει·
οὐδ᾽ ὡϲ ὅταν μάλιϲθ᾽ ὑπό του ληκώμεθα
τὴν νύχθ᾽, ἕωθεν ϲκόροδα διαμαϲώμεθα,
ἵν᾽ ὀϲφρόμενοϲ ἁνὴρ ἀπὸ τείχουϲ εἰϲιὼν
μηδὲν κακὸν δρᾶν ὑποτοπῆται. ταῦθ᾽—ὁρᾷϲ;—
οὐπώποτ᾽ εἶπεν. εἰ δὲ Φαίδραν λοιδορεῖ,
ἡμῖν τί τοῦτ᾽ ἔϲτ᾽; οὐδ᾽ ἐκεῖν᾽ εἴρηκέ πω,
ὡϲ ἡ γυνὴ δεικνῦϲα τἀνδρὶ τοὔγκυκλον
ὑπαυγάϲ᾽ οἷόν ἐϲτιν, εὖ κεκαλυμμένον
τὸν μοιχὸν ἐξέπεμψεν, οὐκ εἴρηκέ πω.
ἑτέραν δ᾽ ἐγᾦδ᾽ ἣ ᾽φαϲκεν ὠδίνειν γυνὴ
δέχ᾽ ἡμέραϲ, ἕωϲ ἐπρίατο παιδίον·
ὁ δ᾽ ἀνὴρ περιήρχετ᾽ ὠκυτόκι᾽ ὠνούμενοϲ·
τὸ δ᾽ εἰϲέφερε γραῦϲ ἐν χύτρᾳ, τὸ παιδίον,
ἵνα μὴ βοῴη, κηρίῳ βεβυϲμένον.
εἶθ᾽ ὡϲ ἔνευϲεν ἡ φέρουϲ᾽, εὐθὺϲ βοᾷ,
"ἄπελθ᾽ ἄπελθ᾽, ἤδη γάρ, ὦνέρ, μοι δοκῶ
τέξειν." τὸ γὰρ ἦτρον τῆϲ χύτραϲ ἐλάκτιϲεν·
χὠ μὲν γεγηθὼϲ ἔτρεχεν, ἡ δ᾽ ἐξέϲπαϲεν
ἐκ τοῦ ϲτόματοϲ τοῦ παιδίου, τὸ δ᾽ ἀνέκραγεν.
εἶθ᾽ ἡ μιαρὰ γραῦϲ, ἣ ᾽φερεν τὸ παιδίον,
θεῖ μειδιῶϲα πρὸϲ τὸν ἄνδρα καὶ λέγει,

490 ὁρᾶτ᾽] ὁρᾷϲ Dawes; cf. 496, 556 493 ληκώμεθα Su. λ 434: κινώμεθα R 494 post νύχθ᾽ add. ὅλην Su. ϲκόροδα δια- Bentley: ϲκορόδια R 495 ὀϲφρόμενοϲ Bentley, Kuster: ὀϲφραινόμενοϲ R ἁνὴρ Dawes: ἀ- R ἀπὸ Biset: ἀπὸ τοῦ R 500 ὑπαυγάϲ᾽ Hermann: ὑπ᾽ αὐγὰϲ R εὖ κεκαλυμμένον Austin: ἐγκε- R 501 μοιχὸν Grynaeus (*adulterum* Divus): μυχὸν R 504 περιήρχετ᾽] περιέτρεχ᾽ Bergk ὠκυτόκι᾽ Pollux 2.7: ὠκυτόκει᾽ R 505 τὸ] τῇ van Herwerden 510 ἔτρεχεν] ἀπέτρεχ᾽ van Herwerden 511 τοῦ παιδίου] τὸ κηρίον Hirschig 512 ᾽φερεν Bentley: ἔφερε R

“λέων λέων ϲοι γέγονεν, αὐτέκμαγμα ϲόν,
τά τ' ἄλλ' ἁπαξάπαντα καὶ τὸ ποϲθίον
τῷ ϲῷ προϲόμοιον, ϲτρεβλὸν ὥϲπερ κύτταροϲ.”
ταῦτ' οὐ ποιοῦμεν τὰ κακά; νὴ τὴν Ἄρτεμιν
ἡμεῖϲ γε. κᾆτ' Εὐριπίδῃ θυμούμεθα,
οὐδὲν παθοῦϲαι μεῖζον ἢ δεδράκαμεν;

Χο. τουτὶ μέντοι θαυμαϲτόν, [ἀντ.
ὁπόθεν ηὑρέθη τὸ χρῆμα,
χἤτιϲ ἐξέθρεψε χώρα
τήνδε τὴν θραϲεῖαν οὕτω.
τάδε γὰρ εἰπεῖν τὴν πανοῦργον
κατὰ τὸ φανερὸν ὧδ' ἀναιδῶϲ
οὐκ ἂν ᾠόμην ἐν ἡμῖν
οὐδὲ τολμῆϲαί ποτ' ἄν.
ἀλλ' ἅπαν γένοιτ' ἂν ἤδη·
τὴν παροιμίαν δ' ἐπαινῶ τὴν παλαιάν·
ὑπὸ λίθῳ γὰρ παντί που χρὴ
μὴ δάκῃ ῥήτωρ ἀθρεῖν.

Κο. ἀλλ' οὐ γάρ ἐϲτι τῶν ἀναιϲχύντων φύϲει γυναικῶν
οὐδὲν κάκιον εἰϲ ἅπαντα—πλὴν ἄρ' εἰ γυναῖκεϲ.
Μι. οὔτοι μὰ τὴν Ἄγλαυρον, ὦ γυναῖκεϲ, εὖ φρονεῖτε,
ἀλλ' ἢ πεφάρμαχθ' ἢ κακόν τι μέγα πεπόνθατ' ἄλλο,
ταύτην ἐῶϲαι τὴν φθόρον τοιαῦτα περιυβρίζειν
ἡμᾶϲ ἁπάϲαϲ. εἰ μὲν οὖν τιϲ ἔϲτιν—· εἰ δὲ μή, ἡμεῖϲ
αὐταί γε καὶ τὰ δουλάρια τέφραν ποθὲν λαβοῦϲαι
ταύτηϲ ἀποψιλώϲομεν τὸν χοῖρον, ἵνα διδαχθῇ
γυνὴ γυναῖκαϲ οὖϲα μὴ κακῶϲ λέγειν τὸ λοιπόν.
Κη. μὴ δῆτα τόν γε χοῖρον, ὦ γυναῖκεϲ. εἰ γὰρ οὔϲηϲ

514 *αὐτέκμαγμα* Reiske: *αὔτ' ἔκμαγμα* R, Pollux 9.131: *ἔκμαγμα* Su. *λ* 271, *π* 2114 *ϲόν*] *ϲοῦ* Blaydes 516 *κύτταροϲ* Fritzsche: *-ον* R, Su. *κ* 2787 526 *ἡμῖν* ed. Iuntina: *ὑμῖν* R 532 *γυναῖκεϲ* R, Su. *α* 1349: *γυνή τιϲ* Fritzsche 533 *Ἄγλαυρον* Daubuz: *Ἄγραυλον* R 537 *αὐταί* ed. Iuntina: *αὐτοί* R *γε* R: *τε* sch. T ad Hom. *Il.* 1. 135, Reiske

παρρηςίας κἀξὸν λέγειν ὅςαι πάρεςμεν ἀςταί,
εἶτ' εἶπον ἁγίγνωςκον ὑπὲρ Εὐριπίδου δίκαια,
διὰ τοῦτο τιλλομένην με δεῖ δοῦναι δίκην ὑφ' ὑμῶν;
Μι. οὐ γάρ cε δεῖ δοῦναι δίκην; ἥτις μόνη τέτληκας
ὑπὲρ ἀνδρὸς ἀντειπεῖν, ὃς ἡμᾶς πολλὰ κακὰ δέδρακεν
ἐπίτηδες εὑρίςκων λόγους, ὅπου γυνὴ πονηρὰ
ἐγένετο, Μελανίππας ποιῶν Φαίδρας τε· Πηνελόπην δὲ
οὐπώποτ' ἐποίης', ὅτι γυνὴ ϲώφρων ἔδοξεν εἶναι.
Κη. ἐγὼ γὰρ οἶδα ταἴτιον. μίαν γὰρ οὐκ ἂν εἴποις
τῶν νῦν γυναικῶν Πηνελόπην, Φαίδρας δ' ἁπαξαπάσας.
Μι. ἀκούετ', ὦ γυναῖκες, οἷ' εἴρηκεν ἡ πανοῦργος
ἡμᾶς ἁπάςας αὖθις αὖ.
Κη. καὶ νὴ Δί' οὐδέπω γε
εἴρηχ' ὅςα ξύνοιδ'· ἐπεὶ βούλεςθε πλείον' εἴπω;
Μι. ἀλλ' οὐκ ἂν ἔτ' ἔχοις· ὅςα γὰρ ᾔδεις ἐξέχεας ἅπαντα.
Κη. μὰ Δί' οὐδέπω τὴν μυριοςτὴν μοῖραν ὧν ποιοῦμεν.
ἐπεὶ τάδ' οὐκ εἴρηχ'—ὁρᾷς;—ὡς ςτλεγγίδας λαβοῦςαι
ἔπειτα ςιφωνίζομεν τὸν ςῖτον.
Μι. ἐπιτριβείης.
Κη. ὥς τ' αὖ τὰ κρέ' ἐξ Ἀπατουρίων ταῖς μαςτροποῖς διδοῦςαι
ἔπειτα τὴν γαλῆν φαμεν—
Μι. τάλαιν' ἐγώ· φλυαρεῖς.
Κη. οὐδ' ὡς τὸν ἄνδρα τῷ πελέκει γυνὴ κατεςπόδηςεν,

545 ὃς Grynaeus (*qui* Divus): ὡς R 546 ἐπίτηδες Scaliger: ἐξεπίτηδες R 548 ἐποίης' Scaliger: ἐποίηςεν R 550 δ' Mu2^{ac}: om. RMu2^{pc} 553 πλείον' Bentley: πλεῖον R 554 ᾔδεις] ᾔδηςθ' Hirschig, fort. recte 555 οὐδέπω τὴν Dobree: οὐδὲ τὴν R: οὐδὲ τήν ⟨γε⟩ Faber 556 ἐπεὶ τάδ' Dindorf: ἔπειτά γ' R οὐκ Mu2: οὐχ R ςτλεγγίδας Mu2: τλεγγίδας R 557 ςῖτον R, Su. c 512, legebat sch.: οἶνον Kuster 558 αὖ τὰ Zanetti: αὐτὰ R: αὖ Bachmann 560 post ὡς add. ἑτέρα Su. κ 996, omisso γυνὴ γυνὴ ante τὸν ἄνδρα transp. Enger

οὐκ εἶπον· οὐδ᾽ ὡϲ φαρμάκοιϲ ἑτέρα τὸν ἄνδρ᾽ ἔμηνεν,
οὐδ᾽ ὡϲ ὑπὸ τῇ πυέλῳ κατώρυξέν ποτ᾽—
Μι. ἐξόλοιο.
Κη. Ἀχαρνικὴ τὸν πατέρα.
Μι. ταῦτα δῆτ᾽ ἀνέκτ᾽ ἀκούειν;
Κη. οὐδ᾽ ὡϲ cὺ τῆϲ δούληϲ τεκούϲηϲ ἄρρεν εἶτα cαυτῇ
τοῦθ᾽ ὑπεβάλου, τὸ cὸν δὲ θυγάτριον παρῆκαϲ αὐτῇ.
Μι. οὔ τοι μὰ τὼ θεὼ cὺ καταπροίξει λέγουϲα ταυτί,
ἀλλ᾽ ἐκποκιῶ cου τὰϲ ποκάδαϲ.
Κη. οὐ δὴ μὰ Δία cύ γ᾽ ἅψει.
Μι. καὶ μὴν ἰδού.
Κη. καὶ μὴν ἰδού.
Μι. λαβὲ θοἰμάτιον, Φιλίϲτη.
Κη. πρόϲθεϲ μόνον, κἀγώ cε νὴ τὴν Ἄρτεμιν—
Μι. τί δράϲειϲ;
Κη. τὸν cηϲαμοῦνθ᾽ ὃν κατέφαγεϲ, τοῦτον χεϲεῖν ποιήϲω.
Κο. παύϲαϲθε λοιδορούμεναι· καὶ γὰρ γυνή τιϲ ἡμῖν
ἐϲπουδακυῖα προϲτρέχει. πρὶν οὖν ὁμοῦ γενέϲθαι,
cιγᾶθ᾽, ἵν᾽ αὐτῆϲ κοϲμίωϲ πυθώμεθ᾽ ἅττα λέξει.

ΚΛΕΙϹΘΕΝΗϹ

φίλαι γυναῖκεϲ, ξυγγενεῖϲ τοὐμοῦ τρόπου·
ὅτι μὲν φίλοϲ εἴμ᾽ ὑμῖν, ἐπίδηλον ταῖϲ γνάθοιϲ.
γυναικομανῶ γὰρ προξενῶ θ᾽ ὑμῶν ἀεί.
καὶ νῦν ἀκούϲαϲ πρᾶγμα περὶ ὑμῶν μέγα
ὀλίγῳ τι πρότερον κατ᾽ ἀγορὰν λαλούμενον,
ἥκω φράϲων τοῦτ᾽ ἀγγελῶν θ᾽ ὑμῖν, ἵνα
cκοπῆτε καὶ τηρῆτε μὴ καὶ προϲπέϲῃ
ὑμῖν ἀφάρκτοιϲ πρᾶγμα δεινὸν καὶ μέγα.

563 Ἀχαρνικὴ Dobree: ἀ- R 567 ποκάδαϲ R, Su. ε 588: πλοκάδαϲ v.l. ap. sch. δὴ Bothe: δὲ R: τοι Lenting 569 πρόϲθεϲ] πρόϲθιγε Willems: πρόϲιθι van Herwerden 571 παύϲαϲθε Mu2: -ϲθαι R 575 ἐπίδηλον Blaydes: -οϲ R 580 cκοπῆτε . . . τηρῆτε Biset: -εῖτε bis R μὴ καὶ Porson: καὶ μὴ R: μή τι Kuster 581 ὑμῖν Mu2: ἡμῖν R ἀφάρκτοιϲ Dindorf: ἀφράκτοιϲ R

Κο. τί δ' ἐϲτίν, ὦ παῖ; παῖδα γάρ ϲ' εἰκὸϲ καλεῖν,
ἕωϲ ἂν οὕτωϲ τὰϲ γνάθουϲ ψιλὰϲ ἔχῃϲ.
Κλ. Εὐριπίδην φάϲ' ἄνδρα κηδεϲτήν τινα
αὑτοῦ γέροντα δεῦρ' ἀναπέμψαι τήμερον.
Κο. πρὸϲ ποῖον ἔργον ἢ τίνοϲ γνώμηϲ χάριν;
Κλ. ἵν' ἅττα βουλεύοιϲθε καὶ μέλλοιτε δρᾶν,
ἐκεῖνοϲ εἴη τῶν λόγων κατάϲκοποϲ.
Κο. καὶ πῶϲ λέληθεν ἐν γυναιξὶν ὢν ἀνήρ;
Κλ. ἀφεῦϲεν αὐτὸν κἀπέτιλ' Εὐριπίδηϲ
καὶ τἄλλ' ἅπανθ' ὥϲπερ γυναῖκ' ἐϲκεύαϲεν.
Κη. πείθεϲθε τούτῳ ταῦτα; τίϲ δ' οὕτωϲ ἀνὴρ
ἠλίθιοϲ ὅϲτιϲ τιλλόμενοϲ ἠνείχετο;
οὐκ οἴομαι 'γωγ', ὦ πολυτιμήτω θεώ.
Κλ. ληρεῖϲ· ἐγὼ γὰρ οὐκ ἂν ἦλθον ἀγγελῶν,
εἰ μὴ 'πεπύϲμην ταῦτα τῶν ϲάφ' εἰδότων.
Κο. τὸ πρᾶγμα τουτὶ δεινὸν εἰϲαγγέλλεται.
ἀλλ', ὦ γυναῖκεϲ, οὐκ ἐλινύειν ἐχρῆν,
ἀλλὰ ϲκοπεῖν τὸν ἄνδρα καὶ ζητεῖν ὅπου
λέληθεν ἡμᾶϲ κρυπτὸϲ ἐγκαθήμενοϲ.
καὶ ϲὺ ξυνέξευρ' αὐτόν, ὡϲ ἂν τὴν χάριν
ταύτην τε κἀκείνην ἔχῃϲ, ὦ πρόξενε.
Κλ. φέρ' ἴδω, τίϲ ἡ πρώτη ϲύ;
Κη. ποῖ τιϲ τρέψεται; 603
Μι. ἔμ' ἥτιϲ ⟨εἴμ'⟩ ἤρου; Κλεωνύμου γυνή. 605
Κλ. γιγνώϲκεθ' ὑμεῖϲ ἥτιϲ ἔϲθ' ἡδὶ γυνή;
Κο. γιγνώϲκομεν δῆτ'· ἀλλὰ τὰϲ ἄλλαϲ ἄθρει. 607
Κλ. ζητητέαι γάρ ἐϲτε.
Κη. κακοδαίμων ἐγώ. 604

584 φάϲ' Zanetti: ἔφαϲ' R 590 κἀπέτιλ' Bekker: κ' ἀπέτιλλ' R 593 ἠνείχετ' ⟨ἄν⟩ Brunck 594 οἴομαι 'γωγ' anonymus Parisinus: οἴομ' ἔγωγ' R 596 'πεπύϲμην Faber: πε- R ταῦτα Bentley: ταυτὶ R 600 ἡμᾶϲ Mu2: ὑμᾶϲ R 601 ξυνέξευρ' Su. π 2540 codd. FVM: ϲυν- R, Su. codd. AG 604 ante 603 transp. Maas, post 607 collocare malui 605 ἥτιϲ Zanetti: εἴτιϲ R suppl. Bentley 606 ἡδὶ Grynaeus: ἥδε R: ἥδ' ἡ Mu2 604 ζητητέαι γάρ ἐϲτε] ζητητέον τἄρ' ἐϲτί Maas

Κλ. ἡδὶ δὲ δὴ τίς ἐστιν, ἡ τὸ παιδίον
ἔχουσα;
Μι. τίτθη νὴ Δί' ἐμή.
Κη. διοίχομαι.
Κλ. αὕτη σύ, ποῖ στρέφει; μέν' αὐτοῦ. τί τὸ κακόν;
Κη. ἔασον οὐρῆσαί μ'. ἀναίσχυντός ⟨τις⟩ εἶ.
Κλ. σὺ δ' οὖν ποίει τοῦτ'. ἀναμενῶ γὰρ ἐνθάδε.
Κο. ἀνάμενε δῆτα καὶ σκόπει γ' αὐτὴν σφόδρα·
μόνην γὰρ αὐτήν, ὦνερ, οὐ γιγνώσκομεν.
Κλ. πολύν γε χρόνον οὐρεῖς σύ.
Κη. νὴ Δί', ὦ μέλε,
στραγγουριῶ γάρ· ἐχθὲς ἔφαγον κάρδαμα.
Κλ. τί καρδαμίζεις; οὐ βαδιεῖ δεῦρ' ὡς ἐμέ;
Κη. τί δῆτά μ' ἕλκεις ἀσθενοῦσαν;
Κλ. εἰπέ μοι,
τίς ἐστ' ἀνήρ σοι;
Κη. τὸν ἐμὸν ἄνδρα πυνθάνει;
τὸν δεῖνα γιγνώσκεις, τὸν ἐκ Κοθωκιδῶν;
Κλ. τὸν δεῖνα; ποῖον;
Κη. ἔσθ' ὁ δεῖν', ὅς καί ποτε
τὸν δεῖνα, τὸν τοῦ δεῖνα—
Κλ. ληρεῖν μοι δοκεῖς.
ἀνῆλθες ἤδη δεῦρο πρότερον;
Κη. νὴ Δία
ὁσέτη γε.
Κλ. καὶ τίς σοὐστὶ συσκηνήτρια;
Κη. ἡ δεῖν' ἔμοιγ'.
Κλ. οἴμοι τάλας. οὐδὲν λέγεις.
Μι. ἄπελθ'. ἐγὼ γὰρ βασανιῶ ταύτην καλῶς
ἐκ τῶν ἱερῶν τῶν πέρυσι· σὺ δ' ἀπόστηθί μοι,

611 suppl. Kuster 612 ἀναμενῶ Grynaeus: -μένω R 615 πολύν Gelenius: πολύ R 616 ἐχθὲς] χθὲς γὰρ Lenting 619 ἐστ' Mu2: ἔσθ' R 624 ὁσέτη G. H. Schaefer ad Greg. Cor. p. 65: ὅσ' ἔτη R σοὐστὶ Dindorf (-στὶ iam Biset): σοῦστὶν R

ἵνα μὴ ’πακούϲῃϲ ὢν ἀνήρ. ϲὺ δ’ εἰπέ μοι
ὅ τι πρῶτον ἡμῖν τῶν ἱερῶν ἐδείκνυτο.
Κη. φέρ’ ἴδω, τί μέντοι πρῶτον ἦν; ἐπίνομεν.
Μι. τί δὲ μετὰ τοῦτο δεύτερον;
Κη. προὐπίνομεν.
Μι. ταυτὶ μὲν ἤκουϲάϲ τινοϲ. τί δαὶ τρίτον;
Κη. ϲκάφιον Ξένυλλ’ ᾔτηϲεν· οὐ γὰρ ἦν ἁμίϲ.
Μι. οὐδὲν λέγειϲ. δεῦρ’ ἐλθέ, δεῦρ’, ὦ Κλείϲθενεϲ.
ὅδ’ ἐϲτὶν ἁνὴρ ὃν λέγειϲ.
Κλ. τί οὖν ποιῶ;
Μι. ἀπόδυϲον αὐτόν· οὐδὲν ὑγιὲϲ γὰρ λέγει.
Κη. κἄπειτ’ ἀποδύϲετ’ ἐννέα παίδων μητέρα;
Κλ. χάλα ταχέωϲ τὸ ϲτρόφιον, ὦναίϲχυντε ϲύ.
Μι. ὡϲ καὶ ϲτιβαρά τιϲ φαίνεται καὶ καρτερά·
καὶ νὴ Δία τιτθούϲ γ’ ὥϲπερ ἡμεῖϲ οὐκ ἔχει.
Κη. ϲτερίφη γάρ εἰμι κοὐκ ἐκύηϲα πώποτε.
Μι. νυνδὴ δὲ μήτηρ ἦϲθα παίδων ἐννέα.
Κλ. ἀνίϲταϲ’ ὀρθόϲ. ποῖ τὸ πέοϲ ὠθεῖϲ κάτω;
Μι. τοδὶ διέκυψε καὶ μάλ’ εὔχρων, ὦ τάλαν.
Κλ. καὶ ποῦ ’ϲτιν;
Μι. αὖθιϲ εἰϲ τὸ πρόϲθεν οἴχεται.
Κλ. οὐκ ἐνγεταυθί.
Μι. ⟨μ⟩ἀλλὰ δεῦρ’ ἥκει πάλιν.
Κλ. ἰϲθμόν τιν’ ἔχειϲ, ἄνθρωπ’· ἄνω τε καὶ κάτω
τὸ πέοϲ διέλκειϲ πυκνότερον Κορινθίων.
Μι. ὢ μιαρὸϲ οὗτοϲ· ταῦτ’ ἄρ’ ὑπὲρ Εὐριπίδου

631 δὲ] δαὶ Bentley μετὰ Su. π 2563: με R 632 τί δαὶ τρίτον; Elmsley: τί δὲ τρίτον; R: τρίτον δὲ τί; Austin 634 Κλείϲθενεϲ ed. Iuntina: Κλειϲόϲθενεϲ R 635 ἁνὴρ Bentley: ἀ- R 638 χάλα Grynaeus: χάλᾳ R χάλα . . . ϲτρόφιον Micae, ἀναίϲχυντε ϲύ Affini tribuit Degani 640 τιτθούϲ ed. Iuntina: τίτθοϲ R 641 ϲτερίφη Meineke: -ιφῆ R 642 νυνδὴ δὲ van Leeuwen: νῦν τότε δὴ R: νῦν τότε δὲ Mu2 644 διέκυψε Dobree, Dindorf: δὴ ἔκυψε R 646 ἐγγεταυθί Thiersch: ἐνγ- R suppl. Bentley 647 ἄνθρωπε Su. ι 640: ὤν- R

ἡμῖν ἐλοιδορεῖτο.
Κη. κακοδαίμων ἐγώ,
εἰϲ οἷ᾽ ἐμαυτὸν εἰϲεκύλιϲα πράγματα.
Μι. ἄγε δή, τί δρῶμεν;
Κλ. τουτονὶ φυλάττετε
καλῶϲ, ὅπωϲ μὴ διαφυγὼν οἰχήϲεται·
ἐγὼ δὲ ταῦτα τοῖϲ πρυτάνεϲιν ἀγγελῶ.
Χο. ἡμᾶϲ τοίνυν μετὰ τοῦτ᾽ ἤδη τὰϲ λαμπάδαϲ ἁψαμέναϲ χρὴ
ξυζωϲαμέναϲ εὖ κἀνδρείωϲ τῶν θ᾽ ἱματίων ἀποδύϲαϲ
ζητεῖν, εἴ που κἄλλοϲ τιϲ ἀνὴρ ἐπελήλυθε, καὶ περιθρέξαι
τὴν πύκνα πᾶϲαν καὶ τὰϲ ϲκηνὰϲ καὶ τὰϲ διόδουϲ διαθρῆϲαι.
εἶα δή, πρώτιϲτα μὲν χρὴ κοῦφον ἐξορμᾶν πόδα
καὶ διαϲκοπεῖν ϲιωπῇ πανταχῇ. μόνον δὲ χρὴ
μὴ βραδύνειν, ὡϲ ὁ καιρόϲ ἐϲτι μὴ μέλλειν ἔτι,
ἀλλὰ τὴν πρώτην τρέχειν χρή ⟨μ᾽⟩ ὡϲ τάχιϲτ᾽ ἤδη κύκλῳ.
εἶα νῦν ἴχνευε καὶ μά-
τευε ταχὺ πάντ᾽, εἴ τιϲ ἐν τόποιϲ ἑδραῖοϲ
ἄλλοϲ αὖ λέληθεν ὤν.
πανταχῇ δὲ ῥῖψον ὄμμα,
καὶ τὰ τῇδε ⟨καὶ τὰ κεῖϲε⟩ καὶ τὰ δεῦρο
πάντ᾽ ἀναϲκόπει καλῶϲ.

ἢν γὰρ ληφθῇ δράϲαϲ ἀνόϲια,
δώϲει τε δίκην καὶ πρὸϲ τούτῳ

651 εἰϲεκύλιϲα Scaliger: -ηϲα R 653 οἰχήϲεται Faber: οἴχεται R 654 πρυτάνεϲιν Mu2: -εϲϲιν R 657 ἐπελήλυθε Handley: εἰϲελήλυθεν R: ἀνελήλυθε Fritzsche 658 διαθρῆϲαι Daubuz: ἀθρῆϲαι R 660 πανταχῇ post μόνον praebet R: corr. Kuster 662 suppl. Austin: ⟨ϲ᾽⟩ Porson 665 δὲ ῥῖψον Hermann: διάρριψον R 666 suppl. Kaibel 667 ληφθῇ Reisig: μὴ λάθῃ R

τοῖϲ ἄλλοιϲ ἀνδράϲιν ἔϲται
παράδειγμ᾽ ὕβρεωϲ
ἀδίκων τ᾽ ἔργων ἀθέων τε τρόπων·
φήϲει δ᾽ εἶναί τε θεοὺϲ φανερῶϲ,
δείξει τ᾽ ἤδη
πᾶϲιν ἀνθρώποιϲ ϲεβίζειν δαίμοναϲ
δικαίωϲ τ᾽ ἐφέπειν ὅϲια καὶ νόμιμα
μηδομένουϲ ποιεῖν ὅ τι καλῶϲ ἔχει.
κἂν μὴ ποιῶϲι ταῦτα, τοιάδ᾽ ἔϲται·
αὐτῶν ὅταν ληφθῇ τιϲ ὅϲια ⟨μὴ⟩ δρῶν,
μανίαιϲ φλέγων λύϲϲῃ παράκο-
　　ποϲ πᾶϲιν ἐμφανὴϲ ὁρᾶν
ἔϲται γυναιξὶ καὶ βροτοῖϲιν,
ὅτι τὰ παράνομα τά τ᾽ ἀνόϲια
θεὸϲ παραχρῆμ᾽ ἀποτίνεται.

ἀλλ᾽ ἔοιχ᾽ ἡμῖν ἅπαντά πωϲ διεϲκέφθαι καλῶϲ.
οὐχ ὁρῶμεν γοῦν ἔτ᾽ ἄλλον οὐδέν᾽ ἐγκαθήμενον.

Μι. ἇ ἇ·
ποῖ ⟨ποῖ⟩ ϲὺ φεύγειϲ; οὗτοϲ οὗτοϲ, οὐ μενεῖϲ;
τάλαιν᾽ ἐγώ, τάλαινα, καὶ τὸ παιδίον
ἐξαρπάϲαϲ μοι φροῦδοϲ ἀπὸ τοῦ τιτθίου.

Κη. κέκραχθι. τοῦτο δ᾽ οὐδέποτε ϲὺ ψωμιεῖϲ,
ἢν μή μ᾽ ἀφῆτ᾽· ἀλλ᾽ ἐνθάδ᾽ ἐπὶ τῶν μηρίων
πληγὲν μαχαίρᾳ τῇδε φοινίαϲ φλέβαϲ
καθαιματώϲει βωμόν.

Μι. ὦ τάλαιν᾽ ἐγώ.
γυναῖκεϲ, οὐκ ἀρήξετ᾽; οὐ πολλὴν βοὴν

669 *ἀνδράϲιν* Beer: *ἅπαϲιν* R 675 *ἐφέπειν* Hermann: *ἐφέποντας* R 679 *αὐτῶν*] *τούτων* Richards *ὅϲια* ⟨*μὴ*⟩ Burges: *ἀνόϲιόν τι* Hermann 681 post *παράκοποϲ* add. *εἴ τι δρῴη* R: del. Bothe 683 *ἔϲται* Bothe (*erit* Divus): *ἐϲτὶν* R *γυναιξὶ* Brunck: -*ὶν* R 685 *παραχρῆμ᾽ ἀποτίνεται* Hermann: *ἀποτίνεται παραχρῆμά τε τίνεται* R 686 *πωϲ*] *που* Blaydes: *ἤδη* von Velsen 688 *ἇ ἇ* Thiersch: *ἀά* R: *ἔα* Farraeus 689 suppl. Biset

ϲτήϲεϲθε καὶ τροπαῖον, ἀλλὰ τοῦ μόνου
τέκνου με περιόψεϲθ' ἀποϲτερουμένην;
Χο. ἔα ἔα.
ὦ πότνιαι Μοῖραι, τί τόδε δέρκομαι
νεοχμὸν αὖ τέραϲ;
ὡϲ ἅπαντ' ἄρ' ἐϲτὶ τόλμηϲ μεϲτὰ κἀναιϲχυντίαϲ.
οἷον αὖ δέδρακεν ἔργον, οἷον αὖ, φίλαι, τόδε.
Κη. οἷον ὑμῶν ἐξαράξω τὴν ἄγαν αὐθαδίαν.
Κο. ταῦτα δῆτ' οὐ δεινὰ πράγματ' ἐϲτὶ καὶ περαιτέρω;
Μι. δεινὰ δῆθ', ὁτιή γ' ἔχει μου 'ξαρπάϲαϲ τὸ παιδίον.
Χο. τί ἂν οὖν εἴποι πρὸϲ ταῦτά τιϲ, ὅτε
τοιαῦτα ποιῶν ὅδ' ἀναιϲχυντεῖ;
Κη. κοὔπω μέντοι γε πέπαυμαι.
Χο. ἀλλ' οὖν ἥκειϲ γ' ὅθεν οὐ φαύλωϲ
ἀποδρὰϲ λέξειϲ
οἷον δράϲαϲ διέδυϲ ἔργον,
λήψει δὲ κακόν.
Κη. τοῦτο μέντοι μὴ γένοιτο μηδαμῶϲ, ἀπεύχομαι.
Χο. τίϲ ἄν ϲοι, τίϲ ἂν ϲύμμαχοϲ ἐκ θεῶν
ἀθανάτων ἔλθοι ξὺν ἀδίκοιϲ ἔργοιϲ;
Κη. μάτην λαλεῖτε· τήνδ' ἐγὼ οὐκ ἀφήϲω.
Χο. ἀλλ' οὐ μὰ τὼ θεὼ τάχ' οὐ χαίρων ἴϲωϲ ἐνυβριεῖϲ
λόγουϲ τε λέξειϲ ἀνοϲίουϲ
⟨ἐπ'⟩ ἀθέοιϲ ἔργοιϲ·
⟨καὶ⟩ γὰρ ἀνταμειψόμεϲθά ϲ', ὥϲπερ εἰκόϲ, ἀντὶ τῶνδε.

697 καὶ Greg. Cor. *de dialectis* p.22: om. R   700 τόδε Dobree: δὲ R   702 ἅπαντ' ἄρ' Bentley: ἅπαν γὰρ R   μεϲτὰ Porson: ἔργα R: πλέα Su. α 2902   703 alterum αὖ] ὦ Blaydes   704 ἐξαράξω Bentley post Ellebodium: ἐξάρξω R   706 ὁτιή Faber: ὅτι R   710 γ' Su. η 170 : τ' R   710–11 ὅθεν … ἀποδρὰϲ Meineke post Reisig, cf. sch.: ὅθεν ἥκειϲ φαύλωϲ τ' ἀποδρὰϲ οὐ R, Su., quo recepto δ' pro τ' Boissonade   715 prius ἄν Hamaker: οὖν R   716 ξὺν] τοῖϲ Meineke   717 τήνδ' Biset: τὴν δ' R   719 ἐνυβριεῖϲ anonymus Romanus: -ίϲειϲ R   721 suppl. Enger   722 suppl. Hermann   ἀθέοιϲ γὰρ ἔργοιϲ ἀνταμειψόμεϲθα Burges

ταχὺ δὲ μεταβαλοῦϲ᾽ ἐπὶ κακὸν ἑτερότρο-
ποϲ ἐπέχει τύχη.

ἀλλὰ τάϲδε μὲν λαβεῖν χρῆν ϲ᾽ ἐκφέρειν τε τῶν ξύλων,
καὶ καταίθειν τὸν πανοῦργον πυρπολεῖν θ᾽ ὅϲον τάχοϲ.
Μι. ἴωμεν ἐπὶ τὰϲ κληματίδαϲ, ὦ Μανία.
ἦ ᾽γώ ϲ᾽ ἀποδείξω θυμάλωπα τήμερον.
Κη. ὕφαπτε καὶ κάταιθε· ϲὺ δὲ τὸ Κρητικὸν
ἀπόδυθι ταχέωϲ· τοῦ θανάτου δ᾽, ὦ παιδίον,
μόνην γυναικῶν αἰτιῶ τὴν μητέρα.
τουτὶ τί ἐϲτιν; ἀϲκὸϲ ἐγένεθ᾽ ἡ κόρη
οἴνου πλέωϲ, καὶ ταῦτα Περϲικὰϲ ἔχων.
ὦ θερμόταται γυναῖκεϲ, ὦ ποτίϲταται
κἀκ παντὸϲ ὑμεῖϲ μηχανώμεναι πιεῖν,
ὦ μέγα καπήλοιϲ ἀγαθόν, ἡμῖν δ᾽ αὖ κακόν,
κακὸν δὲ καὶ τοῖϲ ϲκευαρίοιϲ καὶ τῇ κρόκῃ.
Μι. παράβαλλε πολλὰϲ κληματίδαϲ, ὦ Μανία.
Κη. παράβαλλε δῆτα. ϲὺ δ᾽ ἀπόκριναί μοι τοδί,
τουτὶ τεκεῖν φῄϲ;
Μι. ⟨καὶ⟩ δέκα μῆνάϲ ⟨γ᾽⟩ αὔτ᾽ ἐγὼ
ἤνεγκον.
Κη. ἤνεγκαϲ ϲύ;
Μι. νὴ τὴν Ἄρτεμιν.
Κη. τρικότυλον ἢ πῶϲ; εἰπέ μοι.
Μι. τί μ᾽ ἠργάϲω;
ἀπέδυϲαϲ, ὦναίϲχυντέ, μου τὸ παιδίον
τυννοῦτον ὄν.
Κη. τυννοῦτο; μικρὸν νὴ Δία.
πόϲ᾽ ἔτη δὲ γέγονε; τρεῖϲ Χοᾶϲ ἢ τέτταραϲ;

724 δὲ Fritzsche: δέ ϲε R ἑτερότροποϲ Blaydes: -ον R 725 τύχη Bergk: τιϲ τύχη R 726 ϲ᾽ del. Enger 729 ἦ ᾽γώ Sommerstein: κἀγώ R 730 δὲ Su. κ 2408: τόδε R 733 ἐγένεθ᾽ Grynaeus: ἐγένηθ᾽ R 736 ὑμεῖϲ] ἀεὶ Wilson 740 ἀπόκριναί Mu2: -νέ R 741 ⟨καὶ⟩ Biset ⟨γ᾽⟩ Fritzsche 745 τυννοῦτον et -το P14, Brunck: τυν- R 746 γέγονε P14, Brunck: -εν R

Μι. cχεδὸν τοcοῦτον χῶcον ἐκ Διονυcίων.
ἀλλ᾽ ἀπόδοc αὐτό.
Κη. μὰ τὸν Ἀπόλλω τουτονί.
Μι. ἐμπρήcομεν τοίνυν cε.
Κη. πάνυ γ᾽· ἐμπίμπρατε·
αὕτη δ᾽ ἀποcφαγήcεται μάλ᾽ αὐτίκα.
Μι. μὴ δῆθ᾽, ἱκετεύω c᾽· ἀλλ᾽ ἔμ᾽ ὅ τι χρῄζειc ποίει
ὑπέρ γε τούτου.
Κη. φιλότεκνόc τιc εἶ φύcει.
ἀλλ᾽ οὐδὲν ἧττον ἥδ᾽ ἀποcφαγήcεται.
Μι. οἴμοι, τέκνον. δὸc τὸ cφαγεῖον, Μανία,
ἵν᾽ οὖν τό γ᾽ αἷμα τοῦ τέκνου τοὐμοῦ λάβω.
Κη. ὕπεχ᾽ αὐτό· χαριοῦμαι γὰρ ἕν γε τοῦτό coι.
Μι. κακῶc ἀπόλοι᾽· ὡc φθονερὸc εἶ καὶ δυcμενήc.
Κη. τουτὶ τὸ δέρμα τῆc ἱερέαc γίγνεται.
Κρ. τί τῆc ἱερέαc γίγνεται;
Κη. τουτί. λαβέ.
Κρ. ταλαντάτη Μίκα, τίc ἐξεκόρηcέ cε;
τίc τὴν ἀγαπητὴν παῖδά cου ᾽ξηράcατο;
Μι. ὁ πανοῦργοc οὗτοc. ἀλλ᾽ ἐπειδήπερ πάρει,
φύλαξον αὐτόν, ἵνα λαβοῦcα Κλειcθένη
τοῖcιν πρυτάνεcιν ἃ πεποίηχ᾽ οὗτοc φράcω.
Κη. ἄγε δή, τίc ἔcται μηχανὴ cωτηρίαc;
τίc πεῖρα, τίc ἐπίνοι᾽; ὁ μὲν γὰρ αἴτιοc
κἄμ᾽ εἰcκυλίcαc εἰc τοιαυτὶ πράγματα
οὐ φαίνετ᾽, οὔπω. φέρε, τίν᾽ οὖν ⟨ἂν⟩ ἄγγελον
πέμψαιμ᾽ ἐπ᾽ αὐτόν; οἶδ᾽ ἐγὼ καὶ δὴ πόρον
ἐκ τοῦ Παλαμήδουc· ὡc ἐκεῖνοc, τὰc πλάταc
ῥίψω γράφων. ἀλλ᾽ οὐ πάρειcιν αἱ πλάται.

747 χῶcον Bentley: καὶ ὅcον P14, R 749 post γ᾽ interpunxit Blaydes ἐμπιμπράτε (sic) Mu2: ἐμπιμπρᾶται R 754 τὸ P14, Lobeck: μοι τὸ R 758, 759 ἱερέαc Austin & Olson: -είαc R 759 post τουτί interpunxit Bergk 760 ἐξεκόρηcε Mu2: -cεν R 761 ᾽ξηράcατο Fritzsche: ᾽ξηρήcατο R: [P14] 768 φαίνετ᾽, οὔπω] φαίνεταί πω Dobree suppl. Porson

πόθεν οὖν γένοιντ' ἄν μοι πλάται; πόθεν ⟨πλάται;⟩
τί δ' ἄν, εἰ ταδὶ τἀγάλματ' ἀντὶ τῶν πλατῶν
γράφων διαρρίπτοιμι; βέλτιον πολύ.
ξύλον γέ τοι καὶ ταῦτα κἀκεῖν' ἦν ξύλον.
ὦ χεῖρεϲ ἐμαί,
ἐγχειρεῖν χρῆν ἔργῳ πορίμῳ.
ἄγε δή, πινάκων ξεϲτῶν δέλτοι,
δέξαϲθε ϲμίληϲ ὁλκούϲ,
κήρυκαϲ ἐμῶν μόχθων· οἴμοι,
τουτὶ τὸ ῥῶ μοχθηρόν.
χώρει, χώρει. ποίαν αὔλακα.
βάϲκετ', ἐπείγετε πάϲαϲ καθ' ὁδούϲ,
κείνᾳ, ταύτᾳ· ταχέωϲ χρή.

Χο. ἡμεῖϲ τοίνυν ἡμᾶϲ αὐτὰϲ εὖ λέξωμεν παραβᾶϲαι·
καίτοι πᾶϲ τιϲ τὸ γυναικεῖον φῦλον κακὰ πόλλ' ἀγορεύει,
ὡϲ πᾶν ἐϲμεν κακὸν ἀνθρώποιϲ κἀξ ἡμῶν ἐϲτιν ἅπαντα,
ἔριδεϲ, νείκη, ϲτάϲιϲ ἀργαλέα, λύπη, πόλεμοϲ. φέρε δή νυν,
εἰ κακόν ἐϲμεν, τί γαμεῖθ' ἡμᾶϲ, εἴπερ ἀληθῶϲ κακόν ἐϲμεν,
κἀπαγορεύετε μήτ' ἐξελθεῖν μήτ' ἐκκύψαϲαν ἁλῶναι,
ἀλλ' οὑτωϲὶ πολλῇ ϲπουδῇ τὸ κακὸν βούλεϲθε φυλάττειν;
κἂν ἐξέλθῃ τὸ γύναιόν ποι, κᾆθ' εὕρητ' αὐτὸ θύραϲιν,

772 γένοιντ' Grynaeus (*fierent* Divus): γένοιτ' R: γ' ἔκειντό (om. ἄν) Su. π 45 suppl. Biset (ante πόθεν Sandbach): ⟨φέρε⟩ Austin (1987) 773 εἰ ταδὶ Ellebodius: εἶτα διὰ R: ταδὶ Su. 777 χρῆν Bentley: χρὴ R, Su. π 2064 χρὴ post ἔργῳ transp. Blaydes 782 χώρει bis R: χωρεῖ bis Brunck 783 καθ' ὁδοὺϲ Biset: καθόδουϲ R 784 ταύτᾳ Grynaeus (*hac* Divus): ταῦτα R 788 ϲτάϲιϲ Scaliger: ϲτάϲειϲ R 789 εἰ Zanetti: εἰ καὶ R 790 ἐκκύψαϲαν Reiske: ἐγκ- R 792 εὕρητ' Porson: εὕροιτ' R

μανίαϲ μαίνεϲθ’, οὓϲ χρῆν ϲπένδειν καὶ χαίρειν, εἴπερ ἀληθῶϲ
ἔνδοθεν ηὕρετε φροῦδον τὸ κακὸν καὶ μὴ κατελαμβάνετ’ ἔνδον.
κἂν καταδάρθωμεν ἐν ἀλλοτρίων παίζουϲαι καὶ κοπιῶϲαι,
πᾶϲ τιϲ τὸ κακὸν τοῦτο ζητεῖ περὶ τὰϲ κλίναϲ περινοϲτῶν.
κἂν ἐκ θυρίδοϲ παρακύπτωμεν, τὸ κακὸν ζητεῖτε θεᾶϲθαι·
κἂν αἰϲχυνθεῖϲ’ ἀναχωρήϲῃ, πολὺ μᾶλλον πᾶϲ ἐπιθυμεῖ
αὖθιϲ τὸ κακὸν παρακύψαν ἰδεῖν. οὕτωϲ ἡμεῖϲ ἐπιδήλωϲ
ὑμῶν ἐϲμεν πολὺ βελτίουϲ, βάϲανόϲ τε πάρεϲτιν ἰδέϲθαι.
βάϲανον δῶμεν πότεροι χείρουϲ. ἡμεῖϲ μὲν γάρ φαμεν ὑμᾶϲ,
ὑμεῖϲ δ’ ἡμᾶϲ. ϲκεψώμεθα δὴ κἀντιτιθῶμεν πρὸϲ ἕκαϲτον,
παραβάλλουϲαι τῆϲ τε γυναικὸϲ καὶ τἀνδρὸϲ τοὔνομ’ ἑκάϲτου.
Ναυϲιμάχηϲ μέν ⟨γ’⟩ ἥττων ἐϲτὶν Χαρμῖνοϲ· δῆλα δὲ τἄργα.
καὶ μὲν δὴ καὶ Κλεοφῶν χείρων πάντωϲ δήπου Ϲαλαβακχοῦϲ.

793 μαίνεϲθ’ Mu2: μαίνεθ’ R   χρῆν Brunck: χρὴ R   794 ἔνδοθεν] οἴκοθεν Richards   κατελαμβάνετ’ Brunck: κατα- R   795 καταδάρθωμεν Dindorf: -θῶμεν R   ἀλλοτρίων] ἀλλοτρίῳ vel ἀλλήλων Richards   παίζουϲαι] παίϲαϲαι Brunck   797 τὸ κακὸν ζητεῖτε θεᾶϲθαι Kaye: ζητεῖ τὸ κακὸν τεθεᾶϲθαι R   799 τὸ κακὸν huc revocavit Porson: post ἰδεῖν praebet R   παρακύψαν Grynaeus: -κύψαϲαν R   800 τε] δὲ Fritzsche   802 ἡμᾶϲ Mu2: ὑμᾶϲ R   ϲκεψώμεθα Mu2: -μεϲθα R   πρὸϲ] καθ’ Richards   803 ἑκάϲτου Grynaeus: ἕκαϲτον R   804 suppl. Dobree   ἐϲτὶν Kuster: ἐϲτὶ R   δῆλα δὲ Biset (*manifesta . . . facta* Divus): δηλαδὴ R   805 χείρων Zanetti (*pejor* Divus): χεῖρον R

πρὸς Ἀριςτομάχην δὲ χρόνου πολλοῦ, πρὸς ἐκείνην τὴν Μαραθῶνι,
καὶ Cτρατονίκην ὑμῶν οὐδεὶς οὐδ᾽ ἐγχειρεῖ πολεμίζειν.
ἀλλ᾽ Εὐβούλης τῶν πέρυςιν τίς βουλευτής ἐςτιν ἀμείνων
παραδοὺς ἑτέρῳ τὴν βουλείαν; οὐδ᾽ Ἄνυτος τοῦτό γε φήςει.
οὕτως ἡμεῖς πολὺ βελτίους τῶν ἀνδρῶν εὐχόμεθ᾽ εἶναι.
οὐδ᾽ ἂν ζεύγει κλέψαςα γυνὴ κατὰ πεντήκοντα τάλαντα
εἰς πόλιν ἔλθοι τῶν δημοςίων· ἀλλ᾽ ἢν τὰ μέγιςθ᾽ ὑφέληται,
φορμὸν πυρῶν τἀνδρὸς κλέψας᾽, αὐθημερὸν ἀνταπέδωκεν.
ἀλλ᾽ ἡμεῖς ἂν πολλοὺς τούτων
ἀποδείξαιμεν ταῦτα ποιοῦντας,
καὶ πρὸς τούτοις γάςτριδας ἡμῶν
ὄντας μᾶλλον καὶ λωποδύτας
καὶ βωμολόχους κἀνδραποδιςτάς.
καὶ μὲν δή που καὶ τὰ πατρῷά γε
χείρους ἡμῶν εἰςιν cῴζειν·
ἡμῖν μὲν γὰρ cῶν ἔτι καὶ νῦν
τἀντίον, ὁ κανών, οἱ καλαθίςκοι,
τὸ cκιάδειον·
τοῖς δ᾽ ἡμετέροις ἀνδράςι τούτοις
ἀπόλωλεν μὲν πολλοῖς ὁ κανὼν

807 *Cτρατονίκην* P13: *Cτρατωνίκην* R   808 *πέρυςιν τίς* R: *πέρυςίν τις* edd. plerique   809 *Ἄνυτος* Maas: *αὐτὸς* R. *φήςει* Kuster: *φήςεις* R   810 *εὐχόμεθ᾽* Mu2: *-εςθ᾽* R   811 *ζεύγει* huc revocavit van Herwerden: post *γυνὴ* praebet R   813 *ἀνταπέδωκεν* Mu2[ac], Bentley: *αὔτ᾽ ἀπ-* RMu2[pc]   815 *ἀποδείξαιμεν* Bentley: *-ξομεν* R   *ποιοῦντας* Zanetti (*facientes* Divus): *ποθοῦντας* R   819 *δή που* ita divisim scripsit Denniston   824 *ἀνδράςι* Mu2: *-ςιν* R   825 *ἀπόλωλεν* Daubuz, Bentley: *-λε* R

ἐκ τῶν οἴκων αὐτῇ λόγχῃ,
πολλοῖϲ δ' ἑτέροιϲ ἀπὸ τῶν ὤμων
ἐν ταῖϲ ϲτρατιαῖϲ
ἔρριπται τὸ ϲκιάδειον.
πόλλ' ἂν αἱ γυναῖκεϲ ἡμεῖϲ ἐν δίκῃ μεμψαίμεθ' ἂν
τοῖϲιν ἀνδράϲιν δικαίωϲ, ἓν δ' ὑπερφυέϲτατον.
χρῆν γάρ, ἡμῶν εἰ τέκοι τιϲ ἄνδρα χρηϲτὸν τῇ πόλει,
ταξίαρχον ἢ ϲτρατηγόν, λαμβάνειν τιμήν τινα,
προεδρίαν τ' αὐτῇ δίδοϲθαι Ϲτηνίοιϲι καὶ Ϲκίροιϲ
ἔν τε ταῖϲ ἄλλαιϲ ἑορταῖϲ αἷϲιν ἡμεῖϲ ἤγομεν·
εἰ δὲ δειλὸν καὶ πονηρὸν ἄνδρα τιϲ τέκοι γυνή,
ἢ τριήραρχον πονηρὸν ἢ κυβερνήτην κακόν,
ὑϲτέραν αὐτὴν καθῆϲθαι ϲκάφιον ἀποκεκαρμένην
τῆϲ τὸν ἀνδρεῖον τεκούϲηϲ. τῷ γὰρ εἰκόϲ, ὦ πόλιϲ,
τὴν Ὑπερβόλου καθῆϲθαι μητέρ' ἠμφιεϲμένην
λευκὰ καὶ κόμαϲ καθεῖϲαν πληϲίον τῆϲ Λαμάχου,
καὶ δανείζειν χρήμαθ'; ᾗ χρῆν, εἰ δανείϲειέν τινι
καὶ τόκον πράττοιτο, διδόναι μηδέν' ἀνθρώπων τόκον,
ἀλλ' ἀφαιρεῖϲθαι βίᾳ τὰ χρήματ' εἰπόνταϲ τοδί,
"ἀξία γοῦν εἶ τόκου τεκοῦϲα τοιοῦτον τόκον."

Κη. ἰλλὸϲ γεγένημαι προϲδοκῶν· ὁ δ' οὐδέπω.
τί δῆτ' ἂν εἴη τοὐμποδών; οὐκ ἔϲθ' ὅπωϲ
οὐ τὸν Παλαμήδη ψυχρὸν ὄντ' αἰϲχύνεται.
τῷ δῆτ' ἂν αὐτὸν προϲαγαγοίμην δράματι;
ἐγᾦδα· τὴν καινὴν Ἑλένην μιμήϲομαι.
πάντωϲ ⟨δ'⟩ ὑπάρχει μοι γυναικεία ϲτολή.

832 *χρῆν* Brunck: *χρὴ* R   833 *τινα* R s.l., *ποτε* in linea   834 *Ϲτηνίοιϲι* sch., Su. *ϲ* 1089: *Τηνίοιϲι* R   836 *εἰ* Brunck: *ἢν* R   838 *ὑϲτέραν*] *ὑϲτάτην* v.l. ap. sch.   839 *πόλιϲ* Gelenius (*civitas* Divus): *πόλειϲ* R   842 *χρήμαθ'* Scaliger (*-ατ'* Mu2): *χρήματα τ'* R   *ᾗ* Scaliger (*cui* Divus): *ἢν* R   *εἰ* Brunck: *ἢν* R   *δανείϲειέν* Biset: *-ειε* R   843 alterum *τόκον*] *ἔτι* vel *ποτέ* Blaydes   844 *ἀφαιρεῖϲθαι* Mu2: *ἀφερ-* R   *χρήματ'* Grynaeus: *-ματατ'* R   848 *Παλαμήδη* Elmsley: *-δην* R   851 suppl. Bentley

Κρ. τί αὖ cὺ κυρκανᾷc; τί κοικύλλειc ἔχων;
πικρὰν Ἑλένην ὄψει τάχ᾿, εἰ μὴ κοcμίωc
ἕξειc, ἕωc ἂν τῶν πρυτάνεών τιc φανῇ.
Κη. Νείλου μὲν αἵδε καλλιπάρθενοι ῥοαί,
ὃc ἀντὶ δίαc ψακάδοc Αἰγύπτου πέδον
λευκῆc νοτίζει μελανοcυρμαῖον λεών.
Κρ. πανοῦργοc εἶ, νὴ τὴν Ἑκάτην τὴν φωcφόρον.
Κη. ἐμοὶ δὲ γῆ μὲν πατρὶc οὐκ ἀνώνυμοc,
Ϲπάρτη, πατὴρ δὲ Τυνδάρεωc.
Κρ. coί γ᾿, ὤλεθρε,
πατὴρ ἐκεῖνόc ἐcτι; Φρυνώνδαc μὲν οὖν.
Κη. Ἑλένη δ᾿ ἐκλήθην.
Κρ. αὖθιc αὖ γίγνει γυνή,
πρὶν τῆc ἑτέραc δοῦναι γυναικίcεωc δίκην;
Κη. ψυχαὶ δὲ πολλαὶ δι᾿ ἔμ᾿ ἐπὶ Ϲκαμανδρίοιc
ῥοαῖcιν ἔθανον.
Κρ. ὤφελεc δὲ καὶ cύ γε.
Κη. κἀγὼ μὲν ἐνθάδ᾿ εἴμ᾿· ὁ δ᾿ ἄθλιοc πόcιc
οὑμὸc Μενέλεωc οὐδέπω προcέρχεται.
τί οὖν ἔτι ζῶ;
Κρ. τῶν κοράκων πονηρίᾳ.
Κη. ἀλλ᾿ ὥcπερ αἰκάλλει τι καρδίαν ἐμήν.
μὴ ψεῦcον, ὦ Ζεῦ, τῆc ἐπιούcηc ἐλπίδοc.
Ευ. τίc τῶνδ᾿ ἐρυμνῶν δωμάτων ἔχει κράτοc,
ὅcτιc ξένουc δέξαιτο ποντίῳ cάλῳ
καμόνταc ἐν χειμῶνι καὶ ναυαγίαιc;

852 alterum τί Faber: ἦ τί R, Su. κ 2534 853 Ἑλένην ed. Iuntina: Ἑλένη R 857 μελανοcυρμαῖον λεών] -αίῳ λεῷ von Velsen 860 coί Zanetti (*tibi* Divus): cύ R^{pc} γ᾿ Gelenius: τ᾿ R 861 ἐcτι Mu2: ἐcτιν R 863 δοῦναι post δίκην transp. Su. γ 496, post γυναικίcεωc Blaydes 864 Ϲκαμανδρίοιc Fritzsche ex Eur. *Hel.* 52 et 609: -ίαιc R 867 Μενέλεωc Brunck: -λαοc R 870 ἐλπίδοc] ἡμέραc v.l. ap. Greg. Cor. pp. 14–15. sch. rec. ad Eur. *Hec.* 225 872 ξένουc Zanetti: ξένοc R 873 καμόνταc Lenting: κάμνονταc R

Κη. Πρωτέωϲ τάδ' ἐϲτὶ μέλαθρα.
Κρ. ποίου Πρωτέωϲ,
ὦ τριϲκακόδαιμον; ψεύδεται νὴ τὼ θεώ,
ἐπεὶ τέθνηκε Πρωτέαϲ ἔτη δέκα.
Ευ. ποίαν δὲ χώραν εἰϲεκέλϲαμεν ϲκάφει;
Κη. Αἴγυπτον.
Ευ. ὢ δύϲτηνοϲ· οἷ πεπλώκαμεν.
Κρ. πείθει τι ⟨τούτῳ⟩ τῷ κακῶϲ ἀπολουμένῳ
ληροῦντι λῆρον; Θεϲμοφόριον τουτογί.
Ευ. αὐτὸϲ δὲ Πρωτεὺϲ ἔνδον ἔϲτ' ἢ 'ξώπιοϲ;
Κρ. οὐκ ἔϲθ' ὅπωϲ οὐ ναυτιᾷϲ ἔτ', ὦ ξένε,
ὅϲτιϲ ⟨γ'⟩ ἀκούϲαϲ ὅτι τέθνηκε Πρωτέαϲ
ἔπειτ' ἐρωτᾷϲ· "ἔνδον ἔϲτ' ἢ 'ξώπιοϲ;"
Ευ. αἰαῖ· τέθνηκε. ποῦ δ' ἐτυμβεύθη τάφῳ;
Κη. τόδ' ἐϲτὶν αὐτοῦ ϲῆμ', ἐφ' ᾧ καθήμεθα.
Κρ. κακῶϲ γ' ἄρ' ἐξόλοιο—κἀξολεῖ γέ τοι—
ὅϲτιϲ γε τολμᾷϲ ϲῆμα τὸν βωμὸν καλεῖν.
Ευ. τί δαὶ ϲὺ θάϲϲειϲ τάϲδε τυμβήρειϲ ἕδραϲ
φάρει καλυπτόϲ, ὦ ξένη;
Κη. βιάζομαι
γάμοιϲι Πρωτέωϲ παιδὶ ϲυμμεῖξαι λέχοϲ.
Κρ. τί, ὦ κακόδαιμον, ἐξαπατᾷϲ αὖ τὸν ξένον;
οὗτοϲ πανουργῶν δεῦρ' ἀνῆλθεν, ὦ ξένε,
ὡϲ τὰϲ γυναῖκαϲ ἐπὶ κλοπῇ τοῦ χρυϲίου.
Κη. βάυζε τοὐμὸν ϲῶμα βάλλουϲα ψόγῳ.
Ευ. ξένη, τίϲ ἡ γραῦϲ ἡ κακορροθοῦϲά ϲε;
Κη. αὕτη Θεονόη Πρωτέωϲ.
Κρ. μὰ τὼ θεώ,
εἰ μὴ Κρίτυλλά γ' Ἀντιθέου Γαργηττόθεν·

879 suppl. Grynaeus (1544) 883 suppl. Scaliger 885 *τέθνηκε* Bentley: -*κεν* R: -*κε*; Blaydes 887 *κακῶϲ γ' ἄρ'* Denniston: *κακῶϲ τ' ἄρ'* R: *κακῶϲ γὰρ* dubitanter Lowe: *κάκιϲτ' ἄρ'* van Leeuwen 889 *δαὶ* Faber: *δὲ* R: *δ' αὖ* Biset: *δὴ* Scaliger 891 *ϲυμμεῖξαι* van Leeuwen: -*μῖξαι* R 895 *βάυζε* Zanetti: *βαῦζα* R

ϲὺ δ’ εἶ πανοῦργοϲ.
Κη. ὁπόϲα τοι βούλει λέγε.
οὐ γὰρ γαμοῦμαι ϲῷ καϲιγνήτῳ ποτὲ
προδοῦϲα Μενέλεων τὸν ἐμὸν ἐν Τροίᾳ πόϲιν.
Ευ. γύναι, τί εἶπαϲ; ϲτρέψον ἀνταυγεῖϲ κόραϲ.
Κη. αἰϲχύνομαί ϲε τὰϲ γνάθουϲ ὑβριϲμένη.
Ευ. τουτὶ τί ἐϲτιν; ἀφαϲία τίϲ τοί μ’ ἔχει.
ὦ θεοί, τίν’ ὄψιν εἰϲορῶ; τίϲ εἶ, γύναι;
Κη. ϲὺ δ’ εἶ τίϲ; αὑτὸϲ γὰρ ϲὲ κἄμ’ ἔχει λόγοϲ.
Ευ. Ἑλληνὶϲ εἶ τιϲ ἢ ’πιχωρία γυνή;
Κη. Ἑλληνίϲ. ἀλλὰ καὶ τὸ ϲὸν θέλω μαθεῖν.
Ευ. Ἑλένῃ ϲ’ ὁμοίαν δὴ μάλιϲτ’ εἶδον, γύναι.
Κη. ἐγὼ δὲ Μενελέῳ ϲ’ ὅϲα γ’ ἐκ τῶν ἀμφίων.
Ευ. ἔγνωϲ ἄρ’ ὀρθῶϲ ἄνδρα δυϲτυχέϲτατον.
Κη. ὦ χρόνιοϲ ἐλθὼν ϲῆϲ δάμαρτοϲ ἐϲχάραϲ,
λαβέ με λαβέ με πόϲι, περίβαλε δὲ χέραϲ.
φέρε ϲε κύϲω. ἄπαγέ μ’ ἄπαγ’ ἄπαγ’ ἄπαγέ με
λαβὼν ταχὺ πάνυ.
Κρ. κλαύϲετ’ ἄρα, νὴ τὼ θεώ,
ὅϲτιϲ ϲ’ ἀπάξει τυπτόμενοϲ τῇ λαμπάδι.
Ευ. ϲὺ τὴν ἐμὴν γυναῖκα κωλύειϲ ἐμέ,
τὴν Τυνδάρειον παῖδ’, ἐπὶ Ϲπάρτην ἄγειν;
Κρ. οἴμ’ ὡϲ πανοῦργοϲ καὐτὸϲ εἶναί μοι δοκεῖϲ
καὶ τοῦδέ τιϲ ξύμβουλοϲ. οὐκ ἐτὸϲ πάλαι
ἠγυπτιάζετ’. ἀλλ’ ὅδε μὲν δώϲει δίκην.
προϲέρχεται γὰρ ὁ πρύτανιϲ χὠ τοξότηϲ.
Ευ. τουτὶ πονηρόν. ἀλλ’ ὑπαποκινητέον.
Κη. ἐγὼ δ’ ὁ κακοδαίμων τί δρῶ;
Ευ. μέν’ ἥϲυχοϲ.

901 Μενέλεων Scaliger: -έλαον R 906 αὑτὸϲ Valckenaer: αὐ- R 909 μάλιϲτ’ εἶδον Brunck: μάλιϲθ’ ἴδον R 910 Μενελέῳ ϲ’ Thiersch post Kuster: -λαον R: -λεων Su. ι 778 ὅϲα γ’ R: ὅϲον Su. ἀμφίων Grégoire: ἀφύων R: ἰφύων Su.: ἱϲτίων Austin (1990): ὀϲφύων Holford-Strevens 912 ἐϲχάραϲ] ἐϲ χέραϲ Eur. *Hel.* 566 913 περίβαλε Biset: -αλλε R δὲ] τε Blaydes

οὐ γὰρ προδώϲω ϲ᾽ οὐδέποτ᾽, ἤνπερ ἐμπνέω,
ἢν μὴ προλίπωϲ᾽ αἱ μυρίαι με μηχαναί.
Κρ. αὕτη μὲν ἡ μήρινθοϲ οὐδὲν ἔϲπαϲεν.

ΠΡΥΤΑΝΙϹ

ὅδ᾽ ἔϲθ᾽ ὁ πανοῦργοϲ ὃν ἔλεγ᾽ ἡμῖν Κλειϲθένηϲ;
οὗτοϲ, τί κύπτειϲ; δῆϲον αὐτὸν εἰϲάγων,
ὦ τοξότ᾽, ἐν τῇ ϲανίδι, κἄπειτ᾽ ἐνθαδὶ
ϲτήϲαϲ φύλαττε καὶ προϲιέναι μηδένα
ἔα πρὸϲ αὐτόν, ἀλλὰ τὴν μάϲτιγ᾽ ἔχων
παῖ᾽, ἢν προϲίῃ τιϲ.
Κρ. νὴ Δί᾽, ὡϲ νυνδή γ᾽ ἀνὴρ
ὀλίγου μ᾽ ἀφείλετ᾽ αὐτὸν ἱϲτιορράφοϲ.
Κη. ὦ πρύτανι, πρὸϲ τῆϲ δεξιᾶϲ, ἥνπερ φιλεῖϲ
κοίλην προτείνειν, ἀργύριον ἤν τιϲ διδῷ,
χάριϲαι βραχύ τί μοι καίπερ ἀποθανουμένῳ.
Πρ. τί ϲοι χαρίϲωμαι;
Κη. γυμνὸν ἀποδύϲαντά με
κέλευε πρὸϲ τῇ ϲανίδι δεῖν τὸν τοξότην,
ἵνα μὴ ᾽ν κροκωτοῖϲ καὶ μίτραιϲ γέρων ἀνὴρ
γέλωτα παρέχω τοῖϲ κόραξιν ἑϲτιῶν.
Πρ. ἔχοντα ταῦτ᾽ ἔδοξε τῇ βουλῇ ϲε δεῖν,
ἵνα τοῖϲ παριοῦϲι δῆλοϲ ᾖϲ πανοῦργοϲ ὤν.
Κη. ἰατταταιάξ. ὦ κροκώθ᾽, οἷ᾽ εἴργαϲαι.
κοὐκ ἔϲτ᾽ ἔτ᾽ ἐλπὶϲ οὐδεμία ϲωτηρίαϲ.

Χο. ἄγε νυν ἡμεῖϲ παίϲωμεν ἅπερ νόμοϲ ἐνθάδε ταῖϲι
γυναιξίν,

927 προλίπωϲ᾽ Scaliger: -λείπωϲ᾽ R: ᾽πιλίπωϲ᾽ Blaydes 928 quis loquatur incertum; sed cf. *Vesp.* 175–6 929 ἔϲθ᾽ Mu2: ἐϲτ᾽ R ἔλεγ᾽ Mu2: ἔλεγεν R 934 δή γ᾽ Dobree: δῆτ᾽ R 939 χαρίϲωμαι Casaubon: χαρίϲομαι R 941 μὴ ᾽ν Kuster: μὴν R 943 ἔδοξε Biset: -εν R 944 παριοῦϲι Brunck: παροῦϲι R 945 ἰατταταιάξ Biset: ἰαππαπαιάξ R 946 ἔϲτ᾽ Bentley: ἔϲτιν R 947 παίϲωμεν Zanetti, cf. sch.: πέϲωμεν R ταῖϲι Daubuz: ταῖϲ R

ὅταν ὄργια cεμνὰ θεαῖν ἱεραῖc ὥραιc ἀνέχωμεν, ἅπερ καὶ
Παύcων cέβεται καὶ νηcτεύει,
πολλάκιc αὐταῖν ἐκ τῶν ὡρῶν
εἰc τὰc ὥραc ξυνεπευχόμενοc
τοιαῦτα μέλειν θάμ' ἑαυτῷ.

ὅρμα, χώρει·
κοῦφα ποcὶν ἄγ' εἰc κύκλον,
χειρὶ cύναπτε χεῖρα,
ῥυθμὸν χορείαc πᾶc' ὕπαγε·
βαῖνε καρπαλίμοιν ποδοῖν.
ἐπιcκοπεῖν δὲ πανταχῇ
κυκλοῦcαν ὄμμα χρὴ χοροῦ κατάcταcιν.

ἅμα δὲ καὶ [cτρ. α'
γένοc Ὀλυμπίων θεῶν
μέλπε καὶ γέραιρε φωνῇ πᾶcα χορομανεῖ τρόπῳ.

εἰ δέ τιc [ἀντ. α'
προcδοκᾷ κακῶc ἐρεῖν
ἐν ἱερῷ γυναῖκά μ' οὖcαν ἄνδραc, οὐκ ὀρθῶc φρονεῖ.

ἀλλὰ χρὴ
ὡc πρὸc ἔργον αὖ τι καινὸν
πρῶτον εὐκύκλου χορείαc εὐφυᾶ cτῆcαι βάcιν.

πρόβαινε ποcὶ τὸν εὐλύραν [cτρ. β'
μέλπουcα καὶ τὴν τοξοφόρον
Ἄρτεμιν, ἄναccαν ἁγνήν.
χαῖρ', ὦ ἑκάεργε,
ὄπαζε δὲ νίκην·

948 θεαῖν] θεοῖν Cobet 950 αὐταῖν] αὐτοῖν Cobet 952 μέλειν Zanetti (*curae esse* Divus): μέλλειν R: μολεῖν Casaubon 956 πᾶc' ὕπαγε Austin: ὕπαγε πᾶcα R 966 χρή ⟨μ'⟩ Meineke 967 ὡc πρὸc Austin: ὥcπερ R 968 εὐφυᾶ Brunck: -υῆ R 969 ποcὶ Bentley: -ὶν R εὐλύραν Zanetti: ἐλύραν R

Ἥραν τε τὴν τελείαν
μέλψωμεν ὥςπερ εἰκός,
ἣ πᾶςι τοῖς χοροῖςιν ἐμπαίζει τε καὶ κλῇδας
γάμου φυλάττει.

Ἑρμῆν τε νόμιον ἄντομαι [ἀντ. β′
καὶ Πᾶνα καὶ Νύμφας φίλας
ἐπιγελάςαι προθύμως
ταῖς ἡμετέραις⟨ι⟩
χαρέντα χορείαις.
ἔξαιρε δὴ προθύμως
διπλῆν χάριν χορείας.
παίςωμεν, ὦ γυναῖκες, οἷάπερ νόμος, νηςτεύομεν δὲ
πάντως.

ἀλλ᾽ εἶα, πάλλ᾽, ἀνάςτρεφ᾽ εὐρύθμῳ ποδί,
τόρευε πᾶςαν ᾠδήν·
ἡγοῦ δέ γ᾽ ὧδ᾽ αὐτὸς cύ,
κιςςοφόρε Βακχεῖε
δέςποτ᾽· ἐγὼ δὲ κώμοις
cε φιλοχόροιςι μέλψω

†εὔιον ὦ Διὸς cὺ [cτρ. γ′
Βρόμιε καὶ Cεμέλας παῖ, 991
χοροῖς τερπόμενος
κατ᾽ ὄρεα Νυμ-
φᾶν ἐρατοῖς ἐν ὕμνοις,
ὦ Εὖι᾽ Εὖι᾽ εὐοῖ, 994a

975 χοροῖςιν ἐμπαίζει] -ςι ςυμπαίζει Meineke 980 suppl. Hermann 982 διπλῆν] πόδας Biset χάριν Ellebodius: χαίρειν R: χαρᾷ Sommerstein, recepto πόδας 984 νηςτεύομεν Bentley: -ωμεν R 985 εἶα, πάλλ᾽ Blaydes: ειαπαλλ᾽ R 987 γ᾽ ὧδ᾽ suspectum, sed nulla emendatio placet 988 Βακχεῖε hoc accentu Blaydes, proparoxytone R 989 cε Sommerstein: cὲ R φιλοχόροιςι Scaliger: -ςιν R 990 εὔιον] Εὔιε Enger Διὸς cὺ Enger: Διόνυςε R: Διός τε Fritzsche 994 ὦ Εὖι᾽ Εὖι᾽ Hermann: εὔιον εὔιον R

⟨ἡδόμενοϲ⟩ ἀναχορεύων.

ἀμφὶ δὲ ϲυγκτυπεῖται [ἀντ. γ
Κιθαιρώνιοϲ ἠχώ,
μελάμφυλλά τ' ὄρη
δάϲκια πετρώ-
δειϲ τε νάπαι βρέμονται·
κύκλῳ δὲ περί ϲε κιϲϲὸϲ
εὐπέταλοϲ ἕλικι θάλλει.

ΤΟΞΟΤΗϹ

ἐνταῦτα νῦν οἰμῶξι πρὸϲ τὴν αἰτρίαν.
Κη. ὦ τοξόθ', ἱκετεύω ϲε.
Το. μή μ' ἰκετεῦϲι ϲύ.
Κη. χάλαϲον τὸν ἧλον.
Το. ἀλλὰ ταῦτα δρᾶϲ' ἐγώ.
Κη. οἴμοι κακοδαίμων, μᾶλλον ἐπικρούειϲ ϲύ γε.
Το. ἔτι μᾶλλο βοῦλιϲ;
Κη. ἀτταταῖ ἰατταταῖ·
κακῶϲ ἀπόλοιο.
Το. ϲῖγα, κακοδαίμων γέρον.
πέρ', ἐγὼ 'ξινίγκι πορμόϲ, ἵνα πυλάξι ϲοι.
Κη. ταυτὶ τὰ βέλτιϲτ' ἀπολέλαυκ' Εὐριπίδου.
ἔα· θεοί, Ζεῦ ϲῶτερ, εἴϲ' ἔτ' ἐλπίδεϲ.
ἀνὴρ ἔοικεν οὐ προδώϲειν, ἀλλά μοι
ϲημεῖον ὑπεδήλωϲε Περϲεὺϲ ἐκδραμών,

lacunam statuit Hermann: ⟨ἡδόμενοϲ⟩ Austin, cf. *Plut.* 288   995 ϲυγκτυπεῖται Wilamowitz: ϲυῒ κτυπεῖται R: ϲοὶ κτυπεῖται Zanetti (*circa te* Divus)   996 Κιθαιρώνιοϲ Zanetti: Κιθαρ- R   998 τε νάπαι hic Enger: καὶ νάπαι ante πετρώδειϲ R   999 ϲε Blaydes: ϲὲ R   1001 οἰμῶξι Brunck: -ώξει R: -ωξε Bentley   1002 ἱκετεῦϲι Brunck: -ϲη R   1003 δρᾶϲ' Voss: δρᾷϲ R   1004 ἐπικρούειϲ Mu2: -ούϲειϲ R   1005 μᾶλλο Bentley: μᾶλλον R   ἰατταταῖ Faber: ταττατaί R   1006 γέρον] γέρων R^{ac} 1007 'ξινίγκι Enger: ξεινίγκι R   ἵνα Brunck: ἵνα R   1009 εἴϲ' ἔτ' Naber, cf. 946: εἰϲὶν R   1010 ἀνήρ Bothe: ἀ- R   ἔοικεν] ⟨μ'⟩ ἔοικε von Velsen: ἔοικέ ⟨μ'⟩ Blaydes   1011 ὑπεδήλωϲε Biset: -εν R

ὅτι δεῖ με γίγνεϲθ' Ἀνδρομέδαν· πάντωϲ δέ μοι
τὰ δέϲμ' ὑπάρχει. δῆλον οὖν ⟨τοῦτ'⟩ ἔϲθ' ὅτι
ἥξει με ϲώϲων. οὐ γὰρ ἂν παρέπτετο.
φίλαι παρθένοι, φίλαι,
πῶϲ ἂν ἀπέλθοιμι καὶ
τὸν Ϲκύθην λάθοιμι;
κλύειϲ, ὦ προϲᾴδουϲ' ἀΰτὰϲ ἐν ἄντροιϲ;
κατάνευϲον, ἔαϲον ὡϲ
τὴν γυναῖκά μ' ἐλθεῖν.
ἄνοικτοϲ ὅϲ μ' ἔδηϲε, τὸν
πολυϲτονώτατον βροτῶν·
μόλιϲ δὲ γραῖαν ἀποφυγὼν
ϲαπρὰν ἀπωλόμην ὅμωϲ.
ὅδε γὰρ ὁ Ϲκύθηϲ πάλαι ⟨δὴ⟩ φύλαξ
ἐφέϲτηκε κῶλοὸν ἄφιλον ἐκρέμα-
ϲέ ⟨με⟩ κόραξι δεῖπνον.
ὁρᾷϲ; οὐ χοροῖϲιν οὐδ' ὑφ' ἡλίκων νεανίδων
κημὸν ἕϲτηκ' ἔχουϲ',
ἀλλ' ἐν πυκνοῖϲ δεϲμοῖϲιν ἐμπεπλεγμένη
κήτει βορὰ Γλαυκέτῃ πρόκειμαι.
γαμηλίῳ μὲν οὐ ξὺν
παιῶνι, δεϲμίῳ δέ,
γοᾶϲθέ μ', ὦ γυναῖκεϲ, ὡϲ
μέλεα μὲν πέπονθα μέλε-
οϲ, ὦ τάλαϲ ἐγώ, τάλαϲ,

1013 suppl. Dobree: ⟨νῦν⟩ Biset: ⟨ἤδη⟩ Sommerstein 1014 ϲώϲων Mu2: ϲῶϲον R 1016 ἂν ⟨οὖν⟩ Hermann, ut numeri dochmiaci fierent 1017 λάθοιμι Ellebodius: λάβοιμι R 1019 προϲᾴδουϲ' Elmsley, ἀΰτὰϲ Burges (ἀΰταῖϲ Sommerstein): προϲᾳδοῦϲϲαι τὰϲ R et sch. 1026–30 de numeris parum constat 1026 πάλαι . . . φύλαξ Enger: φύλαξ πάλαι R suppl. Austin: ⟨μοι⟩ Enger 1028 ἐφέϲτηκε κῶλοὸν Austin: ἐφέϲτηκ' ὀλοὸν R: ἐφεϲτὼϲ ὀλοὸν Meineke 1029 suppl. Mehler 1030 ὑφ' del. Mitsdörffer 1031 ante κημὸν add. ψῆφον R, del. Hermann 1034–5 ξὺν παιῶνι Zanetti (*cum carmine* Divus): ξυμπαιῶνι R

ἀπὸ δὲ ϲυγγόνων ἄνομ' ἄνομα πάθεα,
φῶτα λιτομένα,
πολυδάκρυτον Ἀίδα γόον φλέγουϲα,
αἰαῖ αἰαῖ ἒ ἔ,
ὃϲ ἔμ' ἀπεξύρηϲε πρῶτον,
ὃϲ ἐμὲ κροκόεντ' ἀμφέδυϲεν·
ἐπὶ δὲ τοῖϲδε τόδ' ἀνέπεμψεν
ἱερόν, ἔνθα γυναῖκεϲ.
ἰώ μοι μοίραϲ
ἃν ἔτικτε δαίμων·
ὢ κατάρατοϲ ἐγώ·
τίϲ ἐμὸν οὐκ ἐπόψεται
πάθοϲ ἀμέγαρτον ἐπὶ κακῶν παρουϲίᾳ;
εἴθε με πυρφόροϲ αἰθέροϲ ἀϲτὴρ—
τὸν βάρβαρον ἐξολέϲειεν.
οὐ γὰρ ἔτ' ἀθανάταν φλόγα λεύϲϲειν
ἐϲτὶν ἐμοὶ φίλον, ὡϲ ἐκρεμάϲθην,
λαιμότμητ' ἄχη δαιμόνι', αἰόλαν
νέκυϲιν ἐπὶ πορείαν.

ΗΧΩ

χαῖρ', ὦ φίλη παῖ· τὸν δὲ πατέρα Κηφέα
ὅϲ ϲ' ἐξέθηκεν, ἀπολέϲειαν οἱ θεοί.

Κη. ϲὺ δ' εἶ τίϲ, ἥτιϲ τοὐμὸν ᾤκτιραϲ πάθοϲ;

Ηχ. Ἠχώ, λόγων ἀντῳδὸϲ ἐπικοκκάϲτρια,
ἥπερ πέρυϲιν ἐν τῷδε ταὐτῷ χωρίῳ
Εὐριπίδῃ καὐτὴ ξυνηγωνιζόμην.

1039 ἄνομ' Blaydes: ἄλλαν R: τάλαν' Hermann: ἄλλ' Scaliger 1040 λιτομένα Enger, cf. sch.: λιτομέναν R: ἀντομένα et -αν vv. ll. ap. sch. 1041 φλέγουϲα Enger post Musgrave: φεύγουϲαν R: χέουϲα Rau: χέουϲαν Casaubon 1044 ἀμφέδυϲεν Hermann e sch.: ἐνέδυϲεν R 1047 ἃν ἔτικτε Casaubon: ἀνέτικτε R: ἄτεγκτε Biset, Ellebodius 1051 βάρβαρον] δύϲμορον Brunck: πάμμορον van Herwerden; cf. sch. ἄθλιον 1052 λεύϲϲειν Biset: λεύϲειν R 1054 δαιμόνι' L. Bachmann ap. Fritzsche: δαιμόνων R 1056 de persona vide Sommerstein ad loc. 1061 καὐτὴ Biset: καὶ αὐτὴ R: καὐτῷ Richards

ἀλλ', ὦ τέκνον, cὲ μὲν τὸ cαυτῆc χρὴ ποιεῖν,
κλαίειν ἐλεινῶc.
Κη. cὲ δ' ἐπικλαίειν ὕcτερον.
Ηχ. ἐμοὶ μελήcει ταῦτά γ'. ἀλλ' ἄρχου λόγων.
Κη. ὦ νὺξ ἱερά,
ὡc μακρὸν ἵππευμα διώκειc
ἀcτεροειδέα νῶτα διφρεύουc'
αἰθέροc ἱερᾶc
τοῦ cεμνοτάτου δι' Ὀλύμπου.
Ηχ. δι' Ὀλύμπου.
Κη. τί ποτ' Ἀνδρομέδα περίαλλα κακῶν
μέροc ἐξέλαχον—
Ηχ. μέροc ἐξέλαχον—
Κη. θανάτου τλήμων—
Ηχ. θανάτου τλήμων—
Κη. ἀπολεῖc μ', ὦ γραῦ, cτωμυλλομένη.
Ηχ. cτωμυλλομένη.
Κη. νὴ Δί' ὀχληρά γ' εἰcήρρηκαc
λίαν.
Ηχ. λίαν.
Κη. ὦγάθ', ἔαcόν με μονῳδῆcαι,
καὶ χαριεῖ μοι. παῦcαι.
Ηχ. παῦcαι.
Κη. βάλλ' ἐc κόρακαc.
Ηχ. βάλλ' ἐc κόρακαc.
Κη. τί κακόν;
Ηχ. τί κακόν;
Κη. ληρεῖc.
Ηχ. ληρεῖc.

1062 τὸ cαυτῆc Dindorf: τοcαύτηc R   1070 περίαλλα Biset, Ellebodius: περὶ ἄλλα R   1073–4 cτωμυλλομένη bis Grynaeus: -λ(λ)ωμένη R   1080 τί bis Bentley: τί τὸ R

Κη. οἴμωζ’.
Ηχ. οἴμωζ’.
Κη. ὀτότυζ’.
Ηχ. ὀτότυζ’.
Το. οὗτοϲ, τί λαλῖϲ;
Ηχ. οὗτοϲ, τί λαλῖϲ;
Το. πρυτάνειϲ καλέϲω.
Ηχ. πρυτάνειϲ καλέϲω.
Το. τί κακόν;
Ηχ. τί κακόν;
Το. πῶτε τὸ πωνή;
Ηχ. πῶτε τὸ πωνή;
Το. ϲὺ λαλῖϲ;
Ηχ. ϲὺ λαλῖϲ;
Το. κλαύϲαι.
Ηχ. κλαύϲαι.
Το. κἀκκάϲκι⟨ϲ⟩ μοι;
Ηχ. κἀκκάϲκι⟨ϲ⟩ μοι;
Κη. μὰ Δί’, ἀλλὰ γυνὴ πληϲίον αὕτη.
Ηχ. πληϲίον αὕτη.
Το. ποῦ ’ϲτ’ ἡ μιαρά;
Κη. καὶ δὴ φεύγει.
Το. ποῖ ποῖ πεύγειϲ; ⟨οὐ καιρήϲειϲ.⟩
Ηχ. οὐκ αἱρήϲειϲ.
Το. ἔτι γὰρ γρύζειϲ;
Ηχ. ἔτι γὰρ γρύζειϲ;
Το. λαβὲ τὴ μιαρά.
Ηχ. λαβὲ τὴ μιαρά.
Το. λάλο καὶ κατάρατο γύναικο.

1082 *λαλῖϲ* bis R^{pc}, cf. sch.: *λαλεῖϲ* R^{ac} 1085 *τί* bis Coulon: *ϲί* bis R, sch. 1086 *πῶτε τὸ*] *πότε τὴ* Blaydes (*πότε* iam Grynaeus) 1087 *λαλῖϲ* bis Dindorf: *λαλεῖϲ* R 1088 *κλαύϲαι* bis Rogers: *κλαύϲαιμι* R: *κλαῦϲ’ ἔτι* Austin 1089 suppl. Fritzsche 1092 *’ϲτ’ ἡ* Brunck: *’ϲθ’ ἡ* R 1093 *πεύγειϲ* Enger: *φεύγειϲ* R suppl. Brunck, alii, cf. sch. *ἀντὶ τοῦ οὐ χαιρήϲειϲ*

Ευ. ὦ θεοί, τίν' ἐϲ γῆν βαρβάρων ἀφίγμεθα
ταχεῖ πεδίλῳ; διὰ μέϲου γὰρ αἰθέροϲ
τέμνων κέλευθον πόδα τίθημ' ὑπόπτερον
Περϲεὺϲ πρὸϲ Ἄργοϲ ναυϲτολῶν, τὸ Γοργόνοϲ
κάρα κομίζων.
Το. τί λέγι; τὴ Γόργοϲ πέρι
τὸ γραμματέο ϲὺ τὴ κεπαλή;
Ευ. τὴν Γοργόνοϲ
ἔγωγε φημί.
Το. Γόργο τοι κἀγὼ λέγι.
Ευ. ἔα· τιν' ὄχθον τόνδ' ὁρῶ καὶ παρθένον
θεαῖϲ ὁμοίαν ναῦν ὅπωϲ ὡρμιϲμένην;
Κη. ὦ ξένε, κατοίκτιρόν με τὴν παναθλίαν,
λῦϲόν με δεϲμῶν.
Το. οὐκὶ μὴ λαλῆϲι ϲύ;
κατάρατο, τολμᾷϲ ἀποτανουμένη λαλῆϲ;
Ευ. ὦ παρθέν', οἰκτίρω ϲε κρεμαμένην ὁρῶν.
Το. οὐ παρτέν' ἐϲτίν, ἀλλ' ἁμαρτωλὴ γέρων
καὶ κλέπτο καὶ πανοῦργο.
Ευ. ληρεῖϲ, ὦ Ϲκύθα.
αὕτη γάρ ἐϲτιν Ἀνδρομέδα, παῖϲ Κηφέωϲ.
Το. ϲκέψαι τὸ κύϲτο· μή τι μικρὸν παίνεται;
Ευ. φέρε δεῦρό μοι τὴν χεῖρ', ἵν' ἅψωμαι κόρηϲ·
φέρε, Ϲκύθ'· ἀνθρώποιϲι γὰρ νοϲήματα
ἅπαϲίν ἐϲτιν· ἐμὲ δὲ καὐτὸν τῆϲ κόρηϲ
ταύτηϲ ἔρωϲ εἴληφεν.
Το. οὐ ζηλῶϲί ϲε·
ἀτὰρ εἰ τὸ πρωκτὸ δεῦρο περιεϲτραμμένον,

1101 *ναυϲτολῶν* Canini (*navigans* iam Divus): *ναυτολῶν* R 1102 *Γόργοϲ* Bothe, cf. sch.: *Γοργόνοϲ* R 1103 *κεπαλή* Bothe: *κεφαλή* R 1108 *μὴ λαλῆϲι* Brunck: *μὶ λαλῆϲ* R 1109 *λαλῆϲ* Kaibel: *λαλᾶϲ* R: 1114 *κύϲτο* Scaliger: *ϲκύτο* R: *ϲῦκο* Sommerstein *μή τι* Mu2 (*numquid* Divus): *μῆτι* R *μικρὸ* Enger: *μικτὸν* R 1115 *δεῦρο* semel Biset, bis R *κόρηϲ*] *κόρη* Lenting 1116 *φέρε*] *φέρ', ὦ* Blaydes 1119 *τὸ πρωκτὸ* Biset: *τῶ πρωκτῶ* R

οὐκ ἐπτόνηϲά ϲ' αὐτὸ πυγίζειϲ ἄγων.
Ευ. τί δ' οὐκ ἐᾷϲ λύϲαντά μ' αὐτήν, ὦ Ϲκύθα,
πεϲεῖν ἐϲ εὐνὴν καὶ γαμήλιον λέχοϲ;
Το. εἰ ϲπόδρ' ἐπιτυμεῖϲ τὴ γέροντο πύγιϲο,
τὴ ϲανίδο τρήϲαϲ ἐξόπιϲτο πρώκτιϲον.
Ευ. μὰ Δί', ἀλλὰ λύϲω δεϲμά.
Το. μαϲτιγῶϲ' ἄρα.
Ευ. καὶ μὴν ποιήϲω τοῦτο.
Το. τὸ κεπαλή ϲ' ἄρα
τὸ ξιπομάκαιραν ἀποκεκόψι τουτοΐ.
Ευ. αἰαῖ· τί δράϲω; πρὸϲ τίναϲ ϲτρεφθῶ λόγουϲ;
ἀλλ' οὐκ ἂν ⟨ἐν⟩δέξαιτο βάρβαροϲ φύϲιϲ.
ϲκαιοῖϲι γάρ τοι καινὰ προϲφέρων ϲοφὰ
μάτην ἀναλίϲκοιϲ ἄν. ἀλλ' ἄλλην τινὰ
τούτῳ πρέπουϲαν μηχανὴν προϲοιϲτέον.
Το. μιαρὸϲ ἀλώπηξ, οἷον ἐπιτήκιζί μοι.
Κη. μέμνηϲο, Περϲεῦ, μ' ὡϲ καταλείπειϲ ἀθλίαν.
Το. ἔτι γὰρ ϲὺ τὴ μάϲτιγαν ἐπιτυμεῖϲ λαβεῖν;

Χο. Παλλάδα τὴν φιλόχορον ἐμοὶ
δεῦρο καλεῖν νόμοϲ εἰϲ χορόν,
παρθένον ἄζυγα κούρην,
ἣ πόλιν ἡμετέραν ἔχει
καὶ κράτοϲ φανερὸν μόνη
κλῃδοῦχόϲ τε καλεῖται.
φάνηθ', ὦ τυράννουϲ ϲτυγοῦϲ', ὥϲπερ εἰκόϲ.
δῆμόϲ τοί ϲε καλεῖ γυναι-
κῶν· ἔχουϲα δέ μοι μόλοιϲ

1120 ἐπτόνηϲά ϲ' Bentley: -ηϲαϲ R: -ηϲ' ἄν ϲ' Blaydes ἄγων] ἐγώ Blaydes, von Velsen 1122 ἐϲ Grynaeus: ἔϲτ' R 1124 ἐξόπιϲτο Daubuz: -ιϲθο R 1125 δεϲμά Grynaeus: δέμαϲ R 1126 κεπαλή ϲ' Brunck: κεπαλῆϲ R^{pc} 1127 ἀποκεκόψι Brunck: -όψοι R^{pc} 1129 suppl. Kuster 1132 τούτῳ Zanetti (*huic* Divus): τοῦτο R 1133 ἐπιτήκιζί anonymus Parisinus: -ίζει R 1139 κούρην Bothe: κόρην R 1143 post καλεῖται praebebat R^{ac} ϲτυγνὰϲ ὥϲϲε

εἰρήνην φιλέορτον.
ἥκετ⟨έ τ'⟩ εὔφρονεϲ ἵλαοι,
πότνιαι, ἄλϲοϲ ἐϲ ὑμέτερον,
ἄνδραϲ ἵν' οὐ θέμιϲ εἰϲορᾶν
ὄργια ϲέμν', ἵνα λαμπάϲι⟨ν⟩
φαίνετον ἄμβροτον ὄψιν.
μόλετον, ἔλθετον, ἀντόμεθ', ὦ
Θεϲμοφόρω πολυποτνία.
εἰ πρότερόν ποτ' ἐπηκόω ἤλθετε,
⟨καὶ⟩ νῦν ἀφίκεϲθ', ἱκετεύομεν, ἐνθάδ' ἡμῖν.
Ευ. γυναῖκεϲ, εἰ βούλεϲθε τὸν λοιπὸν χρόνον
ϲπονδὰϲ ποιήϲαϲθαι πρὸϲ ἐμέ, νυνὶ πάρα,
ἐφ' ᾧτ' ἀκοῦϲαι μηδὲν ὑπ' ἐμοῦ μηδαμὰ
κακὸν τὸ λοιπόν. ταῦτ' ἐπικηρυκεύομαι.
Κο. χρείᾳ δὲ ποίᾳ τόνδ' ἐπειϲφέρειϲ λόγον;
Ευ. ὅδ' ἐϲτὶν οὑν τῇ ϲανίδι κηδεϲτὴϲ ἐμόϲ.
ἢν οὖν κομίϲωμαι τοῦτον, οὐδὲν μή ποτε
κακῶϲ ἀκούϲητ'· ἢν δὲ μὴ πίθηϲθέ μοι,
ἃ νῦν ὑποικουρεῖτε, τοῖϲιν ἀνδράϲιν
ἀπὸ τῆϲ ϲτρατιᾶϲ παροῦϲιν ὑμῶν διαβαλῶ.
Κο. τὰ μὲν παρ' ἡμῖν ἴϲθι ϲοι πεπειϲμένα·
τὸν βάρβαρον δὲ τοῦτον αὐτὸϲ πεῖθε ϲύ.
Ευ. ἐμὸν ἔργον ἐϲτίν· καὶ ϲόν, ὦλάφιον, ἅ ϲοι
καθ' ὁδὸν ἔφραζον ταῦτα μεμνῆϲθαι ποιεῖν.
πρῶτον μὲν οὖν δίελθε κἀνακάλπαϲον.
ϲὺ δ', ὦ Τερηδών, ἐπαναφύϲα Περϲικόν.

1148 suppl. Enger (-ετε δ' Hermann) 1150–1 ἄνδραϲ ... λαμπάϲιν Hermann: οὗ δὴ ἀνδράϲιν οὐ θεμιτὸν εἰϲορᾶν ὄργια ϲεμνὰ θεαῖν, ἵνα λαμπάϲι R: possis etiam οὗ δὴ delere et θεμίτ' legere (Bothe); vide Austin ap. Parker, *Songs*, p. 450 1156 πολυποτνία Hermann: πολὺ πότνια R 1157 εἰ van Leeuwen: εἰ καὶ R ἤλθετε Hermann: -τον R 1158 suppl. Blaydes ἀφίκεϲθ' Reisig: -εϲθον R de numeris vide Parker, *Songs*, p. 451 1165 οὑν Biset: οὖν R 1167 ἀκούϲητ' Elmsley: -ϲαιτ' R πίθηϲθε Hirschig: πείθ- R 1171 πεῖθε Biset: πεῖϲαι R 1174 κἀνακάλπαϲον Hermann: -κόλπαϲον R 1175 Τερηδών] -δόν Su. τ 340 codd. VM[ac]

Το. τί τὸ βόμβο τοῦτο; κῶμό τιϲ ἀνεγεῖρί μοι.
Ευ. ἡ παῖϲ ἔμελλε προμελετᾶν, ὦ τοξότα.
ὀρχηϲομένη γὰρ ἔρχεθ' ὡϲ ἄνδραϲ τινάϲ.
Το. ὀρκῆϲι καὶ μελετῆϲι, οὐ κωλῦϲ' ἐγώ.
ὡϲ ἐλαπρόϲ, ὥϲπερ ψύλλο κατὰ τὸ κῴδιο.
Ευ. φέρε θοἰμάτιον ἄνωθεν, ὦ τέκνον, τοδί·
καθιζομένη δ' ἐπὶ τοῖϲ⟨ι⟩ γόναϲι τοῦ Ϲκύθου
τὼ πόδε πρότεινον, ἵν' ὑπολύϲω.
Το. ναίκι ναὶ
κάτηϲο κάτηϲο, ναίκι ναίκι, τυγάτριον.
οἴμ' ὡϲ ϲτέριπο τὸ τιττί', ὥϲπερ γογγυλί.
Ευ. αὔλει ϲὺ θᾶττον· ἔτι δέδοικαϲ τὸν Ϲκύθην;
Το. καλό γε τὸ πυγή. κλαῦϲι γ' ἂν ἢν μὴ 'νδον μένῃϲ.
{ἀνακύπτι καὶ παρακύπτι ἀπεψωλημένοϲ·} 1187b
εἶεν· καλὴ τὸ ϲκῆμα περὶ τὸ ποϲτίον.
Ευ. καλῶϲ ἔχει. λαβὲ θοἰμάτιον· ὥρα 'ϲτὶ νῷν
ἤδη βαδίζειν.
Το. οὐκὶ πιλῆϲι πρῶτά με;
Ευ. πάνυ γε· φίληϲον αὐτόν.
Το. ὂ ὂ ὂ παπαπαπαῖ,
ὡϲ γλυκερὸ τὸ γλῶϲϲ', ὥϲπερ Ἀττικὸϲ μέλιϲ.
τί οὐ κατεύδει παρ' ἐμέ;
Ευ. χαῖρε, τοξότα,
οὐ γὰρ γένοιτ' ἂν τοῦτο.
Το. ναίκι γρᾴδιο,

1176 κῶμό τιϲ ἀν- Blaydes, von Velsen: κωμοτίϲ ἀν- R (διχῶϲ κωμοδρίαν sch.) 1178 ἔρχεθ' Brunck: -ετ' R 1179 κωλῦϲ' Blaydes: κωλύϲ' R; cf. 1003, 1196, 1201, 1225 1181 ἄνωθεν] ἀνῶμεν Maas 1182 suppl. Bentley 1184 alterum ναίκι Bothe: καὶ R 1185 ὡϲ bis Bothe: ὧϲ Mu2: ὦ R ϲτεριπὸ Mu2: τεριπὸ R[pc] γογγυλί P68, Enger: γογγύλῃ R 1187 κλαῦϲί γ' Bentley: κλαυϲ' εἴ γ' R: κλαῦϲ' ἔτ' Austin ἢν Dindorf: ἂν R 1187b v. quem praebent P68 et R del. Ellebodius 1189 'ϲτὶ Mu2: -ιν R 1190 οὐκὶ Biset, πιλῆϲι Porson e sch.: τί οὐκ ἐπιλήϲει R 1191 ὂ ter Mu2, semel R 1192 μέλιϲ R: μέλι Mu2 1194 ναίκι Bentley: ναὶ R: ναὶ ⟨ναί⟩ Brunck γράδιο Bothe: -ον R

ἐμοὶ κάριcο cὺ τοῦτο.
Ευ. δώcειc οὖν δραχμήν;
Το. ναί, ναίκι, δῶcι.
Ευ. τἀργύριον τοίνυν φέρε.
Το. ἀλλ᾽ οὐκ ἔκὠδέν. ἀλλὰ τὸ cυβήνην λαβέ.
Ευ. ἔπειτα κομιεῖc αὖθιc. ἀκολούτει, τέκνον.
cὺ δὲ τοῦτο τήρει τὴ γέροντο, γρᾴδιο.
ὄνομα δέ cοι τί ἐcτιν;
Ευ. Ἀρτεμιcία.
Το. μεμνῆcι τοίνυν τοὔνομ᾽· Ἀρταμουξία.
Ευ. Ἑρμῆ δόλιε, ταυτὶ μὲν ἔτι καλῶc ποιεῖc.
cὺ μὲν οὖν ἀπότρεχε, παιδάριον, ταυτὶ λαβών·
ἐγὼ δὲ λύcω τόνδε. cὺ δ᾽ ὅπωc ἀνδρικῶc,
ὅταν λυθῇc τάχιcτα, φεύξει καὶ τενεῖc
ὡc τὴν γυναῖκα καὶ τὰ παιδί᾽ οἴκαδε.
Κη. ἐμοὶ μελήcει ταῦτά γ᾽, ἢν ἅπαξ λυθῶ.
Ευ. λέλυcο. cὸν ἔργον, φεῦγε πρὶν τὸν τοξότην
ἥκοντα καταλαβεῖν.
Κη. ἐγὼ δὴ τοῦτο δρῶ.
Το. ὦ γρᾴδι᾽, ὡc καρίεντό cοι τὸ τυγάτριον
κοὐ δύcκολ᾽ ἀλλὰ πρᾶο. ποῦ τὸ γρᾴδιο;
οἴμ᾽ ὡc ἀπόλωλο· ποῦ τὸ γέροντ᾽ ἐντευτενί;
ὦ γρᾴδι᾽, ὦ γρᾶ᾽. οὐκ ἐπαινῶ, γρᾴδιο.
Ἀρταμουξία.

1195 κάριcο cὺ Brunck: κάριcοc οὐ R 1197 cυβήνην Su. c 1273, sch. R: cυμβήνην R 1198 κομιεῖc Biset: κομίζειc R: κομίζιc Dobree (Scythae continuatum) αὖθιc Faber: αὐτοῖc R: αὔτιc Dobree ἀκολούτει Brunck: ἀκουλούτι R (ἀκολ- Mu2) 1201 Ἀρταμουξία ed. Lipsiensis (1814): Ἀρτο- hic R 1203 ταυτὶ Dobree, cf. sch.: τουτὶ R 1208 λέλυcο R^{pc}: λέλυcαι Bentley 1211 δύcκολ᾽ Grynaeus: δύcκολλ᾽ R 1213 γρᾶ᾽ Bentley: γραῖο R

ὁ γραῦϲ με διέβαλ᾽. ἀπότρεκ᾽ ὡϲ τάκιϲτα ϲύ·
ὀρτῶϲ ϲυβήνη δ᾽ ἦν· καταβεβίνηϲι γάρ.
οἴμοι,
τί δρᾶϲι; ποῖ τὸ γρᾴδι᾽; Ἀρταμουξία.
Κο. τὴν γραῦν ἐρωτᾷϲ ἣ ᾽φερεν τὰϲ πηκτίδαϲ;
Το. ναί, ναίκι. εἶδεϲ αὐτό;
Κο. ταύτῃ γ᾽ οἴχεται
αὐτή τ᾽ ἐκείνη καὶ γέρων τιϲ εἵπετο.
Το. κροκῶτ᾽ ἔκοντο τὴ γέροντο;
Κο. φήμ᾽ ἐγώ·
ἔτ᾽ ἂν καταλάβοιϲ, εἰ διώκοιϲ ταυτηί.
Το. ὢ μιαρὸ γρᾶο· πότερα τρέξι τὴν ὁδό;
Ἀρταμουξία.
Κο. ὀρθὴν ἄνω δίωκε. ποῖ θεῖϲ; οὐ πάλιν
τῃδὶ διώξειϲ; τοὔμπαλιν τρέχειϲ ϲύ γε.
Το. κακόδαιμον, ἀλλὰ τρέξι. Ἀρταμουξία.
Κο. τρέχε νυν κατ᾽ αὐτοὺϲ ⟨ἐϲ⟩ κόρακαϲ ἐπουρίϲαϲ.
ἀλλὰ πέπαιϲται μετρίωϲ ἡμῖν·
ὥϲθ᾽ ὥρα δή ᾽ϲτι βαδίζειν
οἴκαδ᾽ ἑκάϲτῃ. τὼ Θεϲμοφόρω δ᾽
ἡμῖν ἀγαθὴν
τούτων χάριν ἀνταποδοῖτον.

1214 ὁ γραῦϲ με διέβαλ᾽ Austin: διέβαλλέ μ᾽ ὁ γραῦϲ R: διέβαλλέ μ᾽ ἡ γραῦϲ Su. δ 892 ἀπότρεκ᾽] ἐπίτρεκ᾽ Gannon ὡϲ τάκιϲτα Brunck: ὡϲ τάχιϲτα R 1215 ϲυβήνη δ᾽ ἦν Austin: δὲ ϲυβήνη ᾽ϲτι R καταβεβίνηϲι Blaydes: καταβηνῆϲι R: κατεβείνηϲι Sommerstein: καταβινῆϲι Brunck 1216 δρᾶϲι Blaydes: δράϲει R 1217 γραῦν Su. π 1502: γραῦ R 1219 γέρων Mu2: γέρον R 1222 γρᾶο Brunck: γραῦ R 1224 διώξει Elmsley (δι- iam Zanetti): δ᾽ ὤξειϲ R 1226 κατ᾽ αὐτοὺϲ Jackson: κατὰ τοῦϲ R suppl. O. Bachmann 1227 πέπαιϲται lm. sch. R: πέπυϲται R 1231 ἀνταποδοῖτον Grynaeus: ἀνταδοῖτον R

ΒΑΤΡΑΧΟΙ

PAPYRI

P. Berol. 13231, saec. V/VI (vv. 234–63, 273–300, 404–10, 607–11)	(P19)
P. Oxy. 1372, saec. V (vv. 44–50, 85–91, 840–61, 879–902)	(P17)
P. Oxy. 4517, saec. IV (vv. 592–605, 630–47)	(P79)
P. Oxy. 4518, saec. V (vv. 1244–8, 1277–81)	(P80)

CODICES

Praecipui

R Ravennas 429
V Marcianus gr. 474
A Parisinus gr. 2712
K Ambrosianus C 222 inf.
L Bodleianus Holkhamensis gr. 88

Rarius citantur

E Estensis gr. 127 (α. U. 5. 10)
M Ambrosianus L 39 sup.
Md1 Matritensis 4683 (pars vetustior, vv. 1–959)
U Urbinas gr. 141
Θ Laurentianus Conv. Soppr. 140

Perraro citantur

Br1 Bruxellensis 4280–3
Ct1 Cantabrigiensis, Bibl. Univ. Nn. 3. 15. 1
Ct2 Cantabrigiensis, Bibl. Univ. Nn. 3. 15. 2
G Marcianus gr. 475
Mu1 Monacensis gr. 137
Np1 Neapolitanus II F 22

ΒΑΤΡΑΧΟΙ

Par 20	Parisinus suppl. gr. 463
V6	Marcianus app. class. IX 26
Vb3	Barberinianus gr. 126
Vs1	Reginensis gr. 147

ΥΠΟΘΕϹΕΙϹ

I

1. *Διόνυϲόϲ ἐϲτι μετὰ θεράποντοϲ Ξανθίου κατὰ Εὐριπίδου πόθον εἰϲ Ἅιδου κατιών· ἔχει δὲ λεοντῆν καὶ ῥόπαλον πρὸϲ τὸ τοῖϲ ἐντυγχάνουϲιν ἔκπληξιν παρέχειν. ἐλθὼν δὲ ὡϲ τὸν Ἡρακλέα πρότερον, ἵνα ἐξετάϲῃ τὰ κατὰ τὰϲ ὁδούϲ, ᾗ καὶ αὐτὸϲ ἐπὶ τὸν Κέρβερον ᾤχετο, καὶ ὀλίγα ἄττα περὶ τῶν τραγικῶν τούτῳ διαλεχθεὶϲ ὁρμᾷ πρὸϲ τὸ προκείμενον. ἐπεὶ δὲ πρὸϲ τῇ Ἀχερουϲίᾳ λίμνῃ γίνεται, ὁ μὲν Ξανθίαϲ, διὰ τὸ μὴ ϲυννεναυμαχηκέναι τὴν περὶ Ἀργινούϲαϲ ναυμαχίαν ὑπὸ τοῦ Χάρωνοϲ οὐκ ἀναληφθεὶϲ πεζῇ τὴν λίμνην κύκλῳ πορεύεται. ὁ δὲ Διόνυϲοϲ δύο ὀβολῶν περαιοῦται, προϲπαίζων ἅμα τοῖϲ κατὰ τὸν πόρον ᾄδουϲι βατράχοιϲ καὶ γελωτοποιῶν. μετὰ ταῦτα ἐν Ἅιδου τῶν πραγμάτων ἤδη χειριζομένων οἵ τε μύϲται χορεύοντεϲ ἐν τῷ προφανεῖ καὶ τὸν Ἴακχον ᾄδοντεϲ ἐν χοροῦ ϲχήματι καθορῶνται, ὅ τε Διόνυϲοϲ μετὰ τοῦ θεράποντοϲ εἰϲ ταὐτὸν ἔρχεται τούτοιϲ. τῶν δὲ προηδικημένων ὑπὸ Ἡρακλέουϲ προϲπλεκομένων τῷ Διονύϲῳ διὰ τὴν ἐκ τῆϲ ϲκευῆϲ ἄγνοιαν, μέχρι μέν τινοϲ οὐκ ἀγελοίωϲ χειμάζονται, εἶτα μέντοι γε ὡϲ τὸν Πλούτωνα καὶ τὴν Περϲέφατταν παραχθέντεϲ ἀλεώραϲ τυγχάνουϲιν. ἐν δὲ τούτῳ ὁ μὲν τῶν μυϲτῶν χορὸϲ περὶ τοῦ τὴν πολιτείαν ἐξιϲῶϲαι καὶ τοὺϲ ἀτίμουϲ ἐντίμουϲ ποιῆϲαι χἀτέρων τινῶν πρὸϲ τὴν Ἀθηναίων πόλιν διαλέγεται. τὰ δὲ λοιπὰ τοῦ δράματοϲ μονόκωλα, ἄλλωϲ δὲ τερπνὴν καὶ φιλόλογον λαμβάνει ϲύϲταϲιν. παρειϲάγεται γὰρ*

Argumentum I praebent inter alios RVE; partes 1, 2, 3 alii alio ordine tradunt
9 *λίμνην* om. RV 10 *δύο ὀβολῶν περαιοῦται* RV: *δοὺϲ διώβολον περᾷ* E 18 *Περϲέφατταν* RV: *Περϲέφαϲϲαν* E 21 *ἐντίμουϲ* om. RV

Εὐριπίδης Αἰσχύλῳ περὶ τῆς τραγικῆς διαφερόμενος, τὸ μὲν ἔμπροσθεν Αἰσχύλου παρὰ τῷ Ἅιδῃ βραβεῖον ἔχοντος καὶ τὸν τραγῳδικὸν θρόνον, τότε δὲ Εὐριπίδου τῆς τιμῆς ἀντιποιησαμένου. συστήσαντος δὲ τοῦ Πλούτωνος αὐτοῖς τὸν Διόνυσον διακούειν, ἑκάτερος αὐτοῖν λόγους πολλοὺς καὶ ποικίλους ποιεῖται, καὶ τέλος πάντα ἔλεγχον καὶ πᾶσαν βάσανον οὐκ ἀπιθάνως ἑκατέρου κατὰ τῆς θατέρου ποιήσεως προσαγαγόντος, κρίνας παρὰ προσδοκίαν ὁ Διόνυσος τὸν Αἰσχύλον νικᾶν, ἔχων αὐτὸν ὡς τοὺς ζῶντας ἀνέρχεται. τὸ δὲ δρᾶμα τῶν εὖ πάνυ καὶ φιλολόγως πεποιημένων.

2. οὐ δεδήλωται μὲν ὅπου ἐστὶν ἡ σκηνή, εὐλογώτατον δ' ἐν Θήβαις· καὶ γὰρ ὁ Διόνυσος ἐκεῖθεν καὶ πρὸς τὸν Ἡρακλέα ἀφικνεῖται Θηβαῖον ὄντα.

3. ἐδιδάχθη ἐπὶ Καλλίου τοῦ μετὰ Ἀντιγένη διὰ Φιλωνίδου εἰς Λήναια. πρῶτος ἦν· δεύτερος Φρύνιχος Μούσαις· Πλάτων τρίτος Κλεοφῶντι. οὕτω δὲ ἐθαυμάσθη τὸ δρᾶμα διὰ τὴν ἐν αὐτῷ παράβασιν, ὥστε καὶ ἀνεδιδάχθη, ὥς φησι Δικαίαρχος.

II

ΑΡΙΣΤΟΦΑΝΟΥΣ ΓΡΑΜΜΑΤΙΚΟΥ

Μαθὼν παρ' Ἡρακλέους Διόνυσος τὴν ὁδὸν
πρὸς τοὺς κατοιχομένους πορεύεται, λαβὼν
τὸ δέρμα καὶ τὸ σκύταλον, ἀναγαγεῖν θέλων
Εὐριπίδην· λίμνην τε διέβαινεν κάτω
καὶ τῶν βατράχων ἀνέκραγεν εὔφημος χορός.
ἔπειτα μυστῶν ἐκδοχή. Πλούτων δ' ἰδὼν
ὡς Ἡρακλεῖ προσέκρουσε διὰ τὸν Κέρβερον.

24 *Εὐριπίδης Αἰσχύλῳ* RV: *Αἰσχύλος Εὐριπίδῃ* E 26 *τὸν . . . θρόνον* Chisianus gr. 20: *τοῦ. . .θρόνου* codd. vett.: del. Rutherford 28 *πολλοὺς* post 29 *ποιεῖται* transp. AE, om. *καὶ ποικίλους* 31 *προσαγαγόντος* AE: *προσάγοντος* RV

Argumentum II praebent inter alios RVE 3 *ἀναγαγεῖν* Chisianus gr. 20, Brunck: *ἀνάγειν* codd. vett.

ὡϲ δ’ ἀνεφάνη, τίθεται τραγῳδίαϲ ἀγών,
καὶ δὴ ϲτεφανοῦταί <γ’> Αἰϲχύλοϲ. τοῦτον δ’ ἄγει
Διόνυϲοϲ εἰϲ φῶϲ, οὐχὶ μὰ Δί’ Εὐριπίδην.

III

ΘΩΜΑ ΤΟΥ ΜΑΓΙϹΤΡΟΥ

Διόνυϲοϲ Εὐριπίδου πόθῳ ληφθεὶϲ καὶ οὐχ οἷόϲ τ’ ὢν ἄλλωϲ θεραπεῦϲαι τὸν ἔρωτα, εἰϲ Ἅιδου κατελθεῖν ἠβουλήθη, ὅπωϲ ἐκεῖ τούτῳ ἐντύχῃ. ἐπεὶ δὲ τῆϲ ὁδοῦ ἄπειροϲ ἦν, ἔγνω δεῖν εἰϲ Ἡρακλέα πρόϲθεν ἐλθεῖν. οὗτοϲ γὰρ πάλαι, κελεύϲαντοϲ Εὐρυϲθέωϲ, Κερβέρου χάριν εἰϲ Ἅιδην κατῄει. ἐλθὼν δὲ καὶ πυθόμενοϲ περὶ τῆϲ ὁδοῦ, ἤκουϲε παρ’ αὐτοῦ, ὅπωϲ ἄρα δεῖ κατελθεῖν, χαριεντιϲαμένου πρὸϲ αὐτὸν πρότερον. Διόνυϲοϲ δὲ καὶ πρὶν ἀπαντῆϲαι πρὸϲ Ἡρακλέα, κατ’ αὐτὸν ἐϲκευάϲθη, λεοντῆν ἐνδεδυμένοϲ καὶ ῥόπαλον φέρων. ὡϲ οὖν ἤκουϲε παρ’ Ἡρακλέουϲ περὶ τῆϲ ὁδοῦ, μεθ’ ἑαυτοῦ δοῦλόν τινα ἔχων Ξανθίαν, ἐχώρει πρὸϲ Ἅιδην, καὶ πρῶτον μὲν ἐντυγχάνει τῇ Ἀχερουϲίᾳ λίμνῃ καὶ ὁρᾷ ἐν αὐτῇ τὸν Χάροντα μετὰ ϲκάφουϲ, δι’ οὗ τοὺϲ τεθνεῶταϲ εἰϲ Ἅιδου ἐπέρα. καὶ ὁ μὲν Ξανθίαϲ οὐκ ἐπέβη τοῦ ϲκάφουϲ διὰ τὸ μὴ τὴν ἐν Ἀργινούϲαιϲ ναυμαχῆϲαι μάχην· πεζῇ δὲ περιῄει τὴν λίμνην. Διόνυϲοϲ δὲ ἐπιβὰϲ καὶ τῶν ἐν αὐτῇ βατράχων ἀκούϲαϲ μέλη παρὰ τὸν πλοῦν, διαπεραιοῦται καὶ αὖθιϲ Ξανθίᾳ ϲυγγίνεται· καὶ ϲὺν αὐτῷ πάλιν ἁψάμενοϲ τῆϲ ὁδοῦ εὑρίϲκει ἃ Ἡρακλῆϲ αὐτῷ προειρήκει, δυϲχερῆ τινα θεάματα καὶ τοὺϲ μύϲταϲ παρ’ αὐτὰϲ τὰϲ πύλαϲ τοῦ Ἅιδου χορεύονταϲ. εἶτα ὡϲ Ἡρακλῆϲ εἰϲελθὼν καὶ μεταξὺ πολλῶν τούτῳ ϲυμβάντων παραγίνεται πρὸϲ Πλούτωνα καὶ ὅτου χάριν ἧκεν εἰπών, ἔϲχεν ὑπακούοντα Πλούτωνα, οὐχ ἵν’ Εὐριπίδην ἀναγάγῃ, ἀλλ’ ἵν’ ἀγωνιϲαμένων Αἰϲχύλου καὶ Εὐριπίδου, ὅϲτιϲ τούτων ἄριϲτοϲ τὰ εἰϲ τέχνην φανείη, τοῦτον αὐτὸϲ εἰληφὼϲ ἀνενέγκῃ πρὸϲ βίον. τούτου δὲ γενομένου καὶ

9 suppl. Musurus Argumentum III praebet L 13 ἐπέρα] ἐπεραίου vel ἐπόρευε Blaydes

κρείττονοϲ ἀναφανέντοϲ Αἰϲχύλου Διόνυϲοϲ τοῦτον λαβὼν ἀνῆλθε.

τὸ δὲ δρᾶμα τῶν εὖ καὶ φιλοπόνωϲ πεποιημένων. ἐδιδάχθη δὲ ἐπὶ Καλλίου ἄρχοντοϲ τοῦ μετὰ Ἀντιγένην. οὕτω δὲ ἐθαυμάϲθη διὰ τὴν ἐν αὐτῷ παράβαϲιν, καθ' ἣν διαλλάττει τοὺϲ ἐντίμουϲ τοῖϲ ἀτίμοιϲ καὶ τοὺϲ πολίταϲ τοῖϲ φυγάϲιν, ὥϲτε καὶ ἀνεδιδάχθη, ὥϲ φηϲι Δικαίαρχοϲ.

IV

ϹΚΟΠΟϹ ΤΟΥ ΠΑΡΟΝΤΟϹ ΔΡΑΜΑΤΟϹ

Ὁ παρὼν ποιητήϲ, ὡϲ ἐν τῷ δράματι τοῦ Πλούτου τῷ τότε τῶν Ἀθηνῶν ἄρχοντι ὁπωϲδήποτε χαριζόμενοϲ, τότε τὸν Πλοῦτον ἀναβλέψαι φηϲὶ καὶ πλουτίϲαι τοὺϲ ἀγαθούϲ· τῶν Νεφελῶν δὲ τὸ δρᾶμα τῷ φαινομένῳ γράψαϲ κατὰ Ϲωκράτουϲ, κατὰ παντὸϲ ϲυνετάξατο φιλοϲόφου μεταρϲιολέϲχου καὶ φυϲικοῦ. Ϲωκράτηϲ γὰρ μετερχόμενοϲ τὴν ἠθικὴν φιλοϲοφίαν, εἰ ἄρα καὶ ταύτην, κατεγέλα μεταρϲιολογίαϲ καὶ φυϲικῆϲ, ὡϲ γράφει καὶ Ξενοφῶν ἐν τοῖϲ Ἀπομνημονεύμαϲι, θεολογίαϲ δὲ ὡϲ ἀκαταλήπτου πάντῃ ἀπείχετο· ὡϲ οὖν τὸ δρᾶμα τοῦ Πλούτου ὑπὲρ τοῦ τότε ἄρχοντοϲ Ἀθηνῶν ἀϲυμφανῶϲ ϲυνετάξατο, κατὰ παντὸϲ δὲ φιλοϲόφου μεταρϲιολέϲχου καὶ ψευδοτύφου τὸ δρᾶμα τῶν Νεφελῶν· οὕτω καὶ τήνδε τὴν κωμῳδίαν τὴν τῶν Βατράχων κατὰ παντὸϲ ὑποψύχρου καὶ ὑψηγόρου καὶ ὑποξύλου καὶ ἀφυοῦϲ καὶ ἀτεχνότατα γράφοντοϲ, τῷ μεμηνέναι δὲ οὐ ϲυνιέντοϲ ἑαυτὸν ὄντα βάρβαρον, οἰομένου δὲ μὴ μόνον ἰϲοῦϲθαι, ἀλλὰ καὶ τὰ κρείττονα φέρεϲθαί τινων αἰθερίων ἀνθρώπων, ὡϲ τῷ ὑπὲρ φύϲιν Ὁμήρῳ τιϲ ἀνώνυμοϲ ἤριζε Ϲάτυροϲ, Ἡϲιόδῳ δὲ Κέρκωψ, ἢ πλέον εἰπεῖν, Εὔρυτοϲ μὲν τοξικῇ, Μαρϲύαϲ δὲ μουϲικῇ τῷ Ἀπόλλωνι· Ϲειρῆϲι δὲ καὶ Μούϲαιϲ Θάμυριϲ ὁ μαινόμενοϲ· ἢ

Argumentum IV ab Iohanne Tzetze compositum praebent KMUTaur (inensis B–V–34) 14 καὶ ὑψηγόρου U: om. cett. 17 τινων αἰθερίων ἀνθρώπων] τῶν λίαν ἐπιϲτημόνων Taur 20 Ϲειρῆϲι Taur: Ϲειρῆνεϲ cett.

ὡϲ ὁ Αἰγύπτιοϲ Ϲῶφιϲ καὶ ὁ Θετταλὸϲ Ϲαλμωνεὺϲ ταῖϲ οὐρανίοιϲ λήρωϲ ἀντιπαταγοῦντεϲ βρονταῖϲ καὶ τοῖϲ κεραυνοῖϲ δῆθεν ἀνταπαϲτράπτοντεϲ. κατὰ τοιούτου παντὸϲ μὴ ϲυνιέντοϲ ἑαυτόν, ἐξυμνουμένου δὲ φιληταῖϲ ἀλογίϲτοιϲ καθάρμαϲι, δίκην βατράχων βοῶϲι θορυβωδέϲτατα, τὸ τοιοῦτον ὁ ποιητὴϲ ἐξέθετο δρᾶμα.

ἡ διαϲκευὴ δὲ καὶ ἡ ἔκθεϲιϲ τοιάδε τοῦ δράματοϲ. πλάττεται τῷ ποιητῇ δυϲφορῶν ὁ Διόνυϲοϲ διὰ τὸ ἐν τοῖϲ Διονυϲίοιϲ μὴ εἶναι τραγικὸν ἢ κωμικὸν δεξιὸν ποιητήν. ὅθεν καὶ βουληθεὶϲ κατιέναι εἰϲ Ἅιδου, ὡϲ Εὐριπίδην ἐκεῖθεν ἀνάξειεν, ἐπὶ Διονυϲιακοῖϲ τοῖϲ κοθόρνοιϲ, καὶ λεοντὴν καὶ ῥόπαλον ἔχων τρόπῳ τοῦ Ἡρακλέουϲ μετὰ Ξανθίου οἰκέτου, ὄνῳ ἐποχουμένου, τοῖϲ ὤμοιϲ δὲ ἀνάφορον φέροντοϲ, ὃ ἀλλακτὸν δημωδεϲτέρωϲ καλεῖται, ἐϲ Θήβαϲ ἢ Τίρυνθα, πόλιν τοῦ Ἄργουϲ, ἀφικνεῖται πρὸϲ Ἡρακλέα, ὁδοὺϲ τὰϲ εἰϲ Ἅιδου ἀγούϲαϲ χρῄζων μαθεῖν ἐξ αὐτοῦ καὶ πανδοχεῖα καὶ ἐκτροπάϲ, ἅτε τοῦ Ἡρακλέουϲ εἰϲ Ἅιδου πρὶν κατελθόντοϲ ἐπ' ἀναγωγῇ τοῦ Κερβέρου· εἰ καὶ δυϲὶ γενεαῖϲ προγενέϲτεροϲ ἦν Ἡρακλέουϲ ὁ Διόνυϲοϲ. παρ' οὗ μαθὼν ὅϲον ἔχρηζεν, ἀπάρχεται τῆϲ πορείαϲ. παρὰ τὴν λίμνην δὲ πεφθακὼϲ τὴν Ἀχερουϲίαν αὐτὸϲ μὲν ὁ Διόνυϲοϲ δυϲὶν ὀβολοῖϲ περαιοῦται τῷ Χάρωνι, Ξανθίαϲ δ' ἀνθ' ὧν τῇ περὶ Ἀργιννούϲαιϲ οὐκ ἐναυμάχηϲε ναυμαχίᾳ, τῷ Χάρωνι μὴ ἀναληφθεὶϲ πεζῇ τὴν λίμνην κύκλῳ περιπορεύεται· καὶ τί δεῖ λεπτολογεῖν τὸ πᾶν τοῦ ϲυγγράμματοϲ; τέλοϲ ὁ Διόνυϲοϲ ξενίζεται Περϲεφόνῃ καὶ Πλούτωνι καὶ κρίϲιν ποιηϲάμενοϲ ποιητῶν, Εὐριπίδου τε καὶ Αἰϲχύλου, καὶ ἄριϲτον τῷ ὄντι Αἰϲχύλον νομίϲαϲ καὶ παρὰ προϲδοκίαν τοῦτον λαβὼν ἀλλ' οὐκ Εὐριπίδην αὖθιϲ ἐϲ τοὺϲ ζῶνταϲ ἀνέρχεται. τοῖϲ δὲ γελοίοιϲ τούτοιϲ ὁ κωμικὸϲ μεθόδῳ δεινότητοϲ ἀνύει πάνυ γενναῖα καὶ ϲπουδαιότατα. τῇ γὰρ ἐξ Ἅιδου μετ' Αἰϲχύλου πρὸϲ τοὺϲ ζῶνταϲ ἀναφορᾷ, φηϲίν, παραπεμπόμενοϲ ὁ Διόνυϲοϲ ἐντολὴν ἔϲχε Πλούτωνοϲ καὶ Περϲεφόνηϲ καὶ τοῦ χοροῦ τῶν μυϲτῶν, ὅπωϲ τὴν πολιτείαν ἰϲώϲῃ

53 τοῦ χοροῦ K: τάχοϲ MU   μυϲτῶν KU: αὐτῶν M

τῶν Ἀθηναίων καὶ διαλύϲῃ τὰϲ ἔχθραϲ καὶ τοὺϲ διὰ τὴν ἐν Ἀργινούϲαιϲ μὴ γενομένην ἀναίρεϲιν τῶν νεκρῶν φυγάδαϲ γενομένουϲ καὶ ἀτίμουϲ, αὖθιϲ πολίταϲ τε καὶ ἐντίμουϲ ποιήϲειν.

ΤΑ ΤΟΥ ΔΡΑΜΑΤΟϹ ΠΡΟϹΩΠΑ

ΞΑΝΘΙΑϹ
ΔΙΟΝΥϹΟϹ
ΗΡΑΚΛΗϹ
ΝΕΚΡΟϹ
ΧΑΡΩΝ
ΧΟΡΟϹ ΒΑΤΡΑΧΩΝ
ΧΟΡΟϹ ΜΥϹΤΩΝ
ΑΙΑΚΟϹ

ΘΕΡΑΠΑΙΝΑ ΠΕΡϹΕΦΟΝΗϹ
ΠΑΝΔΟΚΕΥΤΡΙΑ
ΠΛΑΘΑΝΗ
ΟΙΚΕΤΗϹ
ΕΥΡΙΠΙΔΗϹ
ΑΙϹΧΥΛΟϹ
ΠΛΟΥΤΩΝ

ΒΑΤΡΑΧΟΙ

ΞΑΝΘΙΑϹ

Εἴπω τι τῶν εἰωθότων, ὦ δέϲποτα,
ἐφ' οἷϲ ἀεὶ γελῶϲιν οἱ θεώμενοι;

ΔΙΟΝΥϹΟϹ

νὴ τὸν Δί' ὅ τι βούλει γε, πλὴν "πιέζομαι,"
τοῦτο δὲ φύλαξαι· πάνυ γάρ ἐϲτ' ἤδη χολή.
Ξα. μηδ' ἕτερον ἀϲτεῖόν τι;
Δι. πλήν γ' "ὡϲ θλίβομαι."
Ξα. τί δαί; τὸ πάνυ γέλοιον εἴπω;
Δι. νὴ Δία
θαρρῶν γε· μόνον ἐκεῖν' ὅπωϲ μὴ 'ρεῖϲ—
Ξα. τὸ τί;
Δι. μεταβαλλόμενοϲ τἀνάφορον ὅτι χεζητιᾷϲ.
Ξα. μηδ' ὅτι τοϲοῦτον ἄχθοϲ ἐπ' ἐμαυτῷ φέρων,
εἰ μὴ καθαιρήϲει τιϲ, ἀποπαρδήϲομαι;
Δι. μὴ δῆθ', ἱκετεύω, πλήν γ' ὅταν μέλλω 'ξεμεῖν.
Ξα. τί δῆτ' ἔδει με ταῦτα τὰ ϲκεύη φέρειν,
εἴπερ ποιήϲω μηδὲν ὧνπερ Φρύνιχοϲ
εἴωθε ποιεῖν; καὶ Λύκιϲ κἀμειψίαϲ
ϲκεύη φέρουϲ' ἑκάϲτοτ' ἐν κωμῳδίᾳ.
Δι. μή νυν ποιήϲῃϲ· ὡϲ ἐγὼ θεώμενοϲ,
ὅταν τι τούτων τῶν ϲοφιϲμάτων ἴδω,
πλεῖν ἢ 'νιαυτῷ πρεϲβύτεροϲ ἀπέρχομαι.
Ξα. ὢ τριϲκακοδαίμων ἄρ' ὁ τράχηλοϲ οὑτοϲί,

7 ἐκεῖν'] om. R: δ' ἐκεῖν' Md1U 14 post ποιεῖν sic interpunxit Sommerstein 15 v. del. Dindorf; ante hunc v. lacunam statuit Radermacher ϲκεύη φέρουϲ'] ϲκευοφοροῦϲ' $M^{ac}Θ^{pc}$: οἱ ϲκευοφοροῦϲ' GNp1 ἐν] ἐν τῇ R

ὅτι θλίβεται μέν, τὸ δὲ γέλοιον οὐκ ἐρεῖ.
Δι. εἶτ' οὐχ ὕβρις ταῦτ' ἐςτὶ καὶ πολλὴ τρυφή,
ὅτ' ἐγὼ μὲν ὢν Διόνυςος, υἱὸς Cταμνίου,
αὐτὸς βαδίζω καὶ πονῶ, τοῦτον δ' ὀχῶ,
ἵνα μὴ ταλαιπωροῖτο μηδ' ἄχθος φέροι;
Ξα. οὐ γὰρ φέρω 'γώ;
Δι. πῶς φέρεις γάρ, ὅς γ' ὀχεῖ;
Ξα. φέρων γε ταυτί.
Δι. τίνα τρόπον;
Ξα. βαρέως πάνυ.
Δι. οὔκουν τὸ βάρος τοῦθ', ὃ cὺ φέρεις, οὕνος φέρει;
Ξα. οὐ δῆθ' ὅ γ' ἔχω 'γὼ καὶ φέρω, μὰ τὸν Δί' οὔ.
Δι. πῶς γὰρ φέρεις, ὅς γ' αὐτὸς ὑφ' ἑτέρου φέρει;
Ξα. οὐκ οἶδ'· ὁ δ' ὦμος οὑτοςὶ πιέζεται.
Δι. cὺ δ' οὖν ἐπειδὴ τὸν ὄνον οὐ φῄς c' ὠφελεῖν,
ἐν τῷ μέρει cὺ τὸν ὄνον ἀράμενος φέρε.
Ξα. οἴμοι κακοδαίμων· τί γὰρ ἐγὼ οὐκ ἐναυμάχουν;
ἦ τἄν cε κωκύειν ἂν ἐκέλευον μακρά.
Δι. κατάβα, πανοῦργε. καὶ γὰρ ἐγγὺς τῆς θύρας
ἤδη βαδίζων εἰμὶ τῆςδ', οἷ πρῶτά με
ἔδει τραπέςθαι. παιδίον, παῖ, ἠμί, παῖ.

ΗΡΑΚΛΗC

τίς τὴν θύραν ἐπάταξεν; ὡς κενταυρικῶς
ἐνήλαθ', ὅςτις—εἰπέ μοι, τουτὶ τί ἦν;
Δι. ὁ παῖς.
Ξα. τί ἐςτιν;
Δι. οὐκ ἐνεθυμήθης;
Ξα. τὸ τί;
Δι. ὡς cφόδρα μ' ἔδειςε.
Ξα. νὴ Δία, μὴ μαίνοιό γε.

20 ὅτι] ὅτε A. Palmer 21 καὶ πολλὴ] πολλὴ καὶ Dobree 27 οὕνος vel sim. VAK: ὄνος cett. 33 ἐγὼ οὐκ L: ἔγωγ' οὐκ vel sim. cett. 36 εἰμὶ V: εἶμι RAKL

Ηρ. οὔτοι μὰ τὴν Δήμητρα δύναμαι μὴ γελᾶν·
καίτοι δάκνω γ᾽ ἐμαυτόν· ἀλλ᾽ ὅμωϲ γελῶ.
Δι. ὦ δαιμόνιε, πρόϲελθε· δέομαι γάρ τί ϲου.
Ηρ. ἀλλ᾽ οὐχ οἷόϲ τ᾽ εἴμ᾽ ἀποϲοβῆϲαι τὸν γέλων,
ὁρῶν λεοντῆν ἐπὶ κροκωτῷ κειμένην.
τίϲ ὁ νοῦϲ; τί κόθορνοϲ καὶ ῥόπαλον ξυνηλθέτην;
ποῖ γῆϲ ἀπεδήμειϲ;
Δι. ἐπεβάτευον Κλειϲθένει.
Ηρ. κἀναυμάχηϲαϲ;
Δι. καὶ κατεδύϲαμέν γε ναῦϲ
τῶν πολεμίων ἢ δώδεκ᾽ ἢ τρεῖϲ καὶ δέκα.
Ηρ. ϲφώ;
Δι. νὴ τὸν Ἀπόλλω.
Ξα. κᾆτ᾽ ἔγωγ᾽ ἐξηγρόμην.
Δι. καὶ δῆτ᾽ ἐπὶ τῆϲ νεὼϲ ἀναγιγνώϲκοντί μοι
τὴν Ἀνδρομέδαν πρὸϲ ἐμαυτὸν ἐξαίφνηϲ πόθοϲ
τὴν καρδίαν ἐπάταξε πῶϲ οἴει ϲφόδρα.
Ηρ. πόθοϲ; πόϲοϲ τιϲ;
Δι. ϲμικρόϲ, ἡλίκοϲ Μόλων.
Ηρ. γυναικόϲ;
Δι. οὐ δῆτ᾽.
Ηρ. ἀλλὰ παιδόϲ;
Δι. οὐδαμῶϲ.
Ηρ. ἀλλ᾽ ἀνδρόϲ;
Δι. ἀπαπαῖ.
Ηρ. ξυνεγένου τῷ Κλειϲθένει;
Δι. μὴ ϲκῶπτέ μ᾽, ὦδέλφ᾽· οὐ γὰρ ἀλλ᾽ ἔχω κακῶϲ·
τοιοῦτοϲ ἵμερόϲ με διαλυμαίνεται.
Ηρ. ποῖόϲ τιϲ, ὦδελφίδιον;
Δι. οὐκ ἔχω φράϲαι.

48 ἀπεδήμειϲ] ἀποδημεῖϲ Su. π 3070 codd. FV 50 τρεῖϲ G, Meineke: τριϲ- cett. 55 πόϲοϲ] ποῖοϲ V ϲμικρόϲ VK: μικρόϲ RA: μακρόϲ L 57 ἀπαπαῖ Fritzsche, cf. sch.Θ: ἀππαπαῖ vel sim. RV, v.l. ap. sch. E: ἀταταῖ Md1UΘL: ἀτταταῖ vel sim. AK τῷ] τῳ Fraenkel: del. Blaydes, recepto ἀππαπαῖ: an πωϲ?

ὅμως γε μέντοι ϲοι δι' αἰνιγμῶν ἐρῶ.
ἤδη ποτ' ἐπεθύμηϲαϲ ἐξαίφνηϲ ἔτνουϲ;
Ηρ. ἔτνουϲ; βαβαιάξ, μυριάκιϲ γ' ἐν τῷ βίῳ.
Δι. ἆρ' ἐκδιδάϲκω τὸ ϲαφέϲ, ἢ 'τέρᾳ φράϲω;
Ηρ. μὴ δῆτα περὶ ἔτνουϲ γε· πάνυ γὰρ μανθάνω.
Δι. τοιουτοϲὶ τοίνυν με δαρδάπτει πόθοϲ
Εὐριπίδου.
Ηρ. καὶ ταῦτα τοῦ τεθνηκότοϲ;
Δι. κοὐδείϲ γέ μ' ἂν πείϲειεν ἀνθρώπων τὸ μὴ οὐκ
ἐλθεῖν ἐπ' ἐκεῖνον.
Ηρ. πότερον εἰϲ Ἅιδου κάτω;
Δι. καὶ νὴ Δί' εἴ τί γ' ἔϲτιν ἔτι κατωτέρω.
Ηρ. τί βουλόμενοϲ;
Δι. δέομαι ποιητοῦ δεξιοῦ.
οἱ μὲν γὰρ οὐκέτ' εἰϲίν, οἱ δ' ὄντεϲ κακοί.
Ηρ. τί δ'; οὐκ Ἰοφῶν ζῇ;
Δι. τοῦτο γάρ τοι καὶ μόνον
ἔτ' ἐϲτὶ λοιπὸν ἀγαθόν, εἰ καὶ τοῦτ' ἄρα·
οὐ γὰρ ϲάφ' οἶδ' οὐδ' αὐτὸ τοῦθ' ὅπωϲ ἔχει.
Ηρ. εἶτ' οὐ Ϲοφοκλέα πρότερον ὄντ' Εὐριπίδου
μέλλειϲ ἀναγαγεῖν, εἴπερ ἐκεῖθεν δεῖ ϲ' ἄγειν;
Δι. οὐ πρίν γ' ἂν Ἰοφῶντ', ἀπολαβὼν αὐτὸν μόνον,
ἄνευ Ϲοφοκλέουϲ ὅ τι ποιεῖ κωδωνίϲω.
κἄλλωϲ ὁ μέν γ' Εὐριπίδηϲ πανοῦργοϲ ὢν
κἂν ξυναποδρᾶναι δεῦρ' ἐπιχειρήϲειέ μοι·
ὁ δ' εὔκολοϲ μὲν ἐνθάδ', εὔκολοϲ δ' ἐκεῖ.
Ηρ. Ἀγάθων δὲ ποῦ 'ϲτιν;
Δι. ἀπολιπών μ' ἀποίχεται,
ἀγαθὸϲ ποιητὴϲ καὶ ποθεινὸϲ τοῖϲ φίλοιϲ.

63 γ' RK: om. VAL 67 totum versum Libero tribuere possis 73 τοῦτο γάρ τοι] τουτὶ γὰρ V 76 οὐ Bentley: οὐχὶ codd. ὄντ' codd.: del. Elmsley: ἀντ' A. Palmer 77 ἀναγαγεῖν] ἀνάγειν RVL εἴπερ] εἴπερ γ' LGNp1: εἴ γ' ἄνδρ' Radermacher, recepto ἀνάγειν 81 κἂν Dobree: καὶ codd. 83 ἀποίχεται] οἴχεται RV, Su. α 124 84 τοῖϲ φίλοιϲ] τοῖϲ ϲοφοῖϲ V s.l., lm. sch. E

Ηρ. ποῖ γῆς ὁ τλήμων;
Δι. εἰς μακάρων εὐωχίαν.
Ηρ. ὁ δὲ Ξενοκλέης;
Δι. ἐξόλοιτο νὴ Δία.
Ηρ. Πυθάγγελος δέ;
Ξα. περὶ ἐμοῦ δ' οὐδεὶς λόγος
ἐπιτριβομένου τὸν ὦμον οὑτωσὶ σφόδρα.
Ηρ. οὔκουν ἕτερ' ἔστ' ἐνταῦθα μειρακύλλια
τραγῳδίας ποιοῦντα πλεῖν ἢ μύρια,
Εὐριπίδου πλεῖν ἢ σταδίῳ λαλίστερα;
Δι. ἐπιφυλλίδες ταῦτ' ἐστὶ καὶ στωμύλματα,
χελιδόνων μουσεῖα, λωβηταὶ τέχνης,
ἃ φροῦδα θᾶττον, ἢν ἅπαξ χορὸν λάβῃ,
μόνον προσουρήσαντα τῇ τραγῳδίᾳ.
γόνιμον δὲ ποιητὴν ἂν οὐχ εὕροις ἔτι
ζητῶν ἄν, ὅστις ῥῆμα γενναῖον λάκοι.
Ηρ. πῶς γόνιμον;
Δι. ὡδὶ γόνιμον, ὅστις φθέγξεται
τοιουτονί τι παρακεκινδυνευμένον,
"αἰθέρα Διὸς δωμάτιον" ἢ "χρόνου πόδα",
ἢ "φρένα μὲν οὐκ ἐθέλουσαν ὀμόσαι καθ' ἱερῶν,
γλῶτταν δ' ἐπιορκήσασαν ἰδίᾳ τῆς φρενός".
Ηρ. σὲ δὲ ταῦτ' ἀρέσκει;
Δι. μάλλὰ πλεῖν ἢ μαίνομαι.
Ηρ. ἦ μὴν κόβαλά γ' ἐστίν, ὡς καὶ σοὶ δοκεῖ.
Δι. μὴ τὸν ἐμὸν οἴκει νοῦν· ἔχεις γὰρ οἰκίαν.
Ηρ. καὶ μὴν ἀτεχνῶς γε παμπόνηρα φαίνεται.
Δι. δειπνεῖν με δίδασκε.
Ξα. περὶ ἐμοῦ δ' οὐδεὶς λόγος.
Δι. ἀλλ' ὧνπερ ἕνεκα τήνδε τὴν σκευὴν ἔχων

90 μύρια A[pc]M[ac]U: μυρία cett.: μυρίας Dindorf 94–5 ἅπαξ ... μόνον Meineke: μόνον ... ἅπαξ codd. 103 μάλλὰ Su. σ 187 codd. AFV, sch.: μᾶλλα V: μάλα R: καὶ μάλα AKL 104 ἦ μὴν] καὶ μὴν sch. ad Eur. *Hec.* 131 108 ἔχων] φέρων LVs1

ἦλθον κατὰ cὴν μίμηcιν, ἵνα μοι τοὺc ξένουc
τοὺc coὺc φράcειαc, εἰ δεοίμην, οἷcι cὺ
ἐχρῶ τόθ', ἡνίκ' ἦλθεc ἐπὶ τὸν Κέρβερον,
τούτουc φράcον μοι, λιμέναc, ἀρτοπώλια,
πορνεῖ', ἀναπαύλαc, ἐκτροπάc, κρήναc, ὁδούc,
πόλειc, διαίταc, πανδοκευτρίαc, ὅπου
κόρειc ὀλίγιcτοι.
Ξα. περὶ ἐμοῦ δ' οὐδεὶc λόγοc.
Ηρ. ὦ cχέτλιε, τολμήcειc γὰρ ἰέναι καὶ cύ γε;
Δι. μηδὲν ἔτι πρὸc ταῦτ', ἀλλὰ φράζε τῶν ὁδῶν
ὅπῃ τάχιcτ' ἀφίξομ' εἰc Ἅιδου κάτω·
καὶ μήτε θερμὴν μήτ' ἄγαν ψυχρὰν φράcῃc.
Ηρ. φέρε δή, τίν' αὐτῶν coι φράcω πρώτην; τίνα;
μία μὲν γάρ ἐcτιν ἀπὸ κάλω καὶ θρανίου,
κρεμάcαντι cαυτόν.
Δι. παῦε, πνιγηρὰν λέγειc.
Ηρ. ἀλλ' ἔcτιν ἀτραπὸc ξύντομοc τετριμμένη,
ἡ διὰ θυείαc.
Δι. ἆρα κώνειον λέγειc;
Ηρ. μάλιcτά γε.
Δι. ψυχράν γε καὶ δυcχείμερον·
εὐθὺc γὰρ ἀποπήγνυcι τἀντικνήμια.
Ηρ. βούλει ταχεῖαν καὶ κατάντη coι φράcω;
Δι. νὴ τὸν Δί', ὡc ὄντοc γε μὴ βαδιcτικοῦ.
Ηρ. καθέρπυcόν νυν εἰc Κεραμεικόν.
Δι. κᾆτα τί;
Ηρ. ἀναβὰc ἐπὶ τὸν πύργον τὸν ὑψηλόν—
Δι. τί δρῶ;
Ηρ. ἀφιεμένην τὴν λαμπάδ' ἐντεῦθεν θεῶ,
κἄπειτ' ἐπειδὰν φῶcιν οἱ θεώμενοι

113 *κρήναc*] *κρημνούc* v.l. ap. sch. E post *ὁδοὺc* add. *καπηλίδαc* V 118 *ὅπῃ* V[pc]UVp3: *ὅπωc* RV, A*γρ*, L *ἀφίξομ'* VKL: *ἀφιξόμεθ'* Rs.l.A: *ἀφικόμεθ'* R 127 *ταχεῖαν καὶ κατάντη*] *κατάντη καὶ ταχεῖαν* V 129 *κᾆτα*] *εἶτα* R

“εἶνται,” τόθ’ εἶναι καὶ cὺ cαυτόν.
Δι. ποῖ;
Ηρ. κάτω.
Δι. ἀλλ’ ἀπολέcαιμ’ ἂν ἐγκεφάλου θρίω δύο.
οὐκ ἂν βαδίcαιμι τὴν ὁδὸν ταύτην.
Ηρ. τί δαί;
Δι. ἥνπερ cὺ τότε κατῆλθεc.
Ηρ. ἀλλ’ ὁ πλοῦc πολύc.
εὐθὺc γὰρ ἐπὶ λίμνην μεγάλην ἥξειc πάνυ
ἄβυccον.
Δι. εἶτα πῶc περαιωθήcομαι;
Ηρ. ἐν πλοιαρίῳ τυννουτῳί c’ ἀνὴρ γέρων
ναύτηc διάξει δύ’ ὀβολὼ μιcθὸν λαβών.
Δι. φεῦ,
ὡc μέγα δύναcθον πανταχοῦ τὼ δύ’ ὀβολώ.
πῶc ἠλθέτην κἀκεῖcε;
Ηρ. Θηcεὺc ἤγαγεν.
μετὰ τοῦτ’ ὄφειc καὶ θηρί’ ὄψει μυρία
δεινότατα.
Δι. μή μ’ ἔκπληττε μηδὲ δειμάτου·
οὐ γάρ μ’ ἀποτρέψειc.
Ηρ. εἶτα βόρβορον πολὺν
καὶ cκῶρ ἀείνων· ἐν δὲ τούτῳ κειμένουc,
εἴ που ξένον τιc ἠδίκηcε πώποτε,
ἢ παῖδα κινῶν τἀργύριον ὑφείλετο,
ἢ μητέρ’ ἠλόηcεν, ἢ πατρὸc γνάθον
ἐπάταξεν, ἢ ’πίορκον ὅρκον ὤμοcεν,
ἢ Μορcίμου τιc ῥῆcιν ἐξεγράψατο.

133 εἶνται Seidler: εἴητε v.l. ap. sch. et Su. ει 157: εἶναι vel εἰναι codd. 134 δύο Athenaeus 2.66B, Su. θ 489 codd. plerique: δύω codd., Su. cod. V 137 ἐπὶ] εἰc V 138 πῶc VK: πῶc γε RAL 143 τοῦτ’ R: ταῦθ’ V: ταῦτ’ AKL 146 ἀείνων Photius, Et. Gen., Su. c 691: ἀείναον V, Eustathius 1625.55: ἀεὶ νῶν cett. 147 ἠδίκηcε] ἠδίκηκε V 149 ἠλόηcεν Ammonius, Su. η 255: ἠλοίηcεν vel sim. codd. 151 τιc ῥῆcιν] ῥῆcίν τιν’ Cobet, Blaydes

Δι. νὴ τοὺϲ θεοὺϲ ἐχρῆν γε πρὸϲ τούτοιϲι κεἰ
τὴν πυρρίχην τιϲ ἔμαθε τὴν Κινηϲίου.
Ηρ. ἐντεῦθεν αὐλῶν τίϲ ϲε περίειϲιν πνοή,
ὄψει τε φῶϲ κάλλιϲτον ὥϲπερ ἐνθάδε,
καὶ μυρρινῶναϲ καὶ θιάϲουϲ εὐδαίμοναϲ
ἀνδρῶν γυναικῶν καὶ κρότον χειρῶν πολύν.
Δι. οὗτοι δὲ δὴ τίνεϲ εἰϲίν;
Ηρ. οἱ μεμυημένοι—
Ξα. νὴ τὸν Δί' ἐγὼ γοῦν ὄνοϲ ἄγω μυϲτήρια.
ἀτὰρ οὐ καθέξω ταῦτα τὸν πλείω χρόνον.
Ηρ. οἵ ϲοι φράϲουϲ' ἁπαξάπανθ' ὧν ἂν δέῃ.
οὗτοι γὰρ ἐγγύτατα παρ' αὐτὴν τὴν ὁδὸν
ἐπὶ ταῖϲι τοῦ Πλούτωνοϲ οἰκοῦϲιν θύραιϲ.
καὶ χαῖρε πόλλ', ὦδελφέ.
Δι. νὴ Δία καὶ ϲύ γε
ὑγίαινε. ϲὺ δὲ τὰ ϲτρώματ' αὖθιϲ λάμβανε.
Ξα. πρὶν καὶ καταθέϲθαι;
Δι. καὶ ταχέωϲ μέντοι πάνυ.
Ξα. μὴ δῆθ', ἱκετεύω ϲ', ἀλλὰ μίϲθωϲαί τινα.
{τῶν ἐκφερομένων, ὅϲτιϲ ἐπὶ τοῦτ' ἔρχεται}
Δι. ἐὰν δὲ μὴ εὕρω;
Ξα. τότ' ἔμ' ἄγειν.
Δι. καλῶϲ λέγειϲ.
καὶ γάρ τιν' ἐκφέρουϲι τουτονὶ νεκρόν.
οὗτοϲ, ϲὲ λέγω μέντοι, ϲὲ τὸν τεθνηκότα·
ἄνθρωπε, βούλει ϲκευάρι' εἰϲ Ἅιδου φέρειν;

152–3 hos vv. sigmate et antisigmate notabat Aristophanes Byzantinus ap. sch. VE, unde v. 152 delebant quidam, ἢ pro τὴν in v. 153 recepto 154 περίειϲιν R: -ϲι cett. 155 τε] δὲ V 159 ἄγω RV: ἄγων AKL 168 del. Hamaker τοῦτ'] ταῦτ' Bergk 169 μὴ εὕρω] μὴ 'χω v.l. ap. sch. τότ' ἔμ' V6, Krüger: τότε μ' cett. ἔμ' ἄγειν] ἐμὲ δεῖ Platnauer 170 τιν' Elmsley: τινεϲ codd. ἐκφέρουϲι E^{pc}UVb3: φέρουϲι cett.

ΝΕΚΡΟϹ

πόϲ᾽ ἄττα;
Δι. ταυτί.
Νε. δύο δραχμὰϲ μιϲθὸν τελεῖϲ;
Δι. μὰ Δί᾽, ἀλλ᾽ ἔλαττον.
Νε. ὑπάγεθ᾽ ὑμεῖϲ τῆϲ ὁδοῦ.
Δι. ἀνάμεινον, ὦ δαιμόνι᾽, ἐὰν ξυμβῶ τί ϲοι.
Νε. εἰ μὴ καταθήϲειϲ δύο δραχμάϲ, μὴ διαλέγου.
Δι. λάβ᾽ ἐννέ᾽ ὀβολούϲ.
Νε. ἀναβιῴην νυν πάλιν.
Ξα. ὡϲ ϲεμνὸϲ ὁ κατάρατοϲ· οὐκ οἰμώξεται;
ἐγὼ βαδιοῦμαι.
Δι. χρηϲτὸϲ εἶ καὶ γεννάδαϲ.
χωρῶμεν ἐπὶ τὸ πλοῖον.

ΧΑΡΩΝ

ὠὂπ· παραβαλοῦ.
Δι. τουτὶ τί ἐϲτι;
Ξα. τοῦτο; λίμνη.
Δι. νὴ Δία
αὑτή ᾽ϲτὶν ἣν ἔφραζε, καὶ πλοῖόν γ᾽ ὁρῶ.
Ξα. νὴ τὸν Ποϲειδῶ, κἄϲτι γ᾽ ὁ Χάρων οὑτοϲί.
Δι. χαῖρ᾽, ὦ Χάρων, χαῖρ᾽, ὦ Χάρων, χαῖρ᾽, ὦ Χάρων.
Χα. τίϲ εἰϲ ἀναπαύλαϲ ἐκ κακῶν καὶ πραγμάτων;
τίϲ εἰϲ τὸ Λήθηϲ πεδίον, ἢ ᾽ϲ Ὄκνου πλοκάϲ,
ἢ ᾽ϲ Κερβερίουϲ, ἢ ᾽ϲ κόρακαϲ, ἢ ᾽πὶ Ταίναρον;

175 *ἐὰν* AKL: *ἵνα* R, novit sch.: *ἵνα ἂν* V   177 *ἀναβιῴην*] *-βιοίην* Cobet   178 *ὡϲ ... κατάρατον* Libero tribuere possis   181–2 vices personarum parum certae   182 *αὑτή* Sommerstein: *αὕτη* codd.   184 alterum *χαῖρ᾽ ὦ Χάρων* servo, tertium servo et Libero tribuit van Leeuwen (cf. etiam sch.)   186 *Ὄκνου πλοκάϲ* novit Aristarchus ap. Phot. et Su. ο 399: *ὄνου πόκαϲ* codd., ceteri testes

Δι. ἐγώ.
Χα. ταχέως ἔμβαινε.
Δι. ποῦ ϲχήϲειν δοκεῖϲ;
Χα. ἐϲ κόρακαϲ.
Δι. ὄντωϲ;
Χα. ναὶ μὰ Δία. ϲοῦ γ᾽ οὕνεκα.
εἴϲβαινε δή.
Δι. παῖ, δεῦρο.
Χα. δοῦλον οὐκ ἄγω,
εἰ μὴ νεναυμάχηκε τὴν περὶ τῶν κρεῶν.
Ξα. μὰ τὸν Δί᾽ οὐ γάρ, ἀλλ᾽ ἔτυχον ὀφθαλμιῶν.
Χα. οὔκουν περιθρέξει δῆτα τὴν λίμνην κύκλῳ;
Ξα. ποῦ δῆτ᾽ ἀναμενῶ;
Χα. παρὰ τὸν Αὑαίνου λίθον,
ἐπὶ ταῖϲ ἀναπαύλαιϲ.
Δι. μανθάνειϲ;
Ξα. πάνυ μανθάνω.
οἴμοι κακοδαίμων, τῷ ξυνέτυχον ἐξιών;
Χα. κάθιζ᾽ ἐπὶ κώπην. εἴ τιϲ ἔτι πλεῖ, ϲπευδέτω.
οὗτοϲ, τί ποιεῖϲ;
Δι. ὅ τι ποιῶ; τί δ᾽ ἄλλο γ᾽ ἢ
ἵζω ᾽πὶ κώπην, οὗπερ ἐκέλευέϲ με ϲύ;
Χα. οὔκουν καθεδεῖ δῆτ᾽ ἐνθαδί, γάϲτρων;
Δι. ἰδού.
Χα. οὔκουν προβαλεῖ τὼ χεῖρε κἀκτενεῖϲ;
Δι. ἰδού.
Χα. οὐ μὴ φλυαρήϲειϲ ἔχων, ἀλλ᾽ ἀντιβὰϲ

188 ποῦ] ποῖ EUPar 20: πού (Charoni tributum) Radermacher οὕνεκα AL: εἵνεκα RK: ἕνεκα V 189 ἐϲ κόρακαϲ ὄντωϲ; Libero continuare possis 190 εἴϲβαινε] ἔμβαινε EMUΘ 191 κρεῶν] νεκρῶν AK, v.l. ap. sch. 193 οὔκουν Beck: οὐκοῦν codd. κύκλῳ RV: τρέχων AKL: an δρόμῳ ? 194 ποῦ] ποῖ V Αὑαίνου Kock: Αὐ- codd., Su. α 1998, τ 655 197 ἔτι πλεῖ Kuster: ἐπιπλεῖ codd. 199 οὗπερ ἐκέλευέϲ RV: οἷπερ ἐκέλευϲάϲ AKL 201 v. om. R προβαλεῖ] -εῖϲ V

ἐλᾷϲ προθύμωϲ.
Δι. κᾆτα πῶϲ δυνήϲομαι
ἄπειροϲ, ἀθαλάττωτοϲ, ἀϲαλαμίνιοϲ
ὢν εἶτ᾽ ἐλαύνειν;
Χα. ῥᾷϲτ᾽· ἀκούϲει γὰρ μέλη
κάλλιϲτ᾽, ἐπειδὰν ἐμβάλῃϲ ἅπαξ.
Δι. τίνων;
Χα. βατράχων κύκνων θαυμαϲτά.
Δι. κατακέλευε δή.
Χα. ὢ ὄπ· ὄπ. ὢ ὄπ· ὄπ.

ΒΑΤΡΑΧΟΙ
βρεκεκεκὲξ κοὰξ κοάξ,
βρεκεκεκὲξ κοὰξ κοάξ·
λιμναῖα κρηνῶν τέκνα,
ξύναυλον ὕμνων βοὰν
φθεγξώμεθ᾽, εὔγηρυν ἐμὰν
ἀοιδάν,
κοὰξ κοάξ,
ἣν ἀμφὶ Νυϲήιον
Διὸϲ Διόνυϲον ἐν
Λίμναιϲιν ἰαχήϲαμεν,
ἡνίχ᾽ ὁ κραιπαλόκωμοϲ
τοῖϲ ἱεροῖϲι Χύτροιϲ χω-
ρεῖ κατ᾽ ἐμὸν τέμενοϲ
λαῶν ὄχλοϲ.
βρεκεκεκὲξ κοὰξ κοάξ.
Δι. ἐγὼ δέ γ᾽ ἀλγεῖν ἄρχομαι

204 ἀθαλάττωτοϲ] -τευτοϲ Kock 208 v. om. R exclamationem ter praebet V 209 sqq. κοὰξ κοάξ ab altero Ranarum hemichorio cani veri simile est, ut docuit H. Wansborough 214 κοάξ ter V 216 Διόνυϲον] Διώνυϲον Hermann, sed vide Parker, *Songs* p. 464: τόκον δίγονον dubitanter Sommerstein 217 Λίμναιϲιν] Λίμναιϲ Schroeder: prosodia verbi ἰαχεῖν incerta est 219 Χύτροιϲ Radermacher: Χύτροιϲι codd. 221 γ᾽] τ᾽ AKL: om. V

τὸν ὄρρον, ὦ κοὰξ κοάξ.
Βα. βρεκεκεκὲξ κοὰξ κοάξ.
Δι. ὑμῖν δ' ἴcωc οὐδὲν μέλει.
Βα. βρεκεκεκὲξ κοὰξ κοάξ.
Δι. ἀλλ' ἐξόλοιcθ' αὐτῷ κοάξ·
οὐδὲν γάρ ἐcτ' ἀλλ' ἢ κοάξ·
Βα. εἰκότωc γ', ὦ πολλὰ πράττων.
ἐμὲ γὰρ ἔcτερξαν ⟨μὲν⟩ εὔλυροί τε Μοῦcαι
καὶ κεροβάταc Πὰν ὁ καλαμόφθογγα παίζων·
προcεπιτέρπεται δ' ὁ φορμικτὰc Ἀπόλλων,
ἕνεκα δόνακοc, ὃν ὑπολύριον
ἔνυδρον ἐν λίμναιc τρέφω.
βρεκεκεκὲξ κοὰξ κοάξ.
Δι. ἐγὼ δὲ φλυκταίναc γ' ἔχω,
χὠ πρωκτὸc ἰδίει πάλαι,
κᾆτ' αὐτίκ' ἐκκύψαc ἐρεῖ—
Βα. βρεκεκεκὲξ κοὰξ κοάξ.
Δι. ἀλλ', ὦ φιλῳδὸν γένοc,
παύcαcθε.
Βα. μᾶλλον μὲν οὖν
φθεγξόμεcθ', εἰ δή ποτ' εὐ-
ηλίοιc ἐν ἁμέραιcιν
ἡλάμεcθα διὰ κυπείρου
καὶ φλέω, χαίροντεc ᾠδῆc
πολυκολυμβ⟨ήτ⟩οιcι μέλεcιν
ἢ Διὸc φεύγοντεc ὄμβρον
ἔνυδρον ἐν βυθῷ χορείαν
αἰόλαν ἐφθεγξάμεcθα
πομφολυγοπαφλάcμαcιν.

223 v. om. V 227 ἐcτ'] ἴcτ' Blaydes 229 suppl. Hermann 238 ἐκκύψαc P19 ut videtur, Par 20[ac]: ἐγκύψαc cett.: an ἐκρήξαc? 239 v. choro tribuit Vs1, Reisig, Libero cett. 242 φθεγξόμεcθ' R: -όμεθ' VAK: -ώμεθ' L 243 ἡλάμεcθα Par 20[pc], Musurus: ἡλλάμεcθα L: ἡλάμεθα fere vett. 245 πολυκολυμβήτοιcι Fritzsche: πολυκολύμβοιcι RV: -οιc AKL

Βα. Δι. βρεκεκεκὲξ κοὰξ κοάξ.
Δι. τουτὶ παρ᾽ ὑμῶν λαμβάνω.
Βα. δεινά γ᾽ ἆρα πειϲόμεϲθα.
Δι. δεινότερα δ᾽ ἔγωγ᾽, ἐλαύνων
εἰ διαρραγήϲομαι.
Βα. Δι. βρεκεκεκὲξ κοὰξ κοάξ.
Δι. οἰμώζετ᾽· οὐ γάρ μοι μέλει.
Βα. ἀλλὰ μὴν κεκραξόμεϲθά γ᾽
ὁπόϲον ἡ φάρυξ ἂν ἡμῶν
χανδάνῃ δι᾽ ἡμέραϲ.
Βα. Δι. βρεκεκεκὲξ κοὰξ κοάξ.
Δι. τούτῳ γὰρ οὐ νικήϲετε.
Βα. οὐδὲ μὴν ἡμᾶϲ ϲὺ πάντωϲ.
Δι. οὐδὲ μὴν ὑμεῖϲ γ᾽ ἐμέ
οὐδέποτε· κεκράξομαι γὰρ
κἄν με δῇ δι᾽ ἡμέραϲ, ἕ-
ωϲ ἂν ὑμῶν ἐπικρατήϲω
τῷ κοάξ,
βρεκεκεκὲξ κοὰξ κοάξ.
ἔμελλον ἄρα παύϲειν ποθ᾽ ὑμᾶϲ τοῦ κοάξ.
Χα. ὢ παῦε παῦε, παραβαλοῦ τῷ κωπίῳ.
ἔκβαιν᾽, ἀπόδοϲ τὸν ναῦλον.
Δι. ἔχε δὴ τὠβολώ.
ὁ Ξανθίαϲ. ποῦ Ξανθίαϲ; ἤ, Ξανθία.
Ξα. ἰαῦ.
Δι. βάδιζε δεῦρο.
Ξα. χαῖρ᾽, ὦ δέϲποτα.
Δι. τί ἐϲτι τἀνταυθοῖ;
Ξα. ϲκότοϲ καὶ βόρβοροϲ.
Δι. κατεῖδεϲ οὖν που τοὺϲ πατραλοίαϲ αὐτόθι

250, 256, 261 a choro et Libero simul pronuntiari censuit Rogers 252 γ᾽ ἆρα] γ᾽ αρ[P19: γ᾽ ἄρα AK: γὰρ R: τἄρα V 259 φάρυξ RV: φάρυγξ AKL 265 με δῇ RV: με δέῃ A: με δεῖ KL δι᾽] δύ᾽ Tammaro post Radermacher 269 ὢ Dindorf: ὦ codd. τῷ κωπίῳ] τὼ κωπίω Md1, Blass 270 τὸν] τὸ A 271 Ξανθία V: -ίαϲ cett.

καὶ τοὺϲ ἐπιόρκουϲ, οὓϲ ἔλεγεν ἡμῖν;
Ξα. cὺ δ' οὔ;
Δι. νὴ τὸν Ποϲειδῶ 'γωγε, καὶ νυνί γ' ὁρῶ.
ἄγε δή, τί δρῶμεν;
Ξα. προϊέναι βέλτιϲτα νῷν,
ὡϲ οὗτοϲ ὁ τόποϲ ἐϲτὶν οὗ τὰ θηρία
τὰ δείν' ἔφαϲκ' ἐκεῖνοϲ.
Δι. ὡϲ οἰμώξεται.
ἠλαζονεύεθ' ἵνα φοβηθείην ἐγώ,
εἰδώϲ με μάχιμον ὄντα, φιλοτιμούμενοϲ.
οὐδὲν γὰρ οὕτω γαῦρόν ἐϲθ' ὡϲ Ἡρακλῆϲ.
ἐγὼ δέ γ' εὐξαίμην ἂν ἐντυχεῖν τινι
λαβεῖν τ' ἀγώνιϲμ' ἄξιόν τι τῆϲ ὁδοῦ.
Ξα. νὴ τὸν Δία. καὶ μὴν αἰϲθάνομαι ψόφου τινόϲ.
Δι. ποῦ ποῦ 'ϲτιν;
Ξα. ὄπιϲθεν.
Δι. ἐξόπιϲθέ νυν ἴθι.
Ξα. ἀλλ' ἐϲτὶν ἐν τῷ πρόϲθε.
Δι. πρόϲθε νυν ἴθι.
Ξα. καὶ μὴν ὁρῶ νὴ τὸν Δία θηρίον μέγα.
Δι. ποῖόν τι;
Ξα. δεινόν· παντοδαπὸν γοῦν γίγνεται·
τοτὲ μέν γε βοῦϲ, νυνὶ δ' ὀρεύϲ, τοτὲ δ' αὖ γυνὴ
ὡραιοτάτη τιϲ.
Δι. ποῦ 'ϲτι; φέρ' ἐπ' αὐτὴν ἴω.
Ξα. ἀλλ' οὐκέτ' αὖ γυνή 'ϲτιν, ἀλλ' ἤδη κύων.
Δι. Ἔμπουϲα τοίνυν ἐϲτί.
Ξα. πυρὶ γοῦν λάμπεται
ἅπαν τὸ πρόϲωπον.
Δι. καὶ ϲκέλοϲ χαλκοῦν ἔχει;

281 *φιλοτιμούμενοϲ*] -*μενον* v.l. ap. Su. η 189 et μ 304: [P19]: *φιλότιμον γένοϲ* V 286 *'ϲτιν* R: *'ϲτ'* Md1ΘL: om. VAK *ὄπιϲθεν* AKL: *ἐξόπιϲθεν* R: *'ξόπιϲθεν* V *ἐξόπιϲθέ* EΘNp1L: -*θεν* RVAK *νῦν*] om. R: *αὖ* V 289 *γίγνεται* M: *γίνεται* P19, cett. 290 prius *τοτὲ*] *ποτὲ* A alterum *τοτὲ*] *ποτὲ* A 293 *τοίνυν*] *τοίνυν γ'* AL

Ξα. νὴ τὸν Ποϲειδῶ, καὶ βολίτινον θἄτερον,
ϲάφ' ἴϲθι.
Δι. ποῖ δῆτ' ἂν τραποίμην;
Ξα. ποῖ δ' ἐγώ;
Δι. ἱερεῦ, διαφύλαξόν μ', ἵν' ὦ ϲοι ξυμπότηϲ.
Ξα. ἀπολούμεθ', ὦναξ Ἡράκλειϲ.
Δι. οὐ μὴ καλεῖϲ μ',
ὦνθρωφ', ἱκετεύω, μηδὲ κατερεῖϲ τοὔνομα.
Ξα. Διόνυϲε τοίνυν.
Δι. τοῦτό γ' ἔθ' ἧττον θἀτέρου.
Ξα. ἴθ' ᾗπερ ἔρχει. δεῦρο δεῦρ', ὦ δέϲποτα.
Δι. τί δ' ἐϲτι;
Ξα. θάρρει· πάντ' ἀγαθὰ πεπράγαμεν,
ἔξεϲτί θ' ὥϲπερ Ἡγέλοχοϲ ἡμῖν λέγειν·
"ἐκ κυμάτων γὰρ αὖθιϲ αὖ γαλῆν ὁρῶ."
ἥμπουϲα φρούδη.
Δι. κατόμοϲον.
Ξα. νὴ τὸν Δία.
Δι. καὖθιϲ κατόμοϲον.
Ξα. νὴ Δί'.
Δι. ὄμοϲον.
Ξα. νὴ Δία.
Δι. οἴμοι τάλαϲ, ὡϲ ὠχρίαϲ' αὐτὴν ἰδών.
Ξα. ὁδὶ δὲ δείϲαϲ ὑπερεπυρρίαϲέ ϲου.
Δι. οἴμοι, πόθεν μοι τὰ κακὰ ταυτὶ προϲέπεϲεν;
τίν' αἰτιάϲομαι θεῶν μ' ἀπολλύναι;
Ξα. αἰθέρα Διὸϲ δωμάτιον ἢ χρόνου πόδα; [αὐλεῖ τιϲ ἔνδοθεν
Δι. οὗτοϲ.
Ξα. τί ἐϲτιν;
Δι. οὐ κατήκουϲαϲ;
Ξα. τίνοϲ;

300 γ' ἔθ' Bentley: γ' ἔϲθ' A, lm. sch. EM: γ' RVKL: ἔθ' Dindorf 308 ϲου R: μου AK: που V: μοι L 311 post hunc v. add. αὐλεῖ τιϲ ἔνδοθεν RVM 312–15 personarum vices incertae; ita distinxit van Leeuwen

Δι. αὐλῶν πνοῆϲ.
Ξα. ἔγωγε, καὶ δᾴδων γέ με
αὔρα τιϲ εἰϲέπνευϲε μυϲτικωτάτη.
Δι. ἀλλ' ἠρεμεὶ πτήξαντεϲ ἀκροαϲώμεθα.

ΧΟΡΟϹ

Ἴακχ' ὦ Ἴακχε.
Ἴακχ' ὦ Ἴακχε.
Ξα. τοῦτ' ἔϲτ' ἐκεῖν', ὦ δέϲποθ'· οἱ μεμυημένοι
ἐνταῦθά που παίζουϲιν, οὓϲ ἔφραζε νῷν.
ᾄδουϲι γοῦν τὸν Ἴακχον ὅνπερ δι' ἀγορᾶϲ.
Δι. κἀμοὶ δοκοῦϲιν. ἡϲυχίαν τοίνυν ἄγειν
βέλτιϲτόν ἐϲτιν, ὡϲ ἂν εἰδῶμεν ϲαφῶϲ.

Χο. Ἴακχ' ὦ πολυτίμητ' ἐν ἕδραιϲ ἐνθάδε ναίων, [ϲτρ.
Ἴακχ' ὦ Ἴακχε,
ἐλθὲ τόνδ' ἀνὰ λειμῶνα χορεύϲων
ὁϲίουϲ εἰϲ θιαϲώταϲ,
πολύκαρπον μὲν τινάϲϲων
περὶ κρατὶ ϲῷ βρύοντα
ϲτέφανον μύρτων, θραϲεῖ δ' ἐγκατακρούων
ποδὶ τὴν ἀκόλαϲτον
φιλοπαίγμονα τιμήν,
χαρίτων πλεῖϲτον ἔχουϲαν μέροϲ, ἁγνήν,
ἱερὰν ὁϲίοιϲ μύϲταιϲ χορείαν.

Ξα. ὦ πότνια πολυτίμητε Δήμητροϲ κόρη,
ὡϲ ἡδύ μοι προϲέπνευϲε χοιρείων κρεῶν.

313 *με*] *μοι* Blaydes ; cf. 338 314 *αὔρα* MdıL, sch. ad Eur. *Hec.* 447: *αὖρα* RVK: *αὖρά γε* A 315 *ἠρεμεὶ* RAK: [V]: *ἠρέμα* cett. 318 *ἐκεῖν' ὦ* R: *ἐκεῖνο* VAKL 320 *δι' ἀγορᾶϲ* V, Apollodorus Tarsensis ap. sch. VE, Hsch.: *Διαγόραϲ* cett., Aristarchus ap. sch.: sententiam interruptam esse censuit van Leeuwen 322 *ἐϲτιν, ὡϲ*] *ἐϲθ' ἕωϲ* V: *ἐϲθ' ὡϲ* K 324 *πολυτίμητ'* Reisig: *πολυτιμήτοιϲ* codd. *ἐν* om. L 329 *περὶ* RV: *ἀμφὶ* AKL 333 *φιλοπαίγμονα*] *-παίϲμονα* van Herwerden 335 *ἱερὰν ὁϲίοιϲ*] *ὁϲίοιϲ μετὰ* Kock *μύϲταιϲ* KL: *μύϲταιϲι* RVA

Δι. οὔκουν ἀτρέμ' ἕξεις, ἤν τι καὶ χορδῆς λάβῃς;

Χο. ἐγείρων φλογέας λαμπάδας ἐν χερσὶ προσήκεις, [ἀντ.
Ἴακχ' ὦ Ἴακχε,
νυκτέρου τελετῆς φωσφόρος ἀστήρ.
φλογὶ φέγγεται δὲ λειμών·
γόνυ πάλλεται γερόντων·
ἀποσείονται δὲ λύπας
χρονίους τ' ἐτῶν παλαιῶν ἐνιαυτοὺς
ἱερᾶς ὑπὸ τιμῆς.
σὺ δὲ λαμπάδι φέγγων
προβάδην ἔξαγ' ἐπ' ἀνθηρὸν ἕλειον
δάπεδον χοροποιόν, μάκαρ, ἥβην.

εὐφημεῖν χρὴ κἀξίστασθαι τοῖς ἡμετέροισι χοροῖσιν,
ὅστις ἄπειρος τοιῶνδε λόγων ἢ γνώμην μὴ καθαρεύει,
ἢ γενναίων ὄργια Μουσῶν μήτ' εἶδεν μήτ' ἐχόρευσεν,
μηδὲ Κρατίνου τοῦ ταυροφάγου γλώττης Βακχεῖ' ἐτελέσθη,
ἢ βωμολόχοις ἔπεσιν χαίρει μὴ 'ν καιρῷ τοῦτο ποιούντων,
ἢ στάσιν ἐχθρὰν μὴ καταλύει μηδ' εὔκολός ἐστι πολίταις,

339 καὶ] πως Blaydes 340 ἐγείρων Meineke, qui etiam ἔγειρ' ὦ temptavit: ἔγειρε codd. προσήκεις Sommerstein (παρήκεις iam Goligher): γὰρ ἥκεις (ἥκει RV) τινάσσων codd. vett.: γὰρ ἥκεις L: τινάσσων Hermann 344 φέγγεται R^{pc}L: φλέγεται VAK 350 φέγγων Bothe (1808), Voss: φλέγων codd.: πέμπων Blaydes 353 ἥβην Holford-Strevens: ἥβαν codd. 354 χρὴ] δεῖ Priscianus 18.175 355 γνώμην M^{ac}UVb3, Priscianus 18.213: γνώμῃ cett., Gellius, *NA* praef. 21: γλώττῃ Plut. *Mor.* 348 E (sed cf. 349 B) καθαρεύει M^{ac}UVb3, Plutarchus, Gellius: -εύῃ R^{ac}, Priscianus: -εύοι cett. 357 μηδὲ LMNp1Vs1, sch. V, Plutarchus: μήτε cett., sch. RVE 358 βωμολόχοις] -χων Blaydes ἔπεσιν Md1UL: ἔπεσι cett. ποιούντων Blaydes, von Velsen: ποιοῦσιν codd. 359 πολίταις KL: πολίτης VA: [R]

ἀλλ᾽ ἀνεγείρει καὶ ῥιπίζει κερδῶν ἰδίων ἐπιθυμῶν,
ἢ τῆς πόλεως χειμαζομένης ἄρχων καταδωροδοκεῖται,
ἢ προδίδωσιν φρούριον ἢ ναῦς, ἢ τἀπόρρητ᾽ ἀποπέμπει
ἐξ Αἰγίνης Θωρυκίων ὢν εἰκοστολόγος κακοδαίμων,
ἀσκώματα καὶ λίνα καὶ πίτταν διαπέμπων εἰς Ἐπίδαυρον,
ἢ χρήματα ταῖς τῶν ἀντιπάλων ναυσὶν παρέχειν τινὰ πείθει,
ἢ κατατιλᾷ τῶν Ἑκαταίων κυκλίοισι χοροῖσιν ὑπᾴδων,
ἢ τοὺς μισθοὺς τῶν ποιητῶν ῥήτωρ ὢν εἶτ᾽ ἀποτρώγει,
κωμῳδηθεὶς ἐν ταῖς πατρίοις τελεταῖς ταῖς τοῦ Διονύσου·
τούτοις αὐδῶ καὖθις ἐπαυδῶ καὖθις τὸ τρίτον μάλ᾽ ἐπαυδῶ
ἐξίστασθαι μύσταισι χοροῖς· ὑμεῖς δ᾽ ἀνεγείρετε μολπὴν
καὶ παννυχίδας τὰς ἡμετέρας, αἳ τῇδε πρέπουσιν ἑορτῇ.

χώρει νυν πᾶς ἀνδρείως [στρ.
εἰς τοὺς εὐανθεῖς κόλπους
λειμώνων ἐγκρούων
κἀπισκώπτων
καὶ παίζων καὶ χλευάζων·
ἠρίστηται δ᾽ ἐξαρκούντως.

ἀλλ᾽ ἔμβα χὤπως ἀρεῖς [ἀντ.
τὴν Cώτειραν γενναίως
τῇ φωνῇ μολπάζων,

362 προδίδωσιν Dawes: -ωσι codd. 363 ὢν om. RA, lm. sch. V 365 ναυσὶν U, Greg. Cor. *de dialectis* p. 146, Daubuz: -σὶ cett. 366 Ἑκαταίων] Ἑκατείων Blaydes ὑπᾴδων] ἐπᾴδων R 369 αὐδῶ] ἀπαυδῶ RKL, Su. α 2942 ἐπαυδῶ bis Richards: ἀπαυδῶ codd., Gellius *NA* praef. 21 372 νυν Bentley: νῦν E^{pc}: δὴ νῦν cett. 378 ἀρεῖς Scaliger, cf. sch. VE: αἴρεις RK: αἴροις A: αἰρήσεις V, lm. sch. R: αἴρης L

ἢ τὴν χώραν
cώcειν φήc᾽ εἰc τὰc ὥραc,
κἂν Θωρυκίων μὴ βούληται.

ἄγε νυν ἑτέραν ὕμνων ἰδέαν τὴν καρποφόρον βαcίλειαν,
Δήμητρα θεάν, ἐπικοcμοῦντεc ζαθέαιc μολπαῖc
κελαδεῖτε.

Δήμητερ, ἁγνῶν ὀργίων [cτρ.
ἄναcca, cυμπαραcτάτει,
καὶ cῷζε τὸν cαυτῆc χορόν,
καί μ᾽ ἀcφαλῶc πανήμερον
παῖcαί τε καὶ χορεῦcαι·

καὶ πολλὰ μὲν γελοῖά μ᾽ εἰ- [ἀντ.
πεῖν, πολλὰ δὲ cπουδαῖα, καὶ
τῆc cῆc ἑορτῆc ἀξίωc
παίcαντα καὶ cκώψαντα νι-
κήcαντα ταινιοῦcθαι.

ἄγ᾽ εἶά νυν
καὶ τὸν ὡραῖον θεὸν παρακαλεῖτε δεῦρο
ᾠδαῖcι, τὸν ξυνέμπορον τῆcδε τῆc χορείαc.

Ἴακχε πολυτίμητε, μέλοc ἑορτῆc [cτρ.
ἥδιcτον εὑρών, δεῦρο cυνακολούθει
πρὸc τὴν θεόν,
καὶ δεῖξον ὡc ἄνευ πόνου πολλὴν ὁδὸν περαίνειc.
Ἴακχε φιλοχορευτά, cυμπρόπεμπέ με.

cὺ γὰρ κατεcχίcω μὲν ἐπὶ γέλωτι [ἀντ. α′
κἀπ᾽ εὐτελείᾳ τόδε τὸ cανδαλίcκον
καὶ τὸ ῥάκοc,

382 *cώcειν* Cobet: *cώcει* V: *cῴζειν* cett. 384 *Δήμητρα* RL: *-αν* VAK 389 *γελοῖά μ᾽*] *γελοῖ᾽ ἅμ᾽* Ct1, Ct2 394 *ἄγ᾽*] *ἀλλ᾽* Bentley 404 *κατεcχίcω μὲν*] *καταcχίcω μὲν* R: *διδόαμεν* Su. ε 3766: *καταcχιcάμενοc* Kock 405 *τόδε τὸ* Bergk: *τόνδε τὸν* codd.: *τόν τε* Bentley

κἀξηῦρες ὥςτ᾽ ἀζημίους παίζειν τε καὶ χορεύειν.
Ἴακχε φιλοχορευτά, ςυμπρόπεμπέ με.

καὶ γὰρ παραβλέψας τι μειρακίςκης [ἀντ. β´
νῦν δὴ κατεῖδον καὶ μάλ᾽ εὐπροςώπου,
ςυμπαιςτρίας,
χιτωνίου παραρραγέντος τιτθίον προκύψαν.
Ἴακχε φιλοχορευτά, ςυμπρόπεμπέ με.

Δι. ἐγὼ δ᾽ ἀεί πως φιλακόλουθός εἰμι καὶ μετ᾽ αὐτῆς
παίζων χορεύειν βούλομαι.
Ξα. κἄγωγε πρός.
Χο. βούλεςθε δῆτα κοινῇ
ςκώψωμεν Ἀρχέδημον;
ὃς ἑπτέτης ὢν οὐκ ἔφυςε φράτερας,

νυνὶ δὲ δημαγωγεῖ
ἐν τοῖς ἄνω νεκροῖςι,
κἀςτὶν τὰ πρῶτα τῆς ἐκεῖ μοχθηρίας.

τὸν Κλειςθένους δ᾽ ἀκούω
ἐν ταῖς ταφαῖςι πρωκτὸν
τίλλειν ἑαυτοῦ καὶ ςπαράττειν τὰς γνάθους·

κἀκόπτετ᾽ ἐγκεκυφώς,
κἄκλαε κἀκεκράγει
Cεβῖνον, ὅςτις ἐςτίν, Ἀναφλύςτιος.

καὶ Καλλίαν γέ φαςι
τοῦτον τὸν Ἱπποκίνου
κύςθῳ λεοντῆν ναυμαχεῖν ἐνημμένον.

407 κἀξηῦρες Meineke: κἀξεῦρες VAKL: ἐξεῦρες R, Su. ρ 29 408 με] μοι P19 412 παραρραγέντος] διαρρ- R 418 φράτερας Dindorf: φράτορας codd., Su. φ 692 422 Κλειςθένους] -ένην U, Ls.l. 427 Ἀναφλύςτιος Porson: Ἀ- codd. 429 τοῦτον VL: τουτονὶ RAK Ἱπποκίνου Sternbach: Ἱπποβίνου codd., Su. ι 575, sch. ad Eur. *Phoen.* 28 430 κύςθῳ Bothe: κύςθου codd., sch. ad v. 501

Δι. ἔχοιτ᾽ ἂν οὖν φράϲαι νῷν
Πλούτων᾽ ὅπου ᾽νθάδ᾽ οἰκεῖ;
ξένω γάρ ἐϲμεν ἀρτίωϲ ἀφιγμένω.

Χο. μηδὲν μακρὰν ἀπέλθῃϲ,
μηδ᾽ αὖθιϲ ἐπανέρῃ με,
ἀλλ᾽ ἴϲθ᾽ ἐπ᾽ αὐτὴν τὴν θύραν ἀφιγμένοϲ.

Δι. αἴροι᾽ ἂν αὖθιϲ, ὦ παῖ.
Ξα. τουτὶ τί ἦν τὸ πρᾶγμα
ἀλλ᾽ ἢ Διὸϲ Κόρινθοϲ ἐν τοῖϲ ϲτρώμαϲιν;

Χο. χωρεῖτε νῦν
ἱερὸν ἀνὰ κύκλον θεᾶϲ, ἀνθοφόρον ἀν᾽ ἄλϲοϲ
παίζοντεϲ, οἷϲ μετουϲία θεοφιλοῦϲ ἑορτῆϲ·
ἐγὼ δὲ ϲὺν ταῖϲιν κόραιϲ εἶμι καὶ γυναιξίν,
οὗ παννυχίζουϲιν θεᾷ, φέγγοϲ ἱερὸν οἴϲων.

χωρῶμεν εἰϲ πολυρρόδουϲ [ϲτρ.
λειμῶναϲ ἀνθεμώδειϲ,
τὸν ἡμέτερον τρόπον,
τὸν καλλιχορώτατον
παίζοντεϲ, ὃν ὄλβιαι
Μοῖραι ξυνάγουϲιν.

μόνοιϲ γὰρ ἡμῖν ἥλιοϲ [ἀντ.
καὶ φέγγοϲ ἱερόν ἐϲτιν,
ὅϲοι μεμυήμεθ᾽ εὐ-
ϲεβῆ τε διήγομεν
τρόπον περὶ τοὺϲ ξένουϲ
καὶ τοὺϲ ἰδιώταϲ.

Δι. ἄγε δή, τίνα τρόπον τὴν θύραν κόψω; τίνα;
πῶϲ ἐνθάδ᾽ ἄρα κόπτουϲιν οὑπιχώριοι;

437 post παῖ add. τὰ ϲτρώματα RAKL 455 ἱερόν RVK, titulus Rhodi inventus: ἱλαρόν AL 458 περὶ R, Su. ι 121, titulus (cf. 455): περί τε VAKL

Ξα. οὐ μὴ διατρίψειϲ, ἀλλὰ γεύϲει τῆϲ θύραϲ,
καθ' Ἡρακλέα τὸ ϲχῆμα καὶ τὸ λῆμ' ἔχων.
Δι. παῖ παῖ.

ΑΙΑΚΟϹ

τίϲ οὗτοϲ;
Δι. Ἡρακλῆϲ ὁ καρτερόϲ.
Αια. ὦ βδελυρὲ κἀναίϲχυντε καὶ τολμηρὲ ϲὺ
καὶ μιαρὲ καὶ παμμίαρε καὶ μιαρώτατε,
ὃϲ τὸν κύν' ἡμῶν ἐξελάϲαϲ τὸν Κέρβερον
ἀπῆξαϲ ἄγχων κἀποδρὰϲ ᾤχου λαβών,
ὃν ἐγὼ 'φύλαττον. ἀλλὰ νῦν ἔχει μέϲοϲ·
τοία Ϲτυγόϲ ϲε μελανοκάρδιοϲ πέτρα
Ἀχερόντιόϲ τε ϲκόπελοϲ αἱματοϲταγὴϲ
φρουροῦϲι, Κωκυτοῦ τε περίδρομοι κύνεϲ,
ἔχιδνά θ' ἑκατογκέφαλοϲ, ἣ τὰ ϲπλάγχνα ϲου
διαϲπαράξει, πλευμόνων τ' ἀνθάψεται
Ταρτηϲϲία μύραινα· τὼ νεφρὼ δέ ϲου
αὐτοῖϲιν ἐντέροιϲιν ᾑματωμένω
διαϲπάϲονται Γοργόνεϲ Τειθράϲιαι,
ἐφ' ἃϲ ἐγὼ δρομαῖον ὁρμήϲω πόδα.
Ξα. οὗτοϲ, τί δέδρακαϲ;
Δι. ἐγκέχοδα· κάλει θεόν.
Ξα. ὦ καταγέλαϲτ', οὔκουν ἀναϲτήϲει ταχὺ
πρίν τινά ϲ' ἰδεῖν ἀλλότριον;
Δι. ἀλλ' ὡρακιῶ.
ἀλλ' οἶϲε πρὸϲ τὴν καρδίαν μου ϲπογγιάν.
Ξα. ἰδού, λαβέ, προϲθοῦ. ποῦ 'ϲτιν; ὦ χρυϲοῖ θεοί,
ἐνταῦθ' ἔχειϲ τὴν καρδίαν;
Δι. δείϲαϲα γὰρ

462 *γεύϲει* Bekker: *γεύϲῃ* R: *γεῦϲαι* VAKL 464 haud facile dispicias utrum Aeacus an servus hic loquatur 474 *πλευμόνων*] *πνευ-* VA, Ks.l., L 475 *Ταρτηϲϲία* sch. R, Pollux 6.63: *-ηϲία* codd. *ϲου*] *ϲοι* V 477 *Τειθράϲιαι* van Leeuwen: *Τιθ-* codd. 483 sunt qui verba *ποῦ 'ϲτιν* Libero tribuant *προϲθοῦ* Dindorf: *πρόϲθου* codd.

εἰϲ τὴν κάτω μου κοιλίαν καθείρπυϲεν.
Ξα. ὦ δειλότατε θεῶν ϲὺ κἀνθρώπων.
Δι. ἐγώ;
πῶϲ δειλὸϲ ὅϲτιϲ ϲπογγιὰν ᾔτηϲά ϲε;
οὐκ ἂν ἕτερόϲ γ᾽ αὔτ᾽ ἠργάϲατ᾽ ἀνήρ.
Ξα. ἀλλὰ τί;
Δι. κατέκειτ᾽ ἂν ὀϲφραινόμενοϲ, εἴπερ δειλὸϲ ἦν·
ἐγὼ δ᾽ ἀνέϲτην καὶ προϲέτ᾽ ἀπεψηϲάμην.
Ξα. ἀνδρεῖά γ᾽, ὦ Πόϲειδον.
Δι. οἶμαι νὴ Δία.
ϲὺ δ᾽ οὐκ ἔδειϲαϲ τὸν ψόφον τῶν ῥημάτων
καὶ τὰϲ ἀπειλάϲ;
Ξα. οὐ μὰ Δί᾽ οὐδ᾽ ἐφρόντιϲα.
Δι. ἴθι νυν, ἐπειδὴ ληματίαϲ κἀνδρεῖοϲ εἶ,
ϲὺ μὲν γενοῦ ᾽γὼ τὸ ῥόπαλον τουτὶ λαβὼν
καὶ τὴν λεοντῆν, εἴπερ ἀφοβόϲπλαγχνοϲ εἶ·
ἐγὼ δ᾽ ἔϲομαί ϲοι ϲκευοφόροϲ ἐν τῷ μέρει.
Ξα. φέρε δὴ ταχέωϲ αὔτ᾽· οὐ γὰρ ἀλλὰ πειϲτέον·
καὶ βλέψον εἰϲ τὸν Ἡρακλειοξανθίαν,
εἰ δειλὸϲ ἔϲομαι καὶ κατὰ ϲὲ τὸ λῆμ᾽ ἔχων.
Δι. μὰ Δί᾽, ἀλλ᾽ ἀληθῶϲ οὐκ Μελίτηϲ μαϲτιγίαϲ.
φέρε νυν, ἐγὼ τὰ ϲτρώματ᾽ αἴρωμαι ταδί.

ΘΕΡΑΠΑΙΝΑ

ὦ φίλταθ᾽, ἥκειϲ, Ἡράκλειϲ; δεῦρ᾽ εἴϲιθι.
ἡ γὰρ θεόϲ ϲ᾽ ὡϲ ἐπύθεθ᾽ ἥκοντ᾽, εὐθέωϲ
ἔπεττεν ἄρτουϲ, ἧψε κατερικτῶν χύτραϲ
ἔτνουϲ δύ᾽ ἢ τρεῖϲ, βοῦν ἀπηνθράκιζ᾽ ὅλον,

488 *οὐκ ἂν* V: *οὔκουν* RAKL *γ᾽ αὔτ᾽* RV: *ταῦτ᾽* AKL 494 *ληματίαϲ* V*γρ*, v.l. ap. sch. E et Su. *λ* 445, cf. Hsch. et Phot.: *ληματιᾷϲ* cett., Su. *ι* 239 498 *αὔτ᾽* VAL: *αὐτὸν* RK 499 *Ἡρακλειοξανθίαν* L: -*κλεο*- codd. vett. 501 *Μελίτηϲ*] *ἐμελίττηϲ* R: *μελέτηϲ* V 503 incertum est utrum ancilla an servus loquatur 504 *ϲ᾽* ML: om. cett. 505 *κατερικτῶν* RVL: *κατερεικτῶν* AK 506 post *βοῦν* add. *τ᾽* V, *δ᾽* Su. *α* 3171 cod. M

πλακοῦνταϲ ὤπτα κολλάβουϲ ⟨τ'⟩. ἀλλ' εἴϲιθι.
Ξα. κάλλιϲτ', ἐπαινῶ.
Θε. μὰ τὸν Ἀπόλλω οὐ μή ϲ' ἐγὼ
περιόψομἀπελθόντ', ἐπεί τοι καὶ κρέα
ἀνέβραττεν ὀρνίθεια, καὶ τραγήματα
ἔφρυγε, κῷνον ἀνεκεράννυ γλυκύτατον.
ἀλλ' εἴϲιθ' ἅμ' ἐμοί.
Ξα. πάνυ καλῶϲ.
Θε. ληρεῖϲ ἔχων·
οὐ γάρ ϲ' ἀφήϲω. καὶ γὰρ αὐλητρίϲ τέ ϲοι
ἤδη 'νδον ἔϲθ' ὡραιοτάτη κὠρχηϲτρίδεϲ
ἕτεραι δύ' ἢ τρεῖϲ—
Ξα. πῶϲ λέγειϲ; ὀρχηϲτρίδεϲ;
Θε. ἡβυλλιῶϲαι κἄρτι παρατετιλμέναι.
ἀλλ' εἴϲιθ', ὡϲ ὁ μάγειροϲ ἤδη τὰ τεμάχη
ἔμελλ' ἀφαιρεῖν χἠ τράπεζ' εἰϲῄρετο.
Ξα. ἴθι νυν, φράϲον πρώτιϲτα ταῖϲ ὀρχηϲτρίϲιν
ταῖϲ ἔνδον οὔϲαιϲ αὐτὸϲ ὅτι εἰϲέρχομαι.
ὁ παῖϲ, ἀκολούθει δεῦρο τὰ ϲκεύη φέρων.
Δι. ἐπίϲχεϲ, οὗτοϲ. οὔ τί που ϲπουδὴν ποιεῖ,
ὁτιή ϲε παίζων Ἡρακλέα 'νεϲκεύαϲα;
οὐ μὴ φλυαρήϲειϲ ἔχων, ὦ Ξανθία,
ἀλλ' ἀράμενοϲ οἴϲειϲ πάλιν τὰ ϲτρώματα.
Ξα. τί δ' ἐϲτίν; οὔ τί πού μ' ἀφελέϲθαι διανοεῖ
ἅδωκαϲ αὐτόϲ;
Δι. οὐ τάχ', ἀλλ' ἤδη ποιῶ.
κατάθου τὸ δέρμα.
Ξα. ταῦτ' ἐγὼ μαρτύρομαι

507 suppl. Blaydes ἀλλ'] δεῦρ' R 513 τέ V: γέ cett. 514 ἤδη Tyrwhitt: ἤδ' vel sim. codd. 515 πῶϲ] πῶϲ γε R 516 κἄρτι] γ', ἄρτι Lenting 519 ὀρχηϲτρίϲιν RV: αὐλητρίϲιν AKL 523 Ἡρακλέα 'νεϲκεύαϲα Elmsley: -κλε ἐϲκεύαϲα R: -κλέα γ' ἐϲκεύαϲα vel sim. VAKL 524 φλυαρήϲειϲ RL: -ϲηϲ VAK 526 τί που VK: δή που RAL, Su. ο 823, lm. sch. VE

καὶ τοῖς θεοῖσιν ἐπιτρέπω.
Δι. ποίοις θεοῖς;
τὸ δὲ προσδοκῆσαί σ' οὐκ ἀνόητον καὶ κενὸν
ὡς δοῦλος ὢν καὶ θνητὸς Ἀλκμήνης ἔσει;
Ξα. ἀμέλει. καλῶς· ἔχ' αὔτ'. ἴσως γάρ τοί ποτε
ἐμοῦ δεηθείης ἄν, εἰ θεὸς θέλοι.

Χο. ταῦτα μὲν πρὸς ἀνδρός ἐστι [στρ.
νοῦν ἔχοντος καὶ φρένας καὶ
πολλὰ περιπεπλευκότος,
μετακυλίνδειν αὑτὸν ἀεὶ
πρὸς τὸν εὖ πράττοντα τοῖχον
μᾶλλον ἢ γεγραμμένην
εἰκόν' ἑστάναι, λαβόνθ' ἓν
σχῆμα· τὸ δὲ μεταστρέφεσθαι
πρὸς τὸ μαλθακώτερον
δεξιοῦ πρὸς ἀνδρός ἐστι
καὶ φύσει Θηραμένους.

Δι. οὐ γὰρ ἂν γελοῖον ἦν, εἰ
Ξανθίας μὲν δοῦλος ὢν ἐν
στρώμασιν Μιλησίοις
ἀνατετραμμένος, κυνῶν ὀρ-
χηστρίδ', εἶτ' ᾔτησεν ἀμίδ', ἐ-
γὼ δὲ πρὸς τοῦτον βλέπων
τοὐρεβίνθου 'δραττόμην, οὗ-
τος δ' ἅτ' ὢν καὐτὸς πανοῦργος
εἶδε, κᾆτ' ἐκ τῆς γνάθου
πὺξ πατάξας μοὐξέκοψε
τοῦ χοροῦ τοὺς προσθίους;

531 Ἀλκμήνης Lenting: Ἀ- codd. (Ἀλκμήνης γ' A) 532 αὔτ'] αὐτόν R 539 μεταστρέφεσθαι VL: -στρέφειν AK: -στρέφεσθ' ἀεὶ R, Su. δ 234, μ 108 543 στρώμασιν LVs1: -σι cett. 545 οὗτος] καὶ μὴν οὗτος A: αὐτὸς R 546 καὐτὸς Meineke, cf. sch. R: αὐτὸς VAKL: om. R 548 τοῦ χοροῦ van Herwerden, Kock: τοὺς χοροὺς codd. τοὺς RAKL: τοῦ V

ΠΑΝΔΟΚΕΥΤΡΙΑ

Πλαθάνη, Πλαθάνη, δεῦρ' ἔλθ', ὁ πανοῦργος οὑτοςί,
ὃς εἰς τὸ πανδοκεῖον εἰςελθών ποτε
ἑκκαίδεκ' ἄρτους κατέφαγ' ἡμῶν—

ΠΛΑΝΘΑΝΗ

νὴ Δία,
ἐκεῖνος αὐτὸς δῆτα.

Ξα. κακὸν ἥκει τινί.
Πα. καὶ κρέα γε πρὸς τούτοιςιν ἀνάβραςτ' εἴκοςιν
ἀν' ἡμιωβελιαῖα—
Ξα. δώςει τις δίκην.
Πα. καὶ τὰ ςκόροδα τὰ πολλά.
Δι. ληρεῖς, ὦ γύναι,
κοὐκ οἶςθ' ὅ τι λέγεις.
Πα. οὐ μὲν οὖν με προςεδόκας,
ὁτιὴ κοθόρνους εἶχες, ἀναγνῶναί ς' ἔτι;
τί δαί; τὸ πολὺ τάριχος οὐκ εἴρηκά πω.
Πλ. μὰ Δί' οὐδὲ τὸν τυρόν γε τὸν χλωρόν, τάλαν,
ὃν οὗτος αὐτοῖς τοῖς ταλάροις κατήςθιεν.
Πα. κἄπειτ' ἐπειδὴ τἀργύριον ἐπραττόμην,
ἔβλεψεν εἴς με δριμὺ κἀμυκᾶτό γε—
Ξα. τούτου πάνυ τοὔργον· οὗτος ὁ τρόπος πανταχοῦ.
Πα. καὶ τὸ ξίφος γ' ἐςπᾶτο, μαίνεςθαι δοκῶν.
Πλ. νὴ Δία, τάλαινα.
Πα. νὼ δὲ δειςάςα γέ πως
ἐπὶ τὴν κατήλιφ' εὐθὺς ἀνεπηδήςαμεν·
ὁ δ' ᾤχετ' ἐξᾴξας γε τὰς ψιάθους λαβών.
Ξα. καὶ τοῦτο τούτου τοὔργον.
Πα. ἀλλ' ἐχρῆν τι δρᾶν.

550 ποτε] τότε V[pc], Blaydes 554 ἀν' ἡμ- Md1Vb3, Pollux 9.64: ἀνημ- cett. ἡμιωβελιαῖα Sommerstein: -βολιαῖα codd., Pollux 557 ἀναγνῶναι] ἂν γνῶναι Elmsley 565 πως Dobree: πω RAKL: που V: an ὅμως? 567 τὰς] τοὺς Callistratus ap. sch.

ἴθι δὴ κάλεϲον τὸν προϲτάτην Κλέωνά μοι.
Πλ. ϲὺ δ' ἔμοιγ', ἐάνπερ ἐπιτύχηϲ, Ὑπέρβολον·
ἵν' αὐτὸν ἐπιτρίψωμεν.
Πα. ὦ μιαρὰ φάρυξ,
ὡϲ ἡδέωϲ ἄν ϲου λίθῳ τοὺϲ γομφίουϲ
κόπτοιμ' ἄν, οἷϲ μου κατέφαγεϲ τὰ φορτία.
Πλ. ἐγὼ δέ γ' εἰϲ τὸ βάραθρον ἐμβάλοιμί ϲε.
Πα. ἐγὼ δὲ τὸν λάρυγγ' ἂν ἐκτέμοιμί ϲου
δρέπανον λαβοῦϲ', ᾧ τὰϲ χόλικαϲ κατέϲπαϲαϲ.
ἀλλ' εἶμ' ἐπὶ τὸν Κλέων', ὃϲ αὐτοῦ τήμερον
ἐκπηνιεῖται ταῦτα προϲκαλούμενοϲ.
Δι. κάκιϲτ' ἀπολοίμην, Ξανθίαν εἰ μὴ φιλῶ.
Ξα. οἶδ' οἶδα τὸν νοῦν· παῦε παῦε τοῦ λόγου.
οὐκ ἂν γενοίμην Ἡρακλῆϲ ἄν.
Δι. μηδαμῶϲ,
ὦ Ξανθίδιον.
Ξα. καὶ πῶϲ ἂν Ἁλκμήνηϲ ἐγὼ
υἱὸϲ γενοίμην, δοῦλοϲ ἅμα καὶ θνητὸϲ ὤν;
Δι. οἶδ' οἶδ' ὅτι θυμοῖ, καὶ δικαίωϲ αὐτὸ δρᾷϲ·
κἂν εἴ με τύπτοιϲ, οὐκ ἂν ἀντείποιμί ϲοι.
ἀλλ' ἤν ϲε τοῦ λοιποῦ ποτ' ἀφέλωμαι χρόνου,
πρόρριζοϲ αὐτόϲ, ἡ γυνή, τὰ παιδία,
κάκιϲτ' ἀπολοίμην, κἀρχέδημοϲ ὁ γλάμων.
Ξα. δέχομαι τὸν ὅρκον κἀπὶ τούτοιϲ λαμβάνω.

Χο. νῦν ϲὸν ἔργον ἔϲτ', ἐπειδὴ [ἀντ.
τὴν ϲτολὴν εἴληφαϲ ἥνπερ
εἶχεϲ ἐξ ἀρχῆϲ πάλιν,
ἀνανεάζειν ⟨αὖ τὸ λῆμα⟩
καὶ βλέπειν αὖθιϲ τὸ δεινόν,
τοῦ θεοῦ μεμνημένον
ᾧπερ εἰκάζειϲ ϲεαυτόν.

569 utra caupona loquatur incertum   576 τὰϲ Schaefer: τοὺϲ codd. χόλικαϲ Schweighäuser: κόλικαϲ codd.   580 τοῦ λόγου] τούτουϲ τοὺϲ λόγουϲ V   582 Ἁλκμήνηϲ van Herwerden: Ἀ- codd. 592 suppl. Seidler: ϲαυτὸν ἀεὶ L: om. RVAK et P79 ut videtur

ἢν δὲ παραληρῶν ἁλῷς ἢ
κἀκβάλῃς τι μαλθακόν,
αὖθις αἴρεϲθαί ϲ᾽ ἀνάγκη
᾽ϲται πάλιν τὰ ϲτρώματα.
Ξα. οὐ κακῶς, ὦνδρες, παραινεῖτ᾽,
ἀλλὰ καὐτὸς τυγχάνω ταῦτ᾽
ἄρτι ϲυννοούμενος.
ὅδε μὲν οὖν, ἢν χρηϲτὸν ᾖ τι,
ταῦτ᾽ ἀφαιρεῖϲθαι πάλιν πει-
ράϲεταί μ᾽ εὖ οἶδ᾽ ὅτι.
ἀλλ᾽ ὅμως ἐγὼ παρέξω
᾽μαυτὸν ἀνδρεῖον τὸ λῆμα
καὶ βλέποντ᾽ ὀρίγανον.
δεῖν δ᾽ ἔοικεν, ὡς ἀκούω
τῆς θύρας καὶ δὴ ψόφον.

Αια. ξυνδεῖτε ταχέως τουτονὶ τὸν κυνοκλόπον,
ἵνα δῷ δίκην· ἀνύετον.
Δι. ἥκει τῳ κακόν.
Ξα. οὐκ ἐς κόρακας; μὴ πρόϲιτον.
Αια. εἶἑν, καὶ μάχει;
ὁ Διτύλας χὠ Ϲκεβλύας χὠ Παρδόκας,
χωρεῖτε δευρὶ καὶ μάχεϲθε τουτῳί.
Δι. εἶτ᾽ οὐχὶ δεινὰ ταῦτα, τύπτειν τουτονὶ
κλέπτοντα πρὸς τἀλλότρια;
Αια. μάλλ᾽ ὑπερφυᾶ.
Δι. ϲχέτλια μὲν οὖν καὶ δεινά.
Ξα. καὶ μὴν νὴ Δία,

594 ἢν A: ἂν sch. V: εἰ RVKL ἁλῷς ἢ Radermacher: ἁλώϲῃ V: ἁλῷς A: ἁλώϲει RKL 595 κἀκβάλῃς P79, V: καὶ βάλῃς RAKL: κἀκβαλεῖς Hermann 597 ᾽ϲται Dawes: ᾽ϲτι V: om. P79, RAK: τις L 599b ὅδε Blaydes: ὅτι codd. 600 ταῦτ᾽ AKL: τοῦτ᾽ P79, RV 605 de persona vide ad v. 464 607 interpunctionem post κόρακας sustulit Sommerstein 608 Παρδόκας] Ϲπαρδόκας V 609 δευρὶ] δεῦρο R μάχεϲθε] λάβεϲθε Θγρ, quo recepto τουτουί pro τουτῳί Naber, fort. recte

	εἰ πώποτ' ἦλθον δεῦρ', ἐθέλω τεθνηκέναι,
	ἢ 'κλεψα τῶν cῶν ἄξιόν τι καὶ τριχόc.
	καί coι ποιήcω πρᾶγμα γενναῖον πάνυ·
	βαcάνιζε γὰρ τὸν παῖδα τουτονὶ λαβών,
	κἄν ποτέ μ' ἕλῃc ἀδικοῦντ', ἀπόκτεινόν μ' ἄγων.
Αια.	καὶ πῶc βαcανίcω;
Ξα.	πάντα τρόπον, ἐν κλίμακι
	δήcαc, κρεμάcαc, ὑcτριχίδι μαcτιγῶν, δέρων,
	cτρεβλῶν, ἔτι δ' εἰc τὰc ῥῖναc ὄξοc ἐγχέων,
	πλίνθουc ἐπιτιθείc, πάντα τἄλλα, πλὴν πράcῳ
	μὴ τύπτε τοῦτον μηδὲ γητείῳ νέῳ.
Αια.	δίκαιοc ὁ λόγοc· κἄν τι πηρώcω γέ coι
	τὸν παῖδα τύπτων, τἀργύριόν coι κείcεται.
Ξα.	μὴ δῆτ' ἔμοιγ'. οὕτω δὲ βαcάνιζ' ἀπαγαγών.
Αια.	αὐτοῦ μὲν οὖν, ἵνα coι κατ' ὀφθαλμοὺc λέγῃ.
	κατάθου cὺ τὰ cκεύη ταχέωc, χὤπωc ἐρεῖc
	ἐνταῦθα μηδὲν ψεῦδοc.
Δι.	ἀγορεύω τινὶ
	ἐμὲ μὴ βαcανίζειν ἀθάνατον ὄντ'· εἰ δὲ μή,
	αὐτὸc cεαυτὸν αἰτιῶ.
Αια.	λέγειc δὲ τί;
Δι.	ἀθάνατοc εἶναί φημι, Διόνυcοc Διόc,
	τοῦτον δὲ δοῦλον.
Αια.	ταῦτ' ἀκούειc;
Ξα.	φήμ' ἐγώ.
	καὶ πολύ γε μᾶλλόν ἐcτι μαcτιγωτέοc·
	εἴπερ θεὸc γάρ ἐcτιν, οὐκ αἰcθήcεται.
Δι.	τί δῆτ', ἐπειδὴ καὶ cὺ φῂc εἶναι θεόc,
	οὐ καὶ cὺ τύπτει τὰc ἴcαc πληγὰc ἐμοί;
Ξα.	δίκαιοc ὁ λόγοc· χὠπότερόν γ' ἂν νῷν ἴδῃc
	κλαύcαντα πρότερον ἢ προτιμήcαντά τι

625 ἔμοιγ· οὕτω δὲ RL: ἔμοιγ' οὕτωc ἄνευ τιμῆc V: ἐμέγε τοῦτον δὲ A: ἐμοὶ τοῦτον δὲ K 630 cεαυτὸν RA: ἑαυτὸν V: cαυτὸν K: cὺ cαυτὸν L 637 γ' RV: om. AKL

τυπτόμενον, ἡγοῦ τοῦτον εἶναι μὴ θεόν.
Αια. οὐκ ἔϲθ' ὅπωϲ οὐκ εἶ ϲὺ γεννάδαϲ ἀνήρ·
χωρεῖϲ γὰρ εἰϲ τὸ δίκαιον. ἀποδύεϲθε δή.
Ξα. πῶϲ οὖν βαϲανιεῖϲ νὼ δικαίωϲ;
Αια. ῥᾳδίωϲ·
πληγὴν παρὰ πληγὴν ἑκάτερον.
Ξα. καλῶϲ λέγειϲ.
ἰδού· ϲκόπει νυν ἤν μ' ὑποκινήϲαντ' ἴδῃϲ.
ἤδη 'πάταξαϲ;
Αια. οὐ μὰ Δί'.
Ξα. οὐδ' ἐμοὶ δοκεῖϲ.
Αια. ἀλλ' εἶμ' ἐπὶ τονδὶ καὶ πατάξω.
Δι. πηνίκα;
Αια. καὶ δὴ 'πάταξα.
Δι. κᾆτα πῶϲ οὐκ ἔπταρον;
Αια. οὐκ οἶδα· τουδὶ δ' αὖθιϲ ἀποπειράϲομαι.
Ξα. οὔκουν ἁνύϲειϲ τι; ἀτταταῖ.
Αια. τί τἀτταταῖ;
μῶν ὠδυνήθηϲ;
Ξα. οὐ μὰ Δί', ἀλλ' ἐφρόντιϲα
ὁπόθ' Ἡράκλεια τἀν Διομείοιϲ γίγνεται.
Αια. ἅνθρωποϲ ἱερόϲ. δεῦρο πάλιν βαδιϲτέον.
Δι. ἰοὺ ἰού.
Αια. τί ἐϲτιν;
Δι. ἱππέαϲ ὁρῶ.
Αια. τί δῆτα κλάειϲ;
Δι. κρομμύων ὀϲφραίνομαι.

639 ἡγοῦ ... εἶναι Blaydes: εἶναι ... ἡγοῦ codd. 643 prius πληγὴν] πληγῇ Blaydes 644–5 personarum vices incertae 644 μ' ὑποκινήϲαντ'] μ' ἀπο- V: με παρα- KL 645 'πάταξαϲ; Fraenkel: πατάξαϲ R: πατάξα ϲ' V: 'πάταξά ϲ' AL: πατάξαϲ K οὐδ'] οὐκ (sine siglo personae) Bothe δοκεῖϲ] δοκεῖ vel δοκῶ Bentley 647 οὐκ] οὐδ' Richards 649 τι; ἀτταταῖ Thiersch: ἰατταταῖ KL: ἰαταταῖ A: ἰαττατ(τ)ατ- R, Su. ι 56: τί ταττααταῖ V 651 ὁπόθ' Ἡράκλεια] πότε θἠράκλεια Blaydes 652 ἅνθρωποϲ Dindorf: ἄ- codd.

Αια. ἐπεὶ προτιμᾷς γ' οὐδέν;
Δι. οὐδέν μοι μέλει.
Αια. βαδιστέον τἄρ' ἐστὶν ἐπὶ τονδὶ πάλιν.
Ξα. οἴμοι.
Αια. τί ἐστι;
Ξα. τὴν ἄκανθαν ἔξελε.
Αια. τί τὸ πρᾶγμα τουτί; δεῦρο πάλιν βαδιστέον.
Δι. Ἄπολλον—ὅς που Δῆλον ἢ Πυθῶν' ἔχεις.
Ξα. ἤλγησεν· οὐκ ἤκουσας;
Δι. οὐκ ἔγωγ', ἐπεὶ
ἴαμβον Ἱππώνακτος ἀνεμιμνῃσκόμην.
Ξα. οὐδὲν ποιεῖς γάρ· ἀλλὰ τὰς λαγόνας σπόδει.
Αια. μὰ τὸν Δί', ἀλλ' ἤδη πάρεχε τὴν γαστέρα.
Δι. Πόσειδον—
Ξα. ἤλγησέν τις.
Δι. ὃς Αἰγαίου πρωνὸς ἢ γλαυκᾶς μέδεις
ἁλὸς ἐν βένθεσιν.
Αια. οὔτοι μὰ τὴν Δήμητρα δύναμαί πω μαθεῖν
ὁπότερος ὑμῶν ἐστι θεός. ἀλλ' εἴσιτον·
ὁ δεσπότης γὰρ αὐτὸς ὑμᾶς γνώσεται
χἠ Φερρέφατθ', ἅτ' ὄντε κἀκείνω θεώ.
Δι. ὀρθῶς λέγεις· ἐβουλόμην δ' ἂν τοῦτό σε
πρότερον νοῆσαι, πρίν με τὰς πληγὰς λαβεῖν.

Χο. Μοῦσα, χορῶν ἱερῶν ἐπίβηθι καὶ ἔλθ' ἐπὶ τέρψιν ἀ- [στρ.
οιδᾶς ἐμᾶς,
τὸν πολὺν ὀψομένη λαῶν ὄχλον, οὗ σοφίαι
μυρίαι κάθηνται

656 τἄρ' V: ἄρ' vel ἆρ' RAK: γ' ἄρ' L 659 Πυθῶν' ἔχεις] Πυθῶ νέμεις Blaydes 665 πρωνὸς Scaliger: πρῶνας codd. ἁλὸς ἐν βένθεσιν post ἤλγησέν τις transp. Hermann ut v. 664 integer esset 668 πω] 'γὼ Coulon 671 Φερρέφατθ' Thiersch: Φερρέφατ' V: Φερσέφατ' R: Φερσέφασς' KL: Περσέφαττ' A 673 νοῆσαι V: ποιῆσαι RAKL με] ἐμὲ R

φιλοτιμότεραι Κλεοφῶντοϲ, ἐφ' οὗ δὴ χείλεϲιν ἀμφιλάλοιϲ
δεινὸν ἐπιβρέμεται
Θρῃκία χελιδὼν
ἐπὶ βάρβαρον ἑζομένη πέταλον, τρύ-
ζει δ' ἐπίκλαυτον ἀηδόνιον νόμον, ὡϲ ἀπολεῖται,
κἂν ἴϲαι γένωνται.

τὸν ἱερὸν χορὸν δίκαιόν ἐϲτι χρηϲτὰ τῇ πόλει
ξυμπαραινεῖν καὶ διδάϲκειν. πρῶτον οὖν ἡμῖν δοκεῖ
ἐξιϲῶϲαι τοὺϲ πολίταϲ κἀφελεῖν τὰ δείματα,
κεἴ τιϲ ἥμαρτε ϲφαλείϲ τι Φρυνίχου παλαίϲμαϲιν,
ἐκγενέϲθαι φημὶ χρῆναι τοῖϲ ὀλιϲθοῦϲιν τότε
αἰτίαν ἐκθεῖϲι λῦϲαι τὰϲ πρότερον ἁμαρτίαϲ.
εἶτ' ἄτιμόν φημι χρῆναι μηδέν' εἶν' ἐν τῇ πόλει·
καὶ γὰρ αἰϲχρόν ἐϲτι τοὺϲ μὲν ναυμαχήϲανταϲ μίαν
καὶ Πλαταιᾶϲ εὐθὺϲ εἶναι κἀντὶ δούλων δεϲπόταϲ—
κοὐδὲ ταῦτ' ἔγωγ' ἔχοιμ' ἂν μὴ οὐ καλῶϲ φάϲκειν ἔχειν,
ἀλλ' ἐπαινῶ· μόνα γὰρ αὐτὰ νοῦν ἔχοντ' ἐδράϲατε.
πρὸϲ δὲ τούτοιϲ εἰκὸϲ ὑμᾶϲ, οἳ μεθ' ὑμῶν πολλὰ δὴ
χοἰ πατέρεϲ ἐναυμάχηϲαν καὶ προϲήκουϲιν γένει,
τὴν μίαν ταύτην παρεῖναι ξυμφορὰν αἰτουμένοιϲ.
ἀλλὰ τῆϲ ὀργῆϲ ἀνέντεϲ, ὦ ϲοφώτατοι φύϲει,
πάνταϲ ἀνθρώπουϲ ἑκόντεϲ ξυγγενεῖϲ κτηϲώμεθα
κἀπιτίμουϲ καὶ πολίταϲ, ὅϲτιϲ ἂν ξυνναυμαχῇ.
εἰ δὲ ταῦτ' ὀγκωϲόμεϲθα κἀποϲεμνυνούμεθα,

680 ἐπιβρέμεται] περι- Su. χ 187, sch. RV ad v.93, quod recipere possis si δεινὰ pro δεινὸν scribas ἐπιβρέμεταί ⟨τιϲ⟩ Blass 682–3 τρύζει Fritzsche: κελαρύζει R, Su. ε 2381 codd. plerique: κελαρύξει Su. codd. GI: κελαδεῖ VAKL 686 ἐϲτι] πολλὰ *Vita Aristophanis* (l. 38 ap. K.–A.) 690 ἐκγενέϲθαι Md1^{pc}UVs1: ἐγγ- cett. 695 ταῦτ'] τοῦτ' RKL 696 μόνα] μάλα Meineke 697 ὑμῶν] ἡμῶν V 699 αἰτουμένοιϲ] -μένουϲ V

τὴν πόλιν καὶ ταῦτ᾽ ἔχοντες κυμάτων ἐν ἀγκάλαις,
ὑςτέρῳ χρόνῳ ποτ᾽ αὖθις εὖ φρονεῖν οὐ δόξομεν.

εἰ δ᾽ ἐγὼ ὀρθὸς ἰδεῖν βίον ἀνέρος ἢ τρόπον ὅςτις ἔτ᾽ [ἀντ.
οἰμώξεται,
οὐ πολὺν οὐδ᾽ ὁ πίθηκος οὗτος ὁ νῦν ἐνοχλῶν,
Κλειγένης ὁ μικρός,
ὁ πονηρότατος βαλανεὺς ὁπόςοι κρατοῦςι
κυκηςίτεφροι
ψευδολίτρου κονίας
καὶ Κιμωλίας γῆς,
χρόνον ἐνδιατρίψει· ἰδὼν δὲ τάδ᾽ οὐκ εἰ-
ρηνικὸς ἔςθ᾽, ἵνα μή ποτε κἀποδυθῇ μεθύων ἄ-
νευ ξύλου βαδίζων.

πολλάκις γ᾽ ἡμῖν ἔδοξεν ἡ πόλις πεπονθέναι
ταὐτὸν εἴς τε τῶν πολιτῶν τοὺς καλούς τε κἀγαθοὺς
εἴς τε τἀρχαῖον νόμιςμα καὶ τὸ καινὸν χρυςίον.
οὔτε γὰρ τούτοιςιν, οὖςιν οὐ κεκιβδηλευμένοις
ἀλλὰ καλλίςτοις ἁπάντων, ὡς δοκεῖ, νομιςμάτων
καὶ μόνοις ὀρθῶς κοπεῖςι καὶ κεκωδωνιςμένοις
ἔν τε τοῖς Ἕλληςι καὶ τοῖς βαρβάροιςι πανταχοῦ,
χρώμεθ᾽ οὐδέν, ἀλλὰ τούτοις τοῖς πονηροῖς χαλκίοις,
χθές τε καὶ πρῴην κοπεῖςι, τῷ κακίςτῳ κόμματι.
τῶν πολιτῶν θ᾽ οὓς μὲν ἴςμεν εὐγενεῖς καὶ ςώφρονας
ἄνδρας ὄντας καὶ δικαίους καὶ καλούς τε κἀγαθοὺς
καὶ τραφέντας ἐν παλαίςτραις καὶ χοροῖς καὶ μουςικῇ,
προυςελοῦμεν, τοῖς δὲ χαλκοῖς καὶ ξένοις καὶ
πυρρίαις

704 ταῦτ᾽] πάντ᾽ van Herwerden, fort. recte 711 κυκηςίτεφροι Radermacher: -τέφρου codd., Su. κ 1744, 2640 ψευδολίτρου RV: -νίτρου AKL κονίας VL, Pollux 7.39: τε κονίας RAK, Su. 714 ἰδὼν Bentley: εἰδὼς codd. 718 γ᾽ AL: om. RVK 722 δοκεῖ RKL: δοκεῖν VA 727 θ᾽] δ᾽ V 729 παλαίςτραις] -ρᾳ Stobaeus 4.1.28 730 προυςελοῦμεν R: προς- VAKL Πυρρίαις scribendum censuit Blaydes

καὶ πονηροῖϲ κἀκ πονηρῶν εἰϲ ἅπαντα χρώμεθα,
ὑϲτάτοιϲ ἀφιγμένοιϲιν, οἷϲιν ἡ πόλιϲ πρὸ τοῦ
οὐδὲ φαρμακοῖϲιν εἰκῇ ῥᾳδίωϲ ἐχρήϲατ᾽ ἄν.
ἀλλὰ καὶ νῦν, ὠνόητοι, μεταβαλόντεϲ τοὺϲ τρόπουϲ
χρῆϲθε τοῖϲ χρηϲτοῖϲιν αὖθιϲ· καὶ κατορθώϲαϲι γὰρ
εὔλογον, κἄν τι ϲφαλῆτ᾽, ἐξ ἀξίου γοῦν τοῦ ξύλου,
ἤν τι καὶ πάϲχητε, πάϲχειν τοῖϲ ϲοφοῖϲ δοκήϲετε.

ΟΙΚΕΤΗC

νὴ τὸν Δία τὸν ϲωτῆρα, γεννάδαϲ ἀνὴρ
ὁ δεϲπότηϲ ϲου.

Ξα. πῶϲ γὰρ οὐχὶ γεννάδαϲ,
ὅϲτιϲ γε πίνειν οἶδε καὶ βινεῖν μόνον;

Οι. τὸ δὲ μὴ πατάξαι ϲ᾽ ἐξελεγχθέντ᾽ ἄντικρυϲ,
ὅτι δοῦλοϲ ὢν ἔφαϲκεϲ εἶναι δεϲπότηϲ.

Ξα. ᾤμωξε μέντἄν.

Οι. τοῦτο μέντοι δουλικὸν
εὐθὺϲ πεποίηκαϲ, ὅπερ ἐγὼ χαίρω ποιῶν.

Ξα. χαίρειϲ, ἱκετεύω;

Οι. μᾶλλ᾽ ἐποπτεύειν δοκῶ,
ὅταν καταράϲωμαι λάθρᾳ τῷ δεϲπότῃ.

Ξα. τί δὲ τονθορύζων, ἡνίκ᾽ ἂν πληγὰϲ λαβὼν
πολλὰϲ ἀπίῃϲ θύραζε;

Οι. καὶ τοῦθ᾽ ἥδομαι.

Ξα. τί δὲ πολλὰ πράττων;

Οι. ὡϲ μὰ Δί᾽ οὐδὲν οἶδ᾽ ἐγώ.

Ξα. ὁμόγνιε Ζεῦ· καὶ παρακούων δεϲποτῶν
ἅττ᾽ ἂν λαλῶϲι;

Οι. μᾶλλὰ πλεῖν ἢ μαίνομαι.

736 γοῦν] γὰρ Stobaeus 741 ἐξελεγχθέντ᾽ VA: ἐξελλεχθέντ᾽ R: ἐξελέγξαντ᾽ KL 743 ᾤμωξε M: ᾤμωζε Np1: οἴμωζε RVAKL 745 μᾶλλ᾽] μάλα K: μάλ᾽ V: μάλα γ᾽ L 747 δὲ RL: δαὶ VAK 748 τοῦθ᾽ RV: τόθ᾽ AKL 751 μᾶλλὰ Bentley: μᾶλλα R: μάλα VK: καὶ μάλα A: μάλα γ᾽ L

Ξα. τί δὲ τοῖϲ θύραζε ταῦτα καταλαλῶν;
Οι. ἐγώ;
μὰ Δί᾽ ἀλλ᾽ ὅταν δρῶ τοῦτο, κἀκμιαίνομαι.
Ξα. ὦ Φοῖβ᾽ Ἄπολλον, ἔμβαλέ μοι τὴν δεξιάν,
καὶ δὸϲ κύϲαι καὐτὸϲ κύϲον· καί μοι φράϲον
πρὸϲ Διόϲ, ὃϲ ἡμῖν ἐϲτιν ὁμομαϲτιγίαϲ,
τίϲ οὗτοϲ οὔνδον ἐϲτὶ θόρυβοϲ καὶ βοὴ
χὠ λοιδορηϲμόϲ;
Οι. Αἰϲχύλου κεὐριπίδου.
Ξα. ᾶ.
Οι. πρᾶγμα πρᾶγμα μέγα κεκίνηται μέγα
ἐν τοῖϲ νεκροῖϲι καὶ ϲτάϲιϲ πολλὴ πάνυ.
Ξα. ἐκ τοῦ;
Οι. νόμοϲ τιϲ ἐνθάδ᾽ ἐϲτὶ κείμενοϲ
ἀπὸ τῶν τεχνῶν, ὅϲαι μεγάλαι καὶ δεξιαί,
τὸν ἄριϲτον ὄντα τῶν ἑαυτοῦ ϲυντέχνων
ϲίτηϲιν αὐτὸν ἐν πρυτανείῳ λαμβάνειν
θρόνον τε τοῦ Πλούτωνοϲ ἑξῆϲ—
Ξα. μανθάνω.
Οι. ἕωϲ ἀφίκοιτο τὴν τέχνην ϲοφώτεροϲ
ἕτερόϲ τιϲ αὐτοῦ· τότε δὲ παραχωρεῖν ἔδει.
Ξα. τί δῆτα τουτὶ τεθορύβηκεν Αἰϲχύλον;
Οι. ἐκεῖνοϲ εἶχε τὸν τραγῳδικὸν θρόνον,
ὡϲ ὢν κράτιϲτοϲ τὴν τέχνην.
Ξα. νυνὶ δὲ τίϲ;
Οι. ὅτε δὴ κατῆλθ᾽ Εὐριπίδηϲ, ἐπεδείκνυτο
τοῖϲ λωποδύταιϲ καὶ τοῖϲι βαλλαντιοτόμοιϲ
καὶ τοῖϲι πατραλοίαιϲι καὶ τοιχωρύχοιϲ,
ὅπερ ἔϲτ᾽ ἐν Ἅιδου πλῆθοϲ, οἱ δ᾽ ἀκροώμενοι
τῶν ἀντιλογιῶν καὶ λυγιϲμῶν καὶ ϲτροφῶν

753 κἀκμιαίνομαι] κἀκμολύνομαι V 757 καὶ] χὴ AL 759 prius μέγα om. V: ϲφόδρα K: γὰρ L alterum μέγα] πάνυ A 760 καὶ] γὰρ A 762 ὅϲαι] ὁπόϲαι A 763 ϲυντέχνων] ξυν- V, sch. 768 τουτὶ] τοῦτο V 772 βαλλαντιοτόμοιϲ R: βαλα- VAKL

ὑπερεμάνηcαν κἀνόμιcαν cοφώτατον·
κἄπειτ᾽ ἐπαρθεὶc ἀντελάβετο τοῦ θρόνου,
ἵν᾽ Αἰcχύλοc καθῆcτο.
Ξα. κοὐκ ἐβάλλετο;
Οι. μὰ Δί᾽, ἀλλ᾽ ὁ δῆμοc ἀνεβόα κρίcιν ποιεῖν
ὁπότεροc εἴη τὴν τέχνην cοφώτεροc.
Ξα. ὁ τῶν πανούργων;
Οι. νὴ Δί᾽, οὐράνιόν γ᾽ ὅcον.
Ξα. μετ᾽ Αἰcχύλου δ᾽ οὐκ ἦcαν ἕτεροι cύμμαχοι;
Οι. ὀλίγον τὸ χρηcτόν ἐcτιν, ὥcπερ ἐνθαδί.
Ξα. τί δῆθ᾽ ὁ Πλούτων δρᾶν παραcκευάζεται;
Οι. ἀγῶνα ποιεῖν αὐτίκα μάλα καὶ κρίcιν
κἄλεγχον αὐτῶν τῆc τέχνηc.
Ξα. κἄπειτα πῶc
οὐ καὶ Cοφοκλέηc ἀντελάβετο τοῦ θρόνου;
Οι. μὰ Δί᾽ οὐκ ἐκεῖνοc, ἀλλ᾽ ἔκυcε μὲν Αἰcχύλοc,
ὅτε δὴ κατῆλθε, κἀνέβαλε τὴν δεξιάν,
κἀκεῖνοc ὑπεχώρηcεν αὐτῷ τοῦ θρόνου·
νυνὶ δ᾽ ἔμελλεν, ὡc ἔφη Κλειδημίδηc,
ἔφεδροc καθεδεῖcθαι· κἂν μὲν Αἰcχύλοc κρατῇ,
ἕξειν κατὰ χώραν· εἰ δὲ μή, περὶ τῆc τέχνηc
διαγωνιεῖcθ᾽ ἔφαcκε πρόc γ᾽ Εὐριπίδην.
Ξα. τὸ χρῆμ᾽ ἄρ᾽ ἔcται;
Οι. νὴ Δί᾽, ὀλίγον ὕcτερον.
κἀνταῦθα δὴ τὰ δεινὰ κινηθήcεται.
καὶ γὰρ ταλάντῳ μουcικὴ cταθμήcεται—
Ξα. τί δέ; μειαγωγήcουcι τὴν τραγῳδίαν;
Οι. καὶ κανόναc ἐξοίcουcι καὶ πήχειc ἐπῶν

783 *ἐνθαδί* Meineke: *ἐνθάδε* codd.: *κἀνθαδί* Blaydes 786 *αὐτῶν*] *αὐτοῖν* V 788 *Αἰcχύλοc* Naber: *-ον* codd. 789 *κἀνέβαλε*] *-βαλλε* RV 790 v. del. Wilamowitz *κἀκεῖνοc*] *κἄνεικοc* Coulon 791 ante *Κλειδημίδηc* interpunxit Meineke 794 *γ᾽* RMd1: om. VAKL 795 *τὸ* R: *τί* VAL: *τί τὸ* K post *ὀλίγον* add. *γ᾽* V 797 *cταθμήcεται*] *κριθήcεται* v.l. ap. Poll. 9.52, Su. *τ* 33 codd. AFM: *cταθήcεται* Beare

καὶ πλαίϲια ξύμπυκτα—
Ξα. πλινθεύϲουϲι γάρ;
Οι. καὶ διαμέτρουϲ καὶ ϲφῆναϲ. ὁ γὰρ Εὐριπίδηϲ
κατ᾽ ἔποϲ βαϲανιεῖν φηϲι τὰϲ τραγῳδίαϲ.
Ξα. ἦ που βαρέωϲ οἶμαι τὸν Αἰϲχύλον φέρειν.
Οι. ἔβλεψε γοῦν ταυρηδὸν ἐγκύψαϲ κάτω.
Ξα. κρινεῖ δὲ δὴ τίϲ ταῦτα;
Οι. τοῦτ᾽ ἦν δύϲκολον·
ϲοφῶν γὰρ ἀνδρῶν ἀπορίαν ηὑριϲκέτην.
οὔτε γὰρ Ἀθηναίοιϲι ϲυνέβαιν᾽ Αἰϲχύλοϲ—
Ξα. πολλοὺϲ ἴϲωϲ ἐνόμιζε τοὺϲ τοιχωρύχουϲ.
Οι. λῆρόν τε τἄλλ᾽ ἡγεῖτο τοῦ γνῶναι πέρι
φύϲειϲ ποιητῶν· εἶτα τῷ ϲῷ δεϲπότῃ
ἐπέτρεψαν, ὁτιὴ τῆϲ τέχνηϲ ἔμπειροϲ ἦν.
ἀλλ᾽ εἰϲίωμεν· ὡϲ ὅταν γ᾽ οἱ δεϲπόται
ἐϲπουδάκωϲι, κλαύμαθ᾽ ἡμῖν γίγνεται.

Χο. ἦ που δεινὸν ἐριβρεμέταϲ χόλον ἔνδοθεν ἕξει,
ἡνίκ᾽ ἂν ὀξύλαλόν περ ἴδῃ θήγοντοϲ ὀδόντα
ἀντιτέχνου· τότε δὴ μανίαϲ ὑπὸ δεινῆϲ
ὄμματα ϲτροβήϲεται.

φρίξαϲ δ᾽ αὐτοκόμου λοφιᾶϲ λαϲιαύχενα χαίταν,
δεινὸν ἐπιϲκύνιον ξυνάγων, βρυχώμενοϲ ἥϲει
ῥήματα γομφοπαγῆ, πινακηδὸν ἀποϲπῶν
γηγενεῖ φυϲήματι·

ἔνθεν δὴ ϲτοματουργόϲ, ἐπῶν βαϲανίϲτρια, λίϲπη
γλῶϲϲ᾽ ἀνελιϲϲομένη, φθονεροὺϲ κινοῦϲα χαλινούϲ,

800 ξύμπτυκτα KL, Su. π 1716 codd. AVN, Pollux 10.148: -πτυκα R: -πυκτα V, lm. sch. V, Su. cod. G: -πηκτα A, Su. cod. F, lm. sch. E πλινθεύϲουϲι] -εύουϲι V γὰρ Kock: γε AKL, Pollux 10.148: τε RV 803 τὸν] τόδ᾽ Ranke: τάδ᾽ Blaydes 804 γοῦν VAKL: δ᾽ οὖν R: (–εν) οὖν E^{pc}MUVs1: γὰρ Su. τ 157 codd. AFVM^{ac} 815 περ ἴδῃ] παρίδῃ V 818–21 post 829 transp. Richards (post 825 iam Dobree) 822 δ᾽ RAL: θ᾽ V: om. K 826 δὴ] δὲ A, Richards 827 γλῶϲϲ᾽ ἀνελιϲϲομένη] γλῶϲϲαν ἐλ- (sic) V

ῥήματα δαιομένη καταλεπτολογήϲει
πλευμόνων πολὺν πόνον.

ἔϲται δ' ὑψιλόφων τε λόγων κορυθαίολα νείκη
ϲκινδάλαμοί τε παραξονίων ϲμιλεύματά τ' ἔργων,
φωτὸϲ ἀμυνομένου φρενοτέκτονοϲ ἀνδρὸϲ
ῥήμαθ' ἱπποβάμονα.

ΕΥΡΙΠΙΔΗϹ

οὐκ ἂν μεθείμην τοῦ θρόνου, μὴ νουθέτει·
κρείττων γὰρ εἶναί φημι τούτου τὴν τέχνην.
Δι. Αἰϲχύλε, τί ϲιγᾷϲ; αἰϲθάνει γὰρ τοῦ λόγου.
Ευ. ἀποϲεμνυνεῖται πρῶτον, ἅπερ ἑκάϲτοτε
ἐν ταῖϲ τραγῳδίαιϲιν ἐτερατεύετο.
Δι. ὦ δαιμόνι' ἀνδρῶν, μὴ μεγάλα λίαν λέγε.
Ευ. ἐγῷδα τοῦτον καὶ διέϲκεμμαι πάλαι,
ἄνθρωπον ἀγριοποιόν, αὐθαδόϲτομον,
ἔχοντ' ἀχάλινον ἀκρατὲϲ ἀπύλωτον ϲτόμα,
ἀπεριλάλητον, κομποφακελορρήμονα.

ΑΙϹΧΥΛΟϹ

ἄληθεϲ, ὦ παῖ τῆϲ ἀρουραίαϲ θεοῦ;
ϲὺ δή με ταῦτ', ὦ ϲτωμυλιοϲυλλεκτάδη
καὶ πτωχοποιὲ καὶ ῥακιοϲυρραπτάδη;
ἀλλ' οὔ τι χαίρων αὔτ' ἐρεῖϲ.
Δι. παῦ', Αἰϲχύλε,

828 *πλευμόνων* RV: *πνευ-* AKL   818 *ὑψιλόφων* U, lm. sch. E, cf. sch. RVE: *ἱππολόφων* RVAKL   819 *ϲκινδάλαμοί* Dover: *ϲκινδαλάμων* vel sim. VL, sch. RVE ad v. 824: *ϲκινδάλμων* vel sim. cett., Su. ϲ 608, sch. RE ad v. 824   *παραξονίων* Stanford: *παραξόνια* codd.   *ϲμιλεύματά τ' ἔργων* vix sanum: *ϲμίλευμά τε γέρρων* vel *ϲμιλεύματα γέρρων* Borthwick: *ϲμιλευματοεργοῦ* Heiberg: *ϲμιλεύματ' ἐπῶν τε* Blaydes: *ϲμιλεύματά τ', ἔργα* Sommerstein: *ϲμιλεύματά τ' ὄζων* (cf. Ar. *Rhet.* 1414b 18) Wilson   830 *μεθείμην*] *μεθείην* RL   833 *ἅπερ*] *ὅπερ* V   838 *ἀπύλωτον* VAKL, cf. Su. α 3720 et sch. VE, Gellius *NA* 1.15.19: *ἀθύρωτον* R, Su., α 772, Phrynichus ap. sch.   841 *δή με*] *δὴ 'μὲ* Meineke, fort. recte   843 *παῦ'* V: *παῦϲ'* RAKL

καὶ μὴ πρὸϲ ὀργὴν ϲπλάγχνα θερμήνηϲ κότῳ.
Αι. οὐ δῆτα, πρίν γ᾽ ἂν τοῦτον ἀποφήνω ϲαφῶϲ
τὸν χωλοποιὸν οἷοϲ ὢν θραϲύνεται.
Δι. ἄρν᾽ ἄρνα μέλανα, παῖδεϲ, ἐξενέγκατε·
τυφὼϲ γὰρ ἐκβαίνειν παραϲκευάζεται.
Αι. ὦ Κρητικὰϲ μὲν ϲυλλέγων μονῳδίαϲ,
γάμουϲ δ᾽ ἀνοϲίουϲ εἰϲφέρων εἰϲ τὴν τέχνην—
Δι. ἐπίϲχεϲ οὗτοϲ, ὦ πολυτίμητ᾽ Αἰϲχύλε.
ἀπὸ τῶν χαλαζῶν δ᾽, ὦ πόνηρ᾽ Εὐριπίδη,
ἄναγε ϲεαυτὸν ἐκποδών, εἰ ϲωφρονεῖϲ,
ἵνα μὴ κεφαλαίῳ τὸν κρόταφόν ϲου ῥήματι
θενὼν ὑπ᾽ ὀργῆϲ ἐκχέῃ τὸν Τήλεφον·
ϲὺ δὲ μὴ πρὸϲ ὀργήν, Αἰϲχύλ᾽, ἀλλὰ πραόνωϲ
ἔλεγχ᾽, ἐλέγχου· λοιδορεῖϲθαι δ᾽ οὐ πρέπει
ἄνδραϲ ποιητὰϲ ὥϲπερ ἀρτοπώλιδαϲ·
ϲὺ δ᾽ εὐθὺϲ ὥϲπερ πρῖνοϲ ἐμπρηϲθεὶϲ βοᾷϲ.
Ευ. ἕτοιμόϲ εἰμ᾽ ἔγωγε, κοὐκ ἀναδύομαι,
δάκνειν, δάκνεϲθαι πρότεροϲ, εἰ τούτῳ δοκεῖ,
τἄπη, τὰ μέλη, τὰ νεῦρα τῆϲ τραγῳδίαϲ,
καὶ νὴ Δία τὸν Πηλέα γε καὶ τὸν Αἴολον
καὶ τὸν Μελέαγρον κἄτι μάλα τὸν Τήλεφον.
Δι. ϲὺ δὲ δὴ τί βουλεύει ποιεῖν; λέγ᾽, Αἰϲχύλε.
Αι. ἐβουλόμην μὲν οὐκ ἐρίζειν ἐνθάδε·
οὐκ ἐξ ἴϲου γάρ ἐϲτιν ἁγὼν νῷν.
Δι. τί δαί;
Αι. ὅτι ἡ ποίηϲιϲ οὐχὶ ϲυντέθνηκέ μοι,
τούτῳ δὲ ϲυντέθνηκεν, ὥϲθ᾽ ἕξει λέγειν.
ὅμωϲ δ᾽, ἐπειδή ϲοι δοκεῖ, δρᾶν ταῦτα χρή.

847 μέλανα R, sch.: μέλαιναν VAKL (sed post παῖδεϲ V) 852 δ᾽ R: τ᾽ M: om. VAKL, Su.χ 5 853 ἄναγε P17, R: ἄπαγε cett. 855 θενὼν Blomfield: θενω[P17: θένων RVL: θείνων AK 857 πρέπει] θέμιϲ EUVs1 863 γε RV: τε AKL 865 ϲὺ δὲ δὴ τί L: ϲὺ δὲ τί RAK: τί δαὶ ϲὺ V 866 ἐνθάδε] ἐνθαδί Meineke 867 ἁγὼν Dawes: ἀ- codd. τί δαί ;] τιή VL 868 μοι] ἐμοί Bothe 870 ϲοι] ϲοὶ V, Fritzsche

Δι. ἴθι νυν, λιβανωτὸν δεῦρό τιϲ καὶ πῦρ δότω,
ὅπωϲ ἂν εὔξωμαι πρὸ τῶν ϲοφιϲμάτων
ἀγῶνα κρῖναι τόνδε μουϲικώτατα·
ὑμεῖϲ δὲ ταῖϲ Μούϲαιϲ τι μέλοϲ ὑπᾴϲατε.

Χο. ὦ Διὸϲ ἐννέα παρθένοι ἁγναὶ
Μοῦϲαι, λεπτολόγουϲ ξυνετὰϲ φρέναϲ αἳ καθορᾶτε
ἀνδρῶν γνωμοτύπων, ὅταν εἰϲ ἔριν ὀξυμέριμνοι
ἔλθωϲι ϲτρεβλοῖϲι παλαίϲμαϲιν ἀντιλογοῦντεϲ,
ἔλθετ' ἐποψόμεναι δύναμιν
δεινοτάτοιν ϲτομάτοιν πορίϲαϲθαι
ῥήγματα καὶ παραπρίϲματ' ἐπῶν.
νῦν γὰρ ἀγὼν ϲοφίαϲ ὁ μέγαϲ χω-
ρεῖ πρὸϲ ἔργον ἤδη.

Δι. εὔχεϲθε δὴ καὶ ϲφώ τι πρὶν τἄπη λέγειν.
Αι. Δήμητερ ἡ θρέψαϲα τὴν ἐμὴν φρένα,
εἶναί με τῶν ϲῶν ἄξιον μυϲτηρίων.
Δι. ἐπίθεϲ λαβὼν δὴ καὶ ϲὺ λιβανωτόν.
Ευ. καλῶϲ·
ἕτεροι γάρ εἰϲιν οἷϲιν εὔχομαι θεοῖϲ.
Δι. ἴδιοί τινέϲ ϲου, κόμμα καινόν;
Ευ. καὶ μάλα.
Δι. ἴθι δὴ προϲεύχου τοῖϲιν ἰδιώταιϲ θεοῖϲ.
Ευ. αἰθὴρ ἐμὸν βόϲκημα, καὶ γλώττηϲ ϲτρόφιγξ,
καὶ ξύνεϲι καὶ μυκτῆρεϲ ὀϲφραντήριοι,
ὀρθῶϲ μ' ἐλέγχειν ὧν ἂν ἅπτωμαι λόγων.

874 ὑπᾴϲατε] ἐπ- ΘL: προϲ- E^{pc}UVs1 877 ὀξυμέριμνοι (vel -ον) Blaydes: -οιϲ codd. 880 πορίϲαϲθαι] -ϲθε AL[K]: [P17] 881 ῥήγματα Francke: ῥήματα P17, codd.: κνίϲματα vel ξέϲματα Blaydes: alii alia 882 ὁ Hermann: ὅδε RVAL: om. K: [P17] 888 λαβὼν . . . λιβανωτόν VAKL: καὶ ϲὺ δὴ λιβανωτὸν λαβών P17: καὶ δὴ ϲὺ λιβανωτὸν λαβών R: λιβανωτὸν καὶ ϲὺ δὴ λαβών Md1^{pc}, Fritzsche 889 θεοῖϲ] θεοί A: [P17] 890 ϲου R: ϲοι cett. (-εϲ οι P17) 891 δὴ] νῦν AL 892 γλώττηϲ RV: γλώϲϲηϲ AKL: [P17] 893 ξύνεϲι P17, R: -ϲιϲ VAKL

Χο. καὶ μὴν ἡμεῖϲ ἐπιθυμοῦμεν [ϲτρ.
παρὰ ϲοφοῖν ἀνδροῖν ἀκοῦϲαι,
τίνα λόγων, ⟨τίν'⟩ ἐμμελείαϲ
ἔπιτε δαΐαν ὁδόν.
γλῶϲϲα μὲν γὰρ ἠγρίωται,
λῆμα δ' οὐκ ἄτολμον ἀμφοῖν,
οὐδ' ἀκίνητοι φρένεϲ.
προϲδοκᾶν οὖν εἰκόϲ ἐϲτι
τὸν μὲν ἀϲτεῖόν τι λέξειν
καὶ κατερρινημένον,
τὸν δ' ἀναϲπῶντ' αὐτοπρέμνοιϲ
τοῖϲ λόγοιϲιν
ἐμπεϲόντα ϲυϲκεδᾶν πολλὰϲ ἀλινδήθραϲ ἐπῶν.

ἀλλ' ὡϲ τάχιϲτα χρὴ λέγειν· οὕτω δ' ὅπωϲ ἐρεῖτον,
ἀϲτεῖα καὶ μήτ' εἰκόναϲ μήθ' οἷ' ἂν ἄλλοϲ εἴποι.
Ευ. καὶ μὴν ἐμαυτὸν μέν γε, τὴν ποίηϲιν οἷόϲ εἰμι,
ἐν τοῖϲιν ὑϲτάτοιϲ φράϲω, τοῦτον δὲ πρῶτ' ἐλέγξω,
ὡϲ ἦν ἀλαζὼν καὶ φέναξ, οἵοιϲ τε τοὺϲ θεατὰϲ
ἐξηπάτα, μώρουϲ λαβὼν παρὰ Φρυνίχῳ τραφένταϲ.
πρώτιϲτα μὲν γὰρ ἕνα τιν' ἂν καθεῖϲεν ἐγκαλύψαϲ,
Ἀχιλλέα τιν' ἢ Νιόβην, τὸ πρόϲωπον οὐχὶ δεικνύϲ,
πρόϲχημα τῆϲ τραγῳδίαϲ, γρύζονταϲ οὐδὲ τουτί.
Δι. μὰ τὸν Δί' οὐ δῆθ'.
Ευ. ὁ δὲ χορόϲ γ' ἤρειδεν ὁρμαθοὺϲ ἂν
μελῶν ἐφεξῆϲ τέτταραϲ ξυνεχῶϲ ἄν· οἱ δ' ἐϲίγων.
Δι. ἐγὼ δ' ἔχαιρον τῇ ϲιωπῇ, καί με τοῦτ' ἔτερπεν

895 ἡμεῖϲ ⟨γ'⟩ Cobet 896b suppl. Kock ἐμμελείαϲ Kock: -ειαν codd.: del. Dindorf 901 λέξειν] λέξαι RAMd1, Su. κ 981: [P17] 903 αὐτοπρέμνοιϲ . . . λόγοιϲιν] -ουϲ τοὺϲ -ουϲ ⟨εἶτ'⟩ Blaydes post Reiske 905–6 choro primus tribuit Dindorf 907 μέν γε L: γε R: καὶ V: μὲν καὶ AK 908 ὑϲτάτοιϲ] ὑϲτέροιϲ Blaydes 911 τιν' ἂν] τίναν V: τινὰ RAKL καθεῖϲεν Wackernagel, auctore Jensen: κάθιϲεν RAKL: ἐκάθιϲεν V: καθῖϲεν Bekker 913 γρύζονταϲ] γρύζοντά γ' (vel τ') Blaydes 914 γ' E[pc]UVs1: om. RVAKL ἤρειδεν] ξυνεῖρεν Blaydes

οὐχ ἧττον ἢ νῦν οἱ λαλοῦντεϲ.
Ευ. ἠλίθιοϲ γὰρ ἦϲθα,
ϲάφ' ἴϲθι.
Δι. κἀμαυτῷ δοκῶ. τί δὲ ταῦτ' ἔδραϲ' ὁ δεῖνα;
Ευ. ὑπ' ἀλαζονείαϲ, ἵν' ὁ θεατὴϲ προϲδοκῶν καθῇτο,
ὁπόθ' ἡ Νιόβη τι φθέγξεται· τὸ δρᾶμα δ' ἂν διῄει.
Δι. ὢ παμπόνηροϲ, οἷ' ἄρ' ἐφενακιζόμην ὑπ' αὐτοῦ.
τί ϲκορδινᾷ καὶ δυϲφορεῖϲ;
Ευ. ὅτι αὐτὸν ἐξελέγχω.
κἄπειτ' ἐπειδὴ ταῦτα ληρήϲειε καὶ τὸ δρᾶμα
ἤδη μεϲοίη, ῥήματ' ἂν βόεια δώδεκ' εἶπεν,
ὀφρῦϲ ἔχοντα καὶ λόφουϲ, δείν' ἄττα μορμορωπά,
ἄγνωτα τοῖϲ θεωμένοιϲ.
Αι. οἴμοι τάλαϲ.
Δι. ϲιώπα.
Ευ. ϲαφὲϲ δ' ἂν εἶπεν οὐδὲ ἕν—
Δι. μὴ πρῖε τοὺϲ ὀδόνταϲ.
Ευ. ἀλλ' ἢ Ϲκαμάνδρουϲ καὶ τάφρουϲ κἀπ' ἀϲπίδων ἐπόνταϲ
γρυπαιέτουϲ χαλκηλάτουϲ καὶ ῥήμαθ' ἱππόκρημνα,
ἃ ξυμβαλεῖν οὐ ῥᾴδι' ἦν.
Δι. νὴ τοὺϲ θεούϲ, ἐγὼ γοῦν
ἤδη ποτ' ἐν μακρῷ χρόνῳ νυκτὸϲ διηγρύπνηϲα
τὸν ξουθὸν ἱππαλεκτρυόνα ζητῶν τίϲ ἐϲτιν ὄρνιϲ.
Αι. ϲημεῖον ἐν ταῖϲ ναυϲίν, ὦμαθέϲτατ', ἐνεγέγραπτο.
Δι. ἐγὼ δὲ τὸν Φιλοξένου γ' ᾤμην Ἔρυξιν εἶναι.
Ευ. εἶτ' ἐν τραγῳδίαιϲ ἐχρῆν κἀλεκτρυόνα ποιῆϲαι;

919 *καθῇτο* Dobree: *καθῆτο* EUVs1: *καθοῖτο* RVAKL 925 *μορμορωπά* KL, lm. sch. M: *μορμυρ-* V, *Lex. Rhet.*: *μορμουρ-* RA: *μορμονωπά* van Leeuwen 926 *ἄγνωτα*] *ἀγνῶτα* VK: *ἄγνωϲτα* Vs1, quae vox in Rs.l. interpretatio est 928 *καὶ . . . κἀπ'* Blaydes: *ἢ . . . ἢ 'π'* codd. 930 *ῥᾴδι'*] *ῥᾴδιον* KL, quo recepto *ἦν* del. Bentley 933 *ἐν*] *οὖν* (i.e. *ὄ ἐν*) Markland 935 *κἀλεκτρυόνα*] *κολοκτ-* R: *κολεκτ-* K (*κω-* s.l.)

Αι. ϲὺ δ', ὦ θεοῖϲιν ἐχθρέ, ποῖ' ἄττ' ἐϲτὶν ἅττ' ἐποίειϲ;
Ευ. οὐχ ἱππαλεκτρυόναϲ, μὰ Δί', οὐδὲ τραγελάφουϲ, ἅπερ ϲύ,
ἃν τοῖϲι παραπετάϲμαϲιν τοῖϲ Μηδικοῖϲ γράφουϲιν·
ἀλλ' ὡϲ παρέλαβον τὴν τέχνην παρὰ ϲοῦ τὸ πρῶτον εὐθὺϲ
οἰδοῦϲαν ὑπὸ κομπαϲμάτων καὶ ῥημάτων ἐπαχθῶν,
ἴϲχνανα μὲν πρώτιϲτον αὐτὴν καὶ τὸ βάροϲ ἀφεῖλον
ἐπυλλίοιϲ καὶ περιπάτοιϲ καὶ τευτλίοιϲι λευκοῖϲ,
χυλὸν διδοὺϲ ϲτωμυλμάτων, ἀπὸ βιβλίων ἀπηθῶν·
εἶτ' ἀνέτρεφον μονῳδίαιϲ, Κηφιϲοφῶντα μειγνύϲ.
εἶτ' οὐκ ἐλήρουν ὅ τι τύχοιμ' οὐδ' ἐμπεϲὼν ἔφυρον,
ἀλλ' οὑξιὼν πρώτιϲτα μέν μοι τὸ γένοϲ εἶπ' ἂν εὐθὺϲ
τοῦ δράματοϲ.
Αι. κρεῖττον γὰρ ἦν ϲοι, νὴ Δί', ἢ τὸ ϲαυτοῦ.
Ευ. ἔπειτ' ἀπὸ τῶν πρώτων ἐπῶν οὐδένα παρῆκ' ἂν ἀργόν
ἀλλ' ἔλεγεν ἡ γυνή τέ μοι χὠ δοῦλοϲ οὐδὲν ἧττον
τοῦ δεϲπότου χἠ παρθένοϲ χἠ γραῦϲ ἄν.
Αι. εἶτα δῆτα
οὐκ ἀποθανεῖν ϲε ταῦτ' ἐχρῆν τολμῶντα;
Ευ. μὰ τὸν Ἀπόλλω·
δημοκρατικὸν γὰρ αὔτ' ἔδρων.
Δι. τοῦτο μὲν ἔαϲον, ὦ τᾶν.
οὐ ϲοὶ γάρ ἐϲτι περίπατοϲ κάλλιϲτα περί γε τούτου.
Ευ. ἔπειτα τουτουϲὶ λαλεῖν ἐδίδαξα—
Αι. φημὶ κἀγώ.

936 ποῖ' ἄττ' VL: ποῖά γ' RAK: ποῖ' ἄρ' Tucker 939 τὸ πρῶτον V: πρῶτον AK: πρῶτον μὲν L: om. R: θανόντοϲ A. Palmer 942 λευκοῖϲ] μικροῖϲ AL 942–3 καὶ τευτλίοιϲι . . . ἀπηθῶν Libero tribuit von Velsen, Aeschylo Marzullo 944 Κηφιϲοφῶντα μειγνύϲ Libero tribuit von Velsen in ed. sua, sed antea Aeschylo (ut fecit etiam Leutsch) μειγνύϲ Coulon: μιγ- codd. 946 εἶπ' ἂν] εἶπεν AKL 948 οὐδένα Lenting: οὐδὲν codd.: οὐδέν' post παρῆκ' ἂν Blaydes, fortasse melius 950 τοῦ δεϲπότου Richards: χὠ δεϲπότηϲ codd.

ὡς πρὶν διδάξαι γ' ὤφελες μέσος διαρραγῆναι.
Ευ. λεπτῶν τε κανόνας εἰςβολῶν ἐπῶν τε γωνιαςμούς,
νοεῖν, ὁρᾶν, ξυνιέναι, στρέφειν †ἐρᾶν† τεχνάζειν,
κάχ' ὑποτοπεῖσθαι, περινοεῖν ἅπαντα—
Αι. φημὶ κἀγώ.
Ευ. οἰκεῖα πράγματ' εἰςάγων, οἷς χρώμεθ', οἷς ξύνεσμεν,
ἐξ ὧν γ' ἂν ἐξηλεγχόμην· ξυνειδότες γὰρ οὗτοι
ἤλεγχον ἄν μου τὴν τέχνην· ἀλλ' οὐκ ἐκομπολάκουν
ἀπὸ τοῦ φρονεῖν ἀποσπάσας, οὐδ' ἐξέπληττον αὐτούς,
Κύκνους ποιῶν καὶ Μέμνονας κωδωνοφαλαροπώλους.
γνώσει δὲ τοῖς τούτου τε κἀμοῖς ἑκατέρου μαθηταῖς.
τουτουμενὶ Φορμίσιος Μεγαίνετός θ' ὁ Μανῆς,
σαλπιγγολογχυπηνάδαι, σαρκασμοπιτυοκάμπται,
οὑμοὶ δὲ Κλειτοφῶν τε καὶ Θηραμένης ὁ κομψός.
Δι. Θηραμένης; σοφός γ' ἀνὴρ καὶ δεινὸς εἰς τὰ πάντα,
ὃς ἢν κακοῖς που περιπέσῃ καὶ πλησίον παραστῇ,
πέπτωκεν ἔξω τῶν κακῶν, οὐ Χῖος ἀλλὰ Κεῖος.
Ευ. τοιαῦτα μέντοὐγὼ φρονεῖν
τούτοισιν εἰσηγησάμην,
λογισμὸν ἐνθεὶς τῇ τέχνῃ
καὶ σκέψιν, ὥστ' ἤδη νοεῖν
ἅπαντα καὶ διειδέναι
τά τ' ἄλλα καὶ τὰς οἰκίας
οἰκεῖν ἄμεινον ἢ πρὸ τοῦ
κἀνασκοπεῖν, "πῶς τοῦτ' ἔχει;

956 κανόνας εἰςβολῶν Kovacs: κανόνων εἰςβολὰς (ἐμβολὰς M) codd. 957 στρέφειν †ἐρᾶν† vix sanum: φωρᾶν στρέφειν Lobeck: στροφῶν ἐρᾶν Fritzsche: στροφὰς στρέφειν A. Palmer: στρέφειν ἕδραν Bergk: an φύρειν (vel φυρᾶν) στρέφειν? 958 κάχ'] κἆθ' A: καθ- Photius 960 γ' ἂν RAK: ἂν V: γὰρ L: τ' ἂν Blaydes 964 τοῖς ... κἀμοῖς ... μαθηταῖς Richards: τοὺς ... κἀμοῦ (κἀμοῦ γ' VA) ... μαθητάς codd., quo recepto κἀμοὺς Dobree 965 Μανῆς K: -ής RV: Μάγνης A: Μάνης LEUVb1Vs1Θ 966 σαρκασμοπιτυοκάμπται RL: -κάμπαι VAK 967 οὑμοὶ] οὑμὸς R, Su. κ 2025 τε] γε Blaydes 970 Κεῖος VA, Su. θ 345, lm. sch. V: Κῖος RKL, sch. RVE, lm. sch. RE: Κῷος Aristarchus ap. sch. VE 971 'γὼ φρονεῖν AKL, sch. RV: σωφρονεῖν RV

πού μοι τοδί; τίς τόδ' ἔλαβεν,"
Δι. νὴ τοὺς θεούς, νῦν γοῦν Ἀθη-
ναίων ἅπας τις εἰςιὼν
κέκραγε πρὸς τοὺς οἰκέτας
ζητεῖ τε· "ποῦ 'στιν ἡ χύτρα;
τίς τὴν κεφαλὴν ἀπεδήδοκεν
τῆς μαινίδος; τὸ τρύβλιον
τὸ περυςινὸν τέθνηκέ μοι·
ποῦ τὸ ςκόροδον τὸ χθιζινόν;
τίς τῆς ἐλάας παρέτραγεν;"
τέως δ' ἀβελτερώτατοι
κεχηνότες, μαμμάκυθοι,
Μελητίδαι καθῆντο.

Χο. τάδε μὲν λεύςςεις, φαίδιμ' Ἀχιλλεῦ· [ἀντ.
cὺ δὲ τί, φέρε, πρὸς ταῦτα λέξεις;
μόνον ὅπως ⟨× – ∪ – ×⟩
μή c' ὁ θυμὸς ἁρπάςας
ἐκτὸς οἴςει τῶν ἐλαῶν·
δεινὰ γὰρ κατηγόρηκεν.
ἀλλ' ὅπως, ὦ γεννάδα,
μὴ πρὸς ὀργὴν ἀντιλέξεις,
ἀλλὰ ςυςτείλας ἄκροιςι
χρώμενος τοῖς ἱςτίοις,
εἶτα μᾶλλον μᾶλλον ἄξεις
καὶ φυλάξεις,
ἡνίκ' ἂν τὸ πνεῦμα λεῖον καὶ καθεςτηκὸς λάβῃς.

979 τόδ' Bentley: τοῦτ' codd. ἔλαβεν RV^{ac}L: -βε cett. 983 ζητεῖ τε] ζητεῖτε Reiske 987 χθιζινόν Lobeck: χθεςινόν codd., Su. μ 1051 991 Μελητίδαι Par 20^{ac}, Gaisford: Μελιτίδαι cett. 993 δὲ R^{ac}, lm. sch. E, Bentley: δὴ R^{pc}AKL: δὲ δὴ V 993b μόνον AKL: μόνος R: om. V lacunam statuit Kock 995 ἐλαῶν] ἐλαιῶν RL, Su. μ 984 998 ἀντιλέξεις] -ῃς VAL, Su. λ 372 1000 ἱςτίοις A, Su. ι 692, λ 372: -ςιν RVKL 1001 ἄξεις quibusdam suspectum: an ἥςεις vel ἥςει?

Δι. ἀλλ’ ὦ πρῶτος τῶν Ἑλλήνων πυργώσας ῥήματα σεμνὰ
καὶ κοσμήσας τραγικὸν κλῆρον, θαρρῶν τὸν
κρουνὸν ἀφίει.
Αι. θυμοῦμαι μὲν τῇ ξυντυχίᾳ, καί μου τὰ σπλάγχν’
ἀγανακτεῖ,
εἰ πρὸς τοῦτον δεῖ μ’ ἀντιλέγειν· ἵνα μὴ φάσκῃ δ’
ἀπορεῖν με,
ἀπόκριναί μοι, τίνος οὕνεκα χρὴ θαυμάζειν ἄνδρα
ποιητήν;
Ευ. δεξιότητος καὶ νουθεσίας, ὅτι βελτίους γε ποιοῦμεν
τοὺς ἀνθρώπους ἐν ταῖς πόλεσιν.
Αι. ταῦτ’ οὖν εἰ μὴ πεποίηκας,
ἀλλ’ ἐκ χρηστῶν καὶ γενναίων μοχθηροτέρους
ἀπέδειξας,
τί παθεῖν φήσεις ἄξιος εἶναι;
Δι. τεθνάναι· μὴ τοῦτον ἐρώτα.
Αι. σκέψαι τοίνυν οἵους αὐτοὺς παρ’ ἐμοῦ παρεδέξατο
πρῶτον,
εἰ γενναίους καὶ τετραπήχεις, καὶ μὴ διαδρασιπολίτας,
μηδ’ ἀγοραίους μηδὲ κοβάλους, ὥσπερ νῦν, μηδὲ
πανούργους,
ἀλλὰ πνέοντας δόρυ καὶ λόγχας καὶ λευκολόφους
τρυφαλείας
καὶ πήληκας καὶ κνημῖδας καὶ θυμοὺς ἑπταβοείους.
Δι. καὶ δὴ χωρεῖ τουτὶ τὸ κακόν· κρανοποιῶν αὖ μ’
ἐπιτρίψει.

1004 ῥήματα σεμνά] ῥήμασι σεμνοῖς Blaydes, cf. *Pac.* 749 1005 κλῆρον lm. sch. V, v.l. ap. *Vit. Aeschyli* 2: λῆρον codd.: ληρόν Radermacher 1008 χρὴ] δεῖ R 1009 βελτίους] βελτίστους A γε Blaydes: τε codd. 1010 τοῦτ’] ταῦτ’ R 1011 μοχθηροτέρους V: -τάτους KL: μοχθηροὺς RA: μοχθηροὺς ⟨τούσδ’⟩ von Velsen ⟨ἀντ⟩απέδειξας Meineke 1015 μηδ’ ἀγοραίους μηδὲ R: μήτ’ ἀγοραίους μήτε VAKL 1018–21 personarum vices incertae 1018 τουτὶ ante καὶ δὴ transp. Blaydes ἐπιτρίψει RAL: -εις VK

Ευ. καὶ τί ϲὺ δράϲαϲ οὕτωϲ αὐτοὺϲ γενναίουϲ ἐξεδίδαξαϲ;
Δι. Αἰϲχύλε, λέξον, μηδ' αὐθάδωϲ ϲεμνυνόμενοϲ
χαλέπαινε.
Αι. δρᾶμα ποιήϲαϲ Ἄρεωϲ μεϲτόν.
Ευ. ποῖον;
Αι. τοὺϲ Ἑπτ' ἐπὶ Θήβαϲ·
ὃ θεαϲάμενοϲ πᾶϲ ἄν τιϲ ἀνὴρ ἠράϲθη δάϊοϲ εἶναι.
Δι. τουτὶ μέν ϲοι κακὸν εἴργαϲται· Θηβαίουϲ γὰρ πεποίηκαϲ
ἀνδρειοτέρουϲ εἰϲ τὸν πόλεμον, καὶ τούτου γ' οὕνεκα τύπτου.
Αι. ἀλλ' ὑμῖν αὔτ' ἐξῆν ἀϲκεῖν, ἀλλ' οὐκ ἐπὶ τοῦτ' ἐτράπεϲθε.
εἶτα διδάξαϲ Πέρϲαϲ μετὰ τοῦτ' ἐπιθυμεῖν ἐξεδίδαξα
νικᾶν ἀεὶ τοὺϲ ἀντιπάλουϲ, κοϲμήϲαϲ ἔργον ἄριϲτον.
Δι. ἐχάρην γοῦν, ἡνίκ' †ἤκουϲα περὶ† Δαρείου τεθνεῶτοϲ,
ὁ χορὸϲ δ' εὐθὺϲ τὼ χεῖρ' ὡδὶ ϲυγκρούϲαϲ εἶπεν· "ἰαυοῖ."
Αι. ταῦτα γὰρ ἄνδραϲ χρὴ ποιητὰϲ ἀϲκεῖν. ϲκέψαι γὰρ ἀπ' ἀρχῆϲ
ὡϲ ὠφέλιμοι τῶν ποιητῶν οἱ γενναῖοι γεγένηνται.
Ὀρφεὺϲ μὲν γὰρ τελετάϲ θ' ἡμῖν κατέδειξε φόνων τ' ἀπέχεϲθαι,
Μουϲαῖοϲ δ' ἐξακέϲειϲ τε νόϲων καὶ χρηϲμούϲ, Ἡϲίοδοϲ δὲ
γῆϲ ἐργαϲίαϲ, καρπῶν ὥραϲ, ἀρότουϲ· ὁ δὲ θεῖοϲ Ὅμηροϲ

1019 *τί ϲὺ* R: *ϲὺ τί* VAKL *γενναίουϲ* R: *ἀνδρείουϲ* VAKL *ἐξεδίδαξαϲ* R: *ἐξέδειξαϲ* V: *ἐδίδαξαϲ* AKL 1023 *τουτὶ μέν*] *τοῦτο μὲν ἓν* A. Palmer *μέν ϲοι*] *μέντοι* Reisig: *γ' ἕν ϲοι* Blaydes 1026 *ἐξεδίδαξα* Bentley: *ἐδίδαξα* codd. 1028 †*ἤκουϲα περὶ* †] *γ' ἤκουϲαν παρὰ* Richards (*παρὰ* iam Bothe): *ἐπήκοοϲ ἦ τοῦ* Dover: alii alia 1032 *μὲν* RL: om. VAK

ἀπὸ τοῦ τιμὴν καὶ κλέοϲ ἔϲχεν πλὴν τοῦδ᾽, ὅτι χρήϲτ᾽ ἐδίδαξεν,
τάξειϲ, ἀρετάϲ, ὁπλίϲειϲ ἀνδρῶν;
Δι. καὶ μὴν οὐ Παντακλέα γε
ἐδίδαξεν ὅμωϲ τὸν ϲκαιότατον. πρῴην γοῦν, ἡνίκ᾽ ἔπεμπεν,
τὸ κράνοϲ πρῶτον περιδηϲάμενοϲ τὸν λόφον ἤμελλ᾽ ἐπιδήϲειν.
Αι. ἀλλ᾽ ἄλλουϲ τοι πολλοὺϲ ἀγαθούϲ, ὧν ἦν καὶ Λάμαχοϲ ἥρωϲ·
ὅθεν ἡμὴ φρὴν ἀπομαξαμένη πολλὰϲ ἀρετὰϲ ἐποίηϲεν,
Πατρόκλων, Τεύκρων θυμολεόντων, ἵν᾽ ἐπαίροιμ᾽ ἄνδρα πολίτην
ἀντεκτείνειν αὑτὸν τούτοιϲ, ὁπόταν ϲάλπιγγοϲ ἀκούϲῃ.
ἀλλ᾽ οὐ μὰ Δί᾽ οὐ Φαίδραϲ ἐποίουν πόρναϲ οὐδὲ Ϲθενεβοίαϲ,
οὐδ᾽ οἶδ᾽ οὐδεὶϲ ἥντιν᾽ ἐρῶϲαν πώποτ᾽ ἐποίηϲα γυναῖκα.
Ευ. μὰ Δί᾽, οὐ γὰρ ἐπῆν τῆϲ Ἀφροδίτηϲ οὐδέν ϲοι.
Αι. μηδέ γ᾽ ἐπείη·
ἀλλ᾽ ἐπί τοι ϲοὶ καὶ τοῖϲ ϲοῖϲιν πολλὴ πολλοῦ ᾽πικαθῆτο,
ὥϲτε γε καὐτὸν ϲὲ κατ᾽ οὖν ἔβαλεν.
Δι. νὴ τὸν Δία τοῦτό γέ τοι δή.
ἃ γὰρ εἰϲ τὰϲ ἀλλοτρίαϲ ἐποίειϲ, αὐτὸϲ τούτοιϲιν ἐπλήγηϲ.

1035 *ἔϲχεν* V (sed hanc vocem ante *καὶ κλέοϲ* transp.), L: *ἔϲχε* RAK *τοῦδ᾽* Bentley: *τοῦθ᾽* codd. 1039 *τοι* AL: *τε* V: *γε* RK *ἀγαθούϲ* LUVs1: *κἀγαθούϲ* RVAK 1040 *πολλὰϲ*] *πολλάκιϲ* R 1042 *αὑτὸν* ΘL: *αὐτὸν* cett. 1044 *οὐδεὶϲ* Porson: *οὐδ᾽ εἰϲ* R: *εἰϲ* VAK (*οὐδ᾽ οἶδ᾽ εἶϲ* L) post *ἐρῶϲαν* add. *ἐγὼ* AUVs1 1045 *οὐ* AL: *οὐδὲ* RVK *ἐπῆν*] *ἦν* R 1046 *τοι ϲοὶ* Dindorf: *ϲοί τοι* codd. *᾽πικαθῆτο* Vs1s.l., Par20[pc], Bentley: *γ᾽ ἐπικαθῆτο* L: *᾽πικαθοῖτο* cett. 1047 *ϲὲ* Blaydes: *ϲε* codd. *κατ᾽ οὖν ἔβαλεν*] *κάτω ᾽νέβαλεν* L: *κάτω βάλλειν* von Velsen *τοι*] *ϲοὶ* Merry

Ευ. καὶ τί βλάπτουϲ', ὦ ϲχέτλι' ἀνδρῶν, τὴν πόλιν ἁμαὶ Ϲθενέβοιαι;
Αι. ὅτι γενναίαϲ καὶ γενναίων ἀνδρῶν ἀλόχουϲ ἀνέπειϲαϲ
κώνεια πιεῖν αἰϲχυνθείϲαϲ διὰ τοὺϲ ϲοὺϲ Βελλεροφόνταϲ.
Ευ. πότερον δ' οὐκ ὄντα λόγον τοῦτον περὶ τῆϲ Φαίδραϲ ξυνέθηκα;
Αι. μὰ Δί', ἀλλ' ὄντ'· ἀλλ' ἀποκρύπτειν χρὴ τὸ πονηρὸν τόν γε ποιητήν,
καὶ μὴ παράγειν μηδὲ διδάϲκειν. τοῖϲ μὲν γὰρ παιδαρίοιϲίν
ἐϲτι διδάϲκαλοϲ ὅϲτιϲ φράζει, τοῖϲιν δ' ἡβῶϲι ποιηταί.
πάνυ δὴ δεῖ χρηϲτὰ λέγειν ἡμᾶϲ.
Ευ. ἢν οὖν ϲὺ λέγῃϲ Λυκαβηττοὺϲ
καὶ Παρναϲϲῶν ἡμῖν μεγέθη, τοῦτ' ἐϲτὶ τὸ χρηϲτὰ διδάϲκειν,
ὃν χρὴ φράζειν ἀνθρωπείωϲ;
Αι. ἀλλ', ὦ κακόδαιμον, ἀνάγκη
μεγάλων γνωμῶν καὶ διανοιῶν ἴϲα καὶ τὰ ῥήματα τίκτειν.
κἄλλωϲ εἰκὸϲ τοὺϲ ἡμιθέουϲ τοῖϲ ῥήμαϲι μείζοϲι χρῆϲθαι·
καὶ γὰρ τοῖϲ ἱματίοιϲ ἡμῶν χρῶνται πολὺ ϲεμνοτέροιϲιν.
ἁμοῦ χρηϲτῶϲ καταδείξαντοϲ διελυμήνω ϲύ.
Ευ. τί δράϲαϲ;

1049 *ἁμαὶ* Elmsley: *ἐμαὶ* R: *αἱμαὶ* vel sim. cett. 1050 *γενναίαϲ* VAL: *-ουϲ* RK 1051 *πιεῖν* AK: *πίνειν* RVL, quo recepto *κώνεα* Radermacher 1052 *τοῦτον* U, Daubuz: *τοιοῦτον* cett. 1054 *μηδὲ*] *μήτε* R 1055 *τοῖϲιν* R: *τοῖϲ* VAK 1056 *δὴ* E^pc MUΘL: om. R: *δὲ δὴ* VK: *δὲ* A 1057 *Παρναϲϲῶν*] *-αϲῶν* AL, Su. *λ* 794 (codd. praeter A): *Παρνήθων* Bentley ; cf. ad *Ach.* 348 1058 *ὃν χρὴ*] *οὐ χρῆν* Fritzsche, cf. *Eq.* 535: *οὐ χρὴ* Blaydes: *ἁχρῆν* Platt

Αι. πρῶτον μὲν τοὺϲ βαϲιλεύονταϲ ῥάκι᾽ ἀμπιϲχών, ἵν᾽ ἐλεινοὶ
τοῖϲ ἀνθρώποιϲ φαίνοιντ᾽ εἶναι.
Ευ. τοῦτ᾽ οὖν ἔβλαψά τι δράϲαϲ;
Αι. οὔκουν ἐθέλει γε τριηραρχεῖν πλουτῶν οὐδεὶϲ διὰ ταῦτα,
ἀλλὰ ῥακίοιϲ περιιλάμενοϲ κλάει καὶ φηϲὶ πένεϲθαι.
Δι. νὴ τὴν Δήμητρα χιτῶνά γ᾽ ἔχων οὔλων ἐρίων ὑπένερθεν.
κἂν ταῦτα λέγων ἐξαπατήϲῃ, περὶ τοὺϲ ἰχθῦϲ ἀνέκυψεν.
Αι. εἶτ᾽ αὖ λαλιὰν ἐπιτηδεῦϲαι καὶ ϲτωμυλίαν ἐδίδαξαϲ,
ἣ ᾽ξεκένωϲεν τάϲ τε παλαίϲτραϲ καὶ τὰϲ πυγὰϲ ἐνέτριψεν
τῶν μειρακίων ϲτωμυλλομένων, καὶ τοὺϲ Παράλουϲ ἀνέπειϲεν
ἀνταγορεύειν τοῖϲ ἄρχουϲιν. καίτοι τότε γ᾽, ἡνίκ᾽ ἐγὼ ᾽ζων,
οὐκ ἠπίϲταντ᾽ ἀλλ᾽ ἢ μᾶζαν καλέϲαι καὶ "ῥυππαπαῖ" εἰπεῖν.
Δι. νὴ τὸν Ἀπόλλω, καὶ προϲπαρδεῖν γ᾽ εἰϲ τὸ ϲτόμα τῷ θαλάμακι,
καὶ μινθῶϲαι τὸν ξύϲϲιτον κἀκβάϲ τινα λωποδυτῆϲαι·
νῦν δ᾽ ἀντιλέγει κοὐκέτ᾽ ἐλαύνει· πλεῖ δευρὶ καὖθιϲ ἐκεῖϲε.

1063 *ἀμπιϲχών* Br1, Dindorf, Fritzsche: *ἀμπίϲχων* fere cett. (sine accentu R) *ἐλεινοὶ* Bentley: *ἐλεεινοὶ* codd. 1064 *φαίνοιντ᾽* R: *φαίνωνται* VAK: *φαίνωντ᾽* L *τι* U, Bentley: *τί* cett. 1066 *περιιλάμενοϲ* Cobet: *περιειλάμενοϲ* sch., Photius: *περιειλ(λ)όμενοϲ* RAL, lm. sch. R: *περιιλλόμενοϲ* VK, lm. sch. VE 1068 *περὶ* MUVb3Vs1, Su. χ 320 codd. praeter M: *παρὰ* cett. 1070 *᾽ξεκένωϲεν* UVs1L: *-ωϲε* cett. *ἐνέτριψεν*] *ἐπέτριψεν* Meineke 1072 *ἄρχουϲιν* UVs1: *-ϲι* cett. 1073 *καλέϲαι*] *κάψαι* van Herwerden *ῥυππαπαῖ* lm. sch. VE, Hsch., Su. ρ 300: *ῥυπαπαῖ* vel sim. cett. 1076 *ἐλαύνει* Hermann: *ἐλαύνει καὶ* codd.: *ἐλαύνων* Fritzsche

Αι. ποίων δὲ κακῶν οὐκ αἴτιός ἐςτ';
οὐ προαγωγοὺς κατέδειξ' οὗτος,
καὶ τικτούςας ἐν τοῖς ἱεροῖς,
καὶ μειγνυμένας τοῖςιν ἀδελφοῖς,
καὶ φαςκούςας οὐ ζῆν τὸ ζῆν;
κᾆτ' ἐκ τούτων ἡ πόλις ἡμῶν
ὑπογραμματέων ἀνεμεςτώθη
καὶ βωμολόχων δημοπιθήκων
ἐξαπατώντων τὸν δῆμον ἀεί,
λαμπάδα δ' οὐδεὶς οἷός τε φέρειν
ὑπ' ἀγυμναςίας ἔτι νυνί.
Δι. μὰ Δί' οὐ δῆθ', ὥςτ' ἐπαφηυάνθην
Παναθηναίοιςι γελῶν, ὅτε δὴ
βραδὺς ἄνθρωπός τις ἔθει κύψας,
λευκός, πίων, ὑπολειπόμενος
καὶ δεινὰ ποιῶν· κᾆθ' οἱ Κεραμῆς
ἐν ταῖςι πύλαις παίους' αὐτοῦ
γαςτέρα, πλευράς, λαγόνας, πυγήν,
ὁ δὲ τυπτόμενος ταῖςι πλατείαις
ὑποπερδόμενος
φυςῶν τὴν λαμπάδ' ἔφευγεν.

Χο. μέγα τὸ πρᾶγμα, πολὺ τὸ νεῖκος, ἁδρὸς ὁ πόλεμος
ἔρχεται. [*στρ.*
χαλεπὸν οὖν ἔργον διαιρεῖν, ὅταν ὁ μὲν τείνῃ
βιαίως,
ὁ δ' ἐπαναςτρέφειν δύνηται κἀντερείδεςθαι τορῶς.
ἀλλὰ μὴ 'ν ταὐτῷ κάθηςθον·
εἰςβολαὶ γάρ εἰςι πολλαὶ χἄτεραι ςοφιςμάτων.

1078 *δὲ* RL: *τε* VAK 1081 *μειγνυμένας* Coulon: *μιγν-* codd. 1087 *φέρειν*] *τρέχειν* vel *δραμεῖν* dubitanter Blaydes 1089 *Δί'*] *Δία γ'* R *ὥςτ' ἐπαφηυάνθην* Bentley: *ὥςτ' ἐπαφαυ-* vel sim. R, Su. ε 2000: *ὥςτ' ἀπαφαυ-* VAK: *ὥςτ' ἀπεφαυ-* L: *ὥςτε γ' ἀφαυ-* Hermann 1099 *ἁδρὸς*] *ἀνδρὸς* R *ἔρχεται*] *ἄρχεται* vel *αἴρεται* Blaydes 1102 *κἀντερείδεςθαι* Blaydes: *κἀπ-* codd.

ὅ τι περ οὖν ἔχετον ἐρίζειν,
λέγετον, ἔπιτον, ἀνὰ ⟨δὲ⟩ δέρετον
τά τε παλαιὰ καὶ τὰ καινά,
κἀποκινδυνεύετον λεπτόν τι καὶ ϲοφὸν λέγειν

εἰ δὲ τοῦτο καταφοβεῖϲθον, μή τιϲ ἀμαθία προϲῇ [ἀντ.
τοῖϲ θεωμένοιϲιν, ὡϲ τὰ λεπτὰ μὴ γνῶναι
λεγόντοιν,
μηδὲν ὀρρωδεῖτε τοῦθ', ὡϲ οὐκέθ' οὕτω ταῦτ' ἔχει.
ἐϲτρατευμένοι γάρ εἰϲι,
βιβλίον τ' ἔχων ἕκαϲτοϲ μανθάνει τὰ δεξιά·
αἱ φύϲειϲ τ' ἄλλωϲ κράτιϲται,
νῦν δὲ καὶ παρηκόνηνται.
μηδὲν οὖν δείϲητον, ἀλλὰ
πάντ' ἐπέξιτον, θεατῶν γ' οὕνεχ', ὡϲ ὄντων ϲοφῶν.

Ευ. καὶ μὴν ἐπ' αὐτοὺϲ τοὺϲ προλόγουϲ ϲου τρέψομαι,
ὅπωϲ τὸ πρῶτον τῆϲ τραγῳδίαϲ μέροϲ
πρώτιϲτον αὐτοῦ βαϲανιῶ τοῦ δεξιοῦ.
ἀϲαφὴϲ γὰρ ἦν ἐν τῇ φράϲει τῶν πραγμάτων.
Δι. καὶ ποῖον αὐτοῦ βαϲανιεῖϲ;
Ευ. πολλοὺϲ πάνυ.
πρῶτον δέ μοι τὸν ἐξ Ὀρεϲτείαϲ λέγε.
Δι. ἄγε δή, ϲιώπα πᾶϲ ἀνήρ. λέγ', Αἰϲχύλε.
Αι. "Ἑρμῆ χθόνιε, πατρῷ' ἐποπτεύων κράτη,
ϲωτὴρ γενοῦ μοι ϲύμμαχόϲ τ' αἰτουμένῳ.
ἥκω γὰρ εἰϲ γῆν τήνδε καὶ κατέρχομαι."
Δι. τούτων ἔχειϲ ψέγειν τι;
Ευ. πλεῖν ἢ δώδεκα.
Δι. ἀλλ' οὐδὲ πάντα ταῦτά γ' ἔϲτ' ἀλλ' ἢ τρία.

1106 suppl. Thiersch: ⟨τε⟩ Dobree 1110 ὡϲ τὰ] ὥϲτε Blaydes, Madvig 1112 ὀρρωδεῖτε τοῦθ'] ὀρρωδεῖτον αὔθ' Blaydes 1115 τ'] δ' R 1119 ϲου] ϲοι AUΘ[ac] 1122 v. del. Bergk πραγμάτων] ῥημάτων Eγρ, v.l. ap. sch. 1124 τὸν] τιν' Wieseler 1130 πάντα post ταῦτα transp. R

Ευ. ἔχει δ' ἕκαϲτον εἴκοϲίν γ' ἁμαρτίαϲ.
Δι. Αἰϲχύλε, παραινῶ ϲοι ϲιωπᾶν· εἰ δὲ μή,
πρὸϲ τριϲὶν ἰαμβείοιϲι προϲοφείλων φανεῖ.
Αι. ἐγὼ ϲιωπῶ τῷδ';
Δι. ἐὰν πείθῃ γ' ἐμοί.
Ευ. εὐθὺϲ γὰρ ἡμάρτηκεν, οὐράνιον γ' ὅϲον.
Αι. ὁρᾷϲ ὅτι ληρεῖϲ; ἀλλ' ὀλίγον γέ μοι μέλει.
πῶϲ φῄϲ μ' ἁμαρτεῖν;
Ευ. αὖθιϲ ἐξ ἀρχῆϲ λέγε.
Αι. "Ἑρμῆ χθόνιε, πατρῷ' ἐποπτεύων κράτη."
Ευ. οὔκουν Ὀρέϲτηϲ τοῦτ' ἐπὶ τῷ τύμβῳ λέγει
τῷ τοῦ πατρὸϲ τεθνεῶτοϲ;
Αι. οὐκ ἄλλωϲ λέγω.
Ευ. πότερ' οὖν τὸν Ἑρμῆν, ὡϲ ὁ πατὴρ ἀπώλετο
αὐτοῦ βιαίωϲ ἐκ γυναικείαϲ χερὸϲ
δόλοιϲ λαθραίοιϲ, ταῦτ' "ἐποπτεύειν" ἔφη;
Αι. οὐ δῆτ' ἐκεῖνοϲ, ἀλλὰ τὸν Ἐριούνιον
Ἑρμῆν χθόνιον προϲεῖπε, κἀδήλου λέγων
ὁτιὴ πατρῷον τοῦτο κέκτηται γέραϲ—
Ευ. ἔτι μεῖζον ἐξήμαρτεϲ ἢ 'γὼ 'βουλόμην·
εἰ γὰρ πατρῷον τὸ χθόνιον ἔχει γέραϲ—
Δι. οὕτω γ' ἂν εἴη πρὸϲ πατρὸϲ τυμβωρύχοϲ.
Αι. Διόνυϲε, πίνειϲ οἶνον οὐκ ἀνθοϲμίαν.
Δι. λέγ' ἕτερον αὐτῷ· ϲὺ δ' ἐπιτήρει τὸ βλάβοϲ.
Αι. "ϲωτὴρ γενοῦ μοι ϲύμμαχόϲ τ' αἰτουμένῳ.
ἥκω γὰρ εἰϲ γῆν τήνδε καὶ κατέρχομαι."
Ευ. δὶϲ ταὐτὸν ἡμῖν εἶπεν ὁ ϲοφὸϲ Αἰϲχύλοϲ.
Δι. πῶϲ δίϲ;
Ευ. ϲκόπει τὸ ῥῆμ'· ἐγὼ δέ ϲοι φράϲω.

1132–5 vv. del. Wilamowitz, 1132–6 Meineke 1133 ἰαμβείοιϲι AL: ἰαμβείοιϲ VK: ἰάμβοιϲιν R προϲοφείλων] πόϲ' ὀφείλων Tammaro 1134 τῷδ'] τῷδέ γ' L ἐὰν RA: ἂν VKL 1135 γ' del. Hermann 1136 ἀλλ' ... μέλει] haec verba Libero vel Euripidi tribuunt quidam 1144 ἐκεῖνοϲ R: -ον cett.: -ό γ' Dobree 1147 μεῖζον] μᾶλλον R ἐξήμαρτεϲ VAL: -εν RK 1149 οὕτω γ'] οὕτωϲ R

“ἥκω γὰρ εἰϲ γῆν,” φηϲί, “καὶ κατέρχομαι·”
“ἥκω” δὲ ταὐτόν ἐϲτι τῷ “κατέρχομαι”.
Δι. νὴ τὸν Δί’, ὥϲπερ γ’ εἴ τιϲ εἴποι γείτονι,
“χρῆϲον ϲὺ μάκτραν, εἰ δὲ βούλει, κάρδοπον.”
Αι. οὐ δῆτα τοῦτό γ’, ὦ κατεϲτωμυλμένε
ἄνθρωπε, ταὔτ’ ἔϲτ’, ἀλλ’ ἄριϲτ’ ἐπῶν ἔχον.
Δι. πῶϲ δή; δίδαξον γάρ με καθ’ ὅτι δὴ λέγειϲ;
Αι. ‘ἐλθεῖν’ μὲν εἰϲ γῆν ἔϲθ’ ὅτῳ μετῇ πάτραϲ·
χωρὶϲ γὰρ ἄλληϲ ϲυμφορᾶϲ ἐλήλυθεν·
φεύγων δ’ ἀνὴρ ‘ἥκει’ τε καὶ ‘κατέρχεται’.
Δι. εὖ, νὴ τὸν Ἀπόλλω. τί ϲὺ λέγειϲ, Εὐριπίδη;
Ευ. οὔ φημι τὸν Ὀρέϲτην κατελθεῖν οἴκαδε·
λάθρᾳ γὰρ ἦλθεν, οὐ πιθὼν τοὺϲ κυρίουϲ.
Δι. εὖ, νὴ τὸν Ἑρμῆν· ὅ τι λέγειϲ δ’ οὐ μανθάνω.
Ευ. πέραινε τοίνυν ἕτερον.
Δι. ἴθι, πέραινε ϲύ,
Αἰϲχύλ’, ἀνύϲαϲ· ϲὺ δ’ εἰϲ τὸ κακὸν ἀπόβλεπε.
Αι. “τύμβου δ’ ἐπ’ ὄχθῳ τῷδε κηρύϲϲω πατρὶ
κλύειν, ἀκοῦϲαι.”
Ευ. τοῦθ’ ἕτερον αὖ δὶϲ λέγει,
“κλύειν, ἀκοῦϲαι”, ταὐτὸν ὂν ϲαφέϲτατα.
Δι. τεθνηκόϲιν γὰρ ἔλεγεν, ὦ μόχθηρε ϲύ,
οἷϲ οὐδὲ τρὶϲ λέγοντεϲ ἐξικνούμεθα.
ϲὺ δὲ πῶϲ ἐποίειϲ τοὺϲ προλόγουϲ;
Ευ. ἐγὼ φράϲω.
κἄν που δὶϲ εἴπω ταὐτόν, ἢ ϲτοιβὴν ἴδῃϲ
ἐνοῦϲαν ἔξω τοῦ λόγου, κατάπτυϲον.

1157 ἥκω Gellius *NA*. 13.25.7: ἥκειν codd. 1158 γ’ om. K 1161 ταὔτ’ Brunck (*idem* Divus): ταῦτ’ RVAK: ταύτῃ L 1162 v. Libero tribuit Scaliger 1163 ἐλθεῖν . . . γῆν] εἰϲ γῆν μὲν ἐλθεῖν Su. η 181 1173, 1174 fortasse κλυεῖν scribendum censuit Wilamowitz 1173 αὖ δὶϲ Bake: αὖθιϲ codd. 1175 μόχθηρε hoc accentu RVAL 1175–6 vv. Aeschylo tribuit Bergk 1176 οἷϲ] ὧν Blaydes 1177 sunt qui ϲὺ . . . προλόγουϲ; Aeschylo tribuant

Δι. ἴθι δή, λέγ'· οὐ γὰρ μοὔϲτιν ἀλλ' ἀκουϲτέα
τῶν ϲῶν προλόγων τῆϲ ὀρθότητοϲ τῶν ἐπῶν.
Ευ. "ἦν Οἰδίπουϲ τὸ πρῶτον εὐτυχὴϲ ἀνήρ"—
Αι. μὰ τὸν Δί' οὐ δῆτ', ἀλλὰ κακοδαίμων φύϲει.
ὅντινά γε πρὶν φῦναι μὲν Ἀπόλλων ἔφη
ἀποκτενεῖν τὸν πατέρα, πρὶν καὶ γεγονέναι·
πῶϲ οὗτοϲ ἦν τὸ πρῶτον εὐτυχὴϲ ἀνήρ;
Ευ. "εἶτ' ἐγένετ' αὖθιϲ ἀθλιώτατοϲ βροτῶν."
Αι. μὰ τὸν Δί' οὐ δῆτ', οὐ μὲν οὖν ἐπαύϲατο.
πῶϲ γάρ; ὅτε δὴ πρῶτον μὲν αὐτὸν γενόμενον
χειμῶνοϲ ὄντοϲ ἐξέθεϲαν ἐν ὀϲτράκῳ,
ἵνα μὴ 'κτραφεὶϲ γένοιτο τοῦ πατρὸϲ φονεύϲ·
εἶθ' ὡϲ Πόλυβον ἤρρηϲεν οἰδῶν τὼ πόδε·
ἔπειτα γραῦν ἔγημεν αὐτὸϲ ὢν νέοϲ
καὶ πρόϲ γε τούτοιϲ τὴν ἑαυτοῦ μητέρα·
εἶτ' ἐξετύφλωϲεν αὑτόν.
Δι. εὐδαίμων ἄρ' ἦν,
εἰ κἀϲτρατήγηϲέν γε μετ' Ἐραϲινίδου.
Ευ. ληρεῖϲ· ἐγὼ δὲ τοὺϲ προλόγουϲ καλῶϲ ποιῶ.
Αι. καὶ μὴν μὰ τὸν Δί' οὐ κατ' ἔποϲ γέ ϲου κνίϲω
τὸ ῥῆμ' ἕκαϲτον, ἀλλὰ ϲὺν τοῖϲιν θεοῖϲ
ἀπὸ ληκυθίου ϲου τοὺϲ προλόγουϲ διαφθερῶ.
Ευ. ἀπὸ ληκυθίου ϲὺ τοὺϲ ἐμούϲ;
Αι. ἑνὸϲ μόνου.
ποιεῖϲ γὰρ οὕτωϲ ὥϲτ' ἐναρμόττειν ἅπαν,
καὶ κῳδάριον καὶ ληκύθιον καὶ θυλάκιον,
ἐν τοῖϲ ἰαμβείοιϲι. δείξω δ' αὐτίκα.

1180 ἀλλὰ post γὰρ transp. Blaydes ἀκουϲτέα] -έον R, V[ac], v.l. ap. Su. ο 770: γευϲτέα Richards 1182 εὐτυχὴϲ VAKL, sch. ad Aesch. *S.c.T.* 775, Favorinus *De exilio* iv. 40, *de fortuna* 6: εὐδαίμων R, sch. ad Aesch. *S.c.T.* 772 1184 γε om. R Ἀπόλλων Bekker: Ἄ- codd. plerique: Ὦ- E[pc]U 1185 πρὶν ... γεγονέναι ut interrogationem Libero tribuit van Leeuwen 1186 εὐτυχὴϲ omnes codd. 1192 post hunc v. lacunam unius v. statuit von Velsen 1195 ἄρ'] γ' ἂν Blaydes 1197 καλοὺϲ] καλῶϲ A 1200 διαφθερῶ] ἀποφθερῶ sch. ad v. 1262 1203 θυλάκιον] θύλακον fortasse legit scholiasta

Ευ. ἰδού, ϲὺ δείξειϲ;
Αι. φημί.
Ευ. καὶ δὴ χρὴ λέγειν.
"Αἴγυπτοϲ, ὡϲ ὁ πλεῖϲτοϲ ἔϲπαρται λόγοϲ,
ξὺν παιϲὶ πεντήκοντα ναυτίλῳ πλάτῃ
Ἄργοϲ καταϲχών"—
Αι. ληκύθιον ἀπώλεϲεν.
Δι. τουτὶ τί ἦν τὸ ληκύθιον; οὐ κλαύϲεται;
λέγ' ἕτερον αὐτῷ πρόλογον, ἵνα καὶ γνῶ πάλιν.
Ευ. "Διόνυϲοϲ, ὃϲ θύρϲοιϲι καὶ νεβρῶν δοραῖϲ
καθαπτὸϲ ἐν πεύκαιϲι Παρναϲϲὸν κάτα
πηδᾷ χορεύων"—
Αι. ληκύθιον ἀπώλεϲεν.
Δι. οἴμοι, πεπλήγμεθ' αὖθιϲ ὑπὸ τῆϲ ληκύθου.
Ευ. ἀλλ' οὐδὲν ἔϲται πρᾶγμα· πρὸϲ γὰρ τουτονὶ
τὸν πρόλογον οὐχ ἕξει προϲάψαι λήκυθον.
"οὐκ ἔϲτιν ὅϲτιϲ πάντ' ἀνὴρ εὐδαιμονεῖ·
ἢ γὰρ πεφυκὼϲ ἐϲθλὸϲ οὐκ ἔχει βίον,
ἢ δυϲγενὴϲ ὢν"—
Αι. ληκύθιον ἀπώλεϲεν.
Δι. Εὐριπίδη—
Ευ. τί ἐϲτιν;
Δι. ὑφέϲθαι μοι δοκεῖ·
τὸ ληκύθιον γὰρ τοῦτο πνευϲεῖται πολύ.
Ευ. οὐδ' ἂν μὰ τὴν Δήμητρα φροντίϲαιμί γε·
νυνὶ γὰρ αὐτοῦ τοῦτό γ' ἐκκεκόψεται.
Δι. ἴθι δή, λέγ' ἕτερον κἀπέχου τῆϲ ληκύθου.
Ευ. "Ϲιδώνιόν ποτ' ἄϲτυ Κάδμοϲ ἐκλιπὼν
Ἀγήνοροϲ παῖϲ"—
Αι. ληκύθιον ἀπώλεϲεν.

1205 *καὶ . . . λέγειν* Libero tribuere possis 1210 *ἵνα καὶ*] *ἵν' ἐγὼ* Blaydes 1212 *πεύκαιϲι* RL: *πεύκῃϲι* cett.: fortasse -*ῃϲι* scribendum 1216 *λήκυθον*] *ληκύθιον* R 1220 *ἐϲτιν*] *ἐϲθ'* Bentley *δοκεῖ* Kuster: *δοκεῖϲ* codd. 1222 *Δήμητρα* VKL: -*αν* RA

Δι. ὦ δαιμόνι' ἀνδρῶν, ἀποπρίω τὴν λήκυθον,
ἵνα μὴ διακναίϲῃ τοὺϲ προλόγουϲ ἡμῶν.
Ευ. τὸ τί;
ἐγὼ πρίωμαι τῷδ';
Δι. ἐὰν πείθῃ γ' ἐμοί.
Ευ. οὐ δῆτ', ἐπεὶ πολλοὺϲ προλόγουϲ ἔχω λέγειν
ἵν' οὗτοϲ οὐχ ἕξει προϲάψαι λήκυθον.
"Πέλοψ ὁ Ταντάλειοϲ εἰϲ Πῖϲαν μολὼν
θοαῖϲιν ἵπποιϲ"—
Αι. ληκύθιον ἀπώλεϲεν.
Δι. ὁρᾷϲ, προϲῆψεν αὖθιϲ αὖ τὴν λήκυθον.
ἀλλ', ὦγάθ', ἔτι καὶ νῦν πρίω πάϲῃ τέχνῃ·
λήψει γὰρ ὀβολοῦ πάνυ καλήν τε κἀγαθήν.
Ευ. μὰ τὸν Δί' οὔπω γ'· ἔτι γὰρ εἰϲί μοι ϲυχνοί.
"Οἰνεύϲ ποτ' ἐκ γῆϲ"—
Αι. ληκύθιον ἀπώλεϲεν.
Ευ. ἔαϲον εἰπεῖν πρῶθ' ὅλον με τὸν ϲτίχον.
"Οἰνεύϲ ποτ' ἐκ γῆϲ πολύμετρον λαβὼν ϲτάχυν
θύων ἀπαρχάϲ"—
Αι. ληκύθιον ἀπώλεϲεν.
Δι. μεταξὺ θύων; καὶ τίϲ αὔθ' ὑφείλετο;
Ευ. ἔαϲον, ὦ τᾶν· πρὸϲ τοδὶ γὰρ εἰπάτω.
"Ζεύϲ, ὡϲ λέλεκται τῆϲ ἀληθείαϲ ὕπο"—
Δι. ἀπολεῖϲ· ἐρεῖ γὰρ "ληκύθιον ἀπώλεϲεν."
τὸ ληκύθιον γὰρ τοῦτ' ἐπὶ τοῖϲ προλόγοιϲί ϲου
ὥϲπερ τὰ ϲῦκ' ἐπὶ τοῖϲιν ὀφθαλμοῖϲ ἔφυ.
ἀλλ' εἰϲ τὰ μέλη πρὸϲ τῶν θεῶν αὐτοῦ τραποῦ.
Ευ. καὶ μὴν ἔχω γ' οἷϲ αὐτὸν ἀποδείξω κακὸν

1228 ἡμῶν] an ἡμῖν? τὸ τί;] ἔτι (a Libero dictum) Kock 1230 ἔχω Dobree: ἕξω codd. 1231 λήκυθον] ληκύθιον R 1235 πρίω Hamaker: ἀπόδοϲ RVK: ἀπόδου A, sch. RVE 1240 πολύμετρον] πολύβοτρυν v.l. ap. sch. R, Par20γρ λαβὼν post ϲτάχυν transp. E[pc]U 1243 ἔαϲον RM[pc]Us.l.Vs1s.l.: ἔα αὐτόν cett. 1245 ἀπολεῖϲ RAK: ἀπολεῖ ϲ' VL 1248 τραποῦ] τράπου RV 1249 οἷϲ Dobree: ὡϲ codd.

μελοποιὸν ὄντα καὶ ποιοῦντα ταὔτ' ἀεί.
Χο. τί ποτε πρᾶγμα γενήϲεται;
φροντίζειν γὰρ ἐγὼ οὐκ ἔχω,
τίν' ἄρα μέμψιν ἐποίϲει
ἀνδρὶ τῷ πολὺ πλεῖϲτα δὴ
καὶ κάλλιϲτα μέλη ποιή-
ϲαντι τῶν μέχρι νυνί.
θαυμάζω γὰρ ἔγωγ' ὅπῃ
μέμψεταί ποτε τοῦτον
τὸν Βακχεῖον ἄνακτα,
καὶ δέδοιχ' ὑπὲρ αὐτοῦ.
Ευ. πάνυ γε μέλη θαυμαϲτά· δείξει δὴ τάχα.
εἰϲ ἓν γὰρ αὐτοῦ πάντα τὰ μέλη ξυντεμῶ.
Δι. καὶ μὴν λογιοῦμαί γ' αὐτὰ τῶν ψήφων λαβών.
Ευ. Φθιῶτ' Ἀχιλ-
λεῦ, τί ποτ' ἀνδροδάικτον ἀκούων
ἰὴ κόπον οὐ πελάθειϲ ἐπ' ἀρωγάν;
Ἑρμᾶν μὲν πρόγονον τίομεν γένοϲ οἱ περὶ λίμναν.
ἰὴ κόπον οὐ πελάθειϲ ἐπ' ἀρωγάν;
Δι. δύο ϲοι κόπω, Αἰϲχύλε, τούτω.
Ευ. κύδιϲτ' Ἀχαι-
ῶν Ἀτρέωϲ πολυκοίρανε μάνθανέ μου παῖ.
ἰὴ κόπον οὐ πελάθειϲ ἐπ' ἀρωγάν;
Δι. τρίτοϲ, ᾦϲχύλε, ϲοι κόποϲ οὗτοϲ.
Ευ. εὐφαμεῖτε· μελιϲϲονόμοι δόμον Ἀρτέμιδοϲ πέλαϲ
οἴγειν.

1250 ταὔτ' sch. Ald. (ταυτὰ L s.l.): ταῦτ' cett. 1252 ff. duplicem recensionem agnovit Hamaker: 1252–6 ed. posteriori, 1257–60 priori tribuit Meineke 1252 ἐγὼ οὐκ Bentley: ἔγωγ' codd. 1256 μέχρι νυνί Meineke; cf. sch. RE μέχρι νῦν ὄντων: ἔτι νῦν ὄντων codd.: ἐπιόντων Tucker 1261 γε] δὴ R 1263 γ' αὐτὰ Dobree: ταῦτα codd. τῶν ψήφων] τὼ ψήφω Eratosthenes ap. sch. VE post hunc v. add. διαύλιον (vel -ειον) προϲαυλεῖ τιϲ codd., Su. δ 804, sch. ad *Plut.* 352 1265 ἰὴ κόπον distinxit Heath (cf. sch.): ἰήκοπον codd. 1272 ᾦϲχύλε] Αἰϲχύλε L

ἰὴ κόπον οὐ πελάθειϲ ἐπ' ἀρωγάν;
κύριόϲ εἰμι θροεῖν ὅδιον κράτοϲ αἴϲιον ἀνδρῶν.
ἰὴ κόπον οὐ πελάθειϲ ἐπ' ἀρωγάν;
Δι. *ὦ Ζεῦ βαϲιλεῦ, τὸ χρῆμα τῶν κόπων ὅϲον.*
ἐγὼ μὲν οὖν εἰϲ τὸ βαλανεῖον βούλομαι·
ὑπὸ τῶν κόπων γὰρ τὼ νεφρὼ βουβωνιῶ.
Ευ. *μὴ πρίν γ' ἀκούϲῃϲ χἀτέραν ϲτάϲιν μελῶν*
ἐκ τῶν κιθαρῳδικῶν νόμων εἰργαϲμένην.
Δι. *ἴθι δή, πέραινε, καὶ κόπον μὴ προϲτίθει.*

Ευ. *ὅπωϲ Ἀχαι-*
ῶν δίθρονον κράτοϲ, Ἑλλάδοϲ ἥβαϲ,
φλαττοθραττοφλαττοθρατ,
Ϲφίγγα δυϲαμεριᾶν πρύτανιν κύνα πέμπει,
φλαττοθραττοφλαττοθρατ,
ϲὺν δορὶ καὶ χερὶ πράκτορι θούριοϲ ὄρνιϲ,
φλαττοθραττοφλαττοθρατ,
κυρεῖν παρα-
ϲχὼν ἰταμαῖϲ κυϲὶν ἀεροφοίτοιϲ,
φλαττοθραττοφλαττοθρατ,
τὸ ϲυγκλινέϲ τ' ἐπ' Αἴαντι,
φλαττοθραττοφλαττοθρατ.

Δι. *τί τὸ "φλαττοθρατ" τοῦτ' ἐϲτίν; ἐκ Μαραθῶνοϲ ἢ*
πόθεν ϲυνέλεξαϲ ἱμονιοϲτρόφου μέλη;
Αι. *ἀλλ' οὖν ἐγὼ μὲν εἰϲ τὸ καλὸν ἐκ τοῦ καλοῦ*
ἤνεγκον αὔθ', ἵνα μὴ τὸν αὐτὸν Φρυνίχῳ
λειμῶνα Μουϲῶν ἱερὸν ὀφθείην δρέπων·

1276 *ὅδιον* L, Aesch. *Ag.* 104: *ὅϲιον* VAK, Asclepiades ap. sch.: *ὃϲ δῖον* R 1281 *γ'* ⟨*ἂν*⟩ Elmsley, fortasse recte 1285 *ἥβαϲ*] *ἥβαν* L 1286 sqq. *φλαττο-* Fritzsche, cf. sch. ad Dion. Thr. p. 310.33 (*phlatto-* Divus): *τὸ φλαττο-* vel sim. codd. 1287 *δυϲαμεριᾶν* Dindorf: *-ίαν* codd. 1289 *ϲὺν*] *ξὺν* L 1293 *τ'* om. L 1294 hunc v. in quibusdam exemplaribus defuisse testatur Timachidas ap. sch. 1298 *καλοῦ*] *κάλω* Tyrrell

οὗτος δ' ἀπὸ πάντων μεταφέρει, πορνῳδιῶν,
σκολίων Μελήτου, Καρικῶν αὐλημάτων,
θρήνων, χορειῶν. τάχα δὲ δηλωθήσεται.
ἐνεγκάτω τις τὸ λύριον. καίτοι τί δεῖ
λύρας ἐπὶ τοῦτο; ποῦ 'στιν ἡ τοῖς ὀστράκοις
αὕτη κροτοῦσα; δεῦρο, Μοῦσ' Εὐριπίδου,
πρὸς ἥνπερ ἐπιτήδεια ταῦτ' ᾄδειν μέλη.

Δι. αὕτη ποθ' ἡ Μοῦσ' οὐκ ἐλεσβίαζεν, οὔ.

Δι. ἀλκυόνες, αἳ παρ' ἀενάοις θαλάσσης
κύμασι στωμύλλετε,
τέγγουσαι νοτίοις πτερῶν
ῥανίσι χρόα δροσιζόμεναι·
αἵ θ' ὑπωρόφιοι κατὰ γωνίας
εἱειειειειειλίσσετε δακτύλοις φάλαγγες
ἱστότονα πηνίσματα,
κερκίδος ἀοιδοῦ μελέτας,
ἵν' ὁ φίλαυλος ἔπαλλε δελ-
φὶς πρῴραις κυανεμβόλοις
μαντεῖα καὶ σταδίους,
οἰνάνθας γάνος ἀμπέλου,
βότρυος ἕλικα παυσίπονον.
περίβαλ', ὦ τέκνον, ὠλένας.

1301 δέ ⟨γ'⟩ Sommerstein, deleto μὲν μεταφέρει Meineke: μὲν φέρει codd.: μέλι φέρει A. Palmer πορνῳδιῶν Meineke: πορνιδίων codd. 1302 σκολίων RL: -ιῶν cett. 1303 χορειῶν E^{pc}UVs1: -είων cett. 1305 τοῦτο Sommerstein (ταῦτα iam Blaydes): τοῦτον VAKL: τουτοῦτον R: τούτων Ct1: τούτῳ Θ^{pc}: τούτου Tucker 1307 ἐπιτήδεια] -ειονα R^{ac} ταῦτ' ΘL: τά γ' ἔστ' R: τάδ' ἔστ' K: ταῦτ' ἔστ' VA 1308 ποθ' . . . ἐλεσβίαζεν, οὔ] πόθ' . . . ἐλεσβίαζε; ποῦ Hermann: an ποθ' . . . ἐλεσβίαζέ που? 1309 ἀενάοις RK: ἀενν- VAL θαλάσσης AL: -σσαις RVK 1311 νοτίοις R: νοτίαις E, sch. V: νοτεροῖς VAK: νοτεραῖς Np1Vs1: νοτερῇς L 1314 ει- sexies R, Su. ει 1: quinquies V: quater KL: semel A (sed quater add. in margine) 1315 ἱστότονα V^{pc}AKL, Su. φ 34 codd. GM^{pc}: ἱστόπονα R: ἱστόγρονα Su. cod. F: ἱστόπινα Su. codd. AVM^{ac} 1322 περίβαλ' KML: περίβαλλ' cett.

ὁρᾷϲ τὸν πόδα τοῦτον;
Ευ. ὁρῶ.
Αι. τί δαί; τοῦτον ὁρᾷϲ;
Δι. ὁρῶ.
Αι. τοιαυτὶ μέντοι cὺ ποιῶν
τολμᾷϲ τἀμὰ μέλη ψέγειν,
ἀνὰ τὸ δωδεκαμήχανον
Κυρήνηϲ μελοποιῶν;

τὰ μὲν μέλη cου ταῦτα· βούλομαι δ' ἔτι
τὸν τῶν μονῳδιῶν διεξελθεῖν τρόπον.

ὦ νυκτὸϲ κελαινοφαὴϲ ὄρφνα,
τίνα μοι δύϲτανον ὄνειρον
πέμπειϲ, ἀφανοῦϲ Ἀίδα πρόμολον,
ψυχὰν ἄψυχον ἔχοντα,
Νυκτὸϲ παῖδα μελαίναϲ,
φρικώδη δεινὰν ὄψιν,
μελανονεκυείμονα,
φόνια φόνια δερκόμενον,
μεγάλουϲ ὄνυχαϲ ἔχοντα;
ἀλλά μοι, ἀμφίπολοι, λύχνον ἅψατε
κάλπιϲί τ' ἐκ ποταμῶν δρόϲον ἄρατε, θέρμετε δ' ὕδωρ,
ὡϲ ἂν θεῖον ὄνειρον ἀποκλύϲω.
ἰὼ πόντιε δαῖμον,
τοῦτ' ἐκεῖν'· ἰ-
ὼ ξύνοικοι, τάδε τέρα θεάϲαϲθε· τὸν ἀλεκτρυόνα
μου ξυναρπά-
ϲαϲα φρούδη Γλύκη.

1323 ὁρῶ Libero tribuere possis 1324 δαί AL: δέ RK: [V] 1325 μέντοι RAL: μὲν VK 1329 ϲου] ϲοι Scaliger 1330 τρόπον R: πόνον VAKL: τόνον Fritzsche 1333 ἀφανοῦϲ Parker: ἐξ ἀφανοῦϲ codd. πρόμολον RVK: πρόπολον A^{ac}: πρόπυλον A^{pc}: πρόϲπολον ut videtur L: προμολῶν Wilamowitz 1335 μελαίναϲ huc transp. Dindorf: ante Νυκτὸϲ praebent codd. 1343 τάδε τέρα L. Dindorf: τάδε τέρατα VAKL: τὰ δ' ἕτερα R

Νύμφαι ὀρεϲϲίγονοι.
ὦ Μανία, ξύλλαβε.
ἐγὼ δ' ἁ τάλαινα
προϲέχουϲ' ἔτυχον ἐμαυτῆϲ
ἔργοιϲι, λίνου μεϲτὸν ἄτρακτον
εἱειειλίϲϲουϲα χεροῖν,
κλωϲτῆρα ποιοῦϲ', ὅπωϲ
κνεφαῖοϲ εἰϲ ἀγορὰν
φέρουϲ' ἀποδοίμαν·
ὁ δ' ἀνέπτατ' ἀνέπτατ' ἐϲ αἰθέρα
κουφοτάταιϲ πτερύγων ἀκμαῖϲ·
ἐμοὶ δ' ἄχε' ἄχεα κατέλιπε,
δάκρυα δάκρυά τ' ἀπ' ὀμμάτων
ἔβαλον ἔβαλον ἁ τλάμων.

ἀλλ' ὦ Κρῆτεϲ, Ἴδαϲ τέκνα, τὰ τόξα ⟨τε⟩ λα-
βόντεϲ ἐπαμύνατε, τὰ κῶλά τ' ἀμπάλλετε κυ-
κλούμενοι τὴν οἰκίαν.
ἅμα δὲ Δίκτυννα παῖϲ ἁ καλά,
τὰϲ κυνίϲκαϲ ἔχουϲ' ἐλθέτω διὰ δόμων πανταχῇ,
ϲὺ δ', ὦ Διόϲ, διπύρουϲ ἀνέχουϲα
λαμπάδαϲ ὀξυτάταϲ χεροῖν Ἑκάτα, παράφηνον
εἰϲ Γλύκηϲ, ὅπωϲ ἂν εἰϲελ-
θοῦϲα φωράϲω.

Δι. παύϲαϲθον ἤδη τῶν μελῶν.
Αι. κἄμοιγ' ἅλιϲ.
ἐπὶ τὸν ϲταθμὸν γὰρ αὐτὸν ἀγαγεῖν βούλομαι,
ὅπερ ἐξελέγξει τὴν ποίηϲιν νῷν μόνον·
τὸ γὰρ βάροϲ νὼ βαϲανιεῖ τῶν ῥημάτων.

1344 ὀρεϲϲίγονοι] ὀρεϲι- V^{ac}AKL, lm. sch. VE 1348 εἱ- ter Parker: quater RK: quinquies VL: sexies A 1352 ἐϲ L: εἰϲ VAK: ἐπ' R 1353 κατέλιπε KM: -λιπεν RAL: -λειπεν V 1355 ἔβαλον bis] ἔλαβον bis R 1356 suppl. Bergk 1359 ἁ Kock: Ἄρτεμιϲ codd. 1366 μόνον RV: μόνοϲ AKL 1367 v. del. Bergk νὼ] νῷν AL

Δι. ἴτε δεῦρό νυν, εἴπερ γε δεῖ καὶ τοῦτό με,
ἀνδρῶν ποιητῶν τυροπωλῆϲαι τέχνην.

Χο. ἐπίπονοί γ' οἱ δεξιοί.
τόδε γὰρ ἕτερον αὖ τέραϲ
νεοχμόν, ἀτοπίαϲ πλέων,
ὃ τίϲ ἂν ἐπενόηϲεν ἄλλοϲ;
μὰ τόν, ἐγὼ μὲν οὐδ' ἂν εἴ τιϲ
ἔλεγέ μοι τῶν παρατυχόντων,
ἐπιθόμην, ἀλλ' ᾠόμην ἂν
αὐτὸν αὐτὰ ληρεῖν.

Δι. ἴθι δή, παρίϲταϲθον παρὰ τὼ πλάϲτιγγ',—
Αι. Ευ. ἰδού.
Δι. καὶ λαβομένω τὸ ῥῆμ' ἑκάτεροϲ εἴπατον,
καὶ μὴ μεθῆϲθον, πρὶν ἂν ἐγὼ ϲφῷν κοκκύϲω.
Αι. Ευ. ἐχόμεθα.
Δι. τοὔποϲ νυν λέγετον εἰϲ τὸν ϲταθμόν.
Ευ. "εἴθ' ὤφελ' Ἀργοῦϲ μὴ διαπτάϲθαι ϲκάφοϲ."
Αι. "Ϲπερχειὲ ποταμὲ βούνομοί τ' ἐπιϲτροφαί."
Δι. κόκκυ.
Αι. Ευ. μεθεῖται.
Δι. καὶ πολύ γε κατωτέρω
χωρεῖ τὸ τοῦδε.
Ευ. καὶ τί ποτ' ἐϲτὶ ταἴτιον;
Δι. ὅ τι; εἰϲέθηκε ποταμόν, ἐριοπωλικῶϲ
ὑγρὸν ποιήϲαϲ τοὔποϲ ὥϲπερ τἄρια,
ϲὺ δ' εἰϲέθηκαϲ τοὔποϲ ἐπτερωμένον.

1369 τυροπωλῆϲαι] τυροπωλεῖν τὴν Blaydes 1372 πλέων AL, Su. α 4374: πλέον RVK 1373 ἐπενόηϲεν ἄλλοϲ] ἐποίηϲεν ἄλλουϲ R post hunc v. lacunam unius v. statuit Hermann, cf. 1486, 1495 1374 οὐδ'] οὐκ Blaydes 1375 παρατυχόντων Wilson: ἐπιτυχόντων codd. 1376 ἐπιθόμην L: ἐπειθόμην RVAK 1378 δὴ] νῦν A 1380 μεθῆϲθον RL: μεθεῖϲθον cett. κοκκύϲω A[pc]KL: κοκύϲω RV 1384, 1393 μεθεῖται Radermacher: μεθεῖτε (Libero continuatum) codd. 1386 ὅ τι; Uckermann: ὅτι codd.

Αι. ἀλλ' ἕτερον εἰπάτω τι κἀντιστηcάτω.
Δι. λάβεcθε τοίνυν αὖθις.
Αι. Ευ. ἦν ἰδού.
Δι. λέγε.
Ευ. "οὐκ ἔcτι Πειθοῦc ἱερὸν ἄλλο πλὴν λόγος."
Αι. "μόνος θεῶν γὰρ Θάνατος οὐ δώρων ἐρᾷ."
Δι. μέθετε.
Αι. Ευ. μεθεῖται.
Δι. καὶ τὸ τοῦδέ γ' αὖ ῥέπει·
θάνατον γὰρ εἰcέθηκε, βαρύτατον κακόν.
Ευ. ἐγὼ δὲ πειθώ γ', ἔπος ἄριcτ' εἰρημένον.
Δι. πειθὼ δὲ κοῦφόν ἐcτι καὶ νοῦν οὐκ ἔχον.
ἀλλ' ἕτερον αὖ ζήτει τι τῶν βαρυcτάθμων,
ὅ τι coὶ καθέλξει, καρτερόν τι καὶ μέγα.
Ευ. φέρε, ποῦ τοιοῦτον δῆτά μοὐcτί; ποῦ;
Δι. φράcω·
"βέβληκ' Ἀχιλλεὺc—" δύο κύβω καὶ τέτταρα.
λέγοιτ' ἄν, ὡc αὕτη 'cτὶ λοιπὴ cφῷν cτάcιc.
Ευ. "cιδηροβριθέc τ' ἔλαβε δεξιᾷ ξύλον."
Αι. "ἐφ' ἅρματος γὰρ ἅρμα καὶ νεκρῷ νεκρός."
Δι. ἐξηπάτηκεν αὖ cε καὶ νῦν.
Ευ. τῷ τρόπῳ;
Δι. δύ' ἅρματ' εἰcέθηκε καὶ νεκρὼ δύο,
ὅc' οὐκ ἂν ἄραιντ' οὐδ' ἑκατὸν Αἰγύπτιοι.
Αι. καὶ μηκέτ' ἔμοιγε κατ' ἔπος, ἀλλ' εἰc τὸν cταθμὸν
αὐτός, τὰ παιδί', ἡ γυνή, Κηφιcοφῶν,

1389 hunc v. Aeschylo tribuit Reiske 1393 *μέθετε* Blass: *μεθεῖτε* codd. 1394 *κακόν*] *κακῶν* AK^{ac}L 1396 *καὶ νοῦν*] *κὤγκον* van Herwerden 1397 *ζήτει τι* VKL: *ζητεῖτε* RA 1398 *coὶ* dubitanter Radt: *coι* codd. *τι* von Bamberg: *τε* codd. 1399 prius *ποῦ*] *ποῖ* R *τοιοῦτον* VK: *-το* RAL *φράcω* Libero tribuit Seidler 1400 *τέτταρα*] *-αc* R 1401 *cτάcιc*] *φράcιc* UVs1 1403 *νεκρὸc* ante *νεκρῷ* transp. V 1405 *εἰcέθηκε*] *εἰcήνεγκεν* R 1406 *ὅc'* Dobree: *οὓc* codd., Su. α 3819 et 4703, sch. ad *Av.* 1133 1408 *παιδί', ἡ* Reiske, Brunck: *παιδία ἡ* R: *παιδία χἠ* VAKL

ἐμβὰϲ καθήϲθω, ξυλλαβὼν τὰ βιβλία·
ἐγὼ δὲ δύ᾽ ἔπη τῶν ἐμῶν ἐρῶ μόνον.

. . . .

Δι. ἄνδρεϲ φίλοι, κἀγὼ μὲν αὐτοὺϲ οὐ κρινῶ.
οὐ γὰρ δι᾽ ἔχθραϲ οὐδετέρῳ γενήϲομαι.
τὸν μὲν γὰρ ἡγοῦμαι ϲοφόν, τῷ δ᾽ ἥδομαι.

ΠΛΟΥΤΩΝ

οὐδὲν ἄρα πράξειϲ ὧνπερ ἦλθεϲ οὕνεκα.
Δι. ἐὰν δὲ κρίνω;
Πλ. τὸν ἕτερον λαβὼν ἄπει,
ὁπότερον ἂν κρίνῃϲ, ἵν᾽ ἔλθῃϲ μὴ μάτην.
Δι. εὐδαιμονοίηϲ. φέρε, πύθεϲθέ μου ταδί.
ἐγὼ κατῆλθον ἐπὶ ποιητήν. τοῦ χάριν;
ἵν᾽ ἡ πόλιϲ ϲωθεῖϲα τοὺϲ χοροὺϲ ἄγῃ.
ὁπότεροϲ οὖν ἂν τῇ πόλει παραινέϲειν
μέλλῃ τι χρηϲτόν, τοῦτον ἄξειν μοι δοκῶ.
πρῶτον μὲν οὖν περὶ Ἀλκιβιάδου τίν᾽ ἔχετον
γνώμην ἑκάτεροϲ; ἡ πόλιϲ γὰρ δυϲτοκεῖ.
Αι. ἔχει δὲ περὶ αὐτοῦ τίνα γνώμην;
Δι. τίνα;
ποθεῖ μέν, ἐχθαίρει δέ, βούλεται δ᾽ ἔχειν.
ἀλλ᾽ ὅ τι νοεῖτον εἴπατον τούτου πέρι.
Ευ. μιϲῶ πολίτην, ὅϲτιϲ ὠφελεῖν πάτραν
βραδὺϲ πέφανται, μεγάλα δὲ βλάπτειν ταχύϲ,
καὶ πόριμον αὑτῷ, τῇ πόλει δ᾽ ἀμήχανον.

1410 *μόνον* R: *μόνα* VAKL lacunam statuit Fritzsche, ut Aeschylus sententiam plene exprimat, Dis in scaenam prodeat, huic Liber respondeat 1411 *ἄνδρεϲ* Seager: *ἄ-* codd., sed *οἱ ἄνδρεϲ* M s.l., L s.l. *φίλοι* R: *ϲοφοί* VAKL *αὐτοὺϲ*] *αὐτὸϲ* R 1416 *ἔλθῃϲ*] *ἥκῃϲ* Richards 1417 *φέρε* R: *φέρε δή* VAKL 1418 *τοῦ χάριν;* ab alia persona dici credunt quidam 1420 *οὖν* post *ἂν* transp. VAKL 1421 *μέλλῃ* V: *μέλλει* RAKL 1423 post *ἑκάτεροϲ* add. *εἴπατον* VAK 1424 *ἔχει . . . γνώμην;* Euripidi vel Diti tribuunt quidam 1428 *πέφανται* Hamaker: *φανεῖται* R, Su. ϲ 511: *πέφυκε* VAKL

Δι. εὖ γ', ὦ Πόϲειδον. ϲὺ δὲ τίνα γνώμην ἔχειϲ; 1430
Αι. οὐ χρὴ λέοντοϲ ϲκύμνον ἐν πόλει τρέφειν· 1431a

μάλιϲτα μὲν λέοντα μὴ 'ν πόλει τρέφειν· 1431b

ἢν δ' ἐκτραφῇ τιϲ, τοῖϲ τρόποιϲ ὑπηρετεῖν.
Δι. νὴ τὸν Δία τὸν ϲωτῆρα, δυϲκρίτωϲ γ' ἔχω·
ὁ μὲν ϲοφῶϲ γὰρ εἶπεν, ὁ δ' ἕτεροϲ ϲαφῶϲ.
ἀλλ' ἔτι μίαν γνώμην ἑκάτεροϲ εἴπατον 1435
περὶ τῆϲ πόλεωϲ, ἥντιν' ἔχετον ϲωτηρίαν.

Ευ. εἴ τιϲ πτερώϲαϲ Κλεόκριτον Κινηϲίᾳ, 1437
ἄρειεν αὔραιϲ πελαγίαν ὑπὲρ πλάκα—
Δι. γελοῖον ἂν φαίνοιτο. νοῦν δ' ἔχει τίνα;
Ευ. εἰ ναυμαχοῖεν, κᾆτ' ἔχοντεϲ ὀξίδαϲ 1440
ῥαίνοιεν εἰϲ τὰ βλέφαρα τῶν ἐναντίων. 1441
Δι. εὖ γ', ὦ Παλάμηδεϲ, ὦ ϲοφωτάτη φύϲιϲ. 1451
ταυτὶ πότερ' αὐτὸϲ ηὗρεϲ ἢ Κηφιϲοφῶν;
Ευ. ἐγὼ μόνοϲ· τὰϲ δ' ὀξίδαϲ Κηφιϲοφῶν. 1453

Ευ. ἐγὼ μὲν οἶδα καὶ θέλω φράζειν.
Δι. λέγε.
Ευ. ὅταν τὰ νῦν ἄπιϲτα πίϲθ' ἡγώμεθα,
τὰ δ' ὄντα πίϲτ' ἄπιϲτα.
Δι. πῶϲ; οὐ μανθάνω.
ἀμαθέϲτερόν πωϲ εἰπὲ καὶ ϲαφέϲτερον. 1445
Ευ. εἰ τῶν πολιτῶν οἷϲι νῦν πιϲτεύομεν,
τούτοιϲ ἀπιϲτήϲαιμεν, οἷϲ δ' οὐ χρώμεθα,

1431a χρὴ] χρῆν Newiger: v. del. Dindorf, ante 1430 (Euripidi continuatum) traiecit Erbse 1431b v. om. VAK^{ac}, Libero tribuit Hermann, del. Brunck: ed. priori tribuit Dover 1437–53 versuum ordinem ita disposuit Sommerstein, ut editiones distingueret; alii aliter, ut in re valde incerta 1438 ἄρειεν MacDowell, αὔραιϲ M^{pc}, Sommerstein: αἴροιεν αὖραι RVAKL 1445 εἶπε καὶ ϲαφέϲτερον] καὶ ϲαφέϲτερον λέγε Gellius, *NA* 12.5.6

τούτοισι χρησαίμεσθα—
Δι. σωθείημεν ἄν.
Ευ. εἰ νῦν γε δυστυχοῦμεν ἐν τούτοισι, πῶς
τἀναντί' ⟨ἂν⟩ πράξαντες οὐ σῳζοίμεθ' ἄν;

Δι. τί δαὶ σύ; τί λέγεις;
Αι. τὴν πόλιν νύν μοι φράσον
πρῶτον τίσι χρῆται· πότερα τοῖς χρηστοῖς;
Δι. πόθεν;
μισεῖ κάκιστα.
Αι. τοῖς πονηροῖς δ' ἥδεται;
Δι. οὐ δῆτ' ἐκείνη γ', ἀλλὰ χρῆται πρὸς βίαν.
Αι. πῶς οὖν τις ἂν σώσειε τοιαύτην πόλιν,
ᾗ μήτε χλαῖνα μήτε σισύρα ξυμφέρει;
Δι. εὕρισκε νὴ Δί', εἴπερ ἀναδύσει πάλιν.
Αι. ἐκεῖ φράσαιμ' ἄν, ἐνθαδὶ δ' οὐ βούλομαι.
Δι. μὴ δῆτα σύ γ', ἀλλ' ἐνθένδ' ἀνίει τἀγαθά.
Αι. τὴν γῆν ὅταν νομίσωσι τὴν τῶν πολεμίων
εἶναι σφετέραν, τὴν δὲ σφετέραν τῶν πολεμίων,
πόρον δὲ τὰς ναῦς, ἀπορίαν δὲ τὸν πόρον.
Δι. εὖ, πλήν γ' ὁ δικαστὴς αὐτὰ καταπίνει μόνος.
Πλ. κρίνοις ἄν.
Δι. αὕτη σφῷν κρίσις γενήσεται.
αἱρήσομαι γὰρ ὅνπερ ἡ ψυχὴ θέλει.
Ευ. μεμνημένος νυν τῶν θεῶν, οὓς ὤμοσας
ἦ μὴν ἀπάξειν μ' οἴκαδ', αἱροῦ τοὺς φίλους.
Δι. ἡ γλῶττ' ὀμώμοκ', Αἰσχύλον δ' αἱρήσομαι.
Ευ. τί δέδρακας, ὦ μιαρώτατ' ἀνθρώπων;
Δι. ἐγώ;

1448 personarum vices distinxit Sommerstein σωθείημεν R, Su. σ 163: ἴσως σωθείημεν VAK: ἴσως σωθῶμεν L: ἴσως σωθεῖμεν Bentley 1450 suppl. Dobree πράξαντες R, Su.: πράττοντες VAKL 1459 ξυμφέρει] συμ- RA 1461 οὐ] οὐχὶ VK 1463 ὅταν R: ὁπόταν VAKL 1466 γ' R: om. VAKL αὐτὰ] πάντα Blaydes 1470 ἀπάξειν μ'] ἔμ' ἄξειν Paley τοὺς φίλους] τὸν φίλον Blaydes

ἔκρινα νικᾶν Αἰϲχύλον. τιὴ γὰρ οὔ;
Ευ. αἴϲχιϲτον ἔργον προϲβλέπειϲ μ᾿ εἰργαϲμένοϲ;
Δι. τί δ᾿ αἰϲχρόν, ἢν μὴ τοῖϲ θεωμένοιϲ δοκῇ;
Ευ. ὦ ϲχέτλιε, περιόψει με δὴ τεθνηκότα;
Δι. τίϲ δ᾿ οἶδεν εἰ τὸ ζῆν μέν ἐϲτι κατθανεῖν,
τὸ πνεῖν δὲ δειπνεῖν, τὸ δὲ καθεύδειν κῴδιον;
Πλ. χωρεῖτε τοίνυν, ὦ Διόνυϲ᾿, εἴϲω.
Δι. τί δαί;
Πλ. ἵνα ξενίϲωμεν ϲφὼ πρὶν ἀποπλεῖν.
Δι. εὖ λέγειϲ
νὴ τὸν Δί᾿· οὐ γὰρ ἄχθομαι τῷ πράγματι.

Χο. μακάριόϲ γ᾿ ἀνὴρ ἔχων [ϲτρ.
ξύνεϲιν ἠκριβωμένην.
πάρα δὲ πολλοῖϲιν μαθεῖν.
ὅδε γὰρ εὖ φρονεῖν δοκήϲαϲ
πάλιν ἄπειϲιν οἴκαδ᾿ αὖ,
ἐπ᾿ ἀγαθῷ μὲν τοῖϲ πολίταιϲ,
ἐπ᾿ ἀγαθῷ δὲ τοῖϲ ἑαυτοῦ
ξυγγενέϲι τε καὶ φίλοιϲ⟨ι⟩,
διὰ τὸ ϲυνετὸϲ εἶναι.

χαρίεν οὖν μὴ Ϲωκράτει [ἀντ.
παρακαθήμενον λαλεῖν,
ἀποβαλόντα μουϲικὴν
τά τε μέγιϲτα παραλιπόντα
τῆϲ τραγῳδικῆϲ τέχνηϲ.
τὸ δ᾿ ἐπὶ ϲεμνοῖϲιν λόγοιϲι

1474 ἔργον RK: μ᾿ ἔργον V: ἔργον μ᾿ AKs.l.L προϲβλέπειϲ μ᾿ εἰργαϲμένοϲ M^{pc}Θ: εἰργαϲμένοϲ προβλέπειϲ R: εἰργαϲμένοϲ προϲβλέπειϲ VA: ἐργαϲάμενοϲ προϲβλέπειϲ KL 1480 ξενίϲωμεν Rogers: ξενίϲω codd.: ξενίϲω ⟨γὼ⟩ Bergk: ξενίζω Meineke εὖ ⟨τοι⟩ Brunck 1482 μακάριόϲ] -όν sch. 1484 πολλοῖϲιν RL: -ϲι VAK 1486 αὖ Bentley: αὖθιϲ codd. 1489 suppl. Bentley 1494 τά τε] καὶ τὰ R 1496 ϲεμνοῖϲιν L: -ϲι RAKL

καὶ cκαριφηcμοῖcι λήρων
διατριβὴν ἀργὸν ποιεῖcθαι,
παραφρονοῦντος ἀνδρός.

Πλ. ἄγε δὴ χαίρων, Αἰcχύλε, χώρει,
καὶ cῷζε πόλιν τὴν ἡμετέραν
γνώμαις ἀγαθαῖς, καὶ παίδευcον
τοὺc ἀνοήτους· πολλοὶ δ' εἰcίν·
καὶ δὸς τουτὶ Κλεοφῶντι φέρων
καὶ τουτουcὶ τοῖcι πορισταῖς,
Μύρμηκί θ' ὁμοῦ καὶ Νικομάχῳ
τόδε δ' Ἀρχενόμῳ· καὶ φράζ' αὐτοῖc
ταχέωc ἥκειν ὡc ἐμὲ δευρὶ
καὶ μὴ μέλλειν· κἂν μὴ ταχέωc
ἥκωcιν, ἐγὼ νὴ τὸν Ἀπόλλω
cτίξας αὐτοὺc καὶ cυμποδίcας
μετ' Ἀδειμάντου τοῦ Λευκολόφου
κατὰ γῆc ταχέωc ἀποπέμψω.

Αι. ταῦτα ποιήcω· cὺ δὲ τὸν θᾶκον
τὸν ἐμὸν παράδοc Cοφοκλεῖ τηρεῖν
καὶ διαcῴζειν, ἢν ἄρ' ἐγώ ποτε
δεῦρ' ἀφίκωμαι. τοῦτον γὰρ ἐγὼ
cοφίᾳ κρίνω δεύτερον εἶναι.
μέμνηcο δ' ὅπωc ὁ πανοῦργος ἀνὴρ
καὶ ψευδολόγοc καὶ βωμολόχοc
μηδέποτ' εἰc τὸν θᾶκον τὸν ἐμὸν
μηδ' ἄκων ἐγκαθεδεῖται.

Πλ. φαίνετε τοίνυν ὑμεῖc τούτῳ
λαμπάδας ἱεράς, χἄμα προπέμπετε

1497 cκαριφηcμοῖcι] -ηθμοῖcι Mras 1500 Αἰcχύλε] ὦ 'cχύλε U 1501 ἡμετέραν] ὑμετέραν 'vetus editio' ap. Scaligerum 1505 τουτουcὶ Bergk: τούτοιcι Vγρ : τοῦτο R, Su. π 1799: τουτοϊ VK: τουτὶ A: τούτοιc L, lm. sch. VE: τουτονγὶ Elmsley 1515 θᾶκον Bentley: θῶκον U: θρόνον cett. 1517 διαcῴζειν R: cῴζειν VAKL ἄρ' ἐγώ ποτε] αὖθιc ἐγὼ von Velsen 1518 ἀφίκωμαι] ἐπανέλθω van Leeuwen

τοῖcιν τούτου τοῦτον μέλεcιν
καὶ μολπαῖcιν κελαδοῦντεc.

Χο. πρῶτα μὲν εὐοδίαν ἀγαθὴν ἀπιόντι ποιητῇ
εἰc φάοc ὀρνυμένῳ δότε, δαίμονεc οἱ κατὰ γαίαc,
τῇ δὲ πόλει μεγάλων ἀγαθῶν ἀγαθὰc ἐπινοίαc.
πάγχυ γὰρ ἐκ μεγάλων ἀχέων παυcαίμεθ' ἂν οὕτωc
ἀργαλέων τ' ἐν ὅπλοιc ξυνόδων. Κλεοφῶν δὲ μαχέcθω
κἄλλοc ὁ βουλόμενοc τούτων πατρίοιc ἐν ἀρούραιc.

1526 τούτου] ἑαυτοῦ Bentley 1528 ἀπιόντι] ἀνιόντι A 1529 ἐc RL: κεἰc A: κἐc VK: κἀc Blaydes γαίαc R: γαῖαν cett. 1530 δὲ R: τε VAKL 1531 ἐκ] ἂν Blaydes

ΕΚΚΛΗϹΙΑΖΟΥϹΑΙ

PAPYRVS

P. Michigan inv. 6649, saec. IV/V (vv. 600–14, 638–54) (P60)

CODICES

R	Ravennas 429
A	Parisinus gr. 2712 (vv. 1–444)
Γ	Laurentianus 31. 15 (vv. 1–1135)
Λ	Perusinus H 56, saec. XV

Rarius citantur

B	Parisinus gr. 2715 (vv. 1–1135)
Vb1	Vaticanus Barberinianus gr. 45 (vv. 1–1135), ab Iohanne Scutariota exaratus

ΥΠΟΘΕϹΕΙϹ

I

Αἱ γυναῖκεϲ ϲυνέθεντο πάντα μηχανήϲαϲθαι εἰϲ τὸ δόξαι ἄνδρεϲ εἶναι καὶ ἐκκληϲιάϲαϲαι πεῖϲαι παραδοῦναι ϲφίϲι τὴν πόλιν, δημηγορηϲάϲηϲ μιᾶϲ ἐξ αὐτῶν. αἱ δὲ μηχαναὶ τοῦ δόξαι αὐτὰϲ ἄνδραϲ εἶναι τοιαῦται. πώγωναϲ περιθέτουϲ ποιοῦνται καὶ ἀνδρείαν ἀναλαμβάνουϲι ϲτολήν, προνοήϲαϲαι καὶ προαϲκήϲαϲαι τὸ ϲῶμα αὑτῶν, ὡϲ ὅτι μάλιϲτα ἀνδρικὸν εἶναι δόξαι· μία δὲ ἐξ αὐτῶν Πραξαγόρα λύχνον ἔχουϲα προέρχεται κατὰ τὰϲ ϲυνθήκαϲ καὶ φηϲὶν “ὦ λαμπρὸν ὄμμα.”

II

ΑΡΙϹΤΟΦΑΝΟΥϹ ΓΡΑΜΜΑΤΙΚΟΥ

Ἐν τοῖϲ Ϲκίροιϲ τὰ γύναι᾽ ἔκρινεν <ἐν> ϲτολαῖϲ
ἀνδρῶν προκαθίζειν γενομένηϲ ἐκκληϲίαϲ,
περιθέμεναι πώγωναϲ ἀλλοτρίων τριχῶν.
ἐποίηϲαν οὕτωϲ. ὑϲτεροῦντεϲ οὐν ϲτολαῖϲ
ἄνδρεϲ γυναικῶν ἐκάθιϲαν· καὶ δὴ μία
δημηγορεῖ περὶ τοῦ λαβούϲαϲ τῶν ὅλων
τὴν ἐπιτροπὴν βέλτιον ἄρξειν μυρίῳ.

I. Argumentum prius exhibent RAΓ 2 *ἄνδρεϲ* R: *ἄνδραϲ* AΓ 4 *ἄνδραϲ εἶναι* R: om. AΓ *ποιοῦνται* AΓ: om. R 5 *ἀναλαμβάνουϲι* R: *-άνονται* AΓ 5–6 *προνοήϲαϲαι . . . προαϲκήϲαϲαι* Brunck: *προαϲκ- . . . προνο-* codd. 6 *αὑτῶν* Kuster: *αὐτῶν* codd. 7 *δὲ* AΓ: *δὴ* R

II. Argumentum alterum praebent ΓΛ 1 suppl. Portus 2 *ἀνδρῶν* Nauck: *ἀνέρων* ΓΛ *προκαθίζειν* Bergk: *προκαθέζοντα* Γ: *-ίζοντα* Λ 3 *περιθέμεναι* Musurus: *παραθέμενα* ΓΛ 4 *οὐν* Degani: *οὖν* codd. 5 *ἄνδρεϲ*] *ἅ-* Coulon 7 *μυρίῳ* Faber: *μυρίων* ΓΛ

ἐκέλευϲέ τ’ εἰϲ κοινὸν φέρειν τὰ χρήματα
καὶ χρῆϲθ’ ἅπαϲιν ἐξ ἴϲου ταῖϲ οὐϲίαιϲ,
καὶ ταῖϲ γυναιξὶ μετατίθεϲθαι τοὺϲ νόμουϲ.

8 φέρειν Λ: φέρον Γ 9 χρῆϲθ’ Dindorf: χρῆϲθαι ΓΛ 10 ταῖϲ Λ: τοῖϲ Γ

ΤΑ ΤΟΥ ΔΡΑΜΑΤΟϹ ΠΡΟϹΩΠΑ

ΠΡΑΞΑΓΟΡΑ
ΓΥΝΑΙΚΕϹ ΤΙΝΕϹ
ΧΟΡΟϹ ΓΥΝΑΙΚΩΝ
ΒΛΕΠΥΡΟϹ
ΓΕΙΤΩΝ
ΧΡΕΜΗϹ

ΑΝΗΡ
ΚΗΡΥΚΑΙΝΑ
ΓΡΑΕϹ ΤΙΝΕϹ
ΚΟΡΗ
ΕΠΙΓΕΝΗϹ
ΘΕΡΑΠΑΙΝΑ

ΕΚΚΛΗCΙΑΖΟΥCΑΙ

ΠΡΑΞΑΓΟΡΑ

Ὦ λαμπρὸν ὄμμα τοῦ τροχηλάτου λύχνου
κάλλιςτ᾽ ἐν εὐςτόχοιςιν ἐξηυρημένον·
γονάς τε γὰρ ςὰς καὶ τύχας δηλώςομεν·
τροχῷ γὰρ ἐλαθεὶς κεραμικῆς ῥύμης ὕπο
μυκτῆρςι λαμπρὰς ἡλίου τιμὰς ἔχεις·
ὅρμα φλογὸς ςημεῖα τὰ ξυγκείμενα.
ςοὶ γὰρ μόνῳ δηλοῦμεν· εἰκότως, ἐπεὶ
κἀν τοῖςι δωματίοιςιν Ἀφροδίτης τρόπων
πειρωμέναιςι πληςίος παραςτατεῖς,
λορδουμένων τε ςωμάτων ἐπιςτάτην
ὀφθαλμὸν οὐδεὶς τὸν ςὸν ἐξείργει δόμων,
μόνος δὲ μηρῶν εἰς ἀπορρήτους μυχοὺς
λάμπεις, ἀφεύων τὴν ἐπανθοῦςαν τρίχα·
ςτοὰς δὲ καρποῦ Βακχίου τε νάματος
πλήρεις ὑποιγνύςαιςι ςυμπαραςτατεῖς·
καὶ ταῦτα ςυνδρῶν οὐ λαλεῖς τοῖς πληςίον.
ἀνθ᾽ ὧν ςυνείςει καὶ τὰ νῦν βουλεύματα,
ὅςα Cκίροις ἔδοξε ταῖς ἐμαῖς φίλαις.
ἀλλ᾽ οὐδεμία πάρεςτιν ἃς ἥκειν ἐχρῆν.
καίτοι πρὸς ὄρθρον γ᾽ ἐςτίν· ἡ δ᾽ ἐκκληςία
αὐτίκα μάλ᾽ ἔςται· καταλαβεῖν δ᾽ ἡμᾶς ἕδρας

2 *εὐςτόχοιςιν* R: *εὐςκόποιςιν* cett. *ἐξηυρημένον* Meineke, cf. sch. (*ἐξευρ-* iam Gray): *ἐξητημένον* RΑΓΛ: *ἐξηρτημένον* Vb1 3 *ςὰς* R: *διςςὰς* cett. 4 *ὕπο* Kuster: *ἄπο* codd., Su. ρ 294 5 *λαμπρὰς*] *λαμπροῖς* Naber 9 *πληςίος* ΓΛ: *-ίως* : *-ίον* A 11 *ὀφθαλμὸν* R: *-ὸς* cett. 14 *δὲ* Blaydes: *τε* codd., Su. ς 1126 17 *ςυνείςει* Biset: *ςυνοίςει* codd. 19 *ἃς*] *ὧν* van Herwerden

δεῖ τὰc ἑταίραc κἀγκαθιζομέναc λαθεῖν, 23
ἃc Φυρόμαχόc ποτ' εἶπεν, εἰ μέμνηcθ' ἔτι. 22
τί δῆτ' ἂν εἴη; πότερον οὐκ ἐρραμμένουc
ἔχουcι τοὺc πώγωναc, οὓc εἴρητ' ἔχειν;
ἢ θαἰμάτια τἀνδρεῖα κλεψάcαιc λαθεῖν
ἦν χαλεπὸν αὐταῖc; ἀλλ' ὁρῶ τονδὶ λύχνον
προcιόντα. φέρε νυν ἐπαναχωρήcω πάλιν,
μὴ καί τιc ὢν ἀνὴρ ὁ προcιὼν τυγχάνῃ.

ΧΟΡΟC

ὥρα βαδίζειν, ὡc ὁ κῆρυξ ἀρτίωc
ἡμῶν προcιόντων δεύτερον κεκόκκυκεν.

Πρ. ἐγὼ δέ γ' ὑμᾶc προcδοκῶc' ἐγρηγόρη
τὴν νύκτα πᾶcαν. ἀλλὰ φέρε τὴν γείτονα
τήνδ' ἐκκαλέcωμαι θρυγανῶcα τὴν θύραν.
δεῖ γὰρ τὸν ἄνδρ' αὐτῆc λαθεῖν.

ΓΥΝΗ Α΄

ἤκουcά τοι
ὑποδουμένη τὸ κνῦμά cου τῶν δακτύλων,
ἅτ' οὐ καταδαρθοῦc'. ὁ γὰρ ἀνήρ, ὦ φιλτάτη—
Cαλαμίνιοc γάρ ἐcτιν ᾧ ξύνειμ' ἐγώ—
τὴν νύχθ' ὅλην ἤλαυνέ μ' ἐν τοῖc cτρώμαcιν,
ὥcτ' ἄρτι τουτὶ θοἰμάτιον αὐτοῦ 'λαβον.

Πρ. καὶ μὴν ὁρῶ καὶ Κλειναρέτην καὶ Cωcτράτην

23 hunc v. ante 22 transp. Dover κἀγκαθιζομέναc sch. Λ ad v. 1: πωc κωλαθιζομέναc R: καθαγιαζομέναc πωc ΑΓ: πῶc κἀγαθιζομέναc Λ Φυρόμαχοc R: Κλεόμαχοc v.l. ap. sch.: Cφυρόμαχοc cett., cf. Su. c 1764 24–6 hos vv. om. ΑΓ 25 τοὺc Λ: τὰc R 26 ἢ θαἰμάτια Musurus: εἶθ' αἱμάτια R: ἧcθ' αἱμάτια Λ 27 ὁρῶ] ὁρᾶ R 28 νυν Bekker: νῦν codd. 29 τυγχάνῃ B: -ειc cett.: -ει Naber 30–224 personarum vices incertae 31 προcιόντων] προcιουcῶν Faber, fortasse recte: προϊόντων Abresch 32 γ' R: om. cett. ἐγρηγόρη Porson: -ρειν codd. 34 θρυγανῶcα Biset, cf. Hsch.: θρυγο- RΛ: τρυγα- Α: τρυγο- Λ, Su. τ 1095 40 'λαβον fortasse R[pc], von Velsen: λαβών codd.

προσιοῦcαν ἤδη τήνδε καὶ Φιλαινέτην.
Χο. οὔκουν ἐπείξεcθ'; ὡc Γλύκη κατώμοcεν
τὴν ὑcτάτην ἥκουcαν ἡμῶν τρεῖc χοᾶc
οἴνου 'ποτείcειν κἀρεβίνθων χοίνικα.
Πρ. τὴν Cμικυθίωνοc δ' οὐχ ὁρᾷc Μελιcτίχην
cπεύδουcαν ἐν ταῖc ἐμβάcιν; καί μοι δοκεῖ
κατὰ cχολὴν παρὰ τἀνδρὸc ἐξελθεῖν μόνη.
Γυ.α τὴν τοῦ καπήλου δ' οὐχ ὁρᾷc Γευcιcτράτην
ἔχουcαν ἐν τῇ δεξιᾷ τὴν λαμπάδα;
Πρ. καὶ τὴν Φιλοδωρήτου γε καὶ Χαιρητάδου
ὁρῶ προcιούcαc χἀτέραc πολλὰc πάνυ
γυναῖκαc, ὅ τι πέρ ἐcτ' ὄφελοc ἐν τῇ πόλει.

ΓΥΝΗ Β'

καὶ πάνυ ταλαιπώρωc ἔγωγ', ὦ φιλτάτη,
ἐκδρᾶcα παρέδυν. ὁ γὰρ ἀνὴρ τὴν νύχθ' ὅλην
ἔβηττε, τριχίδων ἑcπέραc ἐμπλήμενοc.
Πρ. κάθηcθε τοίνυν, ὡc ⟨ἂν⟩ ἀνέρωμαι τάδε
ὑμᾶc, ἐπειδὴ cυλλελεγμέναc ὁρῶ,
ὅcα Cκίροιc ἔδοξεν εἰ δεδράκατε.
Γυ.α ἔγωγε. πρῶτον μέν γ' ἔχω τὰc μαcχάλαc
λόχμηc δαcυτέραc, καθάπερ ἦν ξυγκείμενον·
ἔπειθ' ὁπόθ' ἁνὴρ εἰc ἀγορὰν οἴχοιτό μου
ἀλειψαμένη τὸ cῶμ' ὅλον δι' ἡμέραc
ἐχραινόμην ἑcτῶcα πρὸc τὸν ἥλιον.
Γυ.β κἄγωγε· τὸ ξυρὸν δέ γ' ἐκ τῆc οἰκίαc

42 προcιοῦcαν Musurus: παροῦcαν codd. 43 v. om. Γ 44–5 ἡμῶν . . . οἴνου Richards: οἴνου . . . ἡμῶν codd., quo recepto ἡμῖν pro ἡμῶν Naber 46 δ' R: om. cett. 47 καί μοι] Πρ. καίτοι Cobet 51 Φιλοδωρήτου A: -ρίτου cett. γε Meineke: τε codd. 54 ante ἔγωγ' add. γ' ΑΓ 56 ἐμπλήμενοc R, Su. ε 1028: ἐμπληcμένοc Λ: ἐμπεπληcμένοc ΑΓ 57 suppl. et corr. Dawes: ἀνείρωμαι vel ἂν εἴρωμαι codd. 61 καθάπερ] ὥcπερ Su. λ 713 62 ὁπόθ' R: ὁπότ' cett. ἁνὴρ Dawes: ἀ- codd. μου] μοι von Velsen 64 ἐχραινόμην Boissonade: ἐχλιαινόμην codd., Su.

ἔρριψα πρῶτον, ἵνα δαϲυνθείην ὅλη
καὶ μηδὲν εἴην ἔτι γυναικὶ προϲφερήϲ.
Πρ. ἔχετε δὲ τοὺϲ πώγωναϲ, οὓϲ εἴρητ' ἔχειν
πάϲαιϲιν ὑμῖν, ὁπότε ϲυλλεγοίμεθα;
Γυ.[α] νὴ τὴν Ἑκάτην, καλόν γ' ἔγωγε τουτονί.
Γυ.[β] κἄγωγ' Ἐπικράτουϲ οὐκ ὀλίγῳ καλλίονα.
Πρ. ὑμεῖϲ δὲ τί φατε;
Γυ.[α] φαϲί· κατανεύουϲι γοῦν.
Πρ. καὶ μὴν τά γ' ἄλλ' ὑμῖν ὁρῶ πεπραγμένα.
Λακωνικὰϲ γὰρ ἔχετε καὶ βακτηρίαϲ
καὶ θαἰμάτια τἀνδρεῖα, καθάπερ εἴπομεν.
Γυ.[α] ἔγωγέ τοι τὸ ϲκύταλον ἐξηνεγκάμην
τὸ τοῦ Λαμίου τουτὶ καθεύδοντοϲ λάθρᾳ.
Γυ.[β] †τοῦτ' ἔϲτ' ἐκεῖνο τῶν ϲκυτάλων ὧν πέρδεται.†
Πρ. νὴ τὸν Δία τὸν ϲωτῆρ', ἐπιτήδειόϲ γ' ἂν ἦν
τὴν τοῦ πανόπτου διφθέραν ἐνημμένοϲ
εἴπερ τιϲ ἄλλοϲ βουκολεῖν τὸν δήμιον.
ἀλλ' ἄγεθ' ὅπωϲ καὶ τἀπὶ τούτοιϲ δράϲομεν,
ἕωϲ ἔτ' ἔϲτιν ἄϲτρα κατὰ τὸν οὐρανόν·
ἡκκληϲία δ', εἰϲ ἣν παρεϲκευάϲμεθα
ἡμεῖϲ βαδίζειν, ἐξ ἕω γενήϲεται.
Γυ.[α] νὴ τὸν Δί', ὥϲτε δεῖ γε καταλαβεῖν ἕδραϲ
ὑπὸ τῷ λίθῳ τῶν πρυτάνεων καταντικρύ.
Γυ.[β] ταυτί γέ τοι νὴ τὸν Δί' ἐφερόμην, ἵνα
πληρουμένηϲ ξαίνοιμι τῆϲ ἐκκληϲίαϲ.
Πρ. πληρουμένηϲ τάλαινα;
Γυ.[β] νὴ τὴν Ἄρτεμιν
ἔγωγε. τί γὰρ ἂν χεῖρον ἀκροῴμην ἅμα

68 δὲ] δὴ R 69 ὑμῖν RΛ: ἡμῖν ΑΓ 70 γ' R: om. cett. 72 κατανεύουϲι ΑΛ: -νεῦϲι R: -νεῦϲαι Γ γοῦν RΛ: γάρ ΑΓ 75 εἴπομεν A: -ωμεν Λ: -αμεν RΓ 78 ἐκεῖνο] ἐκείνων Su. ϲ 721 locus nondum sanatus; ἐκεῖνο τὸ ϲκύταλον ᾧ Bothe: ἐκεῖν' ᾧ περδόμενοϲ ἐρείδεται Holzinger 81 ἄλλοϲ RΛ: om. ΑΓ τὸν] τὸ Bothe 82 ἀλλ' ἄγεθ' Dindorf: γεθ' R, spatio 4 litterarum relicto: λέγεθ' cett. 86 γε Meineke: ϲε codd. 91 ἅμα Dobree: ἄρα codd.

ξαίνουcα; γυμνὰ δ᾽ ἐcτί μου τὰ παιδία.
Πρ. ἰδού γέ cε ξαίνουcαν, ἣν τοῦ cώματοc
οὐδὲν παραφῆναι τοῖc καθημένοιc ἔδει.
οὔκουν καλά γ᾽ ἂν πάθοιμεν, εἰ πλήρηc τύχοι
ὁ δῆμοc ὢν κἄπειθ᾽ ὑπερβαίνουcά τιc
ἀναβαλλομένη δείξειε τὸν Φορμίcιον;
ἢν δ᾽ ἐγκαθιζώμεcθα πρότεραι, λήcομεν
ξυcτειλάμεναι θαἰμάτια· τὸν πώγωνά τε
ὅταν καθῶμεν ὃν περιδηcόμεcθ᾽ ἐκεῖ,
τίc οὐκ ἂν ἡμᾶc ἄνδραc ἡγήcαιθ᾽ ὁρῶν;
Γυ.[α] Ἀγύρριοc γοῦν τὸν Προνόμου πώγων᾽ ἔχων
λέληθε· καίτοι πρότερον ἦν οὗτοc γυνή·
νυνὶ δ᾽— ὁρᾷc;— πράττει τὰ μέγιcτ᾽ ἐν τῇ πόλει.
Πρ. τούτου γέ τοι, νὴ τὴν ἐπιοῦcαν ἡμέραν,
τόλμημα τολμῶμεν τοcοῦτον οὕνεκα,
ἤν πωc παραλαβεῖν τῆc πόλεωc τὰ πράγματα
δυνώμεθ᾽, ὥcτ᾽ ἀγαθόν τι πρᾶξαι τὴν πόλιν·
νῦν μὲν γὰρ οὔτε θέομεν οὔτ᾽ ἐλαύνομεν.
Γυ.[α] καὶ πῶc γυναικῶν θηλύφρων ξυνουcία
δημηγορήcει;
Πρ. πολὺ μὲν οὖν ἄριcτά που.
λέγουcι γὰρ καὶ τῶν νεανίcκων ὅcοι
πλεῖcτα cποδοῦνται, δεινοτάτουc εἶναι λέγειν·
ἡμῖν δ᾽ ὑπάρχει τοῦτο κατὰ τύχην τινά.
Γυ.[α] οὐκ οἶδα· δεινὸν δ᾽ ἐcτὶν ἡ μὴ ᾽μπειρία.
Πρ. οὔκουν ἐπίτηδεc ξυνελέγημεν ἐνθάδε,
ὅπωc προμελετήcωμεν ἁκεῖ δεῖ λέγειν;
οὐκ ἂν φθάνοιc τὸ γένειον ἂν περιδουμένη
ἄλλαι θ᾽ ὅcαι λαλεῖν μεμελετήκαcί που.

92 μου] μοι R 95 οὔκουν Wilson: οὐκοῦν RΛ: οὐκ ἂν ΑΓ 97 τὸν RΛ, Su. φ 605: τὴν ΑΓ 98 ἐγκαθιζώμεcθα RΑΛ: ἐκαθεζ- Γ: ἐγκαθεζ- Dindorf 102–4 hos vv. Praxagorae continuant plerique 105 νὴ] δὴ Blaydes 115 οὐκ] τοῦτ᾽ Wecklein δ᾽ RΛ: om. ΑΓ, Su. η 319 117 προμελετήcωμεν] -cαιμεν Kidd 118 περιδουμένη ΑΛ: -δομ- R: -δυμ- Γ 119 ἄλλαι Meineke: ἄ- codd.

Γυ.[β] τίϲ δ᾿, ὦ μέλ᾿, ἡμῶν οὐ λαλεῖν ἐπίϲταται;
Πρ. ἴθι δὴ ϲύ, περιδοῦ καὶ ταχέωϲ ἀνὴρ γενοῦ.
ἐγὼ δὲ θεῖϲα τοὺϲ ϲτεφάνουϲ περιδήϲομαι
καὐτὴ μεθ᾿ ὑμῶν, ἤν τί μοι δόξῃ λέγειν.
Γυ.[β] δεῦρ᾿, ὦ γλυκυτάτη Πραξαγόρα, ϲκέψαι, τάλαν,
ὡϲ καὶ καταγέλαϲτον τὸ πρᾶγμα φαίνεται.
Πρ. πῶϲ καταγέλαϲτον;
Γυ.[β] ὥϲπερ εἴ τιϲ ϲηπίαιϲ
πώγωνα περιδήϲειεν ἐϲταθευμέναιϲ.
Πρ. ὁ περιϲτίαρχοϲ, περιφέρειν χρὴ τὴν γαλῆν.
πάριτ᾿ εἰϲ τὸ πρόϲθεν. Ἀρίφραδεϲ, παῦϲαι λαλῶν.
κάθιζε παριών. τίϲ ἀγορεύειν βούλεται;
Γυ.[β] ἐγώ.
Πρ. περίθου δὴ τὸν ϲτέφανον τύχἀγαθῇ.
Γυ.[β] ἰδού.
Πρ. λέγοιϲ ἄν.
Γυ.[β] εἶτα πρὶν πιεῖν λέγω;
Πρ. ἰδοὺ πιεῖν.
Γυ.[β] τί γάρ, ὦ μέλ᾿, ἐϲτεφανωϲάμην;
Πρ. ἄπιθ᾿ ἐκποδών· τοιαῦτ᾿ ἂν ἡμᾶϲ ἠργάϲω
κἀκεῖ.
Γυ.[β] τί δ᾿; οὐ πίνουϲι κἀν τἠκκληϲίᾳ;
Πρ. ἰδού γέ ϲοι πίνουϲι.
Γυ.[β] νὴ τὴν Ἄρτεμιν,
καὶ ταῦτά γ᾿ εὔζωρον. τὰ γοῦν βουλεύματα
αὐτῶν, ὅϲ᾿ ἂν πράξωϲιν ἐνθυμουμένοιϲ,
ὥϲπερ μεθυόντων ἐϲτὶ παραπεπληγμένα.
καὶ νὴ Δία ϲπένδουϲί γ᾿· ἢ τίνοϲ χάριν
τοϲαῦτ᾿ ἂν ηὔχοντ᾿, εἴπερ οἶνοϲ μὴ παρῆν;
καὶ λοιδοροῦνταί γ᾿ ὥϲπερ ἐμπεπωκότεϲ,

121 *περιδοῦ* B: *περίδου* cett., Su. *π* 1101 122 *τοὺϲ ϲτεφάνουϲ*] *τὸν ϲτέφανον* Cobet 128 *περιφέρειν* RΛ: *φέρειν* AΓ 130 *κάθιζε*] *κάθιζ᾿ ὁ* Meineke 134 *ἠργάϲω* A: *εἰρ-* RΓ: *ἐρ-* Λ 141 *ἂν* Hermann: *γ᾿* RA: om. ΓΛ *ηὔχοντ᾿* Meineke: *εὔχ-* codd. 142 *ἐμπεπωκότεϲ* Musurus: *ἐκ-* R: *ἐμπεπτωκότεϲ* AΛ: *ἐκ-* Γ

καὶ τὸν παροινοῦντ᾽ ἐκφέρουϲ᾽ οἱ τοξόται.
Πρ. ϲὺ μὲν βάδιζε καὶ κάθηϲ᾽· οὐδὲν γὰρ εἶ.
Γυ.[β] νὴ τὸν Δί᾽, ἦ μοι μὴ γενειᾶν κρεῖττον ἦν·
δίψει γάρ, ὡϲ ἔοικ᾽, ἀφαυανθήϲομαι.
Πρ. ἔϲθ᾽ ἥτιϲ ἑτέρα βούλεται λέγειν;
Γυ.[α] ἐγώ.
Πρ. ἴθι δὴ ϲτεφανοῦ· καὶ γὰρ τὸ χρῆμ᾽ ἐργαϲτέον.
ἄγε νυν, ὅπωϲ ἀνδριϲτὶ καὶ καλῶϲ ἐρεῖϲ,
διερειϲαμένη τὸ ϲχῆμα τῇ βακτηρίᾳ.
Γυ.[α] ἐβουλόμην μὲν ἕτερον ἂν τῶν ἠθάδων
λέγειν τὰ βέλτιϲθ᾽, ἵν᾽ ἐκαθήμην ἥϲυχοϲ·
νῦν δ᾽ οὐκ ἐάϲω κατά γε τὴν ἐμὴν †μίαν,
ἐν τοῖϲ καπηλείοιϲι λάκκουϲ ἐμποιεῖν
ὕδατοϲ. ἐμοὶ μὲν οὐ δοκεῖ, μὰ τὼ θεώ.
Πρ. μὰ τὼ θεώ; τάλαινα, ποῦ τὸν νοῦν ἔχειϲ;
Γυ.[α] τί δ᾽ ἐϲτίν; οὐ γὰρ δὴ πιεῖν γ᾽ ᾔτηϲά ϲε.
Πρ. μὰ Δί᾽, ἀλλ᾽ ἀνὴρ ὢν τὼ θεὼ κατώμοϲαϲ,
καίτοι τά γ᾽ ἄλλ᾽ εἰποῦϲα δεξιώτατα.
Γυ.[α] ὢ νὴ τὸν Ἀπόλλω—
Πρ. παῦε τοίνυν, ὡϲ ἐγὼ
ἐκκληϲιάϲουϲ᾽ οὐκ ἂν προβαίην τὸν πόδα
τὸν ἕτερον, εἰ μὴ ταῦτ᾽ ἀκριβωθήϲεται.
Γυ.[β] φέρε τὸν ϲτέφανον· ἐγὼ γὰρ αὖ λέξω πάλιν.
οἶμαι γὰρ ἤδη μεμελετηκέναι καλῶϲ.
ἐμοὶ γάρ, ὦ γυναῖκεϲ αἱ καθήμεναι—
Πρ. γυναῖκαϲ αὖ, δύϲτηνε, τοὺϲ ἄνδραϲ λέγειϲ;

144 βάδιζε R: κάθιζε cett. 146 δίψει] δίψῃ B 148 ἐργαϲτέον van Leeuwen: ἐργάζεται codd. 150 διερειϲαμένη Schaefer e sch.: διερειϲμένη vel sim. codd. τῇ βακτηρίᾳ] τῆϲ- αϲ ΑΓ 151 ἕτερον ἂν R: ἑτέρων ἂν Λ: ἂν τὸν ἕτερον ΑΓ: an τιν᾽ ἕτερον? 153 μίαν] μιᾶϲ Dindorf: Μίκαν Meineke 154 τοῖϲ] τοῖϲι RΛ 158–68 vv. pari numero mutili sunt in A 159 εἰποῦϲα] εἶπαϲ ϲὺ Blaydes 161 ἐκκληϲιάϲουϲ᾽ Bentley: -άζουϲ᾽ codd. οὐκ] οὐδ᾽ Su. α 982 166 αὖ] ὦ Γ

Γυ.[β] δι' Ἐπίγονόν γ' ἐκεινονί· βλέψαca γὰρ
ἐκεῖcε πρὸc γυναῖκαc ᾠόμην λέγειν.
Πρ. ἄπερρε καὶ cὺ καὶ κάθηc' ἐντευθενί·
αὐτὴ γὰρ ὑμῶν γ' ἕνεκά μοι λέξειν δοκῶ
τονδὶ λαβοῦcα. τοῖc θεοῖc μὲν εὔχομαι
τυχεῖν κατορθώcαcα τὰ βεβουλευμένα.
ἐμοὶ δ' ἴcον μὲν τῆcδε τῆc χώραc μέτα
ὅcονπερ ὑμῖν· ἄχθομαι δὲ καὶ φέρω
τὰ τῆc πόλεωc ἅπαντα βαρέωc πράγματα.
ὁρῶ γὰρ αὐτὴν προcτάταιcι χρωμένην
ἀεὶ πονηροῖc· κἄν τιc ἡμέραν μίαν
χρηcτὸc γένηται, δέκα πονηρὸc γίγνεται.
ἐπέτρεψαc ἑτέρῳ· πλείον' ἔτι δράcει κακά.
χαλεπὸν μὲν οὖν ἄνδραc δυcαρέcτουc νουθετεῖν,
οἳ τοὺc φιλεῖν μὲν βουλομένουc δεδοίκατε,
τοὺc δ' οὐκ ἐθέλονταc ἀντιβολεῖθ' ἑκάcτοτε.
ἐκκληcίαιcιν ἦν ὅτ' οὐκ ἐχρώμεθα
οὐδὲν τὸ παράπαν· ἀλλὰ τόν γ' Ἀγύρριον
πονηρὸν ἡγούμεcθα· νῦν δὲ χρωμένων
ὁ μὲν λαβὼν ἀργύριον ὑπερεπῄνεcεν,
ὁ δ' οὐ λαβὼν εἶναι θανάτου φήc' ἀξίουc
τοὺc μιcθοφορεῖν ζητοῦνταc ἐν τἠκκληcίᾳ.
Γυ.[α] νὴ τὴν Ἀφροδίτην, εὖ γε ταυταγὶ λέγειc.
Πρ. τάλαιν', Ἀφροδίτην ὤμοcαc; χαρίεντά γ' ἂν
ἔδραcαc, εἰ τοῦτ' εἶπαc ἐν τἠκκληcίᾳ.
Γυ.[α] ἀλλ' οὐκ ἂν εἶπον.
Πρ. μηδ' ἐθίζου νῦν λέγειν.
τὸ cυμμαχικὸν αὖ τοῦθ', ὅτ' ἐcκοπούμεθα,
εἰ μὴ γένοιτ', ἀπολεῖν ἔφαcκον τὴν πόλιν·

167 *ἐκεινονί· βλέψαca* Elmsley: *ἐκεῖνον ἐπιβλέψαca* (vel *εἴ τι βλ-*) codd. 170 *γ'* *ΓΛ*: om. R: [A] 171 *μὲν*] *μόνον* Jackson 172 *κατορθώcαcα* RΛ: *-ώcαc* AΓ: *-ώcαcι* Richards 175 *ἅπαντα*] *caπέντα* A. Palmer: *παρόντα* Jackson 179 *ἐπέτρεψαc*] *ἐπετρέψαθ'* Richards 190 *ὤμοcαc* Dobree: *ὠνόμαcαc* RAΛ: *γ' ὠνόμαcαc* Γ 194 *ἀπολεῖν*] *ἀπολεῖcθ'* Bergk

ὅτε δὴ δ᾽ ἐγένετ᾽, ἤχθοντο, τῶν δὲ ῥητόρων
ὁ τοῦτ᾽ ἀναπείcαc εὐθὺc ἀποδρὰc ᾤχετο.
ναῦc δεῖ καθέλκειν· τῷ πένητι μὲν δοκεῖ,
τοῖc πλουcίοιc δὲ καὶ γεωργοῖc οὐ δοκεῖ.
Κορινθίοιc ἄχθεcθε, κἀκεῖνοί γε coί·
νῦν εἰcὶ χρηcτοί—"καὶ cὺ νῦν χρηcτὸc γενοῦ".
Ἀργεῖοc ἀμαθήc· ἀλλ᾽ Ἱερώνυμοc coφόc·
cωτηρία παρέκυψεν· ἀλλ᾽ ὀργίζεται
Θραcύβουλοc αὐτὸc οὐχὶ παρακαλούμενοc.
Γυ.[α] ὡc ξυνετὸc ἁνήρ.
Πρ. νῦν καλῶc ἐπῄνεcαc.
ὑμεῖc γάρ ἐcτ᾽, ὦ δῆμε, τούτων αἴτιοι.
τὰ δημόcια γὰρ μιcθοφοροῦντεc χρήματα
ἰδίᾳ cκοπεῖcθ᾽ ἕκαcτοc ὅ τι τιc κερδανεῖ,
τὸ δὲ κοινὸν ὥcπερ Αἴcιμοc κυλίνδεται.
ἢν οὖν ἐμοὶ πίθηcθε, cωθήcεcθ᾽ ἔτι.
ταῖc γὰρ γυναιξὶ φημὶ χρῆναι τὴν πόλιν
ἡμᾶc παραδοῦναι. καὶ γὰρ ἐν ταῖc οἰκίαιc
ταύταιc ἐπιτρόποιc καὶ ταμίαιcι χρώμεθα.
Γυ.[α] εὖ γ᾽, εὖ γε νὴ Δί᾽, εὖ γε.
Γυ.[β] λέγε, λέγ᾽ ὦγαθέ.
Πρ. ὡc δ᾽ εἰcὶν ἡμῶν τοὺc τρόπουc βελτίονεc
ἐγὼ διδάξω. πρῶτα μὲν γὰρ τἄρια
βάπτουcι θερμῷ κατὰ τὸν ἀρχαῖον νόμον
ἁπαξάπαcαι, κοὐχὶ μεταπειρωμέναc
ἴδοιc ἂν αὐτάc. ἡ δ᾽ Ἀθηναίων πόλιc,
εἴ πού τι χρηcτῶc εἶχεν, οὐκ ἔcῳζ᾽ ἔτι,

195 δ᾽ ΑΓ: γ᾽ RΛ 197 τῷ πένητι] τοῖc πένηcι B 199 ἄχθεcθε codd. (sed -αι R): ἤχθεcθε Reiske 200 alterum νῦν] νυν Cobet 201 Ἀργεῖοc van Leeuwen: Ἀ- codd. 202 ὀργίζεται Hermann: ορείζεται R: ὁρίζεται Λ: οὐχ ὁρίζεται ΑΓ 204 ἁνὴρ Dindorf: ἀ- codd. 209 πίθηcθε Cobet, cf. 239: πείθ- codd. 219 πού τι Dobree: τοῦτο codd., Su. χ 517 οὐκ Holford-Strevens: οὐκ ἂν codd. ἔcῳζ᾽ ἔτι Wilson: ἐcῴζετο codd.

εἰ μή τι καινόν ⟨γ'⟩ ἄλλο περιηργάζετο.
καθήμεναι φρύγουϲιν ὥϲπερ καὶ πρὸ τοῦ·
ἐπὶ τῆϲ κεφαλῆϲ φέρουϲιν ὥϲπερ καὶ πρὸ τοῦ·
τὰ Θεϲμοφόρι' ἄγουϲιν ὥϲπερ καὶ πρὸ τοῦ·
πέττουϲι τοὺϲ πλακοῦνταϲ ὥϲπερ καὶ πρὸ τοῦ·
τοὺϲ ἄνδραϲ ἐπιτρίβουϲιν ὥϲπερ καὶ πρὸ τοῦ·
μοιχοὺϲ ἔχουϲιν ἔνδον ὥϲπερ καὶ πρὸ τοῦ·
αὑταῖϲ παροψωνοῦϲιν ὥϲπερ καὶ πρὸ τοῦ·
οἶνον φιλοῦϲ' εὔζωρον ὥϲπερ καὶ πρὸ τοῦ·
βινούμεναι χαίρουϲιν ὥϲπερ καὶ πρὸ τοῦ·
ταύταιϲιν οὖν, ὦνδρεϲ, παραδόντεϲ τὴν πόλιν
μὴ περιλαλῶμεν, μηδὲ πυνθανώμεθα
τί ποτ' ἄρα δρᾶν μέλλουϲιν, ἀλλ' ἁπλῷ τρόπῳ
ἐῶμεν ἄρχειν, ϲκεψάμενοι ταυτὶ μόνα,
ὡϲ τοὺϲ ϲτρατιώταϲ πρῶτον οὖϲαι μητέρεϲ
ϲῴζειν ἐπιθυμήϲουϲιν· εἶτα ϲιτία
τίϲ τῆϲ τεκούϲηϲ θᾶττον ἐπιπέμψειεν ἄν;
χρήματα πορίζειν ⟨δ'⟩ εὐπορώτατον γυνή,
ἄρχουϲά τ' οὐκ ἂν ἐξαπατηθείη ποτέ·
αὐταὶ γάρ εἰϲιν ἐξαπατᾶν εἰθιϲμέναι.
τὰ δ' ἄλλ' ἐάϲω· ταῦτ' ἐὰν πίθηϲθέ μοι,
εὐδαιμονοῦντεϲ τὸν βίον διάξετε.
Γυ.β εὖ γ', ὦ γλυκυτάτη Πραξαγόρα, καὶ δεξιῶϲ.
πόθεν, ὦ τάλαινα, ταῦτ' ἔμαθεϲ οὕτω καλῶϲ;
Πρ. ἐν ταῖϲ φυγαῖϲ μετὰ τἀνδρὸϲ ᾤκηϲ' ἐν Πυκνί.
ἔπειτ' ἀκούουϲ' ἐξέμαθον τῶν ῥητόρων.
Γυ.α οὐκ ἐτὸϲ ἄρ', ὦ μέλ', ἦϲθα δεινὴ καὶ ϲοφή·
καί ϲε ϲτρατηγὸν αἱ γυναῖκεϲ αὐτόθεν

220 suppl. Wilson   περιηργάζετο Hall & Geldart: περιειργ- vel περιεργ- codd.   223b v. om. ΑΓΛ   226 αὑταῖϲ Β: αὐ- cett.   227 οἶνον . . . εὔζωρον Hanow: τὸν οἶνον εὔζωρον φιλοῦϲ' codd. (φιλοῦϲιν ΑΓ)   231 τρόπῳ] λόγῳ Nauck   235–49 vv. impari numero laceros praebet A   235 θᾶττον Λ s.l., Su. θ 63: μᾶλλον RΓΛ: [A]   236 suppl. von Velsen   239 ταῦτ' ἐὰν Bergk: ταῦτα κἂν RΛ: κἂν Γ: [A]   πίθηϲθε Cobet: πείθ- codd.; cf. 209   244 ἔπειτ'] ἐκεῖ τ' Dindorf   246 ϲτρατηγὸν RΛ: -γεῖν ΑΓ

αἱρούμεθ', ἢν ταῦθ' ἁπινοεῖϲ κατεργάϲῃ.
ἀτὰρ ἢν Κέφαλόϲ ϲοι λοιδορῆται προϲφθαρείϲ,
πῶϲ ἀντερεῖϲ πρὸϲ αὐτὸν ἐν τἠκκληϲίᾳ;
Πρ. φήϲω παραφρονεῖν αὐτόν.
Γυ.[α] ἀλλὰ τοῦτό γε
ἴϲαϲι πάντεϲ.
Πρ. ἀλλὰ καὶ μελαγχολᾶν.
Γυ.[α] καὶ τοῦτ' ἴϲαϲιν.
Πρ. ἀλλὰ καὶ τὰ τρύβλια
†κακῶϲ κεραμεύειν, τὴν δὲ πόλιν εὖ καὶ καλῶϲ.†
Γυ.[α] τί δ' ἢν Νεοκλείδηϲ ὁ γλάμων ϲε λοιδορῇ;
Πρ. τούτῳ μὲν εἶπον εἰϲ κυνὸϲ πυγὴν ὁρᾶν.
Γυ.[α] τί δ' ἢν ὑποκρούωϲίν ϲε;
Πρ. προϲκινήϲομαι,
ἅτ' οὐκ ἄπειροϲ οὖϲα πολλῶν κρουμάτων.
Γυ.[α] ἐκεῖνο μόνον ἄϲκεπτον, ἤν ϲ' οἱ τοξόται
ἕλκωϲιν, ὅ τι δράϲειϲ ποτ'.
Πρ. ἐξαγκωνιῶ
ὡδί· μέϲη γὰρ οὐδέποτε ληφθήϲομαι.
Γυ.[α] ἡμεῖϲ δέ γ', ἢν αἴρωϲ', ἐᾶν κελεύϲομεν.
Γυ.[β] ταυτὶ μὲν ἥμιν ἐντεθύμηται καλῶϲ·
ἐκεῖνο δ' οὐ πεφροντίκαμεν, ὅτῳ τρόπῳ
τὰϲ χεῖραϲ αἴρειν μνημονεύϲομεν τότε.
εἰθιϲμέναι γάρ ἐϲμεν αἴρειν τὼ ϲκέλει.
Πρ. χαλεπὸν τὸ πρᾶγμ'· ὅμωϲ δὲ χειροτονητέον
ἐξωμιϲάϲαιϲ τὸν ἕτερον βραχίονα.
ἄγε νυν, ἀναϲτέλλεϲθ' ἄνω τὰ χιτώνια·
ὑποδεῖϲθε δ' ὡϲ τάχιϲτα τὰϲ Λακωνικάϲ,
ὥϲπερ τὸν ἄνδρ' ἐθεᾶϲθ', ὅτ' εἰϲ ἐκκληϲίαν

253 κακῶϲ] καλῶϲ Richards εὖ καὶ om. R εὖ καὶ καλῶϲ] κακὸν κακῶϲ Richards 255 τούτῳ] τοῦτον Ussher εἶπον codd., sch. ad *Ach.* 863: εἴπω Su. τ 844: εἴποιμ' B: ἂν εἴποιμ' Blaydes, van Herwerden 256 ὑποκρούωϲίν R, Su. υ 529, sch.: ὑποκρούϲωϲίν cett. 261 ἤν ⟨ϲ'⟩ Blaydes 262 ἥμιν hoc accentu RΓΛ 264 τότε] ποτε Ussher

μέλλοι βαδίζειν ἢ θύραζ' ἑκάϲτοτε.
ἔπειτ', ἐπειδὰν ταῦτα πάντ' ἔχῃ καλῶϲ,
περιδεῖϲθε τοὺϲ πώγωναϲ. ἡνίκ' ἂν δέ γε
τούτουϲ ἀκριβώϲητε περιηρμοϲμέναι,
καὶ θαἰμάτια τἀνδρεῖά γ' ἅπερ ἐκλέψατε
ἐπαναβάληϲθε, κᾆτα ταῖϲ βακτηρίαιϲ
ἐπερειδόμεναι βαδίζετ' ᾄδουϲαι μέλοϲ
πρεϲβυτικόν τι, τὸν τρόπον μιμούμεναι
τὸν τῶν ἀγροίκων.
Χο. εὖ λέγειϲ.
Πρ. ἡμεῖϲ δέ γε
προΐωμεν αὐτῶν. καὶ γὰρ ἑτέραϲ οἴομαι
ἐκ τῶν ἀγρῶν εἰϲ τὴν Πύκν' ἥξειν ἄντικρυϲ
γυναῖκαϲ. ἀλλὰ ϲπεύϲαθ' ὡϲ εἴωθ' ἐκεῖ
τοῖϲ μὴ παροῦϲιν ὀρθρίοιϲ †εἰϲ τὴν Πύκνα†
ὑπαποτρέχειν ἔχουϲι μηδὲ πάτταλον.

Χο. ὥρα προβαίνειν, ὦνδρεϲ, ἡμῖν ἐϲτι· τοῦτο γὰρ χρὴ
μεμνημέναϲ ἀεὶ λέγειν, ὡϲ μήποτ' ἐξολίϲθῃ
ἡμῖν. ὁ κίνδυνοϲ γὰρ οὐχὶ μικρόϲ, ἢν ἁλῶμεν
ἐνδυόμεναι κατὰ ϲκότον τόλμημα τηλικοῦτον.

χωρῶμεν εἰϲ ἐκκληϲίαν, ὦνδρεϲ· ἠπείληϲε γὰρ [ϲτρ.
ὁ θεϲμοθέτηϲ, ὃϲ ἂν
μὴ πρῴ πάνυ τοῦ κνέφουϲ

275 γ' ἅπερ A, Toup: τ' ἅπερ RΓ: τἄπερ Λ: ἅπερ γ' Elmsley 276 ἐπαναβάληϲθε Denniston: ἐπαναβάλλεϲθε RAΓ: ἐπανε- Λ: -βάλεϲθε B, Su. ε 1953 280 αὐτῶν] εὐθύϲ vel οὕτωϲ dubitanter Richards 281 Πύκν' Λ, Musurus: Πνύκ' R: Πνύχ' ΓA 282–3 εἴωθ' vix sanum nisi cum van Leeuwenio ἄρχων λέγειν pro εἰϲ τὴν Πύκνα legas 283 Πύκνα] Πνύκα AΓ 286 ὡϲ μήποτ'] μὴ καί ποτ' Dobree 287 ἡμῖν Wilson: ἡμᾶϲ codd.: τὸ ῥῆμ' Blaydes: ὁρμᾶϲθ', pleno puncto in fine v. 286 posito, Meineke 288 ἐνδυόμεναι Faber (*indutae* Divus): ἐνδούμεναι codd.

ἥκῃ κεκονιμένοϲ, 291
ϲτέργων ϲκοροδάλμῃ,
βλέπων ὑπότριμμα, μὴ 292
δώϲειν τὸ τριώβολον.
ἀλλ', ὦ Χαριτιμίδη 293
καὶ Ϲμίκυθε καὶ Δράκηϲ,
ἕπου κατεπείγων,
ϲαυτῷ προϲέχων ὅπωϲ
μηδὲν παραχορδιεῖϲ 295
ὧν δεῖ ϲ' ἀποδεῖξαι·
ὅπωϲ δὲ τὸ ϲύμβολον
λαβόντεϲ ἔπειτα πλη-
ϲίοι καθεδούμεθ', ὡϲ
ἂν χειροτονῶμεν
ἅπανθ' ὁπόϲ' ἂν δέῃ
τὰϲ ἡμετέραϲ φίλαϲ—
καίτοι τί λέγω; φίλουϲ
γὰρ χρῆν μ' ὀνομάζειν.

ὅρα δ' ὅπωϲ ὠθήϲομεν τούϲδε τοὺϲ ἐξ ἄϲτεωϲ [ἀντ.
ἥκονταϲ, ὅϲοι πρὸ τοῦ
μέν, ἡνίκ' ἔδει λαβεῖν 301
ἐλθόντ' ὀβολὸν μόνον,
καθῆντο λαλοῦντεϲ 302
ἐν τοῖϲ ϲτεφανώμαϲιν,
νυνὶ δ' ἐνοχλοῦϲ' ἄγαν.
ἀλλ' οὐχί, Μυρωνίδηϲ

291–2 ϲτέργων … ὑπότριμμα Porson: βλέπων ὑπότριμμα ϲτέργων ϲκοροδάλμῃ codd., Su. υ 616 293 Χαριτιμίδη Bentley: χάριτι μια ἢ vel sim. codd. 295 ἀποδεῖξαι] ἐπιδεῖξαι Ussher 298–9 δέῃ … φίλαϲ] δοκῇ ταῖϲ ἡμετέραιϲ φίλαιϲ Blaydes 301 ἔδει … ἐλθόντ' Dawes: ἐλθόντ' ἔδει λαβεῖν R^{pc}Λ: ἐλθόνταϲ ἔδει λαβεῖν ΑΓ (sed -εϲ Γ) 303a καθῆντο Γ: κάθητο RΛ λαλοῦντεϲ RΛ: λαλοῦϲαι ΑΓ 303b ἐν τοῖϲ ϲτεφανώμαϲιν R: om. ΑΓΛ

ὅτ᾽ ἦρχεν ὁ γεννάδας,
οὐδεὶς ἂν ἐτόλμα
τὰ τῆς πόλεως διοι-
κεῖν ἀργύριον φέρων·
ἀλλ᾽ ἧκ᾽ ἂν ἕκαστος
ἐν ἀσκιδίῳ φέρων
πιεῖν ἅμα τ᾽ ἄρτον αὖ-
ον καὶ δύο κρομμύω
καὶ τρεῖς ἂν ἐλάας.
νυνὶ δὲ τριώβολον
ζητοῦσι λαβεῖν, ὅταν
πράττωσί τι κοινὸν ὥς-
περ πηλοφοροῦντες.

ΒΛΕΠΥΡΟC

τί τὸ πρᾶγμα; ποῖ ποθ᾽ ἡ γυνὴ φρούδη ᾽στί μοι;
ἐπεὶ πρὸς ἕω νῦν γ᾽ ἐστίν, ἡ δ᾽ οὐ φαίνεται.
ἐγὼ δὲ κατάκειμαι πάλαι χεζητιῶν,
τὰς ἐμβάδας ζητῶν λαβεῖν ἐν τῷ σκότῳ
καὶ θοἰμάτιον· ὅτε δὴ δ᾽ ἐκεῖνο ψηλαφῶν
οὐκ ἐδυνάμην εὑρεῖν, ὁ δ᾽ ἤδη τὴν θύραν
ἐπεῖχε κρούων μοὖ Κοπρεῖος, λαμβάνω
τουτὶ τὸ τῆς γυναικὸς ἡμιδιπλοίδιον,
καὶ τὰς ἐκείνης Περσικὰς ὑφέλκομαι.
ἀλλ᾽ ἐν καθαρῷ ποῦ ποῦ τις ἂν χέσας τύχοι;
ἢ πανταχοῦ τοι νυκτός ἐστιν ἐν καλῷ.
οὐ γάρ με νῦν χέζοντά γ᾽ οὐδεὶς ὄψεται.
οἴμοι κακοδαίμων, ὅτι γέρων ὢν ἠγόμην
γυναῖχ᾽· ὅσας εἴμ᾽ ἄξιος πληγὰς λαβεῖν.
οὐ γάρ ποθ᾽ ὑγιὲς οὐδὲν ἐξελήλυθεν
δράσουσ᾽. ὅμως δ᾽ οὖν ἐστιν ἀποπατητέον.

306 ἧκ᾽ ἂν Blaydes: ἧκεν codd. 307 αὖον Reiske: αὖ RΛ: om. ΑΓ: αὐτῷ von Velsen: αὐτὸς Sommerstein 316 ὁ δ᾽ Kuster: ὅδ᾽ codd. 317 μοὖ Κοπρεῖος Blaydes: κοπρεαῖος RΛ: κοπραῖος ΑΓ 319 ὑφέλκομαι RΛ: ἀφ- Γ: ἐφ- Α

ΓΕΙΤΩΝ

τίc ἐcτιν; οὐ δήπου Βλέπυροc ὁ γειτνιῶν;
νὴ τὸν Δί' αὐτὸc δῆτ' ἐκεῖνοc. εἰπέ μοι,
τί τοῦτό cοι τὸ πυρρόν ἐcτιν; οὔτι που
Κινηcίαc cου κατατετίληκεν;
Βλ. πόθεν;
οὔκ, ἀλλὰ τῆc γυναικὸc ἐξελήλυθα
τὸ κροκωτίδιον ἀμπιcχόμενοc οὑνδύεται.
Γε. τὸ δ' ἱμάτιόν cου ποῦ 'cτιν;
Βλ. οὐκ ἔχω φράcαι.
ζητῶν γὰρ αὔτ' οὐχ ηὗρον ἐν τοῖc cτρώμαcιν.
Γε. εἶτ' οὐδὲ τὴν γυναῖκ' ἐκέλευcάc cοι φράcαι;
Βλ. μὰ τὸν Δί'· οὐ γὰρ ἔνδον οὖcα τυγχάνει,
ἀλλ' ἐκτετρύπηκεν λαθοῦcά μ' ἔνδοθεν·
ὃ καὶ δέδοικα μή τι δρᾷ νεώτερον.
Γε. νὴ τὸν Ποcειδῶ, ταὐτὰ τοίνυν ἄντικρυc
ἐμοὶ πέπονθαc. καὶ γὰρ ᾗ ξύνειμ' ἐγὼ
φρούδη 'cτ' ἔχουcα θοἰμάτιον οὑγὼ 'φόρουν.
κοὐ τοῦτο λυπεῖ μ', ἀλλὰ καὶ τὰc ἐμβάδαc.
οὔκουν λαβεῖν γ' αὐτὰc ἐδυνάμην οὐδαμοῦ.
Βλ. μὰ τὸν Διόνυcον, οὐδ' ἐγὼ γὰρ τὰc ἐμὰc
Λακωνικάc, ἀλλ' ὡc ἔτυχον χεζητιῶν,
εἰc τὼ κοθόρνω τὼ πόδ' ἐνθεὶc ἵεμαι,
ἵνα μὴ 'γχέcαιμ' εἰc τὴν cιcύραν· φανὴ γὰρ ἦν.
Γε. τί δῆτ' ἂν εἴη; μῶν ἐπ' ἄριcτον γυνὴ
κέκληκεν αὐτὴν τῶν φίλων;
Βλ. γνώμην γ' ἐμήν.
οὔκουν πονηρά γ' ἐcτίν, ὅ τι κἄμ' εἰδέναι.
Γε. ἀλλὰ cὺ μὲν ἱμονιάν τιν' ἀποπατεῖc, ἐμοὶ δ'
ὥρα βαδίζειν ἐcτὶν εἰc ἐκκληcίαν,

330 πόθεν hoc accentu RΓ 332 κροκωτίδιον Arnaldus: -ώτιον R: -ώπιον ΑΓΛ 333 cου RΛ: cοι Γ 334 ηὗρον Dindorf: εὗ- codd. 335 ἐκέλευcάc B: -ευcά cett. 346 ἵεμαι] ἱέμην B, Brunck 350 ὅτι κἄμ'] ὅcα γ' ἔμ' Blaydes: an ὥcτ' ἔμ'?

ἥνπερ λάβω θοἰμάτιον, ὅπερ ἦν μοι μόνον.
Βλ. καὔγωγ᾽, ἐπειδὰν ἀποπατήϲω· νῦν δέ μοι
ἀχράϲ τιϲ ἐγκλῄϲαϲ᾽ ἔχει τὰ ϲιτία.
Γε. μῶν ἣν Θραϲύβουλοϲ εἶπε τοῖϲ Λακωνικοῖϲ;
Βλ. νὴ τὸν Διόνυϲον, ἐνέχεται γοῦν μοι ϲφόδρα.
ἀτὰρ τί δράϲω; καὶ γὰρ οὐδὲ τοῦτό με
μόνον τὸ λυποῦν ἐϲτιν, ἀλλ᾽ ὅταν φάγω,
ὅποι βαδιεῖταί μοι τὸ λοιπὸν ἡ κόπροϲ.
νῦν μὲν γὰρ οὗτοϲ βεβαλάνωκε τὴν θύραν,
ὅϲτιϲ ποτ᾽ ἔϲθ᾽, ἅνθρωποϲ ἁχραδούϲιοϲ.
τίϲ ἂν οὖν ἰατρόν μοι μετέλθοι, καὶ τίνα;
τίϲ τῶν κατὰ πρωκτὸν δεινόϲ ἐϲτι τὴν τέχνην;
ἆρ᾽ οἶδ᾽ Ἀμύνων; ἀλλ᾽ ἴϲωϲ ἀρνήϲεται.
Ἀντιϲθένη τιϲ καλεϲάτω πάϲῃ τέχνῃ.
οὗτοϲ γὰρ ἁνὴρ ἕνεκά γε ϲτεναγμάτων
οἶδεν τί πρωκτὸϲ βούλεται χεζητιῶν.
ὦ πότνι᾽ Ἰλείθυα, μή με περιίδῃϲ
διαρραγέντα μηδὲ βεβαλανωμένον,
ἵνα μὴ γένωμαι ϲκωραμὶϲ κωμῳδική.

ΧΡΕΜΗϹ

οὗτοϲ, τί ποιεῖϲ; οὔτι που χέζειϲ;
Βλ. ἐγώ;
οὐ δῆτ᾽ ἔτι γε μὰ τὸν Δί᾽, ἀλλ᾽ ἀνίϲταμαι.
Χρ. τὸ τῆϲ γυναικὸϲ δ᾽ ἀμπέχει χιτώνιον;
Βλ. ἐν τῷ ϲκότῳ γὰρ τοῦτ᾽ ἔτυχον ἔνδον λαβών.

354 νῦν B: νυνὶ cett. μοι Meineke: μου cett. 355 ἐγκλῄϲαϲ᾽ Dindorf: -είϲαϲ᾽ Su. α 4713: -είϲαϲ codd. 357 ἐνέχεται] vox fortasse corrupta 362 ἔϲθ᾽, ἅνθρωποϲ Blaydes: ἐϲτ᾽ ἄ- RΛ: ἐϲτὶν ἄ- ΑΓ ἁχραδούϲιοϲ Brunck: ἀ- codd. 364 κατὰ πρωκτὸν B: καταπρώκτων RΛ: κατὰ πρωκτῶν ΑΓ 365 ἆρ᾽ οἶδ᾽] ἀλλ᾽ οἶδ᾽ Meineke: an ἐγᾦδ᾽? 366 Ἀντιϲθένη B, Su. π 2950, χ 182: -ην RΑΓΛ 367 ἁνὴρ Elmsley: ἀ- codd. 369 Ἰλείθυα Coulon, cf. titulos: Εἰλείθυια vel sim. codd., Su. π 2950 374 χιτώνιον R: τριβώνιον ΑΓΛ

ἀτὰρ πόθεν ἥκεις ἐτεόν;
Χρ. ἐξ ἐκκληςίας.
Βλ. ἤδη λέλυται γάρ;
Χρ. νὴ Δί᾿ ὄρθριον μὲν οὖν.
καὶ δῆτα πολὺν ἡ μίλτος, ὦ Ζεῦ φίλτατε,
γέλων παρέςχεν, ἣν προςέρραινον κύκλῳ.
Βλ. τὸ τριώβολον δῆτ᾿ ἔλαβες;
Χρ. εἰ γὰρ ὤφελον.
ἀλλ᾿ ὕςτερος νῦν ἦλθον, ὥςτ᾿ αἰςχύνομαι.
Βλ. μὰ τὸν Δί᾿ οὐδένα γ᾿ ἄλλον ἢ τὸν θύλακον.
τὸ δ᾿ αἴτιον τί;
Χρ. πλεῖςτος ἀνθρώπων ὄχλος,
ὅςος οὐδεπώποτ᾿ ἦλθ᾿ ἁθρόος εἰς τὴν Πύκνα.
καὶ δῆτα πάντας ςκυτοτόμοις ᾐκάζομεν
ὁρῶντες αὐτούς· οὐ γὰρ ἀλλ᾿ ὑπερφυῶς
ὡς λευκοπληθὴς ἦν ἰδεῖν ἡκκληςία·
ὥςτ᾿ οὐκ ἔλαβον οὔτ᾿ αὐτὸς οὔτ᾿ ἄλλοι ςυχνοί.
Βλ. οὐδ᾿ ἄρ᾿ ἂν ἐγὼ λάβοιμι νῦν ἐλθών;
Χρ. πόθεν;
οὐδ᾿ ἂν μὰ Δί᾿ εἰ τότ᾿ ἦλθες, ὅτε τὸ δεύτερον
ἁλεκτρυὼν ἐφθέγγετ᾿.
Βλ. οἴμοι δείλαιος.
Ἀντίλοχ᾿, ἀποίμωξόν με τοῦ τριωβόλου
τὸν ζῶντα μᾶλλον. τἀμὰ γὰρ διοίχεται.
ἀτὰρ τί τὸ πρᾶγμ᾿ ἦν, ὅτι τοςοῦτον χρῆμ᾿ ὄχλου
οὕτως ἐν ὥρᾳ ξυνελέγη;
Χρ. τί δ᾿ ἄλλο γ᾿ ἢ
ἔδοξε τοῖς πρυτάνεςι περὶ ςωτηρίας

376 ἀτὰρ R*Λ*: αὐτὰρ Α*Γ* 381 νῦν *Γ*: νυνὶ *Λ*: νὴ Δί᾿ R v. ita refinxit Jackson: *Βλ.* ἀλλ᾿ ὕςτερος ἦλθες; *Χρ.* νὴ Δί᾿ κτλ. 382 v. Blepyro tribuit Ussher; lacunam ante hunc v. statuerunt Elmsley et Dindorf οὐδένα γ᾿ Sommerstein, duce Brunck: οὐδέν᾿ codd. 384 ἁθρόος Meineke: ἀ- Α*ΓΛ*: ἀθρόως R Πύκνα] Πνύκα Α*Γ* 385 πάντας R, Su. ς 727 cod. A (πάντα ceteri codd.): πάντες *ΓΛ* 390 ἂν μὰ Δί᾿ εἰ van Leeuwen: εἰ μὰ Δία codd. 391 ἁλεκτρυὼν Dindorf: ἀ- codd.

γνώμαϲ προθεῖναι τῆϲ πόλεωϲ; κᾆτ' εὐθέωϲ
πρῶτοϲ Νεοκλείδηϲ ὁ γλάμων παρείρπυϲεν.
κἄπειθ' ὁ δῆμοϲ ἀναβοᾷ πόϲον δοκεῖϲ,
"οὐ δεινὰ τολμᾶν τουτονὶ δημηγορεῖν,
καὶ ταῦτα περὶ ϲωτηρίαϲ προκειμένου,
ὃϲ αὐτὸϲ αὑτῷ βλεφαρίδ' οὐκ ἐϲώϲατο;"
ὁ δ' ἀναβοήϲαϲ καὶ περιβλέψαϲ ἔφη
"τί δαί με χρὴ δρᾶν;"
Βλ. "ϲκόροδ' ὁμοῦ τρίψαντ' ὀπῷ,
τιθύμαλλον ἐμβαλόντα τοῦ Λακωνικοῦ,
ϲαυτοῦ παραλείφειν τὰ βλέφαρα τῆϲ ἑϲπέραϲ",
ἔγωγ' ἂν εἶπον, εἰ παρὼν ἐτύγχανον.
Χρ. μετὰ τοῦτον Εὐαίων ὁ δεξιώτατοϲ
παρῆλθε γυμνόϲ, ὡϲ ἐδόκει τοῖϲ πλείοϲιν·
αὐτόϲ γε μέντοὔφαϲκεν ἱμάτιον ἔχειν·
κἄπειτ' ἔλεξε δημοτικωτάτουϲ λόγουϲ·
"ὁρᾶτε μέν με δεόμενον ϲωτηρίαϲ
τετραϲτατήρου καὐτόν· ἀλλ' ὅμωϲ ἐρῶ
ὡϲ τὴν πόλιν καὶ τοὺϲ πολίταϲ ϲώϲετε.
ἢν γὰρ παρέχωϲι τοῖϲ δεομένοιϲ οἱ κναφῆϲ
χλαίναϲ, ἐπειδὰν πρῶτον ἥλιοϲ τραπῇ,
πλευρῖτιϲ ἡμῶν οὐδέν' ἂν λάβοι ποτέ.
ὅϲοιϲ δὲ κλίνη μή 'ϲτι μηδὲ ϲτρώματα,
ἰέναι καθευδήϲονταϲ ἀπονενιμμένουϲ
εἰϲ τῶν ϲκυλοδεψῶν· ἢν δ' ἀποκλῄῃ τῇ θύρᾳ
χειμῶνοϲ ὄντοϲ, τρεῖϲ ϲιϲύραϲ ὀφειλέτω."
Βλ. νὴ τὸν Διόνυϲον, χρηϲτά γ'. εἰ δ' ἐκεῖνό γε
προϲέθηκεν, οὐδεὶϲ ἀντεχειροτόνηϲεν ἄν,

397 *προθεῖναι* Schoemann: *καθεῖναι* codd. 399 *ἀναβοᾷ*] *ἀνεβόα* Blaydes 403 *ὁ δ'* Kuster: *ὅδ'* codd. 404 *χρὴ* RΓ: *χρῆν* Λ, Musurus 406 *ϲαυτοῦ* R, Su. γ 277: *ϲαυτῷ* ΓΛ 417 *ἡμῶν* codd.: *ὑμῶν* Su. κ 1855, τ 406 *ἂν* ante *ἡμῶν* transp. R *λάβοι* codd., Su. τ 406: *βλάψοι* Su. κ 1855 420 *ἀποκλῄῃ* Dindorf (-*κλείῃ* iam Faber): -*κλίνῃ* codd., Su. τ 406 422 *ἐκεῖνό* van Leeuwen: *ἐκεῖνά* codd.: *κἀκεῖνά* Su. α 2643

τοὺς ἀλφιταμοιβοὺς τοῖς ἀπόροις τρεῖς χοίνικας
δεῖπνον παρέχειν ἅπασιν ἢ κλάειν μακρά,
ἵνα τοῦτ' ἀπέλαυσαν Ναυσικύδους τἀγαθόν.
Χρ. μετὰ τοῦτο τοίνυν εὐπρεπὴς νεανίας
λευκός τις ἀνεπήδησ' ὅμοιος Νικίᾳ
δημηγορήσων, κἀπεχείρησεν λέγειν
ὡς χρὴ παραδοῦναι ταῖς γυναιξὶ τὴν πόλιν.
εἶτ' ἐθορύβησαν κἀνέκραγον ὡς εὖ λέγοι,
τὸ σκυτοτομικὸν πλῆθος, οἱ δ' ἐκ τῶν ἀγρῶν
ἀνεβορβόρυξαν.
Βλ. νοῦν γὰρ εἶχον, νὴ Δία.
Χρ. ἀλλ' ἦσαν ἥττους· ὁ δὲ κατεῖχε τῇ βοῇ,
τὰς μὲν γυναῖκας πόλλ' ἀγαθὰ λέγων, σὲ δὲ
πολλὰ κακά.
Βλ. καὶ τί εἶπε;
Χρ. πρῶτον μέν σ' ἔφη
εἶναι πανοῦργον.
Βλ. καὶ σέ;
Χρ. μή πω τοῦτ' ἔρῃ.
κἄπειτα κλέπτην.
Βλ. ἐμὲ μόνον;
Χρ. καὶ νὴ Δία
καὶ συκοφάντην.
Βλ. ἐμὲ μόνον;
Χρ. καὶ νὴ Δία
τωνδὶ τὸ πλῆθος.
Βλ. τίς δὲ τοῦτ' ἄλλως λέγει;
Χρ. γυναῖκα δ' εἶναι πρᾶγμ' ἔφη νουβυστικὸν
καὶ χρηματοποιόν. κοὔτε τἀπόρρητ' ἔφη
ἐκ Θεσμοφόροιν ἑκάστοτ' αὐτὰς ἐκφέρειν,
σὲ δὲ κἀμὲ βουλεύοντε τοῦτο δρᾶν ἀεί.
Βλ. καὶ νὴ τὸν Ἑρμῆν τοῦτό γ' οὐκ ἐψεύσατο.

427 εὐπρεπὴς RΛ: εὐτρεπὴς Γ 433 γὰρ] γ' ἄρ' Dobree
444 βουλεύοντε ed. Iuntina (1525): -ονται R: δουλεύοντε ΑΓΛ

Χρ. ἔπειτα ϲυμβάλλειν πρὸϲ ἀλλήλαϲ ἔφη
ἱμάτια, χρυϲί', ἀργύριον, ἐκπώματα,
μόναϲ μόναιϲ, οὐ μαρτύρων ἐναντίον,
καὶ ταῦτ' ἀποφέρειν πάντα κοὐκ ἀποϲτερεῖν,
ἡμῶν δὲ τοὺϲ πολλοὺϲ ἔφαϲκε τοῦτο δρᾶν.
Βλ. νὴ τὸν Ποϲειδῶ, μαρτύρων γ' ἐναντίον.
Χρ. ἕτερά τε πλεῖϲτα τὰϲ γυναῖκαϲ ηὐλόγει·
οὐ ϲυκοφαντεῖν, οὐ διώκειν, οὐδὲ τὸν
δῆμον καταλύειν, ἄλλα πολλὰ κἀγαθά.
Βλ. τί δῆτ' ἔδοξεν;
Χρ. ἐπιτρέπειν γε τὴν πόλιν
ταύταιϲ· ἐδόκει γὰρ τοῦτο μόνον ἐν τῇ πόλει
οὔπω γεγενῆϲθαι.
Βλ. καὶ δέδοκται;
Χρ. φήμ' ἐγώ.
Βλ. ἅπαντ' ἄρ' αὐταῖϲ ἐϲτι προϲτεταγμένα
ἃ τοῖϲιν ἀϲτοῖϲ ἔμελεν;
Χρ. οὕτω ταῦτ' ἔχει.
Βλ. οὐδ' εἰϲ δικαϲτήριον ἄρ' εἶμ', ἀλλ' ἡ γυνή;
Χρ. οὐδ' ἔτι ϲὺ θρέψειϲ οὓϲ ἔχειϲ, ἀλλ' ἡ γυνή.
Βλ. οὐδὲ ϲτένειν τὸν ὄρθρον ἔτι πρᾶγμ' ἆρά μοι;
Χρ. μὰ Δί', ἀλλὰ ταῖϲ γυναιξὶ ταῦτ' ἤδη μέλει·
ϲὺ δ' ἀϲτενακτεὶ περδόμενοϲ οἴκοι μενεῖϲ.
Βλ. ἐκεῖνο δεινὸν τοῖϲιν ἡλίκοιϲι νῷν,
μὴ παραλαβοῦϲαι τῆϲ πόλεωϲ τὰϲ ἡνίαϲ
ἔπειτ' ἀναγκάζωϲι πρὸϲ βίαν—
Χρ. τί δρᾶν;
Βλ. κινεῖν ἑαυτάϲ. ἢν δὲ μὴ δυνώμεθα,

448 γ' post *μόναιϲ* add. *Γ*, post *μαρτύρων* R*Λ*, Su. ϲ 1355: del. Bergk 454 ante 452 transp. Bachmann *ηὐλόγει* Meineke: *εὐ-* codd. 453 *ἄλλα* Ussher: *ἀλλὰ* codd.: *κἄλλα* Bachmann 455 *γε* B: *ϲε* cett. 456 *ταύταιϲ*] *αὐταῖϲ* B, Bergk 458 *ἅπαντ' ἄρ'* Cobet: *ἅπαντά θ'* R*Λ*: *ἅπαντά γ' Γ* 459 *ἔμελεν* B: *ἔμελλεν* R: *τ' ἔμελλεν ΓΛ* 461 v. om. *Γ* 464 *ἀϲτενακτεὶ Λ*: *-τὶ* cett. 468b–469a Blepyro tribuit von Velsen

ἄριϲτον οὐ δώϲουϲι.
Χρ. ϲὺ δέ γε νὴ Δία
δρᾶ ταῦθ', ἵν' ἀριϲτᾷϲ τε καὶ κινῇϲ ἅμα.
Βλ. τὸ πρὸϲ βίαν δεινότατον.
Χρ. ἀλλ' εἰ τῇ πόλει
τοῦτο ξυνοίϲει, ταῦτα χρὴ πάντ' ἄνδρα δρᾶν.
Βλ. λόγοϲ γέ τοί τιϲ ἔϲτι τῶν γεραιτέρων,
ὅϲ' ἂν ἀνόητ' ἢ μῶρα βουλευϲώμεθα,
ἅπαντ' ἐπὶ τὸ βέλτιον ἡμῖν ξυμφέρειν.
Χρ. καὶ ξυμφέροι γ', ὦ πότνια Παλλὰϲ καὶ θεοί.
ἀλλ' εἶμι· ϲὺ δ' ὑγίαινε.
Βλ. καὶ ϲύ γ', ὦ Χρέμηϲ.
Χο. ἔμβα, χώρει.
ἆρ' ἔϲτι τῶν ἀνδρῶν τιϲ ἡμῖν ὅϲτιϲ ἐπακολουθεῖ;
ϲτρέφου, ϲκόπει,
φύλαττε ϲαυτὴν ἀϲφαλῶϲ, πολλοὶ γὰρ οἱ πανοῦργοι,
μή πού τιϲ ἐκ τοὔπιϲθεν ὢν τὸ ϲχῆμα παραφυλάξῃ.

ἀλλ' ὡϲ μάλιϲτα τοῖν ποδοῖν ἐπικτυπῶν βάδιζε· [ϲτρ.
ἡμῖν δ' ἂν αἰϲχύνην φέροι
πάϲαιϲι παρὰ τοῖϲ ἀνδράϲιν τὸ πρᾶγμα τοῦτ'
ἐλεγχθέν.
πρὸϲ ταῦτα ϲυϲτέλλου ϲεαυτὴν καὶ περιϲκοπουμένη
κἀκεῖϲε καὶ τὰκ δεξιᾶϲ
⟨φύλατθ' ὅπωϲ⟩ μὴ ξυμφορὰ
γενήϲεται τὸ πρᾶγμα.
ἀλλ' ἐγκονῶμεν· τοῦ τόπου γὰρ ἐγγύϲ ἐϲμεν ἤδη,
ὅθενπερ εἰϲ ἐκκληϲίαν ὡρμώμεθ' ἡνίκ' ᾖμεν·

473 γε Su. μ 1337 cod. G: τε codd., Su. ceteri codd. et γ 195 474 ἢ Bentley: χ' ἢ R, Su. γ 195: καὶ ΓΛ 482 παραφυλάξῃ Meineke: κατα- codd. 483 ἐπικτυπῶν βάδιζε] βάδιζ' ἐπικτυποῦϲα Blaydes 484 ἂν R: om. ΓΛ 485 ἀνδράϲιν Brunck: -ϲι codd. 488a τὰκ R: τά τ' ἐκ ΓΛ 488b suppl. Blaydes: alii alia 490 ὡρμώμεθ' Biset: ὁρμ- codd.

τὴν δ' οἰκίαν ἔξεϲθ' ὁρᾶν, ὅθενπερ ἡ ϲτρατηγόϲ
ἐϲθ', ἡ τὸ πρᾶγμ' εὑροῦϲ' ὃ νῦν ἔδοξε τοῖϲ πολίταιϲ.

ὥϲτ' εἰκὸϲ ἡμᾶϲ μὴ βραδύνειν ἔϲτ' ἐπαναμενούϲαϲ [ἀντ.
πώγωναϲ ἐξηρτημέναϲ,
μὴ καί τιϲ †ὄψεθ' ἡμᾶϲ† χἠμῶν ἴϲωϲ κατείπῃ.
ἀλλ' εἶα, δεῦρ' ἐπὶ ϲκιᾶϲ
ἐλθοῦϲα πρὸϲ τὸ τειχίον,
παραβλέπουϲα θατέρῳ,
πάλιν μεταϲκεύαζε ϲαυτὴν αὖθιϲ ἥπερ ἦϲθα
καὶ μὴ βράδυν'· ὡϲ τήνδε καὶ δὴ τὴν ϲτρατηγὸν ἡμῶν
χωροῦϲαν ἐξ ἐκκληϲίαϲ ὁρῶμεν. ἀλλ' ἐπείγου
ἅπαϲα καὶ μίϲει ϲάκον πρὸϲ ταῖν γνάθοιν ἔχουϲα·
καὖταὶ γὰρ ἀλγοῦϲιν πάλαι τὸ ϲχῆμα τοῦτ' ἔχουϲαι.

Πρ. ταυτὶ μὲν ἡμῖν, ὦ γυναῖκεϲ, εὐτυχῶϲ
τὰ πράγματ' ἐκβέβηκεν ἁβουλεύϲαμεν.
ἀλλ' ὡϲ τάχιϲτα πρίν τιν' ἀνθρώπων ἰδεῖν,
ῥιπτεῖτε χλαίναϲ, ἐμβὰϲ ἐκποδὼν ἴτω,
χάλα ϲυναπτοὺϲ ἡνίαϲ Λακωνικάϲ,
βακτηρίαϲ ἄφεϲθε. καὶ μέντοι ϲὺ μὲν
ταύταϲ κατευτρέπιζ', ἐγὼ δὲ βούλομαι,
εἴϲω παρερπύϲαϲα πρὶν τὸν ἄνδρα με
ἰδεῖν, καταθέϲθαι θοἰμάτιον αὐτοῦ πάλιν
ὅθενπερ ἔλαβον, τἄλλα θ' ἁξηνεγκάμην.

495 ὄψεθ' ἡμᾶϲ] ἡμᾶϲ ὄψεται Hermann, quo recepto μὴ . . . ὄψεται ante πώγωναϲ ἐξηρτημέναϲ transp. Agar: ὄψεθ' ἡμέραϲ von Blumenthal: ὀψωνῶν ἴδῃ Hall & Geldart: an ὄψεθ' ἡμέναϲ? 499 ἥπερ] ᾗπερ sch. 502 μίϲει] παῦϲαι A. Palmer ταῖν] τοῖν Meineke 503 καὖταὶ van Leeuwen: χαὖται codd. ἀλγοῦϲιν . . . ἔχουϲαι A. Palmer: ἥκουϲιν . . . ἔχουϲαι codd.: ἄκουϲαι . . . ἔχουϲιν Agar 504 ἡμῖν post γυναῖκεϲ transp. R 508 χάλα ϲυνάπτουϲ] χαλᾶτ' ἀνάπτουϲ Agar: χαλᾶθ' ὑφάπτουϲ van Leeuwen Λακωνικάϲ] -ικῶν van Leeuwen 509 καὶ μέντοι] κἀνταυθοῖ olim Jackson: sunt qui nomen proprium hic latere credant 510 ταύταϲ] ταυτὶ Meineke

Χο. κεῖται ⟨καὶ⟩ δὴ πάνθ' ἅπερ εἶπαϲ· ϲὸν δ' ἔργον τἄλλα
διδάϲκειν,
ὅ τί ϲοι δρῶϲαι ξύμφορον ἡμεῖϲ δόξομεν ὀρθῶϲ
ὑπακούειν.
οὐδεμιᾷ γὰρ δεινοτέρᾳ ϲοῦ ξυμμείξαϲ' οἶδα γυναικί.
Πρ. περιμείνατε νῦν, ἵνα τῆϲ ἀρχῆϲ ἣν ἄρτι
κεχειροτόνημαι,
ξυμβούλοιϲιν πάϲαιϲ ὑμῖν χρήϲωμαι. καὶ γὰρ ἐκεῖ μοι
ἐν τῷ θορύβῳ καὶ τοῖϲ δεινοῖϲ ἀνδρειόταται γεγένηϲθε.

Βλ. αὕτη, πόθεν ἥκειϲ, Πραξαγόρα;
Πρ. τί δ', ὦ μέλε,
ϲοὶ τοῦθ';
Βλ. ὅ τί μοι τοῦτ' ἐϲτίν; ὡϲ εὐηθικῶϲ.
Πρ. οὔτοι παρά του μοιχοῦ γε φήϲειϲ.
Βλ. οὐκ ἴϲωϲ
ἑνόϲ γε.
Πρ. καὶ μὴν βαϲανίϲαι τουτί γέ ϲοι
ἔξεϲτι.
Βλ. πῶϲ;
Πρ. εἰ τῆϲ κεφαλῆϲ ὄζω μύρου.
Βλ. τί δ'; οὐχὶ βινεῖται γυνὴ κἄνευ μύρου;
Πρ. οὐ δῆτα, τάλαν, ἔγωγε.
Βλ. πῶϲ οὖν ὄρθριον
ᾤχου ϲιωπῇ θοἰμάτιον λαβοῦϲά μου;
Πρ. γυνή μέ τιϲ νύκτωρ ἑταίρα καὶ φίλη
μετεπέμψατ' ὠδίνουϲα.
Βλ. κᾆτ' οὐκ ἦν ἐμοὶ
φράϲαϲαν ἰέναι;
Πρ. τῆϲ λεχοῦϲ δ' οὐ φροντίϲαι

514 suppl. Dobree: ⟨δ' ἤ⟩δη Bentley   516 ϲοῦ Bothe: ϲου codd.
517 νῦν] νυν fere edd.   522 παρά του Invernizi: παρὰ τοῦ codd.
526 δῆτα, τάλαν Reiske: δὴ τάλαιν' codd.   527 μου R: μοι ΓΛ

οὕτως ἐχούςης, ὦνερ;
Βλ. εἰποῦςάν γ' ἐμοί.
ἀλλ' ἔςτιν ἐνταῦθά τι κακόν.
Πρ. μὰ τὼ θεώ,
ἀλλ' ὥςπερ εἶχον ᾠχόμην· ἐδεῖτο δὲ
ἥπερ μεθῆκέ μ' ἐξιέναι πάςῃ τέχνῃ.
Βλ. εἶτ' οὐ τὸ cαυτῆς ἱμάτιον ἐχρῆν c' ἔχειν;
ἀλλ' ἔμ' ἀποδύcαc', ἐπιβαλοῦcα τοὔγκυκλον,
ᾤχου καταλιποῦc' ὡcπερεὶ προκείμενον,
μόνον οὐ cτεφανώcαc οὐδ' ἐπιθεῖcα λήκυθον.
Πρ. ψῦχοc γὰρ ἦν, ἐγὼ δὲ λεπτὴ κἀcθενήc·
ἔπειθ', ἵν' ἀλεαίνοιμι, τοῦτ' ἠμπεcχόμην·
cὲ δ' ἐν ἀλέᾳ κατακείμενον καὶ cτρώμαcιν
κατέλιπον, ὦνερ.
Βλ. αἱ δὲ δὴ Λακωνικαὶ
ᾤχοντο μετά cου κατὰ τί χἠ βακτηρία;
Πρ. ἵνα θοἰμάτιον cώcαιμι, μεθυπεδηcάμην,
μιμουμένη cὲ καὶ κτυποῦcα τοῖν ποδοῖν
καὶ τοὺc λίθουc παίουcα τῇ βακτηρίᾳ.
Βλ. οἶcθ' οὖν ἀπολωλεκυῖα πυρῶν ἑκτέα,
ὃν χρῆν ἔμ' ἐξ ἐκκληcίαc εἰληφέναι;
Πρ. μὴ φροντίcῃc· ἄρρεν γὰρ ἔτεκε παιδίον.
Βλ. ἡκκληcία;
Πρ. μὰ Δί', ἀλλ' ἐφ' ἣν ἐγᾠχόμην.
ἀτὰρ γεγένηται;
Βλ. ναὶ μὰ Δί'. οὐκ ᾔδηcθά με
φράcαντά cοι χθέc;
Πρ. ἄρτι γ' ἀναμιμνῄcκομαι.
Βλ. οὐδ' ἄρα τὰ δόξαντ' οἶcθα;
Πρ. μὰ Δί', ἐγὼ μὲν οὔ.

531 γ' ἐμοί R: γέ μοι ΓΛ   535 c' hic RΛ, ante ἐχρῆν praebet Γ   540 ἔπειθ'] οὐκοῦν Orus A3b   ἠμπεcχόμην Orus A3b: ἠμπιcχόμην codd., Su. α 1109, Orus A3a   542 κατέλιπον] -λειπον R   543 cου Blaydes: cοῦ codd.   545 cὲ Sommerstein: cε codd.   547 οἶcθ'] ἴcθ' Blaydes   551 ᾔδηcθα Brunck: ᾔδειcθα vel sim. codd.

Βλ. κάθηcο τοίνυν cηπίας μαcωμένη.
ὑμῖν δέ φαcι παραδεδόcθαι τὴν πόλιν.
Πρ. τί δρᾶν; ὑφαίνειν;
Βλ. οὐ μὰ Δί᾽, ἀλλ᾽ ἄρχειν.
Πρ. τίνων;
Βλ. ἁπαξαπάντων τῶν κατὰ πόλιν πραγμάτων.
Πρ. νὴ τὴν Ἀφροδίτην, μακαρία γ᾽ ἄρ᾽ ἡ πόλιc
ἔcται τὸ λοιπόν.
Βλ. κατὰ τί;
Πρ. πολλῶν οὕνεκα.
οὐ γὰρ ἔτι τοῖc τολμῶcιν αὐτὴν αἰcχρὰ δρᾶν
ἔcται τὸ λοιπόν ⟨– ∪ – × – ∪ –⟩
× – ∪ – ×⟩ †οὐδαμοῦ δὲ† μαρτυρεῖν,
οὐ cυκοφαντεῖν—
Βλ. μηδαμῶc πρὸc τῶν θεῶν
τουτὶ ποιήcῃc μηδ᾽ ἀφέλῃ μου τὸν βίον.
Γε. ὦ δαιμόνι᾽ ἀνδρῶν, τὴν γυναῖκ᾽ ἔα λέγειν.
Πρ. μὴ λωποδυτῆcαι, μὴ φθονεῖν τοῖc πληcίον,
μὴ γυμνὸν εἶναι, μὴ πένητα μηδένα,
μὴ λοιδορεῖcθαι, μὴ ᾽νεχυραζόμενον φέρειν.
Γε. νὴ τὸν Ποcειδῶ μεγάλα γ᾽, εἰ μὴ ψεύcεται.
Πρ. ἀλλ᾽ ἀποφανῶ τοῦθ᾽, ὥcτε cέ τέ μοι μαρτυρεῖν
καὶ τοῦτον αὐτὸν μηδὲν ἀντειπεῖν ἐμοί.

Χο. νῦν δὴ δεῖ cε πυκνὴν φρένα καὶ φιλόcοφον ἐγείρειν
φροντίδ᾽ ἐπιcταμένην
ταῖcι φίλαιcιν ἀμύνειν.
κοινῇ γὰρ ἐπ᾽ εὐτυχίαιcιν

558 γ᾽ ἄρ᾽ R: γὰρ *ΓΛ* 559–60 hos vv. om. *Γ* post 560 lacunam statuit Sommerstein; melius post λοιπόν (560b) 563 μου] με Blaydes 564 quis loquatur incertum est 565 λωποδυτῆcαι] λωποδυτεῖν ἔτι Blaydes 569 cέ τέ Cobet: cέ γέ R: γέ *ΓΛ* 570 ἐμοί] ἔχειν Nauck: ἔτι Cobet 571 φιλόcοφον] de numeris vide Parker, *Songs* p. 534 573 κοινῇ] καινὴ vel καιναῖc Blaydes

ἔρχεται γλώττης ἐπίνοια, πολίτην
δῆμον ἐπαγλαϊοῦcα
μυρίαιcιν ὠφελίαιcι βίου·
δηλοῦν ⟨δ'⟩ ὅ τί περ δύναται καιρόc.
δεῖται †γάρ τοί γε† cοφοῦ τινοc ἐξευρήματοc ἡ πόλιc ἡμῶν.
ἀλλὰ πέραινε μόνον
μήτε δεδραμένα μήτ' εἰρημένα πω πρότερον·
μιcοῦcι γὰρ ἢν τὰ παλαιὰ πολλάκιc θεῶνται.

ἀλλ' οὐ μέλλειν, ἀλλ' ἅπτεcθαι καὶ δὴ χρῆν τῆc διανοίαc,
ὡc τὸ ταχύνειν χαρίτων μετέχει πλεῖcτον παρὰ τοῖcι θεαταῖc.

Πρ. καὶ μὴν ὅτι μὲν χρηcτὰ διδάξω πιcτεύω· τοὺc δὲ θεατάc,
εἰ καινοτομεῖν ἐθελήcουcιν καὶ μὴ τοῖc ἠθάcι λίαν
τοῖc τ' ἀρχαίοιc ἐνδιατρίβειν, τοῦτ' ἔcθ' ὃ μάλιcτα δέδοικα.

Γε. περὶ μὲν τοίνυν τοῦ καινοτομεῖν μὴ δείcῃc· τοῦτο γὰρ ἡμῖν
δρᾶν ἀντ' ἄλληc ἀρετῆc ἐcτιν, τῶν δ' ἀρχαίων ἀμελῆcαι.

Πρ. μή νυν πρότερον μηδεὶc ὑμῶν ἀντείπῃ μηδ' ὑποκρούcῃ,
πρὶν ἐπίcταcθαι τὴν ἐπίνοιαν καὶ τοῦ φράζοντοc ἀκοῦcαι.
κοινωνεῖν γὰρ πάνταc φήcω χρῆναι πάντων μετέχονταc

576 suppl. Voss δύναται] δύναcαι C. Kock 577 γάρ τοί γε R: γάρ τοι ΓΛ: γάρ τι Musurus 581 ἅπτεcθαι] ἐπιθέcθαι Richards: an ἐγχειρεῖν? τῆc διανοίαc Faber: ταῖc -αιc codd. χρῆν] χρὴ B 583 sqq. in hac scaena Blepyri et Vicini partes admodum incertae sunt 587 ἄλληc] αὐτῆc van Leeuwen ἀρετῆc Bergk: ἀρχῆc codd. 588 νυν Bekker: νῦν codd.

κἀκ ταὐτοῦ ζῆν, καὶ μὴ τὸν μὲν πλουτεῖν, τὸν δ᾽ ἄθλιον εἶναι,
μηδὲ γεωργεῖν τὸν μὲν πολλήν, τῷ δ᾽ εἶναι μηδὲ ταφῆναι,
μηδ᾽ ἀνδραπόδοις τὸν μὲν χρῆcθαι πολλοῖc, τὸν δ᾽ οὐδ᾽ ἀκολούθῳ·
ἀλλ᾽ ἕνα ποιῶ κοινὸν πᾶcιν βίοτον καὶ τοῦτον ὅμοιον.

Βλ. πῶc οὖν ἔcται κοινὸc ἅπαcιν;

Πρ. κατέδει πέλεθον πρότερόc μου.

Βλ. καὶ τῶν πελέθων κοινωνοῦμεν;

Πρ. μὰ Δί᾽, ἀλλ᾽ ἔφθηc μ᾽ ὑποκρούcαc.
τοῦτο γὰρ ἤμελλον ἐγὼ λέξειν· τὴν γῆν πρώτιcτα ποιήcω
κοινὴν πάντων καὶ τἀργύριον καὶ τἄλλ᾽, ὁπόc᾽ ἐcτὶν ἑκάcτῳ.
εἶτ᾽ ἀπὸ τούτων κοινῶν ὄντων ἡμεῖc βοcκήcομεν ὑμᾶc
ταμιευόμεναι καὶ φειδόμεναι καὶ τὴν γνώμην προcέχουcαι.

Γε. πῶc οὖν ὅcτιc μὴ κέκτηται γῆν ἡμῶν, ἀργύριον δὲ
καὶ Δαρεικούc, ἀφανῆ πλοῦτον;

Πρ. τοῦτ᾽ εἰc τὸ μέcον καταθήcει.

Βλ. κεἰ μὴ καταθεὶc ψευδορκήcει; κἀκτήcατο γὰρ διὰ τοῦτο.

Πρ. ἀλλ᾽ οὐδέν τοι χρήcιμον ἔcται πάντωc αὐτῷ.

Βλ. κατὰ δὴ τί;

Πρ. οὐδεὶc οὐδὲν πενίᾳ δράcει· πάντα γὰρ ἕξουcιν ἅπαντεc,
ἄρτουc, τεμάχη, μάζαc, χλαίναc, οἶνον, cτεφάνουc, ἐρεβίνθουc.

595 *κατέδει* Brunck: *κατεδεῖ* codd. 595, 596 *πέλεθον* ... *πελέθων* Bothe: *cπε-* ... *cπε-* codd. 598 *πάντων*] *πᾶcιν* Blaydes 600 *ταμιευόμεναι*] *ταμιεύουcαι* dubitanter Blaydes 603 *κεἰ* Wecklein: *καὶ* P60, codd.: *κἂν* Rogers *ψευδορκήcει*] *-cῃ* Rogers vocem *ψευδορκήcει* Praxagorae tribuit Bentley

ὥϲτε τί κέρδοϲ μὴ καταθεῖναι; ϲὺ γὰρ ἐξευρὼν ἀπόδειξον.

Βλ. οὔκουν καὶ νῦν οὗτοι μᾶλλον κλέπτουϲ᾽, οἷϲ ταῦτα πάρεϲτιν;

Γε. πρότερόν γ᾽, ὦταῖρ᾽, ὅτε τοῖϲι νόμοιϲ διεχρώμεθα τοῖϲ προτέροιϲιν·
νῦν δ᾽, ἔϲται γὰρ βίοϲ ἐκ κοινοῦ, τί τὸ κέρδοϲ μὴ καταθεῖναι;

Βλ. ἢν μείρακ᾽ ἰδὼν ἐπιθυμήϲῃ καὶ βούληται ϲκαλαθῦραι,
†ἕξει τούτων ἀφελὼν δοῦναι, τῶν ἐκ κοινοῦ δὲ μεθέξει
ξυγκαταδαρθών.

Πρ. ἀλλ᾽ ἐξέϲται προῖκ᾽ αὐτῷ ξυγκαταδαρθεῖν.
καὶ ταύταϲ γὰρ κοινὰϲ ποιῶ τοῖϲ ἀνδράϲι ϲυγκατακεῖϲθαι
καὶ παιδοποιεῖν τῷ βουλομένῳ.

Βλ. πῶϲ οὖν οὐ πάντεϲ ἴαϲιν
ἐπὶ τὴν ὡραιοτάτην αὐτῶν καὶ ζητήϲουϲιν ἐρείδειν;

Πρ. αἱ φαυλότεραι καὶ ϲιμότεραι παρὰ τὰϲ ϲεμνὰϲ καθεδοῦνται·
κᾆτ᾽ ἢν ταύτηϲ ἐπιθυμήϲῃ, τὴν αἰϲχρὰν πρῶθ᾽ ὑποκρούϲει.

Βλ. καὶ πῶϲ ἡμᾶϲ τοὺϲ πρεϲβύταϲ, ἢν ταῖϲ αἰϲχραῖϲι ϲυνῶμεν,
οὐκ ἐπιλείψει τὸ πέοϲ πρότερον πρὶν ἐκεῖϲ᾽ οἷ φῄϲ ἀφικέϲθαι;

Πρ. οὐχὶ μαχοῦνται περὶ ϲοῦ, θάρρει· μὴ δείϲῃϲ· οὐχὶ μαχοῦνται.

Βλ. περὶ τοῦ;

Πρ. τοῦ μὴ ξυγκαταδαρθεῖν. καὶ ϲοὶ τοιοῦτον ὑπάρχει.

609 ὦταῖρ᾽] ὦ τᾶν B, ut v. Praxagorae tribuatur 611 βούληται B, Su. ϲ 521: βούλει ταῖ R: βούλεται ΓΛ 612 locus obscurus: ἐκ τῶν αὑτοῦ γ᾽ ἀφελὼν δώϲει Holford-Strevens ex. gr. 613 ξυγκαταδαρθών Λ: -δαρδων P60: -δραθών RΓ 614 ϲυγκατακεῖϲθαι Brunck: ξυγ- RΛ: ξυγκαταδαρθεῖν Γ 622 ⟨τὸ⟩ τοιοῦτον van Leeuwen, van Herwerden ὑπάρχει] ὑπάρξει Λ

Βλ. τὸ μὲν ὑμέτερον γνώμην τιν᾽ ἔχει· προβεβούλευται γάρ, ὅπως ἂν
μηδεμιᾶς ᾖ τρύπημα κενόν· τὸ δὲ τῶν ἀνδρῶν τί ποιήσει;
φεύξονται γὰρ τοὺς αἰσχίους, ἐπὶ τοὺς δὲ καλοὺς βαδιοῦνται.
Πρ. ἀλλὰ φυλάξους᾽ οἱ φαυλότεροι τοὺς καλλίους ἀπιόντας
ἀπὸ τοῦ δείπνου καὶ τηρήσους᾽ ἐπὶ τοῖσιν δημοσίοισιν·
κοὐκ ἐξέσται παρὰ τοῖσι καλοῖς ⟨καὶ τοῖς μεγάλοις⟩ καταδαρθεῖν
ταῖσι γυναιξίν, πρὶν τοῖς αἰσχροῖς καὶ τοῖς μικροῖς χαρίσωνται.
Βλ. ἡ Λυσικράτους ἄρα νυνὶ ῥὶς ἴσα τοῖσι καλοῖσι φρονήσει;
Γε. νὴ τὸν Ἀπόλλω· καὶ δημοτική γ᾽ ἡ γνώμη, καὶ καταχήνη
τῶν σεμνοτέρων ἔσται πολλὴ καὶ τῶν σφραγῖδας ἐχόντων,
ὅταν οὑμβάδ᾽ ἔχων εἴπῃ πρότερος "παραχώρει κᾆτ᾽ ἐπιτήρει,
ὅταν ἤδη ᾽γὼ διαπραξάμενος παραδῶ σοι δευτεριάζειν."
Βλ. πῶς οὖν οὕτω ζώντων ἡμῶν τοὺς αὑτοῦ παῖδας ἕκαστος
ἔσται δυνατὸς διαγιγνώσκειν;
Πρ. τί δὲ δεῖ; πατέρας ⟨γὰρ⟩ ἅπαντας
τοὺς πρεσβυτέρους αὑτῶν εἶναι τοῖσι χρόνοισιν νομιοῦσιν.

628 v. om. *Γ* ante *κοὐκ* iterant *οἱ φαυλότεροι* R*Λ*, pro quo *τοῖς τ᾽ αὐλείοις* (melius *ταῖς*) Agar: verba del. Tyrwhitt, qui etiam ⟨*καὶ τοῖς μεγάλοις*⟩ suppl.: alii alia 629 *γυναιξίν, πρὶν*] *γυναιξί, πρὶν* ⟨*ἂν*⟩ Elmsley *μικροῖς*] *σιμοῖς* van Leeuwen 633 v. om. *Γ* *οὑμβάδ᾽ ἔχων* Agar: *ἐμβάδ᾽ ἔχων* R: *ἐμβάδ᾽ Λ*: *Ἐμβαδίων* D. Heinsius, sed nomen deest in *LGPN* II; si nomen hic latet, possis *Ἐμπεδίων* *πρότερος*] *προτέρῳ* Faber 636 suppl. Faber

Βλ. οὔκουν ἄγξουϲ' εὖ καὶ χρηϲτῶϲ ἐξῆϲ τότε πάντα γέροντα
διὰ τὴν ἄγνοιαν; ἐπεὶ καὶ νῦν γιγνώϲκοντεϲ πατέρ' ὄντα
ἄγχουϲι. τί δῆθ' ὅταν ἀγνὼϲ ᾖ; πῶϲ οὐ τότε κἀπιχεϲοῦνται;
Πρ. ἀλλ' ὁ παρεϲτὼϲ οὐκ ἐπιτρέψει· τότε δ' αὐτοῖϲ οὐκ ἔμελ' οὐδὲν
τῶν ἀλλοτρίων ὅϲτιϲ τύπτοι· νῦν δ' ἢν πληγέντοϲ ἀκούϲῃ,
μὴ αὐτὸν ἐκεῖνον τύπτει δεδιώϲ, τοῖϲ δρῶϲιν τοῦτο μαχεῖται.
Βλ. τὰ μὲν ἄλλα λέγειϲ οὐδὲν ϲκαιῶϲ· εἰ δὲ προϲελθὼν Ἐπίκουροϲ
ἢ Λευκόλοφοϲ πάππαν με καλεῖ, τοῦτ' ἤδη δεινὸν ἀκοῦϲαι.
Γε. πολὺ μέντοι δεινότερον τούτου τοῦ πράγματόϲ ἐϲτι—
Βλ. τὸ ποῖον;
Γε. εἴ ϲε φιλήϲειεν Ἀρίϲτυλλοϲ φάϲκων αὑτοῦ πατέρ' εἶναι.
Βλ. οἰμώζοι γ' ἂν καὶ κωκύοι.
Γε. ϲὺ δέ γ' ὄζοιϲ ἂν καλαμίνθηϲ.
Πρ. ἀλλ' οὗτοϲ μὲν πρότερον γέγονεν πρὶν τὸ ψήφιϲμα γενέϲθαι,
ὥϲτ' οὐχὶ δέοϲ μή ϲε φιλήϲῃ.
Βλ. δεινὸν μένταν ἐπεπόνθη.
Χρ. τὴν γῆν δὲ τίϲ ἐϲθ' ὁ γεωργήϲων;
Πρ. οἱ δοῦλοι. ϲοὶ δὲ μελήϲει,
ὅταν ᾖ δεκάπουν τὸ ϲτοιχεῖον, λιπαρῷ χωρεῖν ἐπὶ δεῖπνον.

638 ἐξῆϲ ante ἄγξουϲ' transp. Blaydes, von Velsen   τότε πάντα Kock: τὸν πάντα codd.: πάντ' ἄνδρα van Leeuwen   643 τύπτει R: τύπτῃ P60, *ΓΛ*   δρῶϲιν Kuster: δρῶϲι codd.   645 Λευκόλοφοϲ Reiske: -λόφοϲ R: -λόφαϲ *ΓΛ*   πάππαν Brunck: πάπαν codd.   647 αὑτοῦ Kuster: αὐτοῦ codd.   648 γ' ἂν] τἂν Lenting   650 ἐπεπόνθη Bentley, Su. ε 2065 (si quidem huc spectat): -θει[P60: -θειν *Γ*: -θην *Λ*: [R]   652 λιπαρῷ P60, Bentley: -ῶϲ codd., Su. δ 178: -ὸν B

Βλ. περὶ δ' ἱματίων τίς πόρος ἔσται; καὶ γὰρ τοῦτ' ἔστιν ἐρέσθαι.
Πρ. τὰ μὲν ὄνθ' ὑμῖν πρῶτον ὑπάρξει, τὰ δὲ λοίφ' ἡμεῖς ὑφανοῦμεν.
Βλ. ἓν ἔτι ζητῶ· πῶς ἤν τις ὄφλῃ παρὰ τοῖς ἄρχουσι δίκην τῳ,
πόθεν ἐκτείσει ταύτην; οὐ γὰρ δὴ 'κ κοινῶν γ' ἐστὶ δίκαιον.
Πρ. ἀλλ' οὐδὲ δίκαι πρῶτον ἔσονται.
Βλ. τουτὶ τοὔπος σ' ἐπιτρίψει.
Γε. κἀγὼ ταύτῃ γνώμην ἐθέμην.
Πρ. τοῦ γάρ, τάλαν, οὕνεκ' ἔσονται;
Βλ. πολλῶν οὕνεκα, νὴ τὸν Ἀπόλλω· πρῶτον δ' ἑνὸς οὕνεκα δήπου,
ἤν τις ὀφείλων ἐξαρνῆται.
Πρ. πόθεν οὖν ἐδάνεις' ὁ δανείσας,
ἐν τῷ κοινῷ πάντων ὄντων; κλέπτων δήπου 'στ' ἐπίδηλος.
Γε. νὴ τὴν Δήμητρ', εὖ γε διδάσκεις.
Βλ. τουτὶ τοίνυν φρασάτω μοι,
τὴν ᾀκείας οἱ τύπτοντες πόθεν ἐκτείσουσιν, ἐπειδὰν
εὐωχηθέντες ὑβρίζωσιν; τοῦτο γὰρ οἶμαί σ' ἀπορήσειν.
Πρ. ἀπὸ τῆς μάζης ἧς σιτεῖται· ταύτης γὰρ ὅταν τις ἀφαιρῇ,
οὐχ ὑβριεῖται φαύλως οὕτως αὖθις τῇ γαστρὶ κολασθείς.
Βλ. οὐδ' αὖ κλέπτης οὐδεὶς ἔσται;
Πρ. πῶς γὰρ κλέψει, μετὸν αὐτῷ;

656 ἐκτείσει van Leeuwen: ἐκτίσει ΓΛ: κτίσῃ R ταύτην] ταῦτ' Jackson δὴ 'κ Wilson, ducibus Cobet et Jackson: τῶν codd. 657 τοὔπος σ' Hansing: τ' οὖπος R: πόσσ' ΓΛ: γε πόσους Bentley 658 ταύτῃ Toup: ταύτην codd., Su. ε 314 659 οὕνεκα Meineke: ἕνεκεν codd. 663 τὴν Dobree: τῆς codd.: τὰς Dawes τύπτοντες] φεύγοντες Agar, cf. *Ach.* 1129 ἐκτείσουσιν van Leeuwen: ἐκτίσ- ΓΛ: κτίσουσιν R 665 ταύτης R: ταύτην ΓΛ 667 κλέψει Brunck: κλέψαι codd., Su. μ 794

Βλ. οὐδ' ἀποδύσους' ἄρα τῶν νυκτῶν;
Γε. οὐκ ἢν οἴκοι γε καθεύδῃς.
Πρ. οὐδ' ἤν γε θύραζ' ὥσπερ πρότερον· βίοτος γὰρ πᾶσιν ὑπάρξει.
ἢν δ' ἀποδύῃ γ'. αὐτὸς δώσει. τί γὰρ αὐτῷ πρᾶγμα μάχεσθαι;
ἕτερον γὰρ ἰὼν ἐκ τοῦ κοινοῦ κρεῖττον ἐκείνου κομιεῖται.
Βλ. οὐδὲ κυβεύσους' ἆρ' ἄνθρωποι;
Πρ. περὶ τοῦ γὰρ τοῦτο ποιήσει;
Βλ. τὴν δὲ δίαιταν τίνα ποιήσεις;
Πρ. κοινὴν πᾶσιν. τὸ γὰρ ἄστυ
μίαν οἴκησίν φημι ποιήσειν συρρήξας' εἰς ἓν ἅπαντα,
ὥστε βαδίζειν εἰς ἀλλήλων.
Βλ. τὸ δὲ δεῖπνον ποῦ παραθήσεις;
Πρ. τὰ δικαστήρια καὶ τὰς στοιὰς ἀνδρῶνας πάντα ποιήσω.
Βλ. τὸ δὲ βῆμα τί σοι χρήσιμον ἔσται;
Πρ. τοὺς κρατῆρας καταθεῖναι
καὶ τὰς ὑδρίας· καὶ ῥαψῳδεῖν ἔσται τοῖς παιδαρίοισιν
τοὺς ἀνδρείους ἐν τῷ πολέμῳ, κεἴ τις δειλὸς γεγένηται,
ἵνα μὴ δειπνῶς' αἰσχυνόμενοι.
Γε. νὴ τὸν Ἀπόλλω, χάριέν γε.
Βλ. τὰ δὲ κληρωτήρια ποῖ τρέψεις;
Πρ. εἰς τὴν ἀγορὰν καταθήσω·
κᾆτα στήσασα παρ' Ἁρμοδίῳ κληρώσω πάντας, ὅπως ἂν
εἰδὼς ὁ λαχὼν ἀπίῃ χαίρων ἐν ὁποίῳ γράμματι δειπνεῖ·
καὶ κηρύξει τοὺς ἐκ τοῦ βῆτ' ἐπὶ τὴν στοιὰν ἀκολουθεῖν

672 ἆρ' Bekker: ἄρ' codd. ἄνθρωποι Dindorf: ἄ- codd. ποιήσει] ποιήσῃ vel ποιῇ τις Blaydes 675 εἰς ἀλλήλων Dindorf: εἰς ἀλλήλους R: ὡς ἀλλήλους ΓΛ 677 καταθεῖναι van Herwerden: καταθήσω codd., Su. β 257 682 ὅπως Blaydes: ἕως codd.

τὴν βαϲίλειον δειπνήϲονταϲ· τὸ δὲ θῆτ’ εἰϲ τὴν παρὰ ταύτην,
τοὺϲ δ’ ἐκ τοῦ κάππ’ εἰϲ τὴν ϲτοιὰν χωρεῖν τὴν ἀλφιτόπωλιν.

Βλ. ἵνα κάπτωϲιν;

Πρ. μὰ Δί’, ἀλλ’ ἵν’ ἐκεῖ δειπνῶϲιν.

Βλ. ὅτῳ δὲ τὸ γράμμα
μὴ ’ξελκυϲθῇ καθ’ ὃ δειπνήϲει, τούτουϲ ἀπελῶϲιν ἅπαντεϲ;

Πρ. ἀλλ’ οὐκ ἔϲται τοῦτο παρ’ ἡμῖν·
πᾶϲι γὰρ ἄφθονα πάντα παρέξομεν,
ὥϲτε μεθυϲθεὶϲ αὐτῷ ϲτεφάνῳ
πᾶϲ τιϲ ἄπειϲιν τὴν δᾷδα λαβών.
αἱ δὲ γυναῖκεϲ κατὰ τὰϲ διόδουϲ
προϲπίπτουϲαι τοῖϲ ἀπὸ δείπνου
τάδε λέξουϲιν· “δεῦρο παρ’ ἡμᾶϲ·
ἐνθάδε μεῖράξ ἐϲθ’ ὡραία.”
“παρ’ ἐμοὶ δ’ ἑτέρα”
φήϲει τιϲ ἄνωθ’ ἐξ ὑπερῴου,
“καὶ καλλίϲτη καὶ λευκοτάτη·
πρότερον μέντοι δεῖ ϲε καθεύδειν
αὐτῆϲ παρ’ ἐμοί.”
τοῖϲ εὐπρεπέϲιν δ’ ἀκολουθοῦντεϲ
καὶ μειρακίοιϲ οἱ φαυλότεροι
τοιάδ’ ἐροῦϲιν· “ποῖ θεῖϲ, οὗτοϲ;
πάντωϲ οὐδὲν δράϲειϲ ἐλθών·
τοῖϲ γὰρ ϲιμοῖϲ καὶ τοῖϲ αἰϲχροῖϲ
ἐψήφιϲται προτέροιϲ βινεῖν,
ὑμᾶϲ δὲ τέωϲ θρῖα λαβόνταϲ
διφόρου ϲυκῆϲ
ἐν τοῖϲ προθύροιϲι δέφεϲθαι.”

688 ἅπαντεϲ] ἅπανταϲ Musurus: ἀδείπνουϲ Blaydes 702 δ’ huc transp. Bentley: post τοῖϲ habent codd. 707 λαβόνταϲ RΛ: λαβούϲαϲ Γ 709 ⟨χρὴ⟩ ’ν von Velsen

φέρε νυν φράϲον μοι, ταῦτ᾽ ἀρέϲκει ϲφῷν;
Βλ. Γε. πάνυ.
Πρ. βαδιϲτέον τἄρ᾽ ἐϲτὶν εἰϲ ἀγορὰν ἐμοί,
ἵν᾽ ἀποδέχωμαι τὰ προϲιόντα χρήματα,
λαβοῦϲα κηρύκαιναν εὔφωνόν τινα.
ἐμὲ γὰρ ἀνάγκη ταῦτα δρᾶν ᾑρημένην
ἄρχειν, καταϲτῆϲαί τε τὰ ξυϲϲίτια,
ὅπωϲ ἂν εὐωχῆϲθε πρῶτον τήμερον.
Βλ. ἤδη γὰρ εὐωχηϲόμεϲθα;
Πρ. φήμ᾽ ἐγώ.
ἔπειτα τὰϲ πόρναϲ καταπαῦϲαι βούλομαι
ἁπαξαπάϲαϲ.
Βλ. ἵνα τί;
Γε. δῆλον τουτογί·
ἵνα τῶν νέων ἔχωϲιν αὗται τὰϲ ἀκμάϲ.
Πρ. καὶ τάϲ γε δούλαϲ οὐχὶ δεῖ κοϲμουμέναϲ
τὴν τῶν ἐλευθέρων ὑφαρπάζειν Κύπριν,
ἀλλὰ παρὰ τοῖϲ δούλοιϲι κοιμᾶϲθαι μόνον,
κατωνάκην τὸν χοῖρον ἀποτετιλμέναϲ.
Βλ. φέρε νυν ἐγώ ϲοι παρακολουθῶ πληϲίον,
ἵν᾽ ἀποβλέπωμαι καὶ ταδὶ λέγωϲί με·
"τὸν τῆϲ ϲτρατηγοῦ τοῦτον οὐ θαυμάζετε;"
Γε. ἐγὼ δ᾽ ἵν᾽ εἰϲ ἀγοράν γε τὰ ϲκεύη φέρω,
προχειριοῦμαι κἀξετάϲω τὴν οὐϲίαν.

ΧΟΡΟΥ

Γε. χώρει ϲὺ δεῦρο, κιναχύρα, καλὴ καλῶϲ
τῶν χρημάτων θύραζε πρώτη τῶν ἐμῶν,

710 *νυν* B, Bothe: *νῦν* R*ΓΛ* *φράϲον*] *φράϲατον* Reisig 716 *τήμερον* Brunck: *ϲήμερον* codd. 719 *τουτογί* Bentley: *τουτο τι* variis accentibus codd. 719–20 *δῆλον . . . ἀκμάϲ* Blepyro tribuit R. Seager, Vicino Sommerstein 720 ⟨*μὴ*⟩ *'χωϲιν* Invernizi: *ἔχωμεν* Scaliger *αὗται*] *αὐταί* Scaliger 724 *κατωνάκην* Tyrwhitt: -*άκη* codd.: -*άκῃ* Su. κ 1115 725 *νυν* Bekker: *νῦν* codd. 726 *ταδὶ λέγωϲί με* Blaydes: *λέγωϲί με ταδί* *Λ*: *λέγωϲί μοι ταδί* R*Γ* 729 *ΧΟΡΟΥ* R: om. *ΓΛ*

ὅπως ἂν ἐντετριμμένη κανηφορῇς,
πολλοὺς κάτω δὴ θυλάκους στρέψας᾽ ἐμούς.
ποῦ ᾽cθ᾽ ἡ διφροφόρος; ἡ χύτρα, δεῦρ᾽ ἔξιθι.
νὴ Δία μέλαινά γ᾽· οὐδὲν εἶ· τὸ φάρμακον
ἕψους᾽ ἔτυχες, ᾧ Λυcικράτης μελαίνεται;
ἵcτω παρ᾽ αὐτήν. δεῦρ᾽ ἴθ᾽, ἡ κομμώτρια.
φέρε δεῦρο ταύτην τὴν ὑδρίαν, ὑδριαφόρε.
ἐνταῦθα. cὺ δὲ δεῦρ᾽, ἡ κιθαρῳδός, ἔξιθι,
πολλάκις ἀναcτήcαcά μ᾽ εἰc ἐκκληcίαν
ἀωρὶ νύκτωρ διὰ τὸν ὄρθριον νόμον.
ὁ τὴν cκάφην λαβὼν προΐτω· τὰ κηρία
κόμιζε, τοὺc θαλλοὺc καθίcτη πληcίον,
καὶ τὼ τρίποδ᾽ ἐξένεγκε καὶ τὴν λήκυθον.
τὰ χυτρίδι᾽ ἤδη καὶ τὸν ὄχλον ἀφίετε.

ΑΝΗΡ

ἐγὼ καταθήcω τἀμά; κακοδαίμων ἄρα
ἀνὴρ ἔcομαι καὶ νοῦν ὀλίγον κεκτημένοc.
μὰ τὸν Ποcειδῶ γ᾽ οὐδέποτ᾽, ἀλλὰ βαcανιῶ
πρώτιcτον αὐτὰ πολλάκιc καὶ cκέψομαι.
οὐ γὰρ τὸν ἐμὸν ἱδρῶτα καὶ φειδωλίαν
οὐδὲν πρὸc ἔποc οὕτωc ἀνοήτωc ἐκβαλῶ,
πρὶν ἐκπύθωμαι πᾶν τὸ πρᾶγμ᾽ ὅπωc ἔχει.
οὗτοc, τί τὰ cκευάρια ταυτὶ βούλεται;
πότερον μετοικιζόμενοc ἐξενήνοχαc
αὔτ᾽, ἢ φέρειc ἐνέχυρα θήcων;
Γε. οὐδαμῶc.
Αν. τί δῆτ᾽ ἐπὶ cτοίχου ᾽cτὶν οὕτωc; οὔτι μὴν
Ἱέρωνι τῷ κήρυκι πομπὴν πέμπετε;

735 *μέλαινά γ᾽*] *μέλαιν᾽ ὡc* Blaydes *οὐδὲν εἶ* Jackson: *οὐδ᾽ ἂν εἰ* codd. (sed *εἰc* Λ): *ὡc ἂν εἰ* Halbertsma: *εἶ cύ· μῶν* Sommerstein 738 sic interpunxit Jackson 741 *νύκτωρ* R, Su. ο 585: *νυκτῶν* ΓΛ 742 *λαβὼν*] *λαχὼν* Meineke 748 *γ᾽* post *οὐδέποτε* transp. Porson 752 *πρὶν* ⟨*ἂν*⟩ Porson 756 *μὴν* Ussher: *μὴ* codd., Priscianus 18.258: *που* Dobree

Γε. μὰ Δί', ἀλλ' ἀποφέρειν αὐτὰ μέλλω τῇ πόλει
εἰϲ τὴν ἀγορὰν κατὰ τοὺϲ δεδογμένουϲ νόμουϲ.
Αν. μέλλειϲ ἀποφέρειν;
Γε. πάνυ γε.
Αν. κακοδαίμων ἄρ' εἶ,
νὴ τὸν Δία τὸν ϲωτῆρα.
Γε. πῶϲ;
Αν. πῶϲ; ῥᾳδίωϲ.
Γε. τί δ'; οὐχὶ πειθαρχεῖν με τοῖϲ νόμοιϲι δεῖ;
Αν. ποίοιϲιν, ὦ δύϲτηνε;
Γε. τοῖϲ δεδογμένοιϲ.
Αν. δεδογμένοιϲιν; ὡϲ ἀνόητοϲ ἦϲθ' ἄρα.
Γε. ἀνόητοϲ;
Αν. οὐ γάρ; ἠλιθιώτατοϲ μὲν οὖν
ἁπαξαπάντων.
Γε. ὅτι τὸ ταττόμενον ποιῶ;
Αν. τὸ ταττόμενον γὰρ δεῖ ποιεῖν τὸν ϲώφρονα;
Γε. μάλιϲτα πάντων.
Αν. τὸν μὲν οὖν ἀβέλτερον.
Γε. ϲὺ δ' οὐ καταθεῖναι διανοεῖ;
Αν. φυλάξομαι,
πρὶν ἄν γ' ἴδω τὸ πλῆθοϲ ὅ τι βουλεύεται.
Γε. τί γὰρ ἄλλο γ' ἢ φέρειν παρεϲκευαϲμένοι
τὰ χρήματ' εἰϲίν;
Αν. ἀλλ' ἰδὼν ἐπειθόμην.
Γε. λέγουϲι γοῦν ἐν ταῖϲ ὁδοῖϲ.
Αν. λέξουϲι γάρ.
Γε. καί φαϲιν οἴϲειν ἀράμενοι.
Αν. φήϲουϲι γάρ.
Γε. ἀπολεῖϲ ἀπιϲτῶν πάντ'.
Αν. ἀπιϲτήϲουϲι γάρ.

758 ἀποφέρειν B: φέρειν RΓΛ 762 με RΛ: om. Γ: γε B 772 ⟨ἂν⟩ ἐπειθόμην Agar 773 λέξουϲι Musurus: λέγουϲι codd. 775 πάντ' RΛ: om. Γ

Γε. ὁ Ζεύς cέ γ' ἐπιτρίψειεν.
Αν. ἐπιτρίψουcι γάρ.
οἴcειν δοκεῖc τιν', ὅcτιc αὐτῶν νοῦν ἔχει;
Αν. οὐ γὰρ πάτριον τοῦτ' ἐcτίν.
Γε. ἀλλὰ λαμβάνειν
ἡμᾶc μόνον δεῖ;
Αν. νὴ Δία· καὶ γὰρ οἱ θεοί·
γνώcει δ' ἀπὸ τῶν χειρῶν γε τῶν ἀγαλμάτων·
ὅταν γὰρ εὐχώμεcθα διδόναι τἀγαθά,
ἕcτηκεν ἐκτείνοντα τὴν χεῖρ' ὑπτίαν,
οὐχ ὥc τι δώcοντ' ἀλλ' ὅπωc τι λήψεται.
Γε. ὦ δαιμόνι' ἀνδρῶν, ἔα με τῶν προὔργου τι δρᾶν.
ταυτὶ γάρ ἐcτι cυνδετέα. ποῦ μοὔcθ' ἱμάc;
Αν. ὄντωc γὰρ οἴcειc;
Γε. ναὶ μὰ Δία· καὶ δὴ μὲν οὖν
τωδὶ ξυνάπτω τὼ τρίποδε.
Αν. τῆc μωρίαc,
τὸ μηδὲ περιμείναντα τοὺc ἄλλουc ὅ τι
δράcουcιν, εἶτα τηνικαῦτ' ἤδη —
Γε. τί δρᾶν;
Αν. ἐπαναμένειν, ἔπειτα διατρίβειν ἔτι.
Γε. ἵνα δὴ τί;
Αν. cειcμὸc εἰ γένοιτο πολλάκιc,
ἢ πῦρ ἀπότροπον, ἢ διᾴξειεν γαλῆ,
παύcαιντ' ἂν εἰcφέροντεc, ὦμβρόντητε cύ.
Γε. χαρίεντα γοῦν πάθοιμ' ἄν, εἰ μὴ 'χοιμ' ὅποι
ταῦτα καταθείην.
Αν. μὴ γὰρ οὐ λάβῃc ὅποι;
θάρρει, καταθήcειc, κἂν ἔνηc ἔλθῃc.
Γε. τιή;

777–9 de personarum vicibus egerunt Lowe et Newiger 780 γε Reiske: τε R: τε καὶ ΓΛ τῶν ἀγαλμάτων R: τἀγάλματα Γ: om. Λ 794 μὴ 'χοιμ' Λ: μήχοιμ' R: μήχ' οἴμ' Γ 795 ταῦτα] ταυτὶ Blaydes καταθείην Brunck: -θείμην codd. λάβῃc Heindorf: λάβοιc codd. interrogationis notam in fine v. posuit Glypheus

Αν. ἐγᾦδα τούτους χειροτονοῦντας μὲν ταχύ,
ἅττ᾽ ἂν δὲ δόξῃ ταῦτα πάλιν ἀρνουμένους.
Γε. οἴσουσιν, ὦ τᾶν.
Αν. ἢν δὲ μὴ ᾽νέγκωσι, τί;
Γε. ἀμέλει, κομιοῦσιν.
Αν. ἢν δὲ μὴ κομίσωσι, τί;
Γε. μαχούμεθ᾽ αὐτοῖς.
Αν. ἢν δὲ κρείττους ὦσι, τί;
Γε. ἄπειμ᾽ ἐάσας.
Αν. ἢν δὲ πωλῶσ᾽ αὐτά, τί;
Γε. διαρραγείης.
Αν. ἢν διαρραγῶ δέ, τί;
Γε. καλῶς ποιήσεις.
Αν. σὺ δ᾽ ἐπιθυμεῖς εἰσφέρειν;
Γε. ἔγωγε· καὶ γὰρ τοὺς ἐμαυτοῦ γείτονας
ὁρῶ φέροντας.
Αν. πάνυ γ᾽ ἂν οὖν Ἀντισθένης
αὔτ᾽ εἰσενέγκοι· πολὺ γὰρ ἐμμελέστερον
πρότερον χέσαι πλεῖν ἢ τριάκονθ᾽ ἡμέρας.
Γε. οἴμωζε.
Αν. Καλλίμαχος δ᾽ ὁ χοροδιδάσκαλος
αὐτοῖσιν εἰσοίσει τί;
Γε. πλείω Καλλίου.
Αν. ἅνθρωπος οὗτος ἀποβαλεῖ τὴν οὐσίαν.
Γε. δεινά γε λέγεις.
Αν. τί δεινόν; ὥσπερ οὐχ ὁρῶν
ἀεὶ τοιαῦτα γιγνόμενα ψηφίσματα.
οὐκ οἶσθ᾽ ἐκεῖν᾽ οὔδοξε, τὸ περὶ τῶν ἁλῶν;

797 ταχύ R: ταχεῖς ΓΛ 799 ᾽νέγκωσι Elmsley: κομίσωσι codd. 802 ἄπειμ᾽ ἐάσας] ἄπει μ᾽ ἐάσας; Tyrwhitt 804 ἐπιθυμεῖς εἰσφέρειν Agar: ἐπιθυμήσεις φέρειν codd. 807 αὔτ᾽] an πάντ᾽? 810 αὐτοῖσιν] αὐταῖσιν Lenting; cf. 856 τί RΛ: τι Γ, quo recepto πλέον γε pro πλείω Blaydes 811 ἅνθρωπος Dindorf: ὥ- codd. 812 δεινά] δεινόν Reisig; cf. 926–7

Γε. ἔγωγε.
Αν. τοὺϲ χαλκοῦϲ δ᾽ ἐκείνουϲ ἡνίκα
ἐψηφιϲάμεθ᾽, οὐκ οἶϲθα;
Γε. καὶ κακόν γέ μοι
τὸ κόμμ᾽ ἐγένετ᾽ ἐκεῖνο. πωλῶν γὰρ βότρυϲ
μεϲτὴν ἀπῆρα τὴν γνάθον χαλκῶν ἔχων,
κἄπειτ᾽ ἐχώρουν εἰϲ ἀγορὰν ἐπ᾽ ἄλφιτα.
ἔπειθ᾽, ὑπέχοντοϲ ἄρτι μου τὸν θύλακον,
ἀνέκραγ᾽ ὁ κῆρυξ μὴ δέχεϲθαι μηδένα
χαλκὸν τὸ λοιπόν· "ἀργύρῳ γὰρ χρώμεθα."
Αν. τὸ δ᾽ ἔναγχοϲ οὐχ ἅπαντεϲ ἡμεῖϲ ὤμνυμεν
τάλαντ᾽ ἔϲεϲθαι πεντακόϲια τῇ πόλει
τῆϲ τετταρακοϲτῆϲ, ἣν ἐπόριϲ᾽ Εὐριππίδηϲ;
κεὐθὺϲ κατεχρύϲου πᾶϲ ἀνὴρ Εὐριππίδην·
ὅτε δὴ δ᾽ ἀναϲκοπουμένοιϲ ἐφαίνετο
ὁ Διὸϲ Κόρινθοϲ καὶ τὸ πρᾶγμ᾽ οὐκ ἤρκεϲεν,
πάλιν κατεπίττου πᾶϲ ἀνὴρ Εὐριππίδην.
Γε. οὐ ταὐτόν, ὦ τᾶν. τότε μὲν ἡμεῖϲ ἤρχομεν,
νῦν δ᾽ αἱ γυναῖκεϲ.
Αν. ἅϲ γ᾽ ἐγὼ φυλάξομαι,
νὴ τὸν Ποϲειδῶ, μὴ κατουρήϲωϲί μου.
Γε. οὐκ οἶδ᾽ ὅ τι ληρεῖϲ. φέρε ϲὺ τἀνάφορον, ὁ παῖϲ.

ΚΗΡΥΚΑΙΝΑ

ὦ πάντεϲ ἀϲτοί, νῦν γὰρ οὕτω ταῦτ᾽ ἔχει,
χωρεῖτ᾽, ἐπείγεϲθ᾽ εὐθὺ τῆϲ ϲτρατηγίδοϲ,
ὅπωϲ ἂν ὑμῖν ἡ τύχη κληρουμένοιϲ
φράϲῃ καθ᾽ ἕκαϲτον ἄνδρ᾽ ὅποι δειπνήϲετε·

822 *χαλκὸν* Pollux 9.93: *χαλκοῦν* codd., Su. *υ* 406 823 *τὸ δ᾽*] *τί δ᾽*; Blaydes 825 *τετταρακοϲτῆϲ* Brunck: *τεϲϲε-* R: *τεϲϲα-* *ΓΛ* 825, 826, 829 *Εὐριππ-* Bergk: *Εὐριπ-* codd. 826 *κεὐθὺϲ* Kuster: *καὐθὺϲ* codd. 828 *ἤρκεϲεν*] *ἤρεϲεν* Scaliger 831 *γ᾽* *ΓΛ*: om. R 832 *κατουρήϲωϲι* B: *-ϲουϲι* R*ΓΛ* 833 *ΚΗΡΥΚΑΙΝΑ* Faber: *ΚΗΡΥΞ* codd. 836 *ὑμῖν* Biset: *ἡμῖν* codd. 837 *ὅποι*] *ὅπου* B

ὡc αἱ τράπεζαί γ' εἰcὶν ἐπινενημέναι
ἀγαθῶν ἁπάντων καὶ παρεcκευαcμέναι,
κλῖναί τε cιcυρῶν καὶ δαπίδων cεcαγμέναι·
κρατῆραc ἐγκιρνᾶcιν, αἱ μυροπώλιδεc
ἑcτᾶc' ἐφεξῆc· τὰ τεμάχη ῥιπίζεται,
λαγῷ' ἀναπηγνύαcι, πόπανα πέττεται,
cτέφανοι πλέκονται, φρύγεται τραγήματα,
χύτραc ἔτνουc ἕψουcιν αἱ νεώταται.
Cμοῖοc δ' ἐν αὐταῖc ἱππικὴν cτολὴν ἔχων
τὰ τῶν γυναικῶν διακαθαίρει τρύβλια.
Γέρων δὲ χωρεῖ χλανίδα καὶ κονίποδε
ἔχων, καχάζων μεθ' ἑτέρου νεανίου·
ἐμβὰc δὲ κεῖται καὶ τρίβων ἐρριμμένοc.
πρὸc ταῦτα χωρεῖθ', ὡc ὁ τὴν μᾶζαν φέρων
ἕcτηκεν· ἀλλὰ τὰc γνάθουc διοίγετε.

Αν. οὔκουν βαδιοῦμαι δῆτα; τί γὰρ ἕcτηκ' ἔχων
ἐνταῦθ', ἐπειδὴ ταῦτα τῇ πόλει δοκεῖ;
Γε. καὶ ποῖ βαδιεῖ cὺ μὴ καταθεὶc τὴν οὐcίαν;
Αν. ἐπὶ δεῖπνον.
Γε. οὐ δῆτ', ἤν γ' ἐκείναιc νοῦc ἐνῇ,
πρὶν ἄν γ' ἀπενέγκῃc.
Αν. ἀλλ' ἀποίcω.
Γε. πηνίκα;
Αν. οὐ τοὐμόν, ὦ τᾶν, ἐμποδὼν ἔcται.
Γε. τί δαί;
Αν. ἑτέρουc ἀποίcειν φήμ' ἔθ' ὑcτέρουc ἐμοῦ.

838 *ἐπινενημέναι* Dindorf: *-νεναcμέναι* codd., Su. ε 2483: *-νενηcμέναι* Brunck 840 *cεcαγμέναι* Meineke: *νεναcμέναι* codd. 841 *κρατῆραc ἐγκιρνᾶcιν* Dawes: *κρατῆρα cυγκ-* R: *κρατῖνα cυγκ-* *ΓΛ* 843 *πόπανα*] *λάγανα* Athenaeus 110 A 848 *Γέρων*] *Γέρηc* Dindorf: *Ἱέρων* Sommerstein *κονίποδε* Dindorf: *-ποδα* codd., Su. κ 2035: *-ποδαc* Brunck 852 *διοίγετε* sch.: *διοίγνετε* codd. sed *διοίγνυτε* R^{pc} 857 *πρὶν ἄν γ'* Porson: *πρίν γ'* R*ΓΛ*: *πρίν γ' ἂν* B 858 *δαί* Blaydes: *δή* codd.

Γε. βαδιεῖ δὲ δειπνήcων ὅμωc;
Αν. τί γὰρ πάθω;
τὰ δυνατὰ γὰρ δεῖ τῇ πόλει ξυλλαμβάνειν
τοὺc εὖ φρονοῦνταc.
Γε. ἢν δὲ κωλύωcι, τί;
Αν. ὁμόc᾽ εἶμι κύψαc.
Γε. ἢν δὲ μαcτιγῶcι, τί;
Αν. καλούμεθ᾽ αὐτάc.
Γε. ἢν δὲ καταγελῶcι, τί;
Αν. ἐπὶ ταῖc θύραιc ἑcτώc—
Γε. τί δράcειc; εἰπέ μοι.
Αν. τῶν εἰcφερόντων ἁρπάcομαι τὰ cιτία.
Γε. βάδιζε τοίνυν ὕcτεροc· cὺ δ᾽, ὦ Cίκων
καὶ Παρμένων, αἴρεcθε τὴν παμπηcίαν.
Αν. φέρε νυν ἐγώ cοι ξυμφέρω.
Γε. μή, μηδαμῶc.
δέδοικα γὰρ μὴ καὶ παρὰ τῇ cτρατηγίδι,
ὅταν κατατιθῶ, προcποιῇ τῶν χρημάτων.
Αν. νὴ τὸν Δία, δεῖ γοῦν μηχανήματόc τινοc,
ὅπωc τὰ μὲν ὄντα χρήμαθ᾽ ἕξω, τοῖcδέ τε
τῶν ματτομένων κοινῇ μεθέξω πωc ἐγώ.
ὀρθῶc, ἔμοιγε φαίνεται· βαδιcτέον
ὁμόc᾽ ἐcτὶ δειπνήcοντα κοὐ μελλητέον.

ΧΟΡΟΥ

ΓΡΑΥC Α᾽

τί ποθ᾽ ἄνδρεc οὐχ ἥκουcιν; ὥρα δ᾽ ἦν πάλαι·
ἐγὼ δὲ καταπεπλαcμένη ψιμυθίῳ
ἕcτηκα καὶ κροκωτὸν ἠμφιεcμένη
ἀργόc, μινυρομένη τι πρὸc ἐμαυτὴν μέλοc,

862 κωλύωcι B: -ύcωcι RΓΛ 869 νυν Bekker: νῦν codd. 873 τε Elmsley: γε codd.: δὲ Brunck 876 post hunc v. add. ΧΟΡΟΥ R solus 877 ἄνδρεc Dindorf: ἄ- codd. ἥκουcιν Brunck: ἥξουcιν codd.

παίζουcα. πῶc ἂν περιλάβοιμ' αὐτῶν τινὰ
παριόντα; Μοῦcαι, δεῦρ' ἴτ' ἐπὶ τοὐμὸν cτόμα,
μελύδριον εὑροῦcαί τι τῶν Ἰωνικῶν.

ΚΟΡΗ

νῦν μέν με παρακύψαcα προὔφθηc, ὦ cαπρά.
ᾤου δ' ἐρήμαc, οὐ παρούcηc ἐνθάδε
ἐμοῦ, τρυγήcειν καὶ προcάξεcθαί τινα
ᾄδουc'· ἐγὼ δ', ἢν τοῦτο δρᾷc, ἀντᾴcομαι.
κεἰ γὰρ δι' ὄχλου τοῦτ' ἐcτὶ τοῖc θεωμένοιc,
ὅμωc ἔχει τερπνόν τι καὶ κωμῳδικόν.

Γρ.[a] τούτῳ διαλέγου κἀποχώρηcον· cὺ δέ,
φιλοττάριον αὐλητά, τοὺc αὐλοὺc λαβὼν
ἄξιον ἐμοῦ καὶ coῦ προcαύληcον μέλοc.

εἴ τιc ἀγαθὸν βούλεται παθεῖν τι, παρ' ἐμοὶ χρὴ καθεύδειν.
οὐ γὰρ ἐν νέαιc τὸ coφὸν ἔνεcτιν, ἀλλ' ἐν ταῖc πεπείροιc.
οὐδέ τἂν cτέργειν τιc ἐθέλοι μᾶλλον ἢ 'γὼ
τὸν φίλον ᾧπερ ξυνείην,
ἀλλ' ἐφ' ἕτερον ἂν πέτοιτο—

Κο. μὴ φθόνει ταῖc νέαιcι·
τὸ τρυφερὸν γὰρ ἐμπέφυκε
τοῖc ἁπαλοῖcι μηροῖc,
κἀπὶ τοῖc μήλοιc ἐπαν-

881 παίζουcα. πῶc Dobree: παίζουc' ὅπωc RΛ: παίζουc' ὅμωc Γ περιλάβοιμ'] περιβάλοιμ' Dobree 887 δρᾷc ἀντᾴcομαι Biset: δράcαντ' ᾄcομαι codd. 890 τούτῳ: gestum obscaenum facit vel ὄλιcβον porrigit 891 φιλοττάριον] φίλε νηττάριον (vel φαττάριον) Blaydes, cf. *Plut.* 1011 895 πεπείροιc Su. π 997: -ροιcι Λ: -ραιc R: ἐμπείροιc Γ 897 τἂν ... τιc Sommerstein: τοι ... ἂν RΓΛ, Su. codd. VM: τι ... ἂν Su. cod. G: τιc ... ἂν B 898 ᾧπερ] ὅτῳπερ Dobree 899 ξυνείην] ξυνείη Blaydes 900 ταῖc Hermann: ταῖcι(ν) codd. 902 ἁπαλοῖcι R: -οιc ΓΛ μηροῖc Γ: μηρίοιc RΛ

θεῖ· cὺ δ', ὦ γραῦ, παραλέλεξαι κἀντέτριψαι
τῷ Θανάτῳ μέλημα.

Γρ.ᵃ ἐκπέcοι cου τὸ τρῆμα
τό τ' ἐπίκλιντρον ἀποβάλοιο
βουλομένη cποδεῖcθαι.
κἀπὶ τῆc κλίνηc ὄφιν
⟨– ∪⟩ εὕροιc καὶ προcελκύcαιο ⟨– ∪̲⟩,
βουλομένη φιλῆcαι.

Κο. αἰαῖ, τί ποτε πείcομαι;
οὐχ ἥκει μοὐταῖροc·
μόνη δ' αὐτοῦ λείπομ'· ἡ
γάρ μοι μήτηρ ἄλλῃ βέβηκε.
καὶ τἄλλα ⟨μ'⟩ οὐδὲν ⟨τὰ⟩ μετὰ ταῦτα δεῖ λέγειν.
ἀλλ', ὦ μαῖ', ἱκετεύομαι,
κάλει τὸν Ὀρθαγόραν,
cεαυτῆc οὕτωc κατόναι',
ἀντιβολῶ cε.

Γρ.ᵃ ἤδη τὸν ἀπ' Ἰωνίαc
τρόπον, τάλαινα, κνηcιᾷc·
δοκεῖc δέ μοι καὶ λάβδα κατὰ τοὺc Λεcβίουc.
Κο. ἀλλ' οὐκ ἄν ποθ' ὑφαρπάcαι-
ο τἀμὰ παίγνια· τὴν δ'

907 ἀποβάλοιο Bothe: -οιc codd., Su. ε 2392 909a ⟨ψυχρὸν⟩ Bergk; locus perdifficilis: εὕροιc καὶ del. Wilamowitz 909b ⟨cαυτῇ⟩ Blaydes 911 πείcομαι RΛ: πειράcομαι Γ 912 μοὐταῖροc Reiske: μ' ουτ αἶροc R: μου τοὖροc ΓΛ 913 μόνη . . . βέβηκε] αὐτοῦ δὲ λείπομαι μόνη· | ἡ γὰρ μήτηρ ἄλλῃ Jackson 914 suppl. Dobree δεῖ λέγειν RΛ: om. Γ 917 cεαυτῆc οὕτωc Jackson (οὕτωc iam Faber): ὅπωc cαυτῆc codd.: ὅπωc ⟨ἂν⟩ cαυτῆc Wilamowitz, duce Hermann 918 lacunam singulorum versuum post 918 et 919 postulavit Jackson; in vv. 918–27 personarum vices incertae sunt 920 καὶ] κἂν Blaydes λάβδα Λ: λαύδα Γ: λάμβδα R: λαβδᾶν Agar, numeris obstantibus; malim credere sermonem interrumpi 921–2 ὑφαρπάcαιο] -cαιc cὺ Sommerstein (-cαιc iam Scaliger)

ἐμὴν ὥραν οὐκ ἀπολεῖϲ
οὐδ’ ἀπολήψει.

Γρ.α ᾆδ’ ὁπόϲα βούλει καὶ παράκυφθ’ ὥϲπερ γαλῆ·
οὐδεὶϲ γὰρ ὡϲ ϲὲ πρότερον εἴϲειϲ’ ἀντ’ ἐμοῦ.
Κο. οὔκουν ἐπ’ ἐκφοράν γε. καινόν γ’, ὦ ϲαπρά.
Γρ.α οὐ δῆτα.
Κο. τί γὰρ ἂν γραῒ καινόν τιϲ λέγοι;
Γρ.α οὐ τοὐμὸν ὀδυνήϲει ϲε γῆραϲ.
Κο. ἀλλὰ τί;
ἥγχουϲα μᾶλλον καὶ τὸ ϲὸν ψιμύθιον;
Γρ.α τί μοι διαλέγει;
Κο. ϲὺ δὲ τί διακύπτειϲ;
Γρ.α ἐγώ;
ᾄδω πρὸϲ ἐμαυτὴν Ἐπιγένει τὠμῷ φίλῳ.
Κο. ϲοὶ γὰρ φίλοϲ τίϲ ἐϲτιν ἄλλοϲ ἢ Γέρης;
Γρ.α δείξει γε καὶ ϲοί. τάχα γὰρ εἶϲιν ὡϲ ἐμέ.
ὁδὶ γὰρ αὐτόϲ ἐϲτιν.
Κο. οὐ ϲοῦ γ’, ὤλεθρε,
δεόμενοϲ οὐδέν.
Γρ.α νὴ Δί’, ὦ φθίνυλλα ϲύ.
Κο. δείξει τάχ’ αὐτόϲ, ὡϲ ἔγωγ’ ἀπέρχομαι.
Γρ.α κἄγωγ’, ἵνα γνῷϲ ὡϲ πολὺ ϲοῦ μεῖζον φρονῶ.

ΕΠΙΓΕΝΗϹ

εἴθ’ ἐξῆν παρὰ τῇ νέᾳ καθεύδειν,
καὶ μὴ ’δει πρότερον διαϲποδῆϲαι
ἀνάϲιμον ἢ πρεϲβυτέραν·
οὐ γὰρ ἀναϲχετὸν τοῦτό γ’ ἐλευθέρῳ.

927 *καινόν* Blaydes: *καινά* codd. 929 *ἥγχουϲα* Bentley: *ἤγ-* RΛ: *ηὔ-* Γ 933 *δείξει* Musurus: *δόξει* vel *-ῃ* codd. 937 *ϲοῦ* R: *ϲου* cett. 938 *ΕΠΙΓΕΝΗϹ* edd.: *νεοϲ τίϲ* R: om. ΓΛ 939 *μὴ ’δει* Elmsley: *μηδὲν* codd., Su. α 2067 940 *πρεϲβυτέραν* Bothe: *-ρον* codd., Su.

Γρ.[a] οἰμώζων ἄρα νὴ Δία ϲποδήϲειϲ.
οὐ γὰρ τἀπὶ Χαριξένηϲ τάδ' ἐϲτίν.
κατὰ τὸν νόμον ταῦτα ποιεῖν
ἐϲτι δίκαιον, εἰ δημοκρατούμεθα.

ἀλλ' εἶμι τηρήϲουϲ' ὅ τι καὶ δράϲει ποτέ.
Επ. εἴθ', ὦ θεοί, λάβοιμι τὴν καλὴν μόνην,
ἐφ' ἣν πεπωκὼϲ ἔρχομαι πάλαι ποθῶν.
Κο. ἐξηπάτηκα τὸ κατάρατον γρᾴδιον·
φρούδη γάρ ἐϲτιν οἰομένη μ' ἔνδον μενεῖν.
ἀλλ' οὑτοϲὶ γὰρ αὐτὸϲ οὗ 'μεμνήμεθα.

δεῦρο δή, δεῦρο δή,
φίλον ἐμόν, δεῦρό μοι
πρόϲελθε καὶ ξύνευνοϲ
τὴν εὐφρόνην ὅπωϲ ἔϲει.
πάνυ γὰρ ⟨δεινόϲ⟩ τιϲ ἔρωϲ με δονεῖ
τῶνδε τῶν ϲῶν βοϲτρύχων.
ἄτοποϲ δ' ἔγκειταί μοί τιϲ πόθοϲ,
ὅϲ με διακναίϲαϲ ἔχει.
μέθεϲ, ἱκνοῦμαί ϲ', Ἔρωϲ,
καὶ ποίηϲον τόνδ' ἐϲ εὐνὴν
τὴν ἐμὴν ἱκέϲθαι.

Επ. δεῦρο δή, δεῦρο δή,
καὶ ϲύ μοι καταδραμοῦ-
ϲα τὴν θύραν ἄνοιξον

946 *δράϲει* Brunck: *-ϲοι Γ*: *-ϲειϲ* RΛ 949 *ἐξηπάτηκα* Blaydes: *-ηϲα* codd. 950 *μενεῖν* Dindorf: *μένειν* codd. 951 *'μεμνήμεθα* Brunck: *μεμν-* codd. 953 *ξύνευνοϲ* Bothe: *ξύνευνόϲ μοι* codd.: *ξύνευνέ μοι* Bergk ⟨*ἐμὸϲ*⟩ *ὅπωϲ* ⟨*τήνδ'*⟩ Blaydes 954 ⟨*δεινὸϲ*⟩ hic suppl. Dindorf, post *ἔρωϲ* Coulon 956 *ἔγκειται . . . πόθοϲ*] *πόθοϲ τιϲ μοὔγκειται* Wilamowitz, duce Blaydes 961 ⟨*φίλον ἐμόν,*⟩ *καὶ* Wilamowitz 962–6 vix dispicias quomodo numeri restituendi sint ; vide Parker, *Songs* pp. 544–9

τήνδ᾽· εἰ δὲ μή, †καταπεϲὼν κείϲομαι.
φίλον, ἀλλ᾽ ἐν τῷ ϲῷ
βούλομαι κόλπῳ†
πληκτίζεϲθαι μετὰ τῆϲ ϲῆϲ πυγῆϲ.

Κύπρι τί μ᾽ ἐκμαίνειϲ ἐπὶ ταύτῃ;
μέθεϲ, ἱκνοῦμαί ϲ᾽, Ἔρωϲ,
καὶ ποίηϲον τήνδ᾽ ἐϲ εὐνὴν
τὴν ἐμὴν ἱκέϲθαι.

καὶ ταῦτα μέντοι μετρίωϲ πρὸϲ τὴν ἐμὴν ἀνάγκην
εἰρημέν᾽ ἐϲτίν. ϲὺ δέ μοι, φίλτατον, ὤ ἱκετεύω,
ἄνοιξον, ἀϲπάζου με·
διά τοι ϲὲ πόνουϲ ἔχω.

ὦ χρυϲοδαίδαλτον ἐμὸν μέλημα, Κύπριδοϲ ἔρνοϲ,
μέλιττα Μούϲηϲ, Χαρίτων θρέμμα, Τρυφῆϲ πρόϲωπον,
ἄνοιξον, ἀϲπάζου με.
διά τοι ϲὲ πόνουϲ ἔχω.

Γρ.[a] οὗτοϲ, τί κόπτειϲ; μῶν ἐμὲ ζητεῖϲ;
Επ. πόθεν;
Γρ.[a] καὶ τὴν θύραν γ᾽ ἤραττεϲ.
Επ. ἀποθάνοιμ᾽ ἄρα.
Γρ.[a] τοῦ δαὶ δεόμενοϲ δᾷδ᾽ ἔχων ἐλήλυθαϲ;
Επ. Ἀναφλύϲτιον ζητῶν τιν᾽ ἄνθρωπον.
Γρ.[a] τίνα;
Επ. οὐ τὸν Ϲεβῖνον, ὃν ϲὺ προϲδοκᾷϲ ἴϲωϲ.
Γρ.[a] νὴ τὴν Ἀφροδίτην, ἤν τε βούλῃ γ᾽ ἤν τε μή.
Επ. ἀλλ᾽ οὐχὶ νυνὶ τὰϲ ὑπερεξηκοντέτειϲ

963 τήνδ᾽ codd.: del. Blaydes: ante ἄνοιξον transp. Newiger φίλον del. Wilamowitz 964 τῆϲ del. Bentley 969–72 hos vv. Puellae tribuit Hermann 969 μέντοι R: μέν μοι ΓΛ 971 ἄνοιξον] ἄρηξον Hermann: ἄνελθε (κἀϲπάζου) von Velsen με B, cf. Su. α 4197: τε RΓΛ 972, 975 τοι ϲὲ] an ϲέ τοι? 973 θρέμμα ΓΛ: θρύμμα R, Su. θ 520, cf. χ 127 978 τοῦ R: ποῦ ΓΛ 980 Ϲεβῖνον Bentley: ϲε βινοῦνθ᾽ R: ϲε κινοῦνθ᾽ Γ: ϲε βινουῶνθ᾽ Λ

εἰcάγομεν, ἀλλ' εἰcαῦθις ἀναβεβλήμεθα.
τὰc ἐντὸc εἴκοcιν γὰρ ἐκδικάζομεν.
Γρ.[α] ἐπὶ τῆc προτέραc ἀρχῆc γε ταῦτ' ἦν, ὦ γλύκων·
νυνὶ δὲ πρῶτον εἰcάγειν ἡμᾶc δοκεῖ.
Επ. τῷ βουλομένῳ γε, κατὰ τὸν ἐν πεττοῖc νόμον.
Γρ.[α] ἀλλ' οὐδ' ἐδείπνειc κατὰ τὸν ἐν πεττοῖc νόμον.
Επ. οὐκ οἶδ' ὅ τι λέγειc· τηνδεδί μοι κρουcτέον.
Γρ.[α] ὅταν γε κρούcῃc τὴν ἐμὴν πρῶτον θύραν.
Επ. ἀλλ' οὐχὶ νυνὶ κρηcέραν αἰτούμεθα.
Γρ.[α] οἶδ' ὅτι φιλοῦμαι· νῦν δὲ θαυμάζειc ὅτι
θύραcί μ' ηὗρεc· ἀλλὰ πρόcαγε τὸ cτόμα.
Επ. ἀλλ', ὦ μέλ', ὀρρωδῶ τὸν ἐραcτήν cου.
Γρ.[α] τίνα;
Επ. τὸν τῶν γραφέων ἄριcτον.
Γρ.[α] οὗτοc δ' ἐcτὶ τίc;
Επ. ὃc τοῖc νεκροῖcι ζωγραφεῖ τὰc ληκύθουc.
ἀλλ' ἄπιθ', ὅπωc μή c' ἐπὶ θύραιcιν ὄψεται.
Γρ.[α] οἶδ', οἶδ' ὅ τι βούλει.
Επ. καὶ γὰρ ἐγὼ cέ, νὴ Δία—
Γρ.[α] μὰ τὴν Ἀφροδίτην, ἥ μ' ἔλαχε κληρουμένη,
μὴ 'γώ c' ἀφήcω.
Επ. παραφρονεῖc, ὦ γρᾴδιον.
Γρ.[α] ληρεῖc· ἐγὼ δ' ἄξω c' ἐπὶ τἀμὰ cτρώματα.
Επ. τί δῆτα κρεάγραc τοῖc κάδοιc ὠνούμεθα,
ἐξὸν καθέντα γρᾴδιον τοιουτονὶ
ἐκ τῶν φρεάτων τοὺc κάδουc ξυλλαμβάνειν;
Γρ.[α] μὴ cκῶπτέ μ', ὦ τάλαν, ἀλλ' ἕπου δεῦρ' ὡc ἐμέ.
Επ. ἀλλ' οὐκ ἀνάγκη μοὐcτίν, εἰ μὴ τῶν ἐμῶν

985 προτέραc] -ερον Γ γε R: om. ΓΛ 987 πεττοῖc B: πετοῖc Γ: Παιτοῖc RΛ, sch. 988 v. om. Γ ἐδείπνειc Bentley: δείπνειc RΛ πεττοῖc Brunck: Παιτοῖc RΛ 992 φιλοῦμαι] φιλεῖc με van Leeuwen 998 γὰρ ἐγὼ cέ] c' ἔγωγε Elmsley; cf. ἔγωγε in lm. scholii 1002 ὠνούμεθα Cobet: ὠνοίμεθ' ἂν RΓ, Su. κ 2360: ὠνούμεθ' ἂν Su. ε 1800: ὠνήμεθ' ἂν Λ 1005 τάλαν] τᾶν Bentley 1006 ἐμῶν] ἐτῶν Tyrwhitt

τὴν πεντακοϲιοϲτὴν κατέθηκαϲ τῇ πόλει.
Γρ.[a] νὴ τὴν Ἀφροδίτην, δεῖ γε μέντοι ⟨ϲ'⟩· ὡϲ ἐγὼ
τοῖϲ τηλικούτοιϲ ξυγκαθεύδουϲ' ἥδομαι.
Επ. ἐγὼ δὲ ταῖϲ γε τηλικαύταιϲ ἄχθομαι,
κοὐκ ἂν πιθοίμην οὐδέποτ'.
Γρ.[a] ἀλλά, νὴ Δία,
ἀναγκάϲει τουτί ϲε.
Επ. τοῦτο δ' ἐϲτὶ τί;
Γρ.[a] ψήφιϲμα, καθ' ὅ ϲε δεῖ βαδίζειν ὡϲ ἐμέ.
Επ. λέγ' αὐτὸ τί ποτε κἄϲτι.
Γρ.[a] καὶ δή ϲοι λέγω.
"ἔδοξε ταῖϲ γυναιξίν, ἢν ἀνὴρ νέοϲ
νέαϲ ἐπιθυμῇ, μὴ ϲποδεῖν αὐτὴν πρὶν ἂν
τὴν γραῦν προκρούϲῃ πρῶτον. ἢν δὲ μὴ 'θέλῃ
πρότερον προκρούειν, ἀλλ' ἐπιθυμῇ τῆϲ νέαϲ,
ταῖϲ πρεϲβυτέραιϲ γυναιξὶν ἔϲτω τὸν νέον
ἕλκειν ἀνατεὶ λαβομέναϲ τοῦ παττάλου."
Επ. οἴμοι, Προκρούϲτηϲ τήμερον γενήϲομαι.
Γρ.[a] τοῖϲ γὰρ νόμοιϲ τοῖϲ ἡμετέροιϲι πειϲτέον.
Επ. τί δ' ἢν ἀφαιρῆταί μ' ἀνὴρ τῶν δημοτῶν
ἢ τῶν φίλων ἐλθών τιϲ;
Γρ.[a] ἀλλ' οὐ κύριοϲ
ὑπὲρ μέδιμνόν ἐϲτ' ἀνὴρ οὐδεὶϲ ἔτι.
Επ. ἐξωμοϲία δ' οὐκ ἔϲτιν;
Γρ.[a] οὐ γὰρ δεῖ ϲτροφῆϲ.
Επ. ἀλλ' ἔμποροϲ εἶναι ϲκήψομαι.
Γρ.[a] κλάων γε ϲύ.
Επ. τί δῆτα χρὴ δρᾶν;
Γρ.[a] δεῦρ' ἀκολουθεῖν ὡϲ ἐμέ.
Επ. καὶ ταῦτ' ἀνάγκη μοὐϲτί;
Γρ.[a] Διομήδειά γε.

1008 suppl. Reisig 1017 'θέλῃ Bachmann: θέλῃ R: θελήϲῃ ΓΛ 1018 v. del. Mehler, probante van Herwerden (1868), qui πρότερον pro πρῶτον in 1017 reposuit πρότερον] ταύτην von Velsen 1020 ἀνατεὶ Brunck: ἀνατὶ codd.

Επ. ὑποστόρεσαί νυν πρῶτα τῆς ὀριγάνου
καὶ κλήμαθ' ὑπόθου συγκλάσασα τέτταρα,
καὶ ταινίωσαι, καὶ παράθου τὰς ληκύθους,
ὕδατός τε κατάθου τοὔστρακον πρὸ τῆς θύρας.
Γρ.[α] ἦ μὴν ἔτ' ὠνήσει σὺ καὶ στεφάνην ἐμοί.
Επ. νὴ τὸν Δί', ἥνπερ ᾖ γέ που τῶν κηρίνων·
οἶμαι γὰρ ἔνδον διαπεσεῖσθαί σ' αὐτίκα.
Κο. ποῖ τοῦτον ἕλκεις;
Γρ.[α] εἰς ἐμαυτῆς εἰσάγω.
Κο. οὐ σωφρονοῦσά γ'· οὐ γὰρ ἡλικίαν ἔχει
παρὰ σοὶ καθεύδειν τηλικοῦτος ὤν, ἐπεὶ
μήτηρ ἂν αὐτῷ μᾶλλον εἴης ἢ γυνή.
ὥστ' εἰ καταστήσεσθε τοῦτον τὸν νόμον,
τὴν γῆν ἅπασαν Οἰδιπόδων ἐμπλήσετε.
Γρ.[α] ὦ παμβδελυρά, φθονοῦσα τόνδε τὸν λόγον
ἐξηῦρες· ἀλλ' ἐγώ σε τιμωρήσομαι.
Επ. νὴ τὸν Δία τὸν σωτῆρα, κεχάρισαί γέ μοι,
ὦ γλυκύτατον, τὴν γραῦν ἀπαλλάξασά μου·
ὥστ' ἀντὶ τούτων τῶν ἀγαθῶν εἰς ἑσπέραν
μεγάλην ἀποδώσω καὶ παχεῖάν σοι χάριν.

ΓΡΑΥΣ Β'

αὕτη σύ, ποῖ τονδὶ παραβᾶσα τὸν νόμον
ἕλκεις, παρ' ἐμοὶ τῶν γραμμάτων εἰρηκότων
πρότερον καθεύδειν αὐτόν;
Επ. οἴμοι δείλαιος.
πόθεν ἐξέκυψας, ὦ κάκιστ' ἀπολουμένη;
τοῦτο γὰρ ἐκείνου τὸ κακὸν ἐξωλέστερον.
Γρ.[β] βάδιζε δεῦρο.
Επ. μηδαμῶς με περιίδῃς

1030 *νυν* Bekker: *νῦν* codd. 1035 *κηρίνων* R: *κηρίων* ΓΛ 1037 *εἰς* Meineke: *τὸν* codd.: *τόν γ'* Blaydes, Bergk: *τόνδ'* Ussher *ἐμαυτῆς*] *ἐμὸν αὐτῆς* Hall & Geldart 1043 *λόγον* Faber: *νόμον* codd. 1048 *παχεῖάν* RΛ: *ταχεῖάν* Γ 1049 *τονδὶ παραβᾶσα* Bothe: *παραβᾶσα τόνδε* codd.

ἑλκόμενον ὑπὸ τῆϲδ᾽, ἀντιβολῶ ϲ᾽.

Γρ.$^{\beta}$ ἀλλ᾽ οὐκ ἐγώ,

ἀλλ᾽ ὁ νόμοϲ ἕλκει ϲ᾽.

Επ. οὐκ ἐμέ γ᾽, ἀλλ᾽ Ἔμπουϲά τιϲ,

ἐξ αἵματοϲ φλύκταιναν ἠμφιεϲμένη.

Γρ.$^{\beta}$ ἕπου, μαλακίων, δεῦρ᾽ ἁνύϲαϲ καὶ μὴ λάλει.

Επ. ἴθι νυν, ἔαϲον εἰϲ ἄφοδον πρώτιϲτά με
ἐλθόντ᾽ ἀναθαρρῆϲαι πρὸϲ ἐμαυτόν· εἰ δὲ μή,
αὐτοῦ τι δρῶντα πυρρὸν ὄψει μ᾽ αὐτίκα
ὑπὸ του δέουϲ.

Γρ.$^{\beta}$ θάρρει, βάδιζ᾽· ἔνδον χεϲεῖ.

Επ. δέδοικα κἀγὼ μὴ πλέον γ᾽ ἢ βούλομαι.
ἀλλ᾽ ἐγγυητάϲ ϲοι καταϲτήϲω δύο
ἀξιόχρεωϲ.

Γρ.$^{\beta}$ μή μοι καθίϲτη.

ΓΡΑΥϹ Γ´

ποῖ ϲύ, ποῖ
χωρεῖϲ μετὰ ταύτηϲ;

Επ. οὐκ ἔγωγ᾽, ἀλλ᾽ ἕλκομαι.
ἀτὰρ ἥτιϲ εἶ γε, πόλλ᾽ ἀγαθὰ γένοιτό ϲοι,
ὅτι μ᾽ οὐ περιεῖδεϲ ἐπιτριβέντ᾽. ὦ Ἡράκλειϲ,
ὦ Πᾶνεϲ, ὦ Κορύβαντεϲ, ὦ Διοϲκόρω,
τοῦτ᾽ αὖ πολὺ τούτου τὸ κακὸν ἐξωλέϲτερον.
ἀτὰρ τί τὸ πρᾶγμ᾽ ἔϲτ᾽, ἀντιβολῶ, τουτί ποτε;
πότερον πίθηκοϲ ἀνάπλεωϲ ψιμυθίου,
ἢ γραῦϲ ἀνεϲτηκυῖα παρὰ τῶν πλειόνων;

Γρ.$^{\gamma}$ μὴ ϲκῶπτέ μ᾽, ἀλλὰ δεῦρ᾽ ἕπου.

Γρ.$^{\beta}$ δευρὶ μὲν οὖν.

1059 νυν Bekker: νῦν codd. 1060 ἐλθόντ᾽ ἀνα- van Leeuwen: ἐλθόντα codd. 1063 γ᾽ R: om. ΓΛ ἢ] ἤπερ e sch. Porson 1067 ἥτιϲ B: εἴ τιϲ RΓΛ γε] ϲύ Cobet 1070 αὖ R: ἂν ΓΛ τούτου RΛ: τοῦτο Γ, Richards

Γρ.$^{\gamma}$ ὡϲ οὐκ ἀφήϲω ϲ' οὐδέποτ'.
Γρ.$^{\beta}$ οὐδὲ μὴν ἐγώ.
Επ. διαϲπάϲεϲθέ μ', ὦ κακῶϲ ἀπολούμεναι.
Γρ.$^{\beta}$ ἐμοὶ γὰρ ἀκολουθεῖν ϲε δεῖ κατὰ τὸν νόμον.
Γρ.$^{\gamma}$ οὔκ, ἤν ἑτέρα γε γραῦϲ ἔτ' αἰϲχίων φανῇ.
Επ. ἢν οὖν ὑφ' ὑμῶν πρῶτον ἀπόλωμαι κακῶϲ,
φέρε, πῶϲ ἐπ' ἐκείνην τὴν καλὴν ἀφίξομαι;
Γρ.$^{\beta}$ αὐτὸϲ ϲκόπει ϲύ· τάδε δέ ϲοι ποιητέον.
Επ. ποτέραϲ προτέραϲ οὖν κατελάϲαϲ ἀπαλλαγῶ;
Γρ.$^{\gamma}$ οὐκ οἶϲθα; βαδιεῖ δεῦρ'.
Επ. ἀφέτω νύν μ' αὑτηί.
Γρ.$^{\beta}$ δευρὶ μὲν οὖν ἴθ' ὡϲ ἔμ'.
Επ. ἤν γ' ἡδί μ' ἀφῇ.
Γρ.$^{\gamma}$ ἀλλ' οὐκ ἀφήϲω μὰ Δία ϲ'.
Γρ.$^{\beta}$ οὐδὲ μὴν ἐγώ.
Επ. χαλεπαί γ' ἂν ἦϲτε γενόμεναι πορθμῆϲ.
Γρ.$^{\gamma}$ τιή;
Επ. ἕλκοντε τοὺϲ πλωτῆραϲ ἂν ἀπεκναίετε.
Γρ.$^{\beta}$ ϲιγῇ βάδιζε δεῦρο.
Γρ.$^{\gamma}$ μὰ Δί', ἀλλ' ὡϲ ἐμέ.
Επ. τουτὶ τὸ πρᾶγμα κατὰ τὸ Καννωνοῦ ϲαφῶϲ
ψήφιϲμα· βινεῖν δεῖ με διαλελημμένον.
πῶϲ οὖν δικωπεῖν ἀμφοτέραϲ δυνήϲομαι;
Γρ.$^{\beta}$ καλῶϲ, ἐπειδὰν καταφάγῃϲ βολβῶν χύτραν.
Επ. οἴμοι κακοδαίμων· ἐγγὺϲ ἤδη τῆϲ θύραϲ
ἑλκόμενόϲ εἰμ'.
Γρ.$^{\beta}$ ἀλλ' οὐδὲν ἔϲται ϲοι πλέον.
ξυνειϲπεϲοῦμαι γὰρ μετά ϲου.
Επ. μή, πρὸϲ θεῶν·

1075 personarum vices incertae 1077 ϲε δεῖ Cobet: ϲ' ἔδει codd. 1083 νυν Bekker: νῦν codd. 1084 γ' ἡδί μ' Brunck: ἡδί μ' R: νὴ Δία γ' ΓΛ 1086 ἦϲτε Musurus: ἦϲται R: ἤϲτε ΓΛ: ἦτε Su. π 2071: ἴϲτε van Herwerden 1089 Καννωνοῦ hoc accentu Dindorf, paroxytone codd. 1095 μετά ϲου Blaydes: μετὰ ϲοῦ codd.

ἑνὶ γὰρ ξυνέχεϲθαι κρεῖττον ἢ δυοῖν κακοῖν.
Γρ.[γ] νὴ τὴν Ἑκάτην, ἐάν τε βούλῃ γ' ἤν τε μή.
Επ. ὢ τριϲκακοδαίμων, εἰ γυναῖκα δεῖ ϲαπρὰν
βινεῖν ὅλην τὴν νύκτα καὶ τὴν ἡμέραν,
κἄπειτ' ἐπειδὰν τῆϲδ' ἀπαλλαγῶ, πάλιν
φρύνην ἔχουϲαν λήκυθον πρὸϲ ταῖϲ γνάθοιϲ.
ἆρ' οὐ κακοδαίμων εἰμί; βαρυδαίμων μὲν οὖν
νὴ τὸν Δία τὸν ϲωτῆρ' ἀνὴρ καὶ δυϲτυχήϲ,
ὅϲτιϲ τοιούτοιϲ θηρίοιϲ ϲυνείρξομαι.
ὅμωϲ δ' ἐάν τι πολλὰ πολλάκιϲ πάθω
ὑπὸ ταῖνδε ταῖν καϲαλβάδοιν δεῦρ' εἰϲπλέων,
θάψαι μ' ἐπ' αὐτῷ τῷ ϲτόματι τῆϲ εἰϲβολῆϲ,
καὶ τήνδ' ἄνωθεν ἐπιπολῆϲ τοῦ ϲήματοϲ
ζῶϲαν καταπιττώϲαντεϲ, εἶτα τὼ πόδε
μολυβδοχοήϲαντεϲ κύκλῳ περὶ τὰ ϲφυρὰ
ἄνω 'πιθεῖναι πρόφαϲιν ἀντὶ ληκύθου.

ΘΕΡΑΠΑΙΝΑ

ὢ μακάριοϲ μὲν δῆμοϲ, εὐδαίμων δὲ γῆ,
αὐτή τέ μοι δέϲποινα μακαριωτάτη,
ὑμεῖϲ θ' ὅϲαι παρέϲτατ' ἐπὶ ταῖϲιν θύραιϲ
οἱ γείτονέϲ τε πάντεϲ οἵ τε δημόται,
ἐγώ τε πρὸϲ τούτοιϲιν ἡ διάκονοϲ,
ἥτιϲ μεμύριϲμαι τὴν κεφαλὴν μυρώμαϲιν

1098 ὢ Ussher: ὦ RΓ 1101 φρύνην nomen proprium esse credunt multi 1104 ϲυνείρξομαι Grynaeus (1544): ϲυνείξομαι codd.: ϲυννήξομαι Gelenius 1105 ὅμωϲ] ὑμεῖϲ Kock, van Herwerden: αἰτῶ Bergk 1108 τήνδ' Bergler: τῶν RΓΛ: τὴν B 1109 καταπιττώϲαντεϲ Γ: -αϲ RΛ 1110 μολυβδοχοήϲαντεϲ Gormont: -αϲ RΓ: -οϲ Λ 1111 'πιθεῖναι Λ: 'πιτιθεῖναι Γ: πιθῆναι R post hunc v. add. ΧΟΡΟΥ Bergk 1112 ὢ Ussher: ὦ codd. δὲ γῆ Dobree: δ' ἐγώ codd. 1113 αὐτή B: αὕτη RΓΛ 1114 θ' Dindorf: δ' codd. 1115 τε δημόται Brunck: τῶν δημοτῶν codd. 1117 μεμύριϲμαι Athenaeus 691B: μεμύρωμαι RΛ, Su. μ 581: μύρωμαι Γ μυρώμαϲιν] μυρίϲμαϲιν Blaydes

ἀγαθοῖcιν, ὦ Ζεῦ. πολὺ δ' ὑπερπέπαικεν αὖ
τούτων ἁπάντων τὰ Θάcι' ἀμφορείδια.
ἐν τῇ κεφαλῇ γὰρ ἐμμένει πολὺν χρόνον·
τὰ δ' ἄλλ' ἀπανθήcαντα πάντ' ἀπέπτατο·
ὥcτ' ἐcτὶ πολὺ βέλτιcτα, πολὺ δῆτ', ὦ θεοί.
κέραcον ἄκρατον, εὐφρανεῖ τὴν νύχθ' ὅλην
ἐκλεγομένας ὅ τι ἂν μάλιcτ' ὀcμὴν ἔχῃ.
ἀλλ', ὦ γυναῖκες, φράcατέ μοι τὸν δεcπότην—
τὸν ἄνδρ', ὅπου 'cτί, τῆc ἐμῆc κεκτημένηc.
Χο. αὐτοῦ μένουc' ἡμῖν γ' ἂν ἐξευρεῖν δοκεῖc
μάλιcθ'· ὁδὶ γὰρ ἐπὶ τὸ δεῖπνον ἔρχεται.
Θε. ὦ δέcποτ', ὦ μακάριε καὶ τριcόλβιε.
Βλ. ἐγώ;
Θε. cὺ μέντοι, νὴ Δί', ὥc γ' οὐδεὶc ἀνήρ.
τίc γὰρ γένοιτ' ἂν μᾶλλον ὀλβιώτεροc,
ὅcτιc πολιτῶν πλεῖον ἢ τριcμυρίων
ὄντων τὸ πλῆθοc οὐ δεδείπνηκαc μόνοc;
Βλ. εὐδαιμονικόν γ' ἄνθρωπον εἴρηκαc cαφῶc.
Θε. ποῖ ποῖ βαδίζειc;
Βλ. ἐπὶ τὸ δεῖπνον ἔρχομαι.
Θε. νὴ τὴν Ἀφροδίτην, πολύ γ' ἁπάντων ὕcτατοc.
ὅμωc δ' ἐκέλευε cυλλαβοῦcάν μ' ἡ γυνὴ
ἄγειν cε καὶ ταcδὶ μετὰ coῦ τὰc μείρακαc.
οἶνοc δὲ Χῖόc ἐcτι περιλελειμμένοc
καὶ τἆλλ' ἀγαθά. πρὸc ταῦτα μὴ βραδύνετε,
καὶ τῶν θεατῶν εἴ τιc εὔνουc τυγχάνει,
καὶ τῶν κριτῶν εἰ μή τιc ἑτέρωcε βλέπει,
ἴτω μεθ' ἡμῶν· πάντα γὰρ παρέξομεν.
Βλ. οὔκουν ἅπαcι δῆτα γενναίωc ἐρεῖc

1119 τούτων RΛ: τῶν Γ: αὐτῶν Su. 1121 πάντ' ἀπέπτατο Su. α 2896: πάντα πέπτατο codd.: πάντ' ἀπέπτετο Brunck 1124 ἔχῃ Λ: ἔχει R: ἔχοι Γ 1127 γ' ἂν Brunck: γὰρ codd. 1128 hunc v. choro continuavit Vetta 1135 post hunc v. desinunt ΓΒ 1137 cυλλαβοῦcάν Λ: -cá R 1139 περιλελειμμένοc Λ, Musurus: παρα- R

καὶ μὴ παραλείψειϲ μηδέν', ἀλλ' ἐλευθέρωϲ
καλεῖϲ γέροντα, μειράκιον, παιδίϲκον; ὡϲ
τὸ δεῖπνον αὐτοῖϲ ἐϲτ' ἐπεϲκευαϲμένον
ἁπαξάπαϲιν—ἢν ἀπίωϲιν οἴκαδε.
ἐγὼ δὲ πρὸϲ τὸ δεῖπνον ἤδη 'πείξομαι·
ἔχω δέ τοι καὶ δᾷδα ταυτηνὶ καλῶϲ.
Χο. τί δῆτα διατρίβειϲ ἔχων, ἀλλ' οὐκ ἄγειϲ
ταϲδὶ λαβών; ἐν ὅϲῳ δὲ καταβαίνειϲ, ἐγὼ
ἐπᾴϲομαι μέλοϲ τι μελλοδειπνικόν.
ϲμικρὸν δ' ὑποθέϲθαι τοῖϲ κριταῖϲι βούλομαι·
τοῖϲ ϲοφοῖϲ μὲν τῶν ϲοφῶν μεμνημένοιϲ κρίνειν ἐμέ,
τοῖϲ γελῶϲι δ' ἡδέωϲ διὰ τὸ γελᾶν κρίνειν ἐμέ·
ϲχεδὸν ἅπανταϲ οὖν κελεύω δηλαδὴ κρίνειν ἐμέ,
μηδὲ τὸν κλῆρον γενέϲθαι μηδὲν ἡμῖν αἴτιον,
ὅτι προείληχ'· ἀλλ' ἅπανταϲ ταῦτα χρὴ μεμνημένουϲ
μὴ 'πιορκεῖν, ἀλλὰ κρίνειν τοὺϲ χοροὺϲ ὀρθῶϲ ἀεί,
μηδὲ ταῖϲ κακαῖϲ ἑταίραιϲ τὸν τρόπον προϲεικέναι,
αἳ μόνον μνήμην ἔχουϲι τῶν τελευταίων ἀεί.
ὢ ὤ, ὥρα δή,
⟨ὦ⟩ φίλαι γυναῖκεϲ, εἴπερ μέλλομεν τὸ χρῆμα δρᾶν,
ἐπὶ τὸ δεῖπνον ὑπανακινεῖν. Κρητικῶϲ οὖν τὼ πόδε
καὶ ϲὺ κίνει.
Βλ. τοῦτο δρῶ.
Χο. καὶ τάϲδε νῦν ⟨⏓ – ⏑ ⏓⟩
⟨– ⏑ – ⏓ | – ⏑⟩ λαγαρὰϲ τοῖν ϲκελίϲκοιν τὸν ῥυθμόν.
τάχα γὰρ ἔπειϲι

1145 *παραλείψειϲ* Brunck: *-ψηϲ* RΛ 1146 *καλεῖϲ* Cobet: *καλεῖν* RΛ 1155 *ϲοφοῖϲ* Scaliger: *ϲοφοῖϲι* RΛ 1156 *τὸ γελᾶν* Porson: *τὸν γέλων* codd. 1159 *ἀλλ' ἅπανταϲ* Dobree: *ἀλλὰ πάντα* RΛ 1161 *τὸν* Bentley: *τόν τε* RΛ 1163 *ὢ ὤ*] *ὤ* Zimmermann 1164 suppl. Dindorf 1165 *ὑπανακινεῖν*] *ὑπαπο-* Cobet 1166–7 lacunam quam statuit Meineke alii aliter supplent, ex. gr. ⟨*τὰϲ μείρακαϲ* | *χρὴ ϲυνυπάγειν κοῦφα*⟩

λοπαδοτεμαχοcελαχογαλεο-
κρανιολειψανοδριμυποτριμματο-
cιλφιοπαραλομελιτοκατακεχυμενο-
κιχλεπικοccυφοφατ⟨τ⟩οπεριcτερα-
λεκτρυονοπτοπιφαλλιδοκιγκλοπε-
λειολαγῳοcιραιοβαφητραγα-
νοπτερυγών. cὺ δὲ ταῦτ' ἀκροαcάμε-
νοc ταχὺ καὶ ταχέωc λαβὲ τρύβλιον.
εἶτα κόνιcαι λαβὼν
λέκιθον, ἵν' ἐπιδειπνῇc.
Βλ. ἀλλὰ λαιμάττουcί που.
Χο. αἴρεcθ' ἄνω, ἰαὶ εὐαί,
δειπνήcομεν, εὐοῖ εὐαί,
εὐαί, ὡc ἐπὶ νίκῃ.
εὐαί, εὐαί, εὐαί, εὐαί.

1169 λοπαδο- codd., Su. μ 536: λεπαδο- Faber -τεμαχοc- Λ, Su.: -τεμαχοcc- R 1171 -παραλο- Sommerstein: -παραο- RΛ: -λιπαρο- Ussher: -τυρο- Blaydes 1172 -κιχλ- Faber: -κινκλ- RΛ suppl. Dindorf 1173 -οπτο- Meineke: -οπτεγ- RΛ -πιφαλλιδο- Ussher: -κεφαλλιο- RΛ: -φαληριδο- Sommerstein 1176 ταχὺ καὶ] ταχέωc Meineke: πάνυ δὴ vel τρέχε καὶ Blaydes 1177 κονίcαι post λαβὼν transp. Λ 1181 δειπνήcομεν] -ωμεν Newiger 1182 εὐαί post νίκῃ traicere malit Sommerstein

ΠΛΟΥΤΟΣ

PAPYRI

P. Ant. III 180, saec. V–VI (vv. 466–7, 476–7, 499–501, 510–11, 806–8, 842–5) (P21)

P. Berol. 13231 A + 21202, saec. V–VI (vv. 134–8, 140–4, 171–3, 289–93, 311–19, 326–30, 347–55) (P19)

P. Laur. III 319, saec. V–VI (vv. 1135–9) (P63)

P. Oxy. 1617, saec. V (vv. 1–56) (P18)

P. Oxy. 4519, saec. III (vv. 1–16) (P81)

P. Oxy. 4520, saec. V (vv. 635–79, 698–738) (P82)

P. Oxy. 4521, saec. II (vv. 687–705, 726–31, 957–70) (P83)

CODICES

R	Ravennas 429
V	Marcianus gr. 474
A	Parisinus gr. 2712
K	Ambrosianus C 222 inf.
L	Holkhamensis gr. 88

Rarius citantur

Δ	Laurentianus 31.13
Θ	Laurentianus Conv. Sopp. 140
Ln3	Harleianus 5664
M	Ambrosianus L 39 sup.
N	Neapolitanus 184 (II F 27)
Par 9	Parisinus gr. 2822
Par 14	Parisinus gr. 2827
Par 25	Parisinus gr. 2820
U	Vaticanus Urbinas gr. 141
Vbg1	Vaticanus Borgianus gr. 1
W9	Vindobonensis phil. gr. 71

ΥΠΟΘΕϹΕΙϹ

I

Πρεϲβύτηϲ τιϲ Χρεμύλοϲ πένηϲ ὢν τὴν οὐϲίαν ἀφικνεῖται εἰϲ θεοῦ· ἐρωτᾷ δὲ τὸν θεὸν πῶϲ ἂν εἰϲ ἔκδηλον ἁβρόν τε μεταϲταίη βίον. τοιόνδε δὲ ἐγγεγύηται ὁ χρηϲμόϲ. χρᾷ γὰρ αὐτῷ ὁ θεὸϲ ἐξιόντι τοῦ ναοῦ, τούτῳ ἕπεϲθαι, ᾧ πρώτῳ ϲυντύχῃ. καὶ δὴ τυφλῷ γέροντι ϲυντυχὼν εἵπετο πληρῶν τὸν χρηϲμόν· ἦν δὲ Πλοῦτοϲ οὗτοϲ. ὕϲτερον δὲ προϲδιαλεχθεὶϲ αὐτῷ εἰϲάγει εἰϲ Ἀϲκληπιοῦ, ἰαϲόμενοϲ αὐτὸν τῆϲ πηρώϲεωϲ, καὶ οὕτω πλούϲιοϲ γίνεται. ἐφ᾽ ᾧ δυϲχεράναϲα ἡ Πενία παραγίνεται λοιδορουμένη τοῖϲ τοῦτο κατορθώϲαϲι· πρὸϲ ἣν καὶ διάλογοϲ οὐκ ἀφυὴϲ γίνεται, ϲυγκρινομένων τῶν φαύλων τῆϲ Πενίαϲ καὶ τῶν τοῦ Πλούτου ἀγαθῶν ὑπὸ Βλεψιδήμου καὶ Χρεμύλου. πολλῶν δὲ καὶ ἄλλων ἐπειϲρεόντων ἐν τῷ ὀπιϲθοδόμῳ τῆϲ Ἀθηνᾶϲ ἀφιερώϲαντο Πλούτου ἴνδαλμα. τὰ μὲν οὖν τῆϲ ὑποθέϲεωϲ τοιαῦτα. προλογίζει δὲ θεράπων, δυϲχεραίνων πρὸϲ τὸν δεϲπότην, ὅτι τυφλῷ καὶ γέροντι κατακολουθεῖν οὐκ ᾐϲχύνετο.

II

Πρεϲβύτηϲ τιϲ Χρεμύλοϲ πένηϲ ὢν καὶ ἔχων υἱόν, κατανοήϲαϲ ὡϲ οἱ φαῦλοι τὸ τηνικαῦτα εὖ πράττουϲιν, οἱ δὲ χρηϲτοὶ ἀτυχοῦϲιν, ἀφικνεῖται εἰϲ θεοῦ, χρηϲόμενοϲ πότερον τὸν παῖδα ϲωφρόνωϲ ἀναθρέψειε, καὶ ὅμοιον ἑαυτῷ τοῖϲ τρόποιϲ διδάξειεν (ἦν γὰρ οὗτοϲ χρηϲτόϲ), ἢ φαῦλον, ὡϲ τῶν φαύλων τότε εὐπραγούντων. ἐλθὼν οὖν εἰϲ τὸ μαντεῖον, περὶ μὲν ὧν ἤρετο οὐδὲν ἤκουϲεν, προϲτάττει δὲ αὐτῷ, ᾧ τινι πρῶτον ἐξιὼν ϲυντύχῃ, ἀκολουθεῖν. καὶ τὰ λοιπὰ ὡϲαύτωϲ.

I.13 *ἴνδαλμα* van Leeuwen: *-ματα* codd. 14 *τοιαῦτα*] *ταῦτα* V

ΑΡΙϹΤΟΦΑΝΟΥϹ

III

Ἐδιδάχθη ἐπὶ ἄρχοντοϲ Ἀντιπάτρου, ἀνταγωνιζομένου αὐτῷ Νικοχάρουϲ μὲν Λάκωϲιν, Ἀριϲτομένουϲ δὲ Ἀδμήτῳ, Νικοφῶντοϲ δὲ Ἀδώνιδι, Ἀλκαίου δὲ Παϲιφάῃ. τελευταίαν δὲ διδάξαϲ τὴν κωμῳδίαν ταύτην ἐπὶ τῷ ἰδίῳ ὀνόματι, καὶ τὸν υἱὸν αὑτοῦ ϲυϲτῆϲαι Ἀραρότα δι’ αὐτῆϲ τοῖϲ θεαταῖϲ βουλόμενοϲ, τὰ ὑπόλοιπα δύο δι’ ἐκείνου καθῆκε, Κώκαλον <καὶ Αἰολοϲίκωνα>.

IV

ΑΡΙϹΤΟΦΑΝΟΥϹ ΓΡΑΜΜΑΤΙΚΟΥ

Μαντεύεται δίκαιοϲ ὤν τιϲ καὶ πένηϲ
εἰ μεταβαλὼν πλούτου τυχεῖν δυνήϲεται.
ἔχρηϲεν ὁ θεὸϲ ϲυνακολουθεῖν ᾧπερ ἂν
πρώτῳ περιτύχῃ. Πλοῦτοϲ ὀπτάνεται τυφλόϲ.
γνοὺϲ δ’ αὐτόν, ἤγαγ’ οἴκαδ’, ἄλλουϲ δημόταϲ
καλέϲαϲ μεταϲχεῖν· εἶθ’ ὑγιᾶϲαι τὰϲ κόραϲ
ἔϲπευδον· εἰϲ Ἀϲκληπιοῦ δ’ ἀπήγαγον.
ἡ δ’ <ἀναφανεῖϲ’> ἄφνω Πενία διεκώλυεν.
ὅμωϲ ἀναβλέψαντοϲ αὐτοῦ τῶν κακῶν
οὐδεὶϲ ἐπλούτει, τῶν δ’ ἀγαθῶν ἦν τἀγαθά.

V

Βουλόμενοϲ Ἀριϲτοφάνηϲ ϲκῶψαι τοὺϲ Ἀθηναίουϲ ἀδικίᾳ καὶ ϲυκοφαντίᾳ καὶ τοῖϲ τοιούτοιϲ ϲυνόνταϲ καὶ διὰ τοῦτο πλουτοῦνταϲ, πλάττει πρεϲβύτην τινὰ γεωργὸν Χρεμύλον τοὔνομα, δίκαιον μὲν ὄντα καὶ τοὺϲ τρόπουϲ χρηϲτόν, πένητα δὲ ἄλλωϲ· ὃϲ μετά τινοϲ αὐτῷ θεράποντοϲ ἐλθὼν εἰϲ Ἀπόλλω ἐρωτᾷ περὶ

III.4 *διδάξαϲ* Musurus: *διδάξαι* codd. 6–7 suppl. Musurus
IV.4 *πρώτῳ* Wagner: *ἀνδρὶ* codd. post *Πλοῦτοϲ* add. δ’ codd.: del. Hemsterhuys 8 ⟨*ἀναφανεῖϲ’*⟩ Dindorf: om. codd., nisi quod *φανεῖϲα* post *Πενία ἄφνω* (sic) praebet M: ⟨*αὖ*⟩ *φανεῖϲ’* Chantry

τοῦ ἰδίου παιδός, εἰ χρὴ τουτονὶ τρόπων χρηστῶν ἀμελήϲαντα ἀδικίαϲ ἀντιποιεῖϲθαι καὶ ταὐτὰ τοῖϲ ἄλλοιϲ ἐπιτηδεύειν, ἐπειδήπερ οἱ μὲν τοιοῦτοι ἐπλούτουν, οἱ δὲ τὰ ἀγαθὰ πράττοντεϲ πένητεϲ ἦϲαν, καθάπερ αὐτὸϲ οὗτοϲ ὁ Χρεμύλοϲ. ἔχρηϲεν οὖν αὐτῷ ὁ θεὸϲ ϲαφὲϲ μὲν οὐδέν, ὅτῳ δὲ ἐξιὼν ἐντύχοι, τούτῳ ἕπεϲθαι. καὶ ὃϲ γέροντι ἐντυγχάνει τυφλῷ, ἦν δὲ οὗτοϲ ὁ Πλοῦτοϲ, καὶ ἀκολουθεῖ κατὰ τὰϲ μαντείαϲ, μὴ εἰδὼϲ ὅϲτιϲ οὗτόϲ ἐϲτι. δυϲχεραίνων δὲ ἐπὶ τούτῳ καθ' ἑαυτὸν ὁ θεράπων μόλιϲ αὐτὸν ἐρωτᾷ τίνοϲ ἕνεκα τούτῳ ἀκολουθοῦϲι. καὶ ὁ Χρεμύλοϲ λέγει αὐτῷ τὴν μαντείαν. ἔπειτα μανθάνουϲι παρ' αὐτοῦ τοῦ Πλούτου ὅϲτιϲ ἐϲτὶ καὶ ὅτου χάριν τυφλὸϲ ἐγεγόνει παρὰ τοῦ Διόϲ. οἱ δὲ ἀκούϲαντεϲ ἥϲθηϲάν τε καὶ βουλὴν ἔϲχον ἀπαγαγεῖν αὐτὸν εἰϲ Ἀϲκληπιοῦ καὶ τὴν τῶν ὀφθαλμῶν θεραπεῦϲαι πήρωϲιν. καὶ ἵνα τὰ ἐν μέϲῳ παρῶ, τάϲ τε τοῦ Βλεψιδήμου ἀντιλογίαϲ καὶ τῆϲ Πενίαϲ αὐτῆϲ, ἀπήγαγόν τε αὐτὸν ὅτι τάχιϲτα καὶ ὑγιᾶ ἐπανήγαγον οἴκαδε, ἐπλούτηϲάν τε ἱκανῶϲ οὐκ αὐτοὶ μόνον, ἀλλὰ καὶ ὅϲοι βίου χρηϲτοῦ πρόϲθεν ἀντεχόμενοι πένητεϲ ἦϲαν.

ΤΑ ΤΟΥ ΔΡΑΜΑΤΟϹ ΠΡΟϹΩΠΑ

ΚΑΡΙΩΝ
ΧΡΕΜΥΛΟϹ
ΠΛΟΥΤΟϹ
ΧΟΡΟϹ ΑΓΡΟΙΚΩΝ
ΒΛΕΨΙΔΗΜΟϹ
ΠΕΝΙΑ
ΓΥΝΗ ΧΡΕΜΥΛΟΥ

ΑΝΗΡ ΔΙΚΑΙΟϹ
ϹΥΚΟΦΑΝΤΗϹ
ΓΡΑΥϹ
ΝΕΑΝΙΑϹ
ΕΡΜΗϹ
ΙΕΡΕΥϹ ΔΙΟϹ

ΠΛΟΥΤΟϹ

ΚΑΡΙΩΝ

Ὡϲ ἀργαλέον πρᾶγμ᾽ ἐϲτίν, ὦ Ζεῦ καὶ θεοί,
δοῦλον γενέϲθαι παραφρονοῦντοϲ δεϲπότου.
ἢν γὰρ τὰ βέλτιϲθ᾽ ὁ θεράπων λέξαϲ τύχῃ,
δόξῃ δὲ μὴ δρᾶν ταῦτα τῷ κεκτημένῳ,
μετέχειν ἀνάγκη τὸν θεράποντα τῶν κακῶν.
τοῦ ϲώματοϲ γὰρ οὐκ ἐᾷ τὸν κύριον
κρατεῖν ὁ δαίμων, ἀλλὰ τὸν ἐωνημένον.
καὶ ταῦτα μὲν δὴ ταῦτα. τῷ δὲ Λοξίᾳ,
ὃϲ θεϲπιῳδεῖ τρίποδοϲ ἐκ χρυϲηλάτου,
μέμψιν δικαίαν μέμφομαι ταύτην, ὅτι
ἰατρὸϲ ὢν καὶ μάντιϲ, ὥϲ φαϲιν, ϲοφὸϲ
μελαγχολῶντ᾽ ἀπέπεμψέ μου τὸν δεϲπότην,
ὅϲτιϲ ἀκολουθεῖ κατόπιν ἀνθρώπου τυφλοῦ,
τοὐναντίον δρῶν ἢ προϲῆκ᾽ αὐτῷ ποιεῖν.
οἱ γὰρ βλέποντεϲ τοῖϲ τυφλοῖϲ ἡγούμεθα,
οὗτοϲ δ᾽ ἀκολουθεῖ, κἀμὲ προϲβιάζεται,
καὶ ταῦτ᾽ ἀποκρινόμενοϲ τὸ παράπαν οὐδὲ γρῦ.
ἐγὼ μὲν οὖν οὐκ ἔϲθ᾽ ὅπωϲ ϲιγήϲομαι,
ἢν μὴ φράϲῃϲ ὅ τι τῷδ᾽ ἀκολουθοῦμέν ποτε,
ὦ δέϲποτ᾽, ἀλλά ϲοι παρέξω πράγματα.
οὐ γάρ με τυπτήϲειϲ ϲτέφανον ἔχοντά γε.

ΧΡΕΜΥΛΟϹ

μὰ Δί᾽, ἀλλ᾽ ἀφελὼν τὸν ϲτέφανον, ἢν λυπῇϲ τί με,
ἵνα μᾶλλον ἀλγῇϲ.

Κα. λῆροϲ· οὐ γὰρ παύϲομαι

4 ταῦτα] ταὐτὰ P18, AK, Thomas Magister 13 ὅϲτιϲ ⟨γ᾽⟩ Elmsley 17 ἀποκρινόμενοϲ Bentley: -μένῳ R: -μένου P18(?), cett., Su. γ 461 22 τὸν] γε τὸν R, unde γέ ϲ᾽ αὐτόν, deleto ϲτέφανον, Blaydes

πρὶν ἂν φράςῃς μοι τίς ποτ᾽ ἐςτὶν οὑτοςί·
εὔνους γὰρ ὢν ςοι πυνθάνομαι πάνυ ςφόδρα.
Χρ. ἀλλ᾽ οὔ τι κρύψω· τῶν ἐμῶν γὰρ οἰκετῶν
πιςτότατον ἡγοῦμαί ςε καὶ κλεπτίςτατον.
ἐγὼ θεοςεβὴς καὶ δίκαιος ὢν ἀνὴρ
κακῶς ἔπραττον καὶ πένης ἦν·
Κα. οἶδά τοι.
Χρ. ἕτεροι δ᾽ ἐπλούτουν, ἱερόςυλοι ῥήτορες
καὶ ςυκοφάνται καὶ πονηροί·
Κα. πείθομαι.
Χρ. ἐπερηςόμενος οὖν ᾠχόμην ὡς τὸν θεόν,
τὸν ἐμὸν μὲν αὐτοῦ τοῦ ταλαιπώρου ςχεδὸν
ἤδη νομίζων ἐκτετοξεῦςθαι βίον,
τὸν δ᾽ υἱόν, ὅςπερ ὢν μόνος μοι τυγχάνει,
πευςόμενος εἰ χρὴ μεταβαλόντα τοὺς τρόπους
εἶναι πανοῦργον, ἄδικον, ὑγιὲς μηδὲ ἕν,
ὡς τῷ βίῳ τοῦτ᾽ αὐτὸ νομίςας ξυμφέρειν.
Κα. τί δῆτα Φοῖβος ἔλακεν ἐκ τῶν ςτεμμάτων;
Χρ. πεύςει. ςαφῶς γὰρ ὁ θεὸς εἶπέ μοι τοδί·
ὅτῳ ξυναντήςαιμι πρῶτον ἐξιών,
ἐκέλευε τούτου μὴ μεθίεςθαί μ᾽ ἔτι,
πείθειν δ᾽ ἐμαυτῷ ξυνακολουθεῖν οἴκαδε.
Κα. καὶ τῷ ξυναντᾷς δῆτα πρώτῳ;
Χρ. τουτῳί.
Κα. εἶτ᾽ οὐ ξυνίῃς τὴν ἐπίνοιαν τοῦ θεοῦ
φράζουςαν, ὦ ςκαιότατέ, ςοι ςαφέςτατα
ἀςκεῖν τὸν υἱὸν τὸν ἐπιχώριον τρόπον;
Χρ. τῷ τοῦτο κρίνεις;
Κα. δῆλον ὁτιὴ καὶ τυφλῷ

26 *τι* R: *ςε* cett. 27 verba *καὶ κλεπτίςτατον* Carioni tribuit Kappeyne van de Coppello 32 *ὡς*] *πρὸς* R 34 *βίον*] *βιὸν* Bentley 38 *ξυμφέρειν*] *ςυμ-* P18, RV 39 *δῆτα* RV: *δῆθ᾽ ὁ* cett. 40 *τοδί*] *ταδί* P18, V 42 *ἐκέλευε* R: *-ευςε* cett. 45 *ξυνίῃς*] *-ιεις* R, *-ίεις* V, Su. *ξ* 142

γνῶναι δοκεῖ τοῦθ', ὡϲ ϲφόδρ' ἐϲτὶ ϲυμφέρον
τὸ μηδὲν ἀϲκεῖν ὑγιὲϲ ἐν τῷ νῦν γένει.
Χρ. οὐκ ἔϲθ' ὅπωϲ ὁ χρηϲμὸϲ εἰϲ τοῦτο ῥέπει,
ἀλλ' εἰϲ ἕτερόν τι μεῖζον. ἢν δ' ἡμῖν φράϲῃ
ὅϲτιϲ ποτ' ἐϲτὶν οὑτοϲὶ καὶ τοῦ χάριν
καὶ τοῦ δεόμενοϲ ἦλθε μετὰ νῷν ἐνθαδί,
πυθοίμεθ' ἂν τὸν χρηϲμὸν ἡμῶν ὅ τι νοεῖ.
Κα. ἄγε δὴ ϲὺ πότερον ϲαυτὸν ὅϲτιϲ εἶ φράϲειϲ,
ἢ τἀπὶ τούτοιϲ δρῶ; λέγειν χρὴ ταχὺ πάνυ.

ΠΛΟΥΤΟϹ

ἐγὼ μὲν οἰμώζειν λέγω ϲοι.
Κα. μανθάνειϲ
ὅϲ φηϲιν εἶναι;
Χρ. ϲοὶ λέγει τοῦτ', οὐκ ἐμοί·
ϲκαιῶϲ γὰρ αὐτοῦ καὶ χαλεπῶϲ ἐκπυνθάνει.
ἀλλ' εἴ τι χαίρειϲ ἀνδρὸϲ εὐόργου τρόποιϲ,
ἐμοὶ φράϲον.
Πλ. κλάειν ἔγωγέ ϲοι λέγω.
Κα. δέχου τὸν ἄνδρα καὶ τὸν ὄρνιν τοῦ θεοῦ.
Χρ. οὔτοι μὰ τὴν Δήμητρα χαιρήϲειϲ ἔτι.
εἰ μὴ φράϲειϲ γάρ—
Κα. ἀπό ϲ' ὀλῶ κακὸν κακῶϲ.
Χρ. ὦ τᾶν—
Πλ. ἀπαλλάχθητον ἀπ' ἐμοῦ.
Χρ. πώμαλα.
Κα. καὶ μὴν ὃ λέγω βέλτιόν ἐϲτι, δέϲποτα.

50 *γένει* Vγρ: *βίῳ* R: *ἔτει* V: *χρόνῳ* P18, cett., Vγρ 51 *τοῦτο*] *τουτὶ* VL 55 *ἡμῶν* (quod om. P18^{ac})] *ἡμῖν* Bergk 56 *πότερον* R^{ac}: *πρότερον* cett. *φράϲειϲ* R: *φράϲον* cett. 57 *ταχὺ* post *πάνυ* transp. V 58 *μὲν*] *μάκρ'* Blaydes 61 *εὐόργου* Schaefer: *εὐόρκου* codd. 62 *ἔγωγε*] *ἐγὼ καὶ* Cobet 65 *εἰ . . . φράϲειϲ*] *ἢν . . . φράϲῃϲ* A personarum vices parum certae; v. 65 ita distinxit W. G. Rutherford, qui etiam in v. 66 *ὦ τᾶν* Chremylo tribuit 67 *βέλτιόν* R: *βέλτιϲτον* cett. *ἐϲτι*] *ἐϲτ' ὦ* V: *ἐϲτιν ὦ* R

ἀπολῶ τὸν ἄνθρωπον κάκιϲτα τουτονί.
ἀναθεὶϲ γὰρ ἐπὶ κρημνόν τιν' αὐτὸν καταλιπὼν
ἄπειμ', ἵν' ἐκεῖθεν ἐκτραχηλιϲθῇ πεϲών.
Χρ. ἀλλ' αἶρε ταχέωϲ.
Πλ. μηδαμῶϲ.
Χρ. οὔκουν ἐρεῖϲ;
Πλ. ἀλλ' ἢν πύθηϲθέ μ' ὅϲτιϲ εἴμ', εὖ οἶδ' ὅτι
κακόν τί μ' ἐργάϲεϲθε κοὐκ ἀφήϲετον.
Χρ. νὴ τοὺϲ θεοὺϲ ἡμεῖϲ γ', ἐὰν βούλῃ γε ϲύ.
Πλ. μέθετόν με νυνὶ πρῶτον.
Χρ. ἤν, μεθίεμεν.
Πλ. ἀκούετον δή· δεῖ γάρ, ὡϲ ἔοικέ, με
λέγειν ἃ κρύπτειν ἦν παρεϲκευαϲμένοϲ.
ἐγὼ γάρ εἰμι Πλοῦτοϲ.
Κα. ὦ μιαρώτατε
ἀνδρῶν ἁπάντων, εἶτ' ἐϲίγαϲ Πλοῦτοϲ ὤν;
Χρ. ϲὺ Πλοῦτοϲ, οὕτωϲ ἀθλίωϲ διακείμενοϲ;
ὦ Φοῖβ' Ἄπολλον καὶ θεοὶ καὶ δαίμονεϲ
καὶ Ζεῦ, τί φήϲ; ἐκεῖνοϲ ὄντωϲ εἶ ϲύ;
Πλ. ναί.
Χρ. ἐκεῖνοϲ αὐτόϲ;
Πλ. αὐτότατοϲ.
Χρ. πόθεν οὖν, φράϲον,
αὐχμῶν βαδίζειϲ;
Πλ. ἐκ Πατροκλέουϲ ἔρχομαι,
ὃϲ οὐκ ἐλούϲατ' ἐξ ὅτουπερ ἐγένετο.
Χρ. τουτὶ δὲ τὸ κακὸν πῶϲ ἔπαθεϲ; κάτειπέ μοι.
Πλ. ὁ Ζεύϲ με ταῦτ' ἔδραϲεν ἀνθρώποιϲ φθονῶν.
ἐγὼ γὰρ ὢν μειράκιον ἠπείληϲ' ὅτι
ὡϲ τοὺϲ δικαίουϲ καὶ ϲοφοὺϲ καὶ κοϲμίουϲ

69 αὐτὸν καταλιπὼν] κᾆτ' αὐτὸν λιπὼν A: εἶτα καταλιπὼν Kidd: αὐτὸν καὶ λιπὼν Bentley   75 μέθετόν με νυνὶ Hall & Geldart: μέθετόν με νῦν V: μέθεϲθε νῦν μου cett.   77 ἦν] ᾗ L, sch. vet., Su. η 5   78b–82 personarum vices parum certae   82 καὶ] ὦ Blaydes

μόνουϲ βαδιοίμην· ὁ δέ μ' ἐποίηϲεν τυφλόν,
ἵνα μὴ διαγιγνώϲκοιμι τούτων μηδένα.
οὕτωϲ ἐκεῖνοϲ τοῖϲι χρηϲτοῖϲι φθονεῖ.
Χρ. καὶ μὴν διὰ τοὺϲ χρηϲτούϲ γε τιμᾶται μόνουϲ
καὶ τοὺϲ δικαίουϲ.
Πλ. ὁμολογῶ ϲοι.
Χρ. φέρε, τί οὖν;
εἰ πάλιν ἀναβλέψειαϲ, ὥϲπερ καὶ πρὸ τοῦ,
φεύγοιϲ ἂν ἤδη τοὺϲ πονηρούϲ;
Πλ. φήμ' ἐγώ.
Χρ. ὡϲ τοὺϲ δικαίουϲ δ' ἂν βαδίζοιϲ;
Πλ. πάνυ μὲν οὖν·
πολλοῦ γὰρ αὐτοὺϲ οὐχ ἑόρακ' ἐγὼ χρόνου.
Κα. καὶ θαῦμά γ' οὐδέν· οὐδ' ἐγὼ γὰρ ὁ βλέπων.
Πλ. ἄφετόν με νῦν· ἴϲτον γὰρ ἤδη τἀπ' ἐμοῦ.
Χρ. μὰ Δί', ἀλλὰ πολλῷ μᾶλλον ἑξόμεϲθά ϲου.
Πλ. οὐκ ἠγόρευον ὅτι παρέξειν πράγματα
ἐμέλλετόν μοι;
Χρ. καὶ ϲύ γ', ἀντιβολῶ, πιθοῦ,
καὶ μή μ' ἀπολίπηϲ· οὐ γὰρ εὑρήϲειϲ ἐμοῦ
ζητῶν ἔτ' ἄνδρα τοὺϲ τρόπουϲ βελτίονα.
Κα. μὰ τὸν Δί'· οὐ γὰρ ἔϲτιν ἄλλοϲ—πλὴν ἐγώ.
Πλ. ταυτὶ λέγουϲι πάντεϲ· ἡνίκ' ἂν δέ μου
τύχωϲ' ἀληθῶϲ καὶ γένωνται πλούϲιοι,
ἀτεχνῶϲ ὑπερβάλλουϲι τῇ μοχθηρίᾳ.
Χρ. ἔχει μὲν οὕτωϲ, εἰϲὶ δ' οὐ πάντεϲ κακοί.
Πλ. μὰ Δί', ἀλλ' ἁπαξάπαντεϲ.
Κα. οἰμώξει μακρά.
Χρ. ϲὺ δ' ὡϲ ἂν εἰδῇϲ ὅϲα, παρ' ἡμῖν ἢν μένῃϲ,

90 *ἐποίηϲεν* Thomas Magister, L: *-ηϲε* codd. vett. 98 *ἑόρακα Anecdota Oxon.* I. 445. 24, Tyrwhitt: *ἑώρακα* codd. *ἐγὼ* Meineke, duce Dawes: *πω* R: *που* VΘW9: om. cett. 99 v. Carioni tribuit Bamberg 106 v. Carioni tribuit van Leeuwen *ἐγώ*] *ἐμοῦ* V*γρ* 111a Carioni, 111b Chremylo dubitanter tribuit Tammaro *μακρά*] *μακράν* RV 112 *ϲὺ*] *ϲοὶ* Par 14, Dindorf *ἡμῖν*] *ἡμῶν* Dawes

γενήcετ᾽ ἀγαθά, πρόcεχε τὸν νοῦν ἵνα πύθῃ.
οἶμαι γάρ, οἶμαι —cὺν θεῷ δ᾽ εἰρήcεται—
ταύτηc ἀπαλλάξειν cε τῆc ὀφθαλμίαc,
βλέψαι ποιήcαc.

Πλ. μηδαμῶc τοῦτ᾽ ἐργάcῃ.
οὐ βούλομαι γὰρ πάλιν ἀναβλέψαι.

Χρ. τί φῄc;

Κα. ἄνθρωποc οὗτόc ἐcτιν ἄθλιοc φύcει.

Πλ. ὁ Ζεὺc μὲν οὖν οἶδ᾽ ὡc ἂν ἐπιτρίψειέ μ᾽ εἰ
πύθοιτο τοῦτ᾽.

Χρ. ὦ μῶρε, νῦν δ᾽ οὐ τοῦτο δρᾷ,
ὅcτιc cε προcπταίοντα περινοcτεῖν ἐᾷ;

Πλ. οὐκ οἶδ᾽· ἐγὼ δ᾽ ἐκεῖνον ὀρρωδῶ πάνυ.

Χρ. ἄληθεc, ὦ δειλότατε πάντων δαιμόνων;
οἴει γὰρ εἶναι τὴν Διὸc τυραννίδα
καὶ τοὺc κεραυνοὺc ἀξίουc τριωβόλου,
ἐὰν ἀναβλέψῃc cὺ κἂν μικρὸν χρόνον;

Πλ. ἆ, μὴ λέγ᾽, ὦ πόνηρε, ταῦτ᾽.

Χρ. ἔχ᾽ ἥcυχοc.
ἐγὼ γὰρ ἀποδείξω cε τοῦ Διὸc πολὺ
μεῖζον δυνάμενον.

Πλ. ἐμὲ cύ;

Χρ. νὴ τὸν οὐρανόν.
αὐτίκα γὰρ ἄρχει διὰ τί ὁ Ζεὺc τῶν θεῶν;

Κα. διὰ τἀργύριον· πλεῖcτον γάρ ἐcτ᾽ αὐτῷ.

Χρ. φέρε,

115 v. ut ex altera comoediae interpretatione sumptum *τῆc cυμφορᾶc ταύτηc cε* (*γε* V) *παύcειν ἥ c᾽ ἔχει* (Valckenaer: *ἧc ἔχειc* codd.) praebent sch. in RVE 118 *ἄνθρωποc* edd.: *ἄ-* codd. 119 *οἶδ᾽ ὡc* Ln3: *εἰδὼc* cett. 119–20 *ἂν . . . ὦ μῶρε* Badham: *τὰ τούτων μῶρ᾽ ἔμ᾽ εἰ* | *πύθοιτ᾽ ἂν ἐπιτρέψειc* codd. (sed *ἔπη* pro *ἔμ᾽ εἰ* codd. recc.) 121 *cε . . . ἐᾷ*] *γε . . .* ⟨*c᾽*⟩ *ἐᾷ* Blaydes 126 *ἐὰν*] *ἐάν γ᾽* L *μικρὸν*] *cμικρὸν* codd. recc. 128 fortasse *cὲ* scribendum 129 *μεῖζον*] *μείζω* R 130 *τί* codd. recc., Porson: *τίν᾽* codd. vett.

τίϲ οὖν ὁ παρέχων ἐϲτὶν αὐτῷ τοῦθ';
Κα. ὁδί.
Χρ. θύουϲι δ' αὐτῷ διὰ τίν'; οὐ διὰ τουτονί;
Κα. καὶ νὴ Δί' εὔχονταί γε πλουτεῖν ἄντικρυϲ.
Χρ. οὔκουν ὅδ' ἐϲτὶν αἴτιοϲ καὶ ῥᾳδίωϲ
παύϲει' ἄν, εἰ βούλοιτο, ταῦθ';
Πλ. ὁτιὴ τί δή;
Χρ. ὅτι οὐδ' ἂν εἷϲ θύϲειεν ἀνθρώπων ἔτι
οὐ βοῦν ἄν, οὐχὶ ψαιϲτόν, οὐκ ἄλλ' οὐδὲ ἕν,
μὴ βουλομένου ϲοῦ.
Πλ. πῶϲ;
Χρ. ὅπωϲ; οὐκ ἔϲθ' ὅπωϲ
ὠνήϲεται δήπουθεν, ἢν ϲὺ μὴ παρὼν
αὐτὸϲ διδῷϲ τἀργύριον· ὥϲτε τοῦ Διὸϲ
τὴν δύναμιν, ἢν λυπῇ τι, καταλύϲειϲ μόνοϲ.
Πλ. τί λέγειϲ; δι' ἐμὲ θύουϲιν αὐτῷ;
Χρ. φήμ' ἐγώ.
καὶ νὴ Δί' εἴ τί γ' ἐϲτὶ λαμπρὸν καὶ καλὸν
ἢ χαρίεν ἀνθρώποιϲι, διὰ ϲὲ γίγνεται.
ἅπαντα τῷ πλουτεῖν γάρ ἐϲθ' ὑπήκοα.
Κα. ἔγωγέ τοι διὰ μικρὸν ἀργυρίδιον
δοῦλοϲ γεγένημαι, πρότερον ὢν ἐλεύθεροϲ.
Χρ. καὶ τάϲ γ' ἑταίραϲ φαϲὶ τὰϲ Κορινθίαϲ,
ὅταν μὲν αὐτάϲ τιϲ πένηϲ πειρῶν τύχῃ,
οὐδὲ προϲέχειν τὸν νοῦν, ἐὰν δὲ πλούϲιοϲ,
τὸν πρωκτὸν αὐτὰϲ εὐθὺϲ ὡϲ τοῦτον τρέπειν.
Κα. καὶ τούϲ γε παῖδάϲ φαϲι ταὐτὸ τοῦτο δρᾶν,

132 αὐτῷ] αὐτὸ RA 136 παύϲει' ἂν Dindorf: παύϲειαν R: παύϲειεν cett. ταῦθ' Dindorf: ταῦτ' R: ταῦτ' ἂν cett. ὁτιὴ Dindorf: ὅτι codd. 145 χάριεν hoc accentu RKL, Su. χ 103 145–6 non post γίγνεται sed post ἅπαντα interpunxit Hirschig 146 τῷ RVs.l. AKL: τοῦ V 148 πρότερον ὢν ἐλεύθεροϲ R i.m.: διὰ τὸ μὴ πλουτεῖν ἴϲωϲ R in textu, cett., quae Pluto tribuit Dobree; eadem verba ut interpretationem ad v. 147 praebent codd. plerique 152 ὡϲ] ἐϲ R, Su. ε 3266 153 φαϲι ταὐτὸ] φαϲιν αὐτὸ R

οὐ τῶν ἐραϲτῶν, ἀλλὰ τἀργυρίου χάριν.
Χρ. οὔ τούϲ γε χρηϲτούϲ, ἀλλὰ τοὺϲ πόρνουϲ· ἐπεὶ
αἰτοῦϲιν οὐκ ἀργύριον οἱ χρηϲτοί.
Κα. τί δαί;
Χρ. ὁ μὲν ἵππον ἀγαθόν, ὁ δὲ κύναϲ θηρευτικούϲ.
Κα. αἰϲχυνόμενοι γὰρ ἀργύριον αἰτεῖν ἴϲωϲ
ὀνόματι περιπέττουϲι τὴν μοχθηρίαν.
Χρ. τέχναι δὲ πᾶϲαι διὰ ϲὲ καὶ ϲοφίϲματα
ἐν τοῖϲιν ἀνθρώποιϲίν ἐϲθ' ηὑρημένα.
ὁ μὲν γὰρ αὐτῶν ϲκυτοτομεῖ καθήμενοϲ,
ἕτεροϲ δὲ χαλκεύει τιϲ, ὁ δὲ τεκταίνεται·
ὁ δὲ χρυϲοχοεῖ γε χρυϲίον παρὰ ϲοῦ λαβών—
Κα. ὁ δὲ λωποδυτεῖ γε νὴ Δί', ὁ δὲ τοιχωρυχεῖ—
Χρ. ὁ δὲ γναφεύει γ'—
Κα. ὁ δέ γε πλύνει κῴδια—
Χρ. ὁ δὲ βυρϲοδεψεῖ γ'—
Κα. ὁ δέ γε πωλεῖ κρόμμυα—
Χρ. ὁ δ' ἁλοὺϲ γε μοιχὸϲ διὰ ϲέ που παρατίλλεται.
Πλ. οἴμοι τάλαϲ, ταυτί μ' ἐλάνθανεν πάλαι.
Κα. μέγαϲ δὲ βαϲιλεὺϲ οὐχὶ διὰ τοῦτον κομᾷ;
ἠκκληϲία δ' οὐχὶ διὰ τοῦτον γίγνεται;
Χρ. τί δαὶ τριήρειϲ; οὐ ϲὺ πληροῖϲ; εἰπέ μοι.
Κα. τὸ δ' ἐν Κορίνθῳ ξενικὸν οὐχ οὗτοϲ τρέφει;
ὁ Πάμφιλοϲ δ' οὐχὶ διὰ τοῦτον κλαύϲεται;
Χρ. ὁ βελονοπώληϲ δ' οὐχὶ μετὰ τοῦ Παμφίλου;
Κα. Ἀγύρριοϲ δ' οὐχὶ διὰ τοῦτον πέρδεται;
Χρ. Φιλέψιοϲ δ' οὐχ ἕνεκα ϲοῦ μύθουϲ λέγει;
ἡ ξυμμαχία δ' οὐ διὰ ϲὲ τοῖϲ Αἰγυπτίοιϲ;

157 θηρευτικοὺϲ RU: -ικὰϲ cett. 162 αὐτῶν] ἡμῶν V: om. R 166 γναφεύει] κναφεύει RVL, quo recepto ὁ δέ ⟨τιϲ⟩ Brunck, ὁ δὲ ⟨καὶ⟩ Holzinger 168 διὰ ... παρατίλλεται Carioni tribuit Badham που] γ' οὐ Bentley 170–9 personarum vices parum certae 171 ἠκκληϲία Brunck: ἐκκ- codd. τοῦτον] Πλοῦτον Su. ε 471 praeter cod. T 172 δαὶ RV: δὲ τὰϲ cett.: δαί; τὰϲ Su. τ 562

ἐρᾷ δὲ Ναῒϲ οὐ διὰ cὲ Φιλωνίδου;
Κα. ὁ Τιμοθέου δὲ πύργοϲ—
Χρ. ἐμπέcοι γέ cοι.
τὰ δὲ πράγματ' οὐχὶ διὰ cὲ πάντα πράττεται;
μονώτατοϲ γὰρ εἶ cὺ πάντων αἴτιοϲ
καὶ τῶν κακῶν καὶ τῶν ἀγαθῶν, εὖ ἴcθ' ὅτι.
Κα. κρατοῦcι γοῦν κἀν τοῖϲ πολέμοιϲ ἑκάcτοτε,
ἐφ' οἷϲ ἂν οὗτοϲ ἐπικαθέζηται μόνον.
Πλ. ἐγὼ τοcαῦτα δυνατόϲ εἰμ' εἷϲ ὢν ποιεῖν;
Χρ. καὶ ναὶ μὰ Δία τούτων γε πολλῷ πλείονα·
ὥcτ' οὐδὲ μεcτόϲ cου γέγον' οὐδεὶϲ πώποτε.
τῶν μὲν γὰρ ἄλλων ἐcτὶ πάντων πληcμονή,
ἔρωτοϲ—
Κα. ἄρτων—
Χρ. μουcικῆϲ—
Κα. τραγημάτων—
Χρ. τιμῆϲ—
Κα. πλακούντων—
Χρ. ἀνδραγαθίαϲ—
Κα. ἰcχάδων—
Χρ. φιλοτιμίαϲ—
Κα. μάζηϲ—
Χρ. cτρατηγίαϲ—
Κα. φακῆϲ—
Χρ. cοῦ δ' ἐγένετ' οὐδεὶϲ μεcτὸϲ οὐδεπώποτε.
ἀλλ' ἢν τάλαντά τιϲ λάβῃ τριακαίδεκα,
πολὺ μᾶλλον ἐπιθυμεῖ λαβεῖν ἑκκαίδεκα·

179 Ναῒϲ Athenaeus 592 CD, cf. Su. ν 16, Harpocr. ν 1: Λαῒϲ codd. 180 verba ἐμπέcοι γέ cοι Pluto tribuit Meineke 181 πράττεται] γίνεται V 185 οὗτοϲ] αὐτὸϲ V, Su. ε 2347 praeter cod. T μόνον R: μόνοϲ cett., Su.: μόνοι von Velsen 186 τοcαῦτα] τοcαυτὶ V 188 μεcτόϲ cου RVAKL: μεcτὸϲ cοῦ U γέγον' AKL: γέγονεν cett. v. del. van Herwerden

κἂν ταῦθ’ ἀνύϲη⟨ται⟩, τετταράκοντα βούλεται,
ἢ φηϲιν οὐκ εἶναι βιωτὸν τὸν βίον.
Πλ. εὖ τοι λέγειν ἔμοιγε φαίνεϲθον πάνυ·
πλὴν ἓν μόνον δέδοικα.
Χρ. φράζε, τοῦ πέρι;
Πλ. ὅπωϲ ἐγὼ τὴν δύναμιν, ἣν ὑμεῖϲ φατε
ἔχειν με, ταύτηϲ δεϲπότηϲ γενήϲομαι.
Χρ. νὴ τὸν *Δί’*, ἀλλὰ καὶ λέγουϲι πάντεϲ ὡϲ
δειλότατόν ἐϲθ’ ὁ πλοῦτοϲ.
Πλ. ἥκιϲτ’, ἀλλά με
τοιχωρύχοϲ τιϲ διέβαλ’. εἰϲδὺϲ γάρ ποτε
οὐκ εἶχεν εἰϲ τὴν οἰκίαν οὐδὲν λαβεῖν,
εὑρὼν ἁπαξάπαντα κατακεκλῃμένα·
εἶτ’ ὠνόμαϲέ μου τὴν πρόνοιαν δειλίαν.
Χρ. μή νυν μελέτω ϲοι μηδέν· ὡϲ ἐὰν γένῃ
ἀνὴρ πρόθυμοϲ εὐθὺϲ εἰϲ τὰ πράγματα,
βλέποντ’ ἀποδείξω ϲ’ ὀξύτερον τοῦ Λυγκέωϲ.
Πλ. πῶϲ οὖν δυνήϲει τοῦτο δρᾶϲαι θνητὸϲ ὤν;
Χρ. ἔχω τιν’ ἀγαθὴν ἐλπίδ’ ἐξ ὧν εἶπέ μοι
ὁ Φοῖβοϲ αὐτὸϲ Πυθικὴν ϲείϲαϲ δάφνην.
Πλ. κἀκεῖνοϲ οὖν ξύνοιδε ταῦτα;
Χρ. φήμ’ ἐγώ.
Πλ. ὁρᾶτε—
Χρ. μὴ φρόντιζε μηδέν, ὦγαθέ.
ἐγὼ γάρ, εὖ τοῦτ’ ἴϲθι, κἂν δῇ μ’ ἀποθανεῖν,
αὐτὸϲ διαπράξω ταῦτα.
Κα. κἂν βούλῃ γ’, ἐγώ.

196 κἂν Brunck: κἢν codd. ταῦθ’ R: ταῦτ’ cett. ἀνύϲηται Dawes: ἀνύϲῃ codd., Olympiodorus in Plat. *Alc.* I 50.22: ἀνύϲῃ ⟨τιϲ⟩ Reisig 197 οὐκ εἶναι βιωτὸν] ἀβίωτον A post βιωτὸν add. αὐτῷ codd. vett.: om. L, del. Bentley: εἶν’ ἀβίωτον αὐτῷ Hall & Geldart 199 φράζε] φράϲον V 203 δειλότατόν VL: -όϲ cett. 205 εἰϲ τὴν οἰκίαν] ἐκ τῆϲ οἰκίαϲ Bothe: v. del. van Herwerden 206 κατακεκλῃμένα Dindorf: -είμενα RU: -ειϲμένα fere cett. 208 νυν Cobet: νῦν codd. 209 εὐθὺϲ Wilson: αὐτὸϲ codd. 216 κἂν RKL: κεἰ A: καὶ V δῇ ed. Neobariana (1540): δεῖ codd.: χρῇ Cobet

Χρ. πολλοὶ δ' ἔσονται χἄτεροι νῷν ξύμμαχοι,
ὅσοις δικαίοις οὖσιν οὐκ ἦν ἄλφιτα.
Πλ. παπαῖ, πονήρους γ' εἶπας ἡμῖν συμμάχους.
Χρ. οὔκ, ἤν γε πλουτήσωσιν ἐξ ἀρχῆς πάλιν.
ἀλλ' ἴθι σὺ μὲν ταχέως δραμών—
Κα. τί δρῶ; λέγε.
Χρ. τοὺς ξυγγεώργους κάλεσον—εὑρήσεις δ' ἴσως
ἐν τοῖς ἀγροῖς αὐτοὺς ταλαιπωρουμένους—
ὅπως ἂν ἴσον ἕκαστος ἐνταυθοῖ παρὼν
ἡμῖν μετάσχῃ τοῦδε τοῦ Πλούτου μέρος.
Κα. καὶ δὴ βαδίζω· τουτοδὶ τὸ κρεᾴδιον
τῶν ἔνδοθέν τις εἰσενεγκάτω λαβών.
Χρ. ἐμοὶ μελήσει τοῦτό γ'· ἀλλ' ἁνύσας τρέχε.
σὺ δ', ὦ κράτιστε Πλοῦτε πάντων δαιμόνων,
εἴσω μετ' ἐμοῦ δεῦρ' εἴσιθ'· ἡ γὰρ οἰκία
αὕτη 'στὶν ἣν δεῖ χρημάτων σε τήμερον
μεστὴν ποιῆσαι καὶ δικαίως κἀδίκως.
Πλ. ἀλλ' ἄχθομαι μὲν εἰσιὼν νὴ τοὺς θεοὺς
εἰς οἰκίαν ἑκάστοτ' ἀλλοτρίαν πάνυ·
ἀγαθὸν γὰρ ἀπέλαυσ' οὐδὲν αὐτοῦ πώποτε.
ἢν μὲν γὰρ ὡς φειδωλὸν εἰσελθὼν τύχω,
εὐθὺς κατώρυξέν με κατὰ τῆς γῆς κάτω·
κἄν τις προσέλθῃ χρηστὸς ἄνθρωπος φίλος
αἰτῶν λαβεῖν τι μικρὸν ἀργυρίδιον,
ἔξαρνός ἐστι μηδ' ἰδεῖν με πώποτε.
ἢν δ' ὡς παραπλῆγ' ἄνθρωπον εἰσελθὼν τύχω,
πόρναισι καὶ κύβοισι παραβεβλημένος
γυμνὸς θύραζ' ἐξέπεσον ἐν ἀκαρεῖ χρόνῳ.
Χρ. μετρίου γὰρ ἀνδρὸς οὐκ ἐπέτυχες πώποτε.

219 ἦν] ἐστ' Cobet   220 πονήρους hoc accentu RVA^{pc}KL, Su. π 2041   227 τουτοδὶ Dobree: τουτοδὴ R: τοῦτο δὴ V: τοῦτο δὲ AKL   228 λαβὼν] παρὼν V   231 ἐμοῦ] ἐμὲ R   237 ὡς codd. recc., ed. Iuntina (1525): εἰς codd. vett., L   240 μικρὸν] σμικρὸν V   242 ὡς] εἰς V, Su. π 415   244 χρόνῳ] χρόνου *Et. Magn.* 45.26, cf. Luc. *Tim.* 3, Alciphr. *Epp.* 3.56 (3.20 B.–F.)

ἐγὼ δὲ τούτου τοῦ τρόπου πώϲ εἰμ' ἀεί·
χαίρω τε γὰρ φειδόμενοϲ ὡϲ οὐδεὶϲ ἀνὴρ
πάλιν τ' ἀναλῶν, ἡνίκ' ἂν τούτου δέῃ.
ἀλλ' εἰϲίωμεν, ὡϲ ἰδεῖν ϲε βούλομαι
καὶ τὴν γυναῖκα καὶ τὸν υἱὸν τὸν μόνον,
ὃν ἐγὼ φιλῶ μάλιϲτα μετὰ ϲέ.
Πλ. πείθομαι.
Χρ. τί γὰρ ἄν τιϲ οὐχὶ πρὸϲ ϲὲ τἀληθῆ λέγοι;
Κα. ὦ πολλὰ δὴ τῷ δεϲπότῃ ταὐτὸν θύμον φαγόντεϲ,
ἄνδρεϲ φίλοι καὶ δημόται καὶ τοῦ πονεῖν ἐραϲταί,
ἴτ', ἐγκονεῖτε, ϲπεύδεθ'· ὡϲ ὁ καιρὸϲ οὐχὶ μέλλειν,
ἀλλ' ἔϲτ' ἐπ' αὐτῆϲ τῆϲ ἀκμῆϲ, ᾗ δεῖ παρόντ' ἀμύνειν.

ΧΟΡΟϹ

οὔκουν ὁρᾷϲ ὁρμωμένουϲ ἡμᾶϲ πάλαι προθύμωϲ,
ὡϲ εἰκόϲ ἐϲτιν ἀϲθενεῖϲ γέρονταϲ ἄνδραϲ ἤδη;
ϲὺ δ' ἀξιοῖϲ ἴϲωϲ με θεῖν, πρὶν ταῦτα καὶ φράϲαι μοι,
ὅτου χάριν μ' ὁ δεϲπότηϲ ὁ ϲὸϲ κέκληκε δεῦρο.
Κα. οὔκουν πάλαι δήπου λέγω; ϲὺ δ' αὐτὸϲ οὐκ ἀκούειϲ;
ὁ δεϲπότηϲ γάρ φηϲιν ὑμᾶϲ ἡδέωϲ ἅπανταϲ
ψυχροῦ βίου καὶ δυϲκόλου ζήϲειν ἀπαλλαγένταϲ.
Χο. ὦ χρυϲὸν ἀγγείλαϲ ἐπῶν, πῶϲ φῄϲ; πάλιν φράϲον μοι.
δηλοῖϲ γὰρ αὐτὸν ϲωρὸν ἥκειν χρημάτων ἔχοντα.
Κα. πρεϲβυτικῶν μὲν οὖν κακῶν ἔγωγ' ἔχοντα ϲωρόν.
Χο. ἔϲτιν δὲ δὴ τί καὶ πόθεν τὸ πρᾶγμα τοῦθ' ὅ φηϲιν;
Κα. ἔχων ἀφῖκται δεῦρο πρεϲβύτην τιν', ὦ πόνηροι,
ῥυπῶντα, κυφόν, ἄθλιον, ῥυϲόν, μαδῶντα, νωδόν·

253 ταὐτὸν θύμον] ταὐτοῦ θύμου Blaydes 255 μέλλειν] μέλλει Meineke 256 παρόντ' V: παρόνταϲ cett. 257 οὔκουν Bergler: οὐκοῦν codd. 259 πρὶν ταῦτα καὶ] καὶ ταῦτα πρὶν Reiske 260 μ' ὁ RV: χ' ὦ A: γ' ὁ L κέκληκε δεῦρο RV: κέκληκεν ἡμᾶϲ AKL 261 οὔκουν Brunck: οὐκοῦν codd. δήπου] δή ϲοι Blaydes 265 πόνηροι hoc accentu RVKL 268–70 post 263 transp. Richards: an melius tantum 268? 266 μαδῶντα] μυδῶντα v.l. ap. sch. rec.

οἶμαι δὲ νὴ τὸν οὐρανὸν καὶ ψωλὸν αὐτὸν εἶναι.
Χο. μῶν ἀξιοῖϲ φενακίϲαϲ ἔπειτ᾽ ἀπαλλαγῆναι
ἀζήμιοϲ, καὶ ταῦτ᾽ ἐμοῦ βακτηρίαν ἔχοντοϲ;
Κα. πάντωϲ γὰρ ἄνθρωπον φύϲει τοιοῦτον εἰϲ τὰ πάντα
ἡγεῖϲθέ μ᾽ εἶναι κοὐδὲν ἂν νομίζεθ᾽ ὑγιὲϲ εἰπεῖν;
Χο. ὡϲ ϲεμνὸϲ οὑπίτριπτοϲ· αἱ κνῆμαι δέ ϲου βοῶϲιν
"ἰοὺ ἰού," τὰϲ χοίνικαϲ καὶ τὰϲ πέδαϲ ποθοῦϲαι.
Κα. ἐν τῇ ϲορῷ νυνὶ λαχὸν τὸ γράμμα ϲου δικάζει,
ϲὺ δ᾽ οὐ βαδίζειϲ, ὁ δὲ Χάρων τὸ ξύμβολον δίδωϲιν.
Χο. διαρραγείηϲ, ὡϲ μόθων εἶ καὶ φύϲει κόβαλοϲ,
ὅϲτιϲ φενακίζειϲ, φράϲαι δ᾽ οὔπω τέτληκαϲ ἡμῖν,
οἳ πολλὰ μοχθήϲαντεϲ, οὐκ οὔϲηϲ ϲχολῆϲ, προθύμωϲ
δεῦρ᾽ ἤλθομεν, πολλῶν θύμων ῥίζαϲ διεκπερῶντεϲ.
Κα. ἀλλ᾽ οὐκέτ᾽ ἂν κρύψαιμι. τὸν Πλοῦτον γάρ, ὦνδρεϲ, ἥκει
ἄγων ὁ δεϲπότηϲ, ὃϲ ὑμᾶϲ πλουϲίουϲ ποιήϲει.
Χο. ὄντωϲ γὰρ ἔϲτι πλουϲίοιϲ ἅπαϲιν ἡμῖν εἶναι;
Κα. νὴ τοὺϲ θεοὺϲ Μίδαιϲ μὲν οὖν, ἢν ὦτ᾽ ὄνου λάβητε.
Χο. ὡϲ ἥδομαι καὶ τέρπομαι καὶ βούλομαι χορεῦϲαι
ὑφ᾽ ἡδονῆϲ, εἴπερ λέγειϲ ὄντωϲ ϲὺ ταῦτ᾽ ἀληθῆ.

Κα. καὶ μὴν ἐγὼ βουλήϲομαι—θρεττανελο—τὸν Κύκλωπα
μιμούμενοϲ καὶ τοῖν ποδοῖν ὡδὶ παρενϲαλεύων
ὑμᾶϲ ἄγειν. ἀλλ᾽ εἶα, τέκεα, θαμίν᾽ ἐπαναβοῶντεϲ
βληχωμένων τε προβατίων
αἰγῶν τε κιναβρώντων μέλη
ἕπεϲθ᾽ ἀπεψωλημένοι· τράγοι δ᾽ ἀκρατιεῖϲθε.

271 ἔπειτ᾽ Bergk: ἡμᾶϲ ἔπειτ᾽ V: ἡμᾶϲ cett.: μ᾽ ἔπειτ᾽ Meineke 277 δικάζει R^{pc}: δικάζειν cett. post v. 280 iterant v. 260 codd. praeter RV (sed hic κέκληκε δεῦρο praebet K) 285 ἄγων] φέρων V ὑμᾶϲ] ἡμᾶϲ RL 286 ἡμῖν ante ἅπαϲιν traiecit V 287 Μίδαιϲ Kuster: Μίδαϲ codd. 289 ὄντωϲ om. RV 293 βληχωμένων Bergk (cf. βληχώντων ap. Thom. Mag. *Ecl.* 311.7): -μενοι codd., Su. β 366

Χο. ἡμεῖc δέ γ' αὖ ζητήcομεν—θρεττανελο—τὸν Κύκλωπα
βληχώμενοι, cὲ τουτονὶ πεινῶντα καταλαβόντεc,
πήραν ἔχοντα λάχανά τ' ἄγρια δροcερά, κραιπαλῶντα,
ἡγούμενον τοῖc προβατίοιc,
εἰκῇ δὲ καταδαρθόντα που,
μέγαν λαβόντεc ἡμμένον cφηκίcκον ἐκτυφλῶcαι.

Κα. ἐγὼ δὲ τὴν Κίρκην γε τὴν τὰ φάρμακ' ἀνακυκῶcαν,
ἣ τοὺc ἑταίρουc τοῦ Φιλωνίδου ποτ' ἐν Κορίνθῳ
ἔπειcεν ὡc ὄνταc κάπρουc
μεμαγμένον cκῶρ ἐcθίειν, αὐτὴ δ' ἔματτεν αὐτοῖc,
μιμήcομαι πάνταc τρόπουc·
ὑμεῖc δὲ γρυλίζοντεc ὑπὸ φιληδίαc
ἕπεcθε μητρὶ χοῖροι.

Χο. οὐκοῦν cέ, τὴν Κίρκην γε, τὴν τὰ φάρμακ' ἀνακυκῶcαν
καὶ μαγγανεύουcαν μολύνουcάν τε τοὺc ἑταίρουc
λαβόντεc ὑπὸ φιληδίαc
τὸν Λαρτίου μιμούμενοι τῶν ὄρχεων κρεμῶμεν,
μινθώcομέν θ' ὥcπερ τράγου
τὴν ῥῖνα· cὺ δ' Ἀρίcτυλλοc ὑποχάcκων ἐρεῖc,
"ἕπεcθε μητρὶ χοῖροι."

Κα. ἀλλ' εἶά νυν τῶν cκωμμάτων ἀπαλλαγέντεc ἤδη
ὑμεῖc ἐπ' ἄλλ' εἶδοc τρέπεcθ',
ἐγὼ δ' ἰὼν ἤδη λάθρᾳ
βουλήcομαι τοῦ δεcπότου
λαβών τιν' ἄρτον καὶ κρέαc
μαcώμενοc τὸ λοιπὸν οὕτω τῷ κόπῳ ξυνεῖναι.

297 *πεινῶντα*] *πινῶντα* codd. recc., Brunck 300 *καταδαρθόντα* Porson: *-θέντα* codd. 301 *ἡμμένον* om. RV 303 *τοῦ*] *τοὺc* Blaydes 307 *γρυλίζοντεc* V: *γρυλλ-* cett. 311 *λαβόντεc* RL: *ἣν λάβωμεν* VAK 312 *Λαρτίου*] *Λαερτίου* RVK 316 *ἀλλ'* AL: *ἄγ'* V: om. R 318 *ἤδη*] *εἴcω* Bamberg post 321 praebent *ΧΟΡΟΥ* VK, om. cett.

ΧΟΡΟΥ

Χρ. “χαίρειν” μὲν ὑμᾶϲ ἐϲτιν, ὦνδρεϲ δημόται,
ἀρχαῖον ἤδη προϲαγορεύειν καὶ ϲαπρόν·
ἀϲπάζομαι δ’ ὁτιὴ προθύμωϲ ἥκετε
καὶ ϲυντεταμένωϲ κοὐ κατεβλακευμένωϲ.
ὅπωϲ δέ μοι καὶ τἄλλα ϲυμπαραϲτάται
ἔϲεϲθε καὶ ϲωτῆρεϲ ὄντωϲ τοῦ θεοῦ.
Χο. θάρρει· βλέπειν γὰρ ἄντικρυϲ δόξειϲ μ’ Ἄρη.
δεινὸν γὰρ εἰ τριωβόλου μὲν εἵνεκα
ὠϲτιζόμεϲθ’ ἑκάϲτοτ’ ἐν τἠκκληϲίᾳ,
αὐτὸν δὲ τὸν Πλοῦτον παρείην τῳ λαβεῖν.
Χρ. καὶ μὴν ὁρῶ καὶ Βλεψίδημον τουτονὶ
προϲιόντα· δῆλοϲ δ’ ἐϲτὶν ὅτι τοῦ πράγματοϲ
ἀκήκοέν τι τῇ βαδίϲει καὶ τῷ τάχει.

ΒΛΕΨΙΔΗΜΟϹ

τί ἂν οὖν τὸ πρᾶγμ’ εἴη; πόθεν καὶ τίνι τρόπῳ
Χρεμύλοϲ πεπλούτηκ’ ἐξαπίνηϲ; οὐ πείθομαι.
καίτοι λόγοϲ γ’ ἦν νὴ τὸν Ἡρακλέα πολὺϲ
ἐπὶ τοῖϲι κουρείοιϲι τῶν καθημένων,
ὡϲ ἐξαπίνηϲ ἁνὴρ γεγένηται πλούϲιοϲ.
ἔϲτιν δέ μοι τοῦτ’ αὐτὸ θαυμαϲτόν ⟨γ’⟩, ὅπωϲ
χρηϲτόν τι πράττων τοὺϲ φίλουϲ μεταπέμπεται.
οὔκουν ἐπιχώριόν γε πρᾶγμ’ ἐργάζεται.
Χρ. ἀλλ’ οὐδὲν ἀποκρύψαϲ ἐρῶ· νὴ τοὺϲ θεούϲ,
ὦ Βλεψίδημ’, ἄμεινον ἢ χθὲϲ πράττομεν,
ὥϲτε μετέχειν ἔξεϲτιν· εἶ γὰρ τῶν φίλων.
Βλ. γέγοναϲ δ’ ἀληθῶϲ, ὡϲ λέγουϲι, πλούϲιοϲ;
Χρ. ἔϲομαι μὲν οὖν αὐτίκα μάλ’, ἢν θεὸϲ θέλῃ.
ἔνι γάρ τιϲ, ἔνι κίνδυνοϲ ἐν τῷ πράγματι.

325 ϲυντεταμένωϲ] -αγμένωϲ RVK, Su. ϲ 1635 329 οὕνεκα] εἵνεκα RV: ἕνεκα Su. ω 247, τ 998 335 πόθεν KL: καὶ πόθεν cett. vett. 340 θαυμαϲτόν] θαυμάϲιον V suppl. L 342 γε V: γε τι R: τι AKL: τὸ U 343 νὴ RV: μὰ cett. 345 ἔξεϲτιν] ϲοὔϲτιν Blaydes 348 alterum ἔνι] ἔτι van Herwerden

Βλ. ποῖόϲ τιϲ;
Χρ. οἷοϲ—
Βλ. λέγ' ἀνύϲαϲ ὅ τι φῄϲ ποτε.
Χρ. ἢν μὲν κατορθώϲωμεν, εὖ πράττειν ἀεί·
ἢν δὲ ϲφαλῶμεν, ἐπιτετρῖφθαι τὸ παράπαν.
Βλ. τουτὶ πονηρὸν φαίνεται τὸ φορτίον,
καί μ' οὐκ ἀρέϲκει. τοτὲ γὰρ ἐξαίφνηϲ ἄγαν
οὕτωϲ ὑπερπλουτεῖν, τοτὲ δ' αὖ δεδοικέναι
πρὸϲ ἀνδρὸϲ οὐδὲν ὑγιὲϲ ἐϲτ' εἰργαϲμένου.
Χρ. πῶϲ οὐδὲν ὑγιέϲ;
Βλ. εἴ τι κεκλοφὼϲ νὴ Δία
ἐκεῖθεν ἥκειϲ ἀργύριον ἢ χρυϲίον
παρὰ τοῦ θεοῦ, κἄπειτ' ἴϲωϲ ϲοι μεταμέλει.
Χρ. Ἄπολλον ἀποτρόπαιε, μὰ Δί' ἐγὼ μὲν οὔ.
Βλ. παῦϲαι φλυαρῶν, ὦγάθ'· οἶδα γὰρ ϲαφῶϲ.
Χρ. ϲὺ μηδὲν εἰϲ ἔμ' ὑπονόει τοιοῦτο.
Βλ. φεῦ,
ὡϲ οὐδὲν ἀτεχνῶϲ ὑγιέϲ ἐϲτιν οὐδενόϲ,
ἀλλ' εἰϲὶ τοῦ κέρδουϲ ἅπαντεϲ ἥττονεϲ.
Χρ. οὔτοι μὰ τὴν Δήμητρ' ὑγιαίνειν μοι δοκεῖϲ.
Βλ. ὡϲ πολὺ μεθέϲτηχ' ὧν πρότερον εἶχεν τρόπων.
Χρ. μελαγχολᾷϲ, ὤνθρωπε, νὴ τὸν οὐρανόν.
Βλ. ἀλλ' οὐδὲ τὸ βλέμμ' αὐτὸ κατὰ χώραν ἔχει,
ἀλλ' ἐϲτὶν ἐπιδηλοῦν τι πεπανουργηκότοϲ.
Χρ. ϲὺ μὲν οἶδ' ὃ κρώζειϲ· ὡϲ ἐμοῦ τι κεκλοφότοϲ
ζητεῖϲ μεταλαβεῖν.
Βλ. μεταλαβεῖν ζητῶ; τίνοϲ;
Χρ. τὸ δ' ἐϲτὶν οὐ τοιοῦτον, ἀλλ' ἑτέρωϲ ἔχον.

352 *φορτίον*] *φροιμίον* C. F. Hermann 353 *τοτὲ* Meineke: *τότε* vel *τό τε* codd. 354 *τοτὲ δ'* R: *τό τ'* cett. 361 *τοιοῦτο*] *τοιοῦτον* R^{ac}K s.l., unde *τοιουτονί* Porson, *φεῦ* extra metrum ante v. 362 posito 365 *εἶχεν* Brunck: *εἶχεϲ* R: *εἶχε* cett. 366 *ὤνθρωπε* RKL: *ἄν-* VA 367 *ἔχει*] *ἔχειϲ* RV: *μένει* Vγρ 368 *πεπανουργηκότοϲ* Valckenaer: *-γευκότι* R: *-γηκότι* cett. 369 *ϲὺ*] *ϲὲ* Elmsley

Βλ. μῶν οὐ κέκλοφας ἀλλ' ἥρπακας;
Χρ. κακοδαιμονᾷς.
Βλ. ἀλλ' οὐδὲ μὴν ἀπεστέρηκάς γ' οὐδένα;
Χρ. οὐ δῆτ' ἔγωγ'.
Βλ. ὦ Ἡράκλεις, φέρε ποῖ τις ἂν
τράποιτο; τἀληθὲς γὰρ οὐκ ἐθέλεις φράσαι.
Χρ. κατηγορεῖς γὰρ πρὶν μαθεῖν τὸ πρᾶγμά μου.
Βλ. ὦ τᾶν, ἐγώ σοι τοῦτ' ἀπὸ σμικροῦ πάνυ
ἐθέλω διαπρᾶξαι πρὶν πυθέσθαι τὴν πόλιν,
τὸ στόμ' ἐπιβύσας κέρμασιν τῶν ῥητόρων.
Χρ. καὶ μὴν φίλως γ' ἄν μοι δοκεῖς, νὴ τοὺς θεούς,
τρεῖς μνᾶς ἀναλώσας λογίσασθαι δώδεκα.
Βλ. ὁρῶ τιν' ἐπὶ τοῦ βήματος καθεδούμενον
ἱκετηρίαν ἔχοντα μετὰ τῶν παιδίων
καὶ τῆς γυναικός, κοὐ διοίσοντ' ἄντικρυς
τῶν Ἡρακλειδῶν οὐδ' ὁτιοῦν—τῶν Παμφίλου.
Χρ. οὔκ, ὦ κακόδαιμον, ἀλλὰ τοὺς χρηστοὺς μόνους
ἔγωγε καὶ τοὺς δεξιοὺς καὶ σώφρονας
ἀπαρτὶ πλουτῆσαι ποιήσω.
Βλ. τί σὺ λέγεις;
οὕτω πάνυ πολλὰ κέκλοφας;
Χρ. οἴμοι τῶν κακῶν,
ἀπολεῖς.
Βλ. σὺ μὲν οὖν σεαυτόν, ὥς γ' ἐμοὶ δοκεῖς.
Χρ. οὐ δῆτ', ἐπειδὴ Πλοῦτον, ὦ μόχθηρε σύ,
ἔχω.
Βλ. σὺ Πλοῦτον; ποῖον;
Χρ. αὐτὸν τὸν θεόν.

374 ἂν Vbg1 teste Invernizi, Kuster: οὖν cett. 375 ἐθέλεις] -ει K 377 τοῦτ'] ταῦτ' V 380 δοκεῖς AU: -ῇς RVKL: -οῖς recc. 387 δεξιοὺς] δικαίους R 391 ἐπειδὴ Blaydes: ἐπειδὴ τὸν RV^{pc}: ἐπεὶ τὸν V^{ac}AKL

Βλ. καὶ ποῦ ʼϲτιν;
Χρ. ἔνδον.
Βλ. ποῦ;
Χρ. παρʼ ἐμοί.
Βλ. παρὰ ϲοί;
Χρ. πάνυ.
Βλ. οὐκ ἐϲ κόρακαϲ; Πλοῦτοϲ παρὰ ϲοί;
Χρ. νὴ τοὺϲ θεούϲ.
Βλ. λέγειϲ ἀληθῆ;
Χρ. φημί.
Βλ. πρὸϲ τῆϲ Ἑϲτίαϲ;
Χρ. νὴ τὸν Ποϲειδῶ.
Βλ. τὸν θαλάττιον λέγειϲ;
Χρ. εἰ δʼ ἔϲτιν ἕτερόϲ τιϲ Ποϲειδῶν, τὸν ἕτερον.
Βλ. εἶτʼ οὐ διαπέμπειϲ καὶ πρὸϲ ἡμᾶϲ τοὺϲ φίλουϲ;
Χρ. οὐκ ἔϲτι πω τὰ πράγματʼ ἐν τούτῳ.
Βλ. τί φῄϲ;
οὐ τῷ μεταδοῦναι;
Χρ. μὰ Δία· δεῖ γὰρ πρῶτα—
Βλ. τί;
Χρ. βλέψαι ποιῆϲαι νῷν—
Βλ. τίνα βλέψαι; φράϲον.
Χρ. τὸν Πλοῦτον, ὥϲπερ πρότερον, ἑνί γέ τῳ τρόπῳ.
Βλ. τυφλὸϲ γὰρ ὄντωϲ ἐϲτί;
Χρ. νὴ τὸν οὐρανόν.
Βλ. οὐκ ἐτὸϲ ἄρʼ ὡϲ ἔμʼ ἦλθεν οὐδεπώποτε.
Χρ. ἀλλʼ ἢν θεοὶ θέλωϲι, νῦν ἀφίξεται.
Βλ. οὔκουν ἰατρὸν εἰϲαγαγεῖν ἐχρῆν τινά;
Χρ. τίϲ δῆτʼ ἰατρόϲ ἐϲτι νῦν ἐν τῇ πόλει;
οὔτε γὰρ ὁ μιϲθὸϲ οὐδέν ἐϲτʼ οὔθʼ ἡ τέχνη.

396 *θαλάττιον*] *Βοιώτιον* V*γρ* 397 post *ἕτερον* add. *λέγω* codd. vett.; om. L, ubi haec vox glossa est 400 *οὐ τῷ*] *οὔπω* Bothii amicus 401 *νῷν*] *νῶϊν* R (ut videtur), V, K (ut videtur): *νώ* cett., Su. *ν* 526 406 *εἰϲαγαγεῖν*] *εἰϲάγειν* V

Βλ. ϲκοπῶμεν.
Χρ. ἀλλ' οὐκ ἔϲτιν.
Βλ. οὐδ' ἐμοὶ δοκεῖ.
Χρ. μὰ Δί', ἀλλ' ὅπερ πάλαι παρεϲκευαζόμην
ἐγώ, κατακλίνειν αὐτὸν εἰϲ Ἀϲκληπιοῦ
κράτιϲτόν ἐϲτι.
Βλ. πολὺ μὲν οὖν, νὴ τοὺϲ θεούϲ.
μή νυν διάτριβ', ἀλλ' ἄνυε πράττων ἕν γέ τι.
Χρ. καὶ δὴ βαδίζω.
Βλ. ϲπεῦδέ νυν.
Χρ. τοῦτ' αὐτὸ δρῶ.

ΠΕΝΙΑ

ὦ θερμὸν ἔργον κἀνόϲιον καὶ παράνομον
τολμῶντε δρᾶν ἀνθρωπαρίω κακοδαίμονε—
ποῖ ποῖ; τί φεύγετον; οὐ μενεῖτον;
Βλ. Ἡράκλειϲ.
Πε. ἐγὼ γὰρ ὑμᾶϲ ἐξολῶ κακοὺϲ κακῶϲ·
τόλμημα γὰρ τολμᾶτον οὐκ ἀναϲχετόν,
ἀλλ' οἷον οὐδεὶϲ ἄλλοϲ οὐδεπώποτε
οὔτε θεὸϲ οὔτ' ἄνθρωποϲ· ὥϲτ' ἀπολώλατον.
Χρ. ϲὺ δ' εἶ τίϲ ⟨ὦ γραῦ;⟩ γραῦϲ γὰρ εἶναί μοι δοκεῖϲ.
Βλ. ἴϲωϲ Ἐρινύϲ ἐϲτιν ἐκ τραγῳδίαϲ·
βλέπει γέ τοι μανικόν τι καὶ τραγῳδικόν.
Χρ. ἀλλ' οὐκ ἔχει γὰρ δᾷδαϲ.
Βλ. οὐκοῦν κλαύϲεται.
Πε. οἴεϲθε δ' εἶναι τίνα με;
Χρ. πανδοκεύτριαν
ἢ λεκιθόπωλιν. οὐ γὰρ ἂν τοϲουτονὶ
ἀνέκραγεϲ ἡμῖν οὐδὲν ἠδικημένη.
Πε. ἄληθεϲ; οὐ γὰρ δεινότατα δεδράκατον

411 κατακλίνειν v.l. ap. L, Caninius: -κλινεῖν cett. 414 δὴ] μὴν R
422 suppl. Bamberg γραῦϲ Jackson: ὠχρὰ μὲν RKL: ὠχρὰ cett.
428 ἀνέκραγεϲ R: ἀνακέκραγεϲ V: ἐνέκραγεϲ cett. οὐδὲν] μηδὲν V

ζητοῦντεϲ ἐκ πάϲηϲ με χώραϲ ἐκβαλεῖν;
Χρ. οὔκουν ὑπόλοιπόν ϲοι τὸ βάραθρον γίγνεται;
ἀλλ’ ἥτιϲ εἶ λέγειν ϲ’ ἐχρῆν αὐτίκα μάλα.
Πε. ἣ ϲφὼ ποιήϲω τήμερον δοῦναι δίκην
ἀνθ’ ὧν ἐμὲ ζητεῖτον ἐνθένδ’ ἀφανίϲαι.
Βλ. ἆρ’ ἐϲτὶν ἡ καπηλὶϲ ἡ ’κ τῶν γειτόνων,
ἣ ταῖϲ κοτύλαιϲ ἀεί με διαλυμαίνεται;
Πε. Πενία μὲν οὖν, ἣ ϲφῷν ξυνοικῶ πόλλ’ ἔτη.
Βλ. ἄναξ Ἄπολλον καὶ θεοί, ποῖ τιϲ φύγῃ;
Χρ. οὗτοϲ, τί δρᾷϲ; ὦ δειλότατον ϲὺ θηρίον,
οὐ παραμενεῖϲ;
Βλ. ἥκιϲτα πάντων.
Χρ. οὐ μενεῖϲ;
ἀλλ’ ἄνδρε δύο γυναῖκα φεύγομεν μίαν;
Βλ. Πενία γάρ ἐϲτιν, ὦ πόνηρ’, ἧϲ οὐδαμοῦ
οὐδὲν πέφυκε ζῷον ἐξωλέϲτερον.
Χρ. ϲτῆθ’, ἀντιβολῶ ϲε, ϲτῆθι.
Βλ. μὰ Δί’ ἐγὼ μὲν οὔ.
Χρ. καὶ μὴν λέγω, δεινότατον ἔργον παρὰ πολὺ
ἔργων ἁπάντων ἐργαϲόμεθ’, εἰ τὸν θεὸν
ἔρημον ἀπολιπόντε ποι φευξούμεθα
τηνδὶ δεδιότε, μηδὲ διαμαχούμεθα.
Βλ. ποίοιϲ ὅπλοιϲιν ἢ δυνάμει πεποιθότεϲ;
ποῖον γὰρ οὐ θώρακα, ποίαν δ’ ἀϲπίδα
οὐκ ἐνέχυρον τίθηϲιν ἡ μιαρωτάτη;
Χρ. θάρρει· μόνοϲ γὰρ ὁ θεὸϲ οὗτοϲ οἶδ’ ὅτι
τροπαῖον ἂν ϲτήϲαιτο τῶν ταύτηϲ τρόπων.

431 *ϲοι* post *βάραθρον* transp. RK 432 ϲ’ RV: om. cett. 438 *φύγῃ* R^{pc} (ut videtur), V: *φύγοι* AKL v. om. R^{ac} 439 *θηρίον*] *-ίων* Us.l. 441 *φεύγομεν*] *-ωμεν* As.l., codd. recc. 445 *δεινότατον*] *δειλότατον* codd. recc. 448 *δεδιότε*] *-εϲ* V 449 *ποίοιϲ ὅπλοιϲιν* Dawes: *ποίοιϲιν ὅπλοιϲ* codd., quo retento *κράτει* pro *δυνάμει* legendum videtur 452 *οὗτοϲ οἶδ’* ante *ὁ θεὸϲ* transp. codd. vett. praeter R (*οὗτοϲ* om. V), L

Πε. γρύζειν δὲ καὶ τολμᾶτον, ὦ καθάρματε,
ἐπ' αὐτοφώρῳ δεινὰ δρῶντ' εἰλημμένω;
Χρ. cὺ δ', ὦ κάκιcτ' ἀπολουμένη, τί λοιδορεῖ
ἡμῖν προcελθοῦc' οὐδ' ὁτιοῦν ἀδικουμένη;
Πε. οὐδὲν γάρ, ὦ πρὸς τῶν θεῶν, νομίζετε
ἀδικεῖν με, τὸν Πλοῦτον ποιεῖν πειρωμένω
βλέψαι πάλιν;
Χρ. τί οὖν ἀδικοῦμεν τοῦτό cε,
εἰ πᾶcιν ἀνθρώποιcιν ἐκπορίζομεν
ἀγαθόν;
Πε. τί δ' ἂν ὑμεῖc ἀγαθὸν ἐξεύροιθ';
Χρ. ὅ τι;
cὲ πρῶτον ἐκβαλόντεc ἐκ τῆc Ἑλλάδοc.
Πε. ἔμ' ἐκβαλόντεc; καὶ τί ἂν νομίζετε
κακὸν ἐργάcαcθαι μεῖζον ἀνθρώποιc;
Χρ. ὅ τι;
εἰ τοῦτο δρᾶν μέλλοντεc ἐπιλαθοίμεθα.
Πε. καὶ μὴν περὶ τούτου cφῷν ἐθέλω δοῦναι λόγον
τὸ πρῶτον αὐτοῦ· κἂν μὲν ἀποφήνω μόνην
ἀγαθῶν ἁπάντων οὖcαν αἰτίαν ἐμὲ
ὑμῖν δι' ἐμέ τε ζῶνταc ὑμᾶc—· εἰ δὲ μή,
ποιεῖτον ἤδη τοῦθ' ὅ τι ἂν ὑμῖν δοκῇ.
Χρ. ταυτὶ cὺ τολμᾷc, ὦ μιαρωτάτη, λέγειν;
Πε. καὶ cύ γε διδάcκου· πάνυ γὰρ οἶμαι ῥᾳδίωc
ἅπανθ' ἁμαρτάνοντά c' ἀποδείξειν ἐγώ,
εἰ τοὺc δικαίουc φῄc ποιήcειν πλουcίουc.
Χρ. ὦ τύπανα καὶ κύφωνεc, οὐκ ἀρήξετε;
Πε. οὐ δεῖ cχετλιάζειν καὶ βοᾶν πρὶν ἂν μάθῃc.
Χρ. καὶ τίc δύναιτ' ἂν μὴ βοᾶν "ἰοὺ ἰοὺ"
τοιαῦτ' ἀκούων;
Πε. ὅcτιc ἐcτὶν εὖ φρονῶν.

454 καθάρματε VKL: -τοι R: -τα A 464 νομίζετε R: -ετον cett. 465 ἀνθρώποιc RV: -ουc cett. 470 τε om. R: τ' εὖ F. W. Schmidt 471 τοῦθ'] πάνθ' Blaydes 472 ταυτὶ RV: τουτὶ cett. 476 et 478–9a Blepsidemo tribuere possis 476 τύπανα Bentley (cf. ordinem vocum ap. Su. τ 1174): τύμπανα codd.

Χρ. τί δῆτά coι τίμημ' ἐπιγράψω τῇ δίκῃ,
ἐὰν ἁλῷc;
Πε. ὅ τι coι δοκεῖ.
Χρ. καλῶc λέγειc.
Πε. τὸ γὰρ αὔτ', ἐὰν ἡττᾶcθε, καὶ cφὼ δεῖ παθεῖν.
Χρ. ἱκανοὺc νομίζειc δῆτα θανάτουc εἴκοcιν;
Βλ. ταύτῃ γε· νῷν δὲ δύ' ἀποχρήcουcιν μόνω.
Πε. οὐκ ἂν φθάνοιτε τοῦτο πράττοντεc. τί γὰρ
ἔχοι τιc ἂν δίκαιον ἀντειπεῖν ἔτι;
Χο. ἀλλ' ἤδη χρήν τι λέγειν ὑμᾶc cοφόν, ᾧ νικήcετε τηνδὶ
ἐν τοῖcι λόγοιc ἀντιλέγοντεc, μαλακόν τ' ἐνδώcετε μηδέν.
Χρ. φανερὸν μὲν ἔγωγ' οἶμαι γνῶναι τοῦτ' εἶναι πᾶcιν ὁμοίωc,
ὅτι τοὺc χρηcτοὺc τῶν ἀνθρώπων εὖ πράττειν ἐcτὶ δίκαιον,
τοὺc δὲ πονηροὺc καὶ τοὺc ἀθέουc τούτων τἀναντία δήπου.
τοῦτ' οὖν ἡμεῖc ἐπιθυμοῦντεc μόλιc ηὕρομεν, ὥcτε γενέcθαι
βούλευμα καλὸν καὶ γενναῖον καὶ χρήcιμον εἰc ἅπαν ἔργον.
ἢν γὰρ ὁ Πλοῦτοc νυνὶ βλέψῃ καὶ μὴ τυφλὸc ὢν περινοcτῇ,
ὡc τοὺc ἀγαθοὺc τῶν ἀνθρώπων βαδιεῖται κοὐκ ἀπολείψει,
τοὺc δὲ πονηροὺc καὶ τοὺc ἀθέουc φευξεῖται· κᾆτα ποιήcει
πάνταc χρηcτούc—καὶ πλουτοῦνταc δήπου—τά τε θεῖα cέβονταc.

482 *αὔτ'*] *αὐτό γ'* AL 485 *φθάνοιτε*] *-οιτον* L *πράττοντεc*] *πράττοντ'* L *τί γὰρ* K, Porson: *ἢ τί γὰρ* R[pc]: *εἴ τι γὰρ* RV: *ἢ τί γ' ἂν* cett. 488 *τ'* R: *δ'* cett. 492 *ηὕρομεν* Elmsley: *εὕ-* codd. 493 *βούλευμα* M[ac]*Δ*: *βούλημα* cett., Su. *β* 425

καίτοι τούτου τοῖϲ ἀνθρώποιϲ τίϲ ἂν ἐξεύροι ποτ' ἄμεινον;
Βλ. οὐδείϲ· τούτου μάρτυϲ ἐγώ ϲοι· μηδὲν ταύτην γ' ἀνερώτα.
Χρ. ὡϲ μὲν γὰρ νῦν ἡμῖν ὁ βίοϲ τοῖϲ ἀνθρώποιϲ διάκειται,
τίϲ ἂν οὐχ ἡγοῖτ' εἶναι μανίαν κακοδαιμονίαν τ' ἔτι μᾶλλον;
πολλοὶ μὲν γὰρ τῶν ἀνθρώπων ὄντεϲ πλουτοῦϲι πονηροί,
ἀδίκωϲ αὐτὰ ξυλλεξάμενοι· πολλοὶ δ' ὄντεϲ πάνυ χρηϲτοὶ
πράττουϲι κακῶϲ καὶ πεινῶϲιν μετὰ ϲοῦ τε τὰ πλεῖϲτα ϲύνειϲιν.
οὔκουν εἶναί φημ', εἰ παύϲει ταυτὶ βλέψαϲ ποθ' ὁ Πλοῦτοϲ,
ὁδὸν ἥντιν' ἰὼν τοῖϲ ἀνθρώποιϲ ἀγάθ' ἂν μείζω πορίϲειεν.
Πε. ἀλλ' ὦ πάντων ῥᾷϲτ' ἀνθρώπων ἀναπειϲθέντ' οὐχ ὑγιαίνειν
δύο πρεϲβύτα, ξυνθιαϲώτα τοῦ ληρεῖν καὶ παραπαίειν,
εἰ τοῦτο γένοιθ' ὃ ποθεῖθ' ὑμεῖϲ, οὔ φημ' ἂν λυϲιτελεῖν ϲφῷν.
εἰ γὰρ ὁ Πλοῦτοϲ βλέψειε πάλιν διανείμειέν τ' ἴϲον αὑτόν,
οὔτε τέχνην ἂν τῶν ἀνθρώπων οὔτ' ἂν ϲοφίαν μελετῴη

499 οὐδείϲ] οὔτιϲ UL: οὐδέν Cobet ἐγώ ϲοι hic P21, Hall & Geldart: ante τούτου praebent codd.: τούτου ϲοὶ (melius ϲοι) μάρτυϲ ἐγὼ maluit Fraenkel 502 ὄντεϲ . . . πονηροί] ordo verborum displicet, sed nulla coniectura adridet 503 αὐτὰ] πολλὰ Reiske: πάντα F. W. Schmidt; sed cf. *Ran.* 1466 504 πεινῶϲιν L, Kuster: -ῶϲι codd. vett. 505 παύϲει] παύϲαι R ταυτὶ βλέψαϲ Meineke: ταύτην βλέψαϲ R: ταῦτ' ἢν βλέψῃ cett. 510 αὑτὸν Bentley: ἑαυτὸν codd. 511 οὔτε τέχνην ἂν] οὔτ' ἂν τέχνην V alterum ἂν U, codd. recc., Bentley: om. cett.

οὐδείϲ· ἀμφοῖν δ᾽ ὑμῖν τούτοιν ἀφανιϲθέντοιν ἐθελήϲει
τίϲ χαλκεύειν ἢ ναυπηγεῖν ἢ ῥάπτειν ἢ τροχοποιεῖν,
ἢ ϲκυτοτομεῖν ἢ πλινθουργεῖν ἢ πλύνειν ἢ ϲκυλοδεψεῖν,
ἢ γῆϲ ἀρότροιϲ ῥήξαϲ δάπεδον καρπὸν Δηοῦϲ θερίϲαϲθαι,
ἢν ἐξῇ ζῆν ἀργοῖϲ ὑμῖν τούτων πάντων ἀμελοῦϲιν;
Χρ. λῆρον ληρεῖϲ. ταῦτα γὰρ ἡμῖν πάνθ᾽ ὅϲα νῦν δὴ κατέλεξαϲ
οἱ θεράποντεϲ μοχθήϲουϲιν.
Πε. πόθεν οὖν ἕξειϲ θεράπονταϲ;
Χρ. ὠνηϲόμεθ᾽ ἀργυρίου δήπου.
Πε. τίϲ δ᾽ ἔϲται πρῶτον ὁ πωλῶν,
ὅταν ἀργύριον κἀκεῖνοϲ ἔχῃ;
Χρ. κερδαίνειν βουλόμενόϲ τιϲ
ἔμποροϲ ἥκων ἐκ Θετταλίαϲ παρὰ ληϲτῶν κἀνδραποδιϲτῶν.
Πε. ἀλλ᾽ οὐδ᾽ ἔϲται πρῶτον ἁπάντων ληϲτὴϲ οὐδ᾽ ἀνδραποδιϲτὴϲ
κατὰ τὸν λόγον ὃν ϲὺ λέγειϲ δήπου. τίϲ γὰρ πλουτῶν ἐθελήϲει
κινδυνεύειν περὶ τῆϲ ψυχῆϲ τῆϲ αὑτοῦ τοῦτο ποιήϲαϲ;
ὥϲτ᾽ αὐτὸϲ ἀροῦν ἐπαναγκαϲθεὶϲ καὶ ϲκάπτειν τἄλλα τε μοχθεῖν
ὀδυνηρότερον τρίψειϲ βίοτον πολὺ τοῦ νῦν.
Χρ. ἐϲ κεφαλὴν ϲοί.
Πε. ἔτι δ᾽ οὐχ ἕξειϲ οὔτ᾽ ἐν κλίνῃ καταδαρθεῖν—οὐ γὰρ ἔϲονται—
οὔτ᾽ ἐν δάπιϲιν—τίϲ γὰρ ὑφαίνειν ἐθελήϲει χρυϲίου ὄντοϲ;—

514 *ϲκυλοδεψεῖν* Bentley: *ϲκυτο-* RAKL: *βυρϲο-* V   517 *νῦν δὴ* R: *νῦν* V: *νυνὶ* cett.   519 *πρῶτον*] *πρῶτοϲ* VA   521 *ληϲτῶν* Bergk: *πλείϲτων* codd.: *ἀπλήϲτων* Hemsterhuys *κἀνδραποδιϲτῶν* Kappeyne van de Coppello: *ἀ-* codd.   522 *ληϲτὴϲ* Wilson: *οὐδεὶϲ* codd.   524 *κινδυνεύειν* R: *-ων* cett.   *ποιήϲαϲ* Blaydes: *ποιῆϲαι* codd.   528 *δάπιϲιν* Su. δ 66, sch. *Vesp.* 676: *δάπιϲι* R[pc]: *τάπηϲι(ν)* fere cett.

οὔτε μύροισιν μυρίϲαι ϲτακτοῖϲ, ὁπόταν νύμφην ἀγάγηϲθον,
οὔθ' ἱματίων βαπτῶν δαπάναιϲ κοϲμῆϲαι ποικιλομόρφων.
καίτοι τί πλέον πλουτεῖν ἐϲτιν πάντων τούτων ἀποροῦνταϲ;
παρ' ἐμοῦ δ' ἐϲτὶν ταῦτ' εὔπορα πάνθ' ὑμῖν ὧν δεῖϲθον· ἐγὼ γὰρ
τὸν χειροτέχνην ὥϲπερ δέϲποιν' ἐπαναγκάζουϲα κάθημαι
διὰ τὴν χρείαν καὶ τὴν πενίαν ζητεῖν ὁπόθεν βίον ἕξει.
Χρ. ϲὺ γὰρ ἂν πορίϲαι τί δύναι' ἀγαθὸν πλὴν φῴδων ἐκ βαλανείου
καὶ παιδαρίων ὑποπεινώντων καὶ γραϊδίων κολοϲυρτόν;
φθειρῶν τ' ἀριθμὸν καὶ κωνώπων καὶ ψυλλῶν οὐδὲ λέγω ϲοι
ὑπὸ τοῦ πλήθουϲ, αἳ βομβοῦϲαι περὶ τὴν κεφαλὴν ἀνιῶϲιν,
ἐπεγείρουϲαι καὶ φράζουϲαι "πεινήϲειϲ· ἀλλ' ἐπανίϲτω."
πρὸϲ δέ γε τούτοιϲ ἀνθ' ἱματίου μὲν ἔχειν ῥάκοϲ· ἀντὶ δὲ κλίνηϲ
ϲτιβάδα ϲχοίνων κόρεων μεϲτήν, ἣ τοὺϲ εὕδονταϲ ἐγείρει·
καὶ φορμὸν ἔχειν ἀντὶ τάπητοϲ ϲαπρόν· ἀντὶ δὲ προϲκεφαλαίου
λίθον εὐμεγέθη πρὸϲ τῇ κεφαλῇ· ϲιτεῖϲθαι δ' ἀντὶ μὲν ἄρτων
μαλάχηϲ πτόρθουϲ, ἀντὶ δὲ μάζηϲ φυλλεῖ' ἰϲχνῶν ῥαφανίδων,

531 *πάντων* post *τούτων* transp. V *ἀποροῦνταϲ*] *-τα* RKL: *-τι* Valckenaer 532 *ἐμοῦ*] *ἐμοὶ* V 534 *πενίαν*] *πεῖναν* Meineke 536 *κολοϲυρτόν*] *-τοῦ* Kuster 537 *τ'*] *δ'* Kuster 544 *φυλλεῖ'* Kuster: *φύλλ'* codd.: *φύλλ' ἄττ'* Blaydes

ἀντὶ δὲ θράνου ϲτάμνου κεφαλὴν κατεαγότοϲ, ἀντὶ δὲ μάκτραϲ
φιδάκνηϲ πλευρὰν ἐρρωγυῖαν καὶ ταύτην. ἆρά γε πολλῶν
ἀγαθῶν πᾶϲιν τοῖϲ ἀνθρώποιϲ ἀποφαίνω ϲ' αἴτιον οὖϲαν;

Πε. ϲὺ μὲν οὐ τὸν ἐμὸν βίον εἴρηκαϲ, τὸν τῶν πτωχῶν δ' ἐπεκρούϲω.

Χρ. οὔκουν δήπου τῆϲ Πτωχείαϲ Πενίαν φαμὲν εἶναι ἀδελφήν;

Πε. ὑμεῖϲ γ', οἵπερ καὶ Θραϲυβούλῳ Διονύϲιον εἶναι ὅμοιον.
ἀλλ' οὐχ οὑμὸϲ τοῦτο πέπονθεν βίοϲ οὐ μὰ Δί', οὐδέ γε μέλλει.
πτωχοῦ μὲν γὰρ βίοϲ, ὃν ϲὺ λέγειϲ, ζῆν ἐϲτιν μηδὲν ἔχοντα·
τοῦ δὲ πένητοϲ ζῆν φειδόμενον καὶ τοῖϲ ἔργοιϲ προϲέχοντα,
περιγίγνεϲθαι δ' αὐτῷ μηδέν, μὴ μέντοι μηδ' ἐπιλείπειν.

Χρ. ὡϲ μακαρίτην, ὦ Δάματερ, τὸν βίον αὐτοῦ κατέλεξαϲ,
εἰ φειϲάμενοϲ καὶ μοχθήϲαϲ καταλείψει μηδὲ ταφῆναι.

Πε. ϲκώπτειν πειρᾷ καὶ κωμῳδεῖν τοῦ ϲπουδάζειν ἀμελήϲαϲ,
οὐ γιγνώϲκων ὅτι τοῦ Πλούτου παρέχω βελτίοναϲ ἄνδραϲ
καὶ τὴν γνώμην καὶ τὴν ἰδέαν. παρὰ τῷ μὲν γὰρ ποδαγρῶντεϲ

545 *θράνου* Pollux 10.48: *θράνουϲ* codd., Su. θ 456   546 *φιδάκνηϲ* dubitanter Spanheim: *πιθάκνηϲ* codd., Pollux, Su.   547 *πᾶϲιν* L: *πᾶϲι* codd. vett.   *αἴτιον* Bentley: *αἰτίαν* codd.   548 *ἐπεκρούϲω* Pollux 9.139: *ὑπ-* codd., Su. υ 190   549 *οὔκουν* Porson: *οὐκοῦν* codd.   550 ante *εἶναι* add. *φάτ'* codd. plerique, Su. π 3052 codd. GM: om. UL, Su. π 966, π 3052 codd. AV   556 *φειϲάμενοϲ*] *φειδόμενοϲ* V

καὶ γαϲτρώδειϲ καὶ παχύκνημοι καὶ πίονέϲ εἰϲιν ἀϲελγῶϲ,
παρ' ἐμοὶ δ' ἰϲχνοὶ καὶ ϲφηκώδειϲ καὶ τοῖϲ ἐχθροῖϲ ἀνιαροί.
Χρ. ἀπὸ τοῦ λιμοῦ γὰρ ἴϲωϲ αὐτοῖϲ τὸ ϲφηκῶδεϲ ϲὺ πορίζειϲ.
Πε. περὶ ϲωφροϲύνηϲ ἤδη τοίνυν περανῶ ϲφῷν κἀναδιδάξω
ὅτι κοϲμιότηϲ οἰκεῖ μετ' ἐμοῦ, τοῦ Πλούτου δ' ἔϲτ' ἐνυβρίζειν.
Χρ. πάνυ γοῦν κλέπτειν κόϲμιόν ἐϲτιν καὶ τοὺϲ τοίχουϲ διορύττειν.
Βλ. εἰ νὴ Δία δεῖ γε λαθεῖν αὐτόν, πῶϲ οὐ καὶ κόϲμιόν ἐϲτι;
Πε. ϲκέψαι τοίνυν ἐν ταῖϲ πόλεϲιν τοὺϲ ῥήτοραϲ, ὡϲ ὁπόταν μὲν
ὦϲι πένητεϲ, περὶ τὸν δῆμον καὶ τὴν πόλιν εἰϲὶ δίκαιοι,
πλουτήϲαντεϲ δ' ἀπὸ τῶν κοινῶν παραχρῆμ' ἄδικοι γεγένηνται,
ἐπιβουλεύουϲί τε τῷ πλήθει καὶ τῷ δήμῳ πολεμοῦϲιν.
Χρ. ἀλλ' οὐ ψεύδει τούτων γ' οὐδέν, καίπερ ϲφόδρα βάϲκανοϲ οὖϲα.
ἀτὰρ οὐχ ἧττόν γ' οὐδὲν κλαύϲει—μηδὲν ταύτῃ γε κομήϲῃϲ—
ὅτι γε ζητεῖϲ τοῦτ' ἀναπείθειν ἡμᾶϲ, ὡϲ ἔϲτιν ἄμεινον
Πενία Πλούτου.
Πε. καὶ ϲύ γ' ἐλέγξαι μ' οὔπω δύναϲαι περὶ τούτου,
ἀλλὰ φλυαρεῖϲ καὶ πτερυγίζειϲ.
Χρ. καὶ πῶϲ φεύγουϲί ϲ' ἅπαντεϲ;
Πε. ὅτι βελτίουϲ αὐτοὺϲ ποιῶ. ϲκέψαϲθαι δ' ἔϲτι μάλιϲτα

562 ἀπὸ RA: ὑπὸ cett. 564 ἔϲτ' om. R ἐνυβρίζειν R: ἐϲτὶν ὑβρίζειν cett. 566 v. del. Bentley, restituit Reisig post Δία add. γ' AU γε ante δεῖ transp. VAK: om. R δεῖ ante λαθεῖν transp. R πῶϲ οὐ γὰρ om. V: πῶϲ οὐ AU 573 ὅτι γε] ὁτιὴ U: ὅτι K τοῦτ'] ταῦτ' K s.l. ἀναπείθειν Porson: -ϲειν codd. ἄμεινον RV: ἀμείνων cett.

ἀπὸ τῶν παίδων· τοὺϲ γὰρ πατέραϲ φεύγουϲι φρονοῦνταϲ ἄριϲτα
αὐτοῖϲ. οὕτω διαγιγνώϲκειν χαλεπὸν πρᾶγμ' ἐϲτὶ τὸ χρηϲτόν.

Χρ. τὸν Δία φήϲειϲ ἆρ' οὐκ ὀρθῶϲ διαγιγνώϲκειν τὸ κράτιϲτον·
κἀκεῖνοϲ γὰρ τὸν Πλοῦτον ἔχει.

Βλ. ταύτην δ' ἡμῖν ἀποπέμπει.

Πε. ἀλλ', ὦ Κρονικαῖϲ λήμαιϲ ὄντωϲ λημῶντεϲ τὰϲ φρέναϲ ἄμφω,
ὁ Ζεὺϲ δήπου πένεται, καὶ τοῦτ' ἤδη φανερῶϲ ϲε διδάξω.
εἰ γὰρ ἐπλούτει, πῶϲ ἂν ποιῶν τὸν Ὀλυμπικὸν αὐτὸϲ ἀγῶνα,
ἵνα τοὺϲ Ἕλληναϲ ἅπανταϲ ἀεὶ δι' ἔτουϲ πέμπτου ξυναγείρει,
ἀνεκήρυττεν τῶν ἀϲκητῶν τοὺϲ νικῶνταϲ ϲτεφανώϲαϲ
κοτίνου ϲτεφάνῳ; καίτοι χρυϲῷ μᾶλλον ἐχρῆν, εἴπερ ἐπλούτει.

Χρ. οὔκουν τούτῳ δήπου δηλοῖ τιμῶν τὸν Πλοῦτον ἐκεῖνοϲ;
φειδόμενοϲ γὰρ καὶ βουλόμενοϲ τούτου μηδὲν δαπανᾶϲθαι,
λήροιϲ ἀναδῶν τοὺϲ νικῶνταϲ τὸν Πλοῦτον ἐᾷ παρ' ἑαυτῷ.

578 *τὸ χρηϲτόν* Blaydes: *δίκαιον* fere codd.: *τὸ δίκαιον* U: *τὸ κρεῖττον* Dindorf: alii alia 580 personarum vices distinxit Bentley 581 *λήμαιϲ*] *γνώμαιϲ* V*γρ*, KL, Su. *λ* 447 *λημῶντεϲ*] *-ῶντε* RVKL, unde *λημῶντέ γε* Kuster, *λημῶντ' ἔτι* Blaydes 582 *ἤδη*] *δήπου* RL: *δέ που* K *ϲε* om. R, unde *ἀποδείξω* pro *διδάξω* Porson 583 *ἂν* om. VL: *γ' ἂν* K *Ὀλυμπικὸν* RV: *-ιακὸν* cett. *αὐτὸϲ* hic AU, ante *τὸν* praebent RVKL 585 *ἀνεκήρυττεν*] *ἀνεκήρυττ' ἂν* Lenting *ἀϲκητῶν* RKU s.l.: *ἀθλητῶν* cett. 586 et 592 *κοτίνου* V: *-νῳ* cett.: *-νῷ* Porson 587 *δηλοῖ*] *δῆλοϲ* Cobet

Πε. πολὺ τῆϲ πενίαϲ πρᾶγμ' αἴϲχιον ζητεῖϲ αὐτῷ περιάψαι,
εἰ πλούϲιοϲ ὢν ἀνελεύθερόϲ ἐϲθ' οὑτωϲὶ καὶ φιλοκερδήϲ.
Χρ. ἀλλὰ ϲέ γ' ὁ Ζεὺϲ ἐξολέϲειεν κοτίνου ϲτεφάνῳ ϲτεφανώϲαϲ.
Πε. τὸ γὰρ ἀντιλέγειν τολμᾶν ὑμᾶϲ ὡϲ οὐ πάντ' ἔϲτ' ἀγάθ' ὑμῖν
διὰ τὴν Πενίαν.
Χρ. παρὰ τῆϲ Ἑκάτηϲ ἔξεϲτιν τοῦτο πυθέϲθαι,
εἴτε τὸ πλουτεῖν εἴτε τὸ πεινῆν βέλτιον. φηϲὶ γὰρ αὐτῇ
τοὺϲ μὲν ἔχονταϲ καὶ πλουτοῦνταϲ δεῖπνον προϲάγειν κατὰ μῆνα,
τοὺϲ δὲ πένηταϲ τῶν ἀνθρώπων ἁρπάζειν πρὶν καταθεῖναι.
ἀλλὰ φθείρου καὶ μὴ γρύξῃϲ
ἔτι μηδ' ὁτιοῦν.
οὐ γὰρ πείϲειϲ, οὐδ' ἢν πείϲῃϲ.
Πε. ὦ πόλιϲ Ἄργουϲ, κλύεθ' οἷα λέγει.
Χρ. Παύϲωνα κάλει τὸν ξύϲϲιτον.
Πε. τί πάθω τλήμων;
Χρ. ἔρρ' ἐϲ κόρακαϲ θᾶττον ἀφ' ἡμῶν.
Πε. εἶμι δὲ ποῖ γῆϲ;
Χρ. εἰϲ τὸν κύφων'· ἀλλ' οὐ μέλλειν
χρή ϲ', ἀλλ' ἀνύειν.
Πε. ἦ μὴν ὑμεῖϲ γ' ἔτι μ' ἐνταυθοῖ
μεταπέμψεϲθον.
Χρ. τότε νοϲτήϲειϲ· νῦν δὲ φθείρου.
κρεῖττον γάρ μοι πλουτεῖν ἐϲτιν,
ϲὲ δ' ἐᾶν κλάειν μακρὰ τὴν κεφαλήν.

592 ϲέ γ' Δ, ed. Iuntina (1525): γέ ϲ' L: ϲ' cett. 595 αὐτῇ R: αὕτη cett. 596 προϲάγειν κατὰ μῆνα Tyrwhitt: κατὰ μῆνα προϲάγειν R, Vγρ, KL: κατὰ μῆν' ἀποπέμπειν cett. 598 γρύξῃϲ Brunck: γρύζειϲ V: γρύζειν L: γρύζῃϲ fere cett. 607 χρή RAK: χρῆν VL ἀνύειν] ἀνύτειν UL, v.l. ap. sch.: ἀνύττειν V

Βλ. νὴ Δί᾽ ἐγὼ γοῦν ἐθέλω πλουτῶν
εὐωχεῖϲθαι μετὰ τῶν παίδων
τῆϲ τε γυναικόϲ, καὶ λουϲάμενοϲ
λιπαρὸϲ χωρῶν ἐκ βαλανείου
τῶν χειροτεχνῶν
καὶ τῆϲ πενίαϲ καταπαρδεῖν.
Χρ. αὕτη μὲν ἡμῖν ἠπίτριπτοϲ οἴχεται.
ἐγὼ δὲ καὶ ϲύ γ᾽ ὡϲ τάχιϲτα τὸν θεὸν
ἐγκατακλινοῦντ᾽ ἄγωμεν εἰϲ Ἀϲκληπιοῦ.
Βλ. καὶ μὴ διατρίβωμέν γε, μὴ πάλιν τιϲ αὖ
ἐλθὼν διακωλύϲῃ τι τῶν προὔργου ποιεῖν.
Χρ. παῖ Καρίων, τὰ ϲτρώματ᾽ ἐκφέρειν ἐχρῆν
αὐτόν τ᾽ ἄγειν τὸν Πλοῦτον, ὡϲ νομίζεται,
καὶ τἄλλ᾽ ὅϲ᾽ ἐϲτὶν ἔνδον ηὐτρεπιϲμένα.

ΧΟΡΟΥ

Κα. ὦ πλεῖϲτα Θηϲείοιϲ μεμυϲτιλημένοι
γέρονατεϲ ἄνδρεϲ ἐπ᾽ ὀλιγίϲτοιϲ ἀλφίτοιϲ,
ὡϲ εὐτυχεῖθ᾽, ὡϲ μακαρίωϲ πεπράγατε,
ἄλλοι θ᾽ ὅϲοιϲ μέτεϲτι τοῦ χρηϲτοῦ τρόπου.
Χο. τί δ᾽ ἐϲτίν, ὦ βέλτιϲτε τῶν ϲαυτοῦ φίλων;
φαίνει γὰρ ἥκειν ἄγγελοϲ χρηϲτοῦ τινοϲ.
Κα. ὁ δεϲπότηϲ πέπραγεν εὐτυχέϲτατα,
μᾶλλον δ᾽ ὁ Πλοῦτοϲ αὐτόϲ· ἀντὶ γὰρ τυφλοῦ
ἐξωμμάτωται καὶ λελάμπρυνται κόραϲ,
Ἀϲκληπιοῦ παιῶνοϲ εὐμενοῦϲ τυχών.
Χο. λέγειϲ μοι χαράν, λέγειϲ μοι βοᾶν.
Κα. πάρεϲτι χαίρειν, ἤν τε βούληϲθ᾽ ἤν τε μή.
Χο. ἀναβοάϲομαι τὸν εὔπαιδα καὶ
μέγα βροτοῖϲι φέγγοϲ Ἀϲκληπιόν.

621 ἐγκατακλινοῦντ᾽ V: -τεϲ cett. 627 ΧΟΡΟΥ habent VKL 631 φίλων] τρόπων AL, v.l. ap. sch. 632 ἥκειν] ἥκων dubitanter Sommerstein 635 λελάμπρυνται UL: -υται cett.

ΓΥΝΗ

τίς ἡ βοή ποτ᾽ ἐςτίν; ἆρ᾽ ἀγγέλλεται
χρηςτόν τι; τοῦτο γὰρ ποθοῦς᾽ ἐγὼ πάλαι
ἔνδον κάθημαι περιμένουςα τουτονί.
Κα. ταχέως ταχέως φέρ᾽ οἶνον, ὦ δέςποιν᾽, ἵνα
καὐτὴ πίῃς—φιλεῖς δὲ δρῶς᾽ αὐτὸ ςφόδρα—
ὡς ἀγαθὰ ςυλλήβδην ἅπαντά ςοι φέρω.
Γυ. καὶ ποῦ ᾽ςτιν;
Κα. ἐν τοῖς λεγομένοις· εἴςει τάχα.
Γυ. πέραινε τοίνυν ὅ τι λέγεις ἀνύςας ποτέ.
Κα. ἄκουε τοίνυν, ὡς ἐγὼ τὰ πράγματα
ἐκ τῶν ποδῶν εἰς τὴν κεφαλήν ςοι πάντ᾽ ἐρῶ.
Γυ. μὴ δῆτ᾽ ἔμοιγ᾽ εἰς τὴν κεφαλήν.
Κα. μὴ τἀγαθὰ
ἃ νῦν γεγένηται;
Γυ. μὴ μὲν οὖν τὰ πράγματα.
Κα. ὡς γὰρ τάχιςτ᾽ ἀφικόμεθα πρὸς τὸν θεὸν
ἄγοντες ἄνδρα τότε μὲν ἀθλιώτατον,
νῦν δ᾽ εἴ τιν᾽ ἄλλον μακάριον κεὐδαίμονα,
πρῶτον μὲν αὐτὸν ἐπὶ θάλατταν ἤγομεν,
ἔπειτ᾽ ἐλοῦμεν.
Γυ. νὴ Δί᾽ εὐδαίμων ἄρ᾽ ἦν
ἀνὴρ γέρων ψυχρᾷ θαλάττῃ λούμενος.
Κα. ἔπειτα πρὸς τὸ τέμενος ᾖμεν τοῦ θεοῦ.
ἐπεὶ δὲ βωμῷ πόπανα καὶ προθύματα
καθωςιώθη, πελανὸς Ἡφαίςτου φλογί,
κατεκλίναμεν τὸν Πλοῦτον, ὥςπερ εἰκὸς ἦν·
ἡμῶν δ᾽ ἕκαςτος ςτιβάδα παρεκαττύετο.

641 ἆρ᾽ Porson: ἆρά γ᾽ vett., L   ἀγγέλλεται R: ἀγγελεῖ vel sim. cett.: πραττετ[P82   647 ante εἴςει interpunxit Boissonade   653 ἀφικόμεθα] -εςθα R, unde ὡς pro πρὸς Dindorf   658 ψυχρᾷ ⟨'ν⟩ Blaydes   660 προθύματα] θυλήματα v. l. ap. sch.   661 πελανὸς R: πέλανος cett.   662 κατεκλίναμεν RV: -νομεν AKL, Su. κ 936

Γυ. ἦϲαν δέ τινες κἄλλοι δεόμενοι τοῦ θεοῦ;
Κα. εἷϲ μέν γε Νεοκλείδηϲ, ὅϲ ἐϲτι μὲν τυφλόϲ,
κλέπτων δὲ τοὺϲ βλέποντας ὑπερηκόντικεν·
ἕτεροί τε πολλοὶ παντοδαπὰ νοϲήματα
ἔχοντεϲ· ὡϲ δὲ τοὺϲ λύχνουϲ ἀποϲβέϲαϲ
ἡμῖν παρήγγειλεν καθεύδειν τοῦ θεοῦ
ὁ πρόπολοϲ. εἰπών, ἤν τιϲ αἴϲθηται ψόφου,
ϲιγᾶν, ἅπαντεϲ κοϲμίωϲ κατεκείμεθα.
κἀγὼ καθεύδειν οὐκ ἐδυνάμην, ἀλλά με
ἀθάρηϲ χύτρα τιϲ ἐξέπληττε κειμένη
ὀλίγον ἄπωθεν τῆϲ κεφαλῆϲ του γρᾳδίου,
ἐφ' ἣν ἐπεθύμουν δαιμονίωϲ ἐφερπύϲαι.
ἔπειτ' ἀναβλέψαϲ ὁρῶ τὸν ἱερέα
τοὺϲ φθοῖϲ ὑφαρπάζοντα καὶ τὰϲ ἰϲχάδαϲ
ἀπὸ τῆϲ τραπέζηϲ τῆϲ ἱερᾶϲ· μετὰ τοῦτο δὲ
περιῆλθε τοὺϲ βωμοὺϲ ἅπανταϲ ἐν κύκλῳ,
εἴ που πόπανον εἴη τι καταλελειμμένον·
ἔπειτα ταῦθ' ἥγιζεν εἰϲ ϲάκταν τινά.
κἀγὼ νομίϲαϲ πολλὴν ὁϲίαν τοῦ πράγματοϲ
ἐπὶ τὴν χύτραν τὴν τῆϲ ἀθάρηϲ ἀνίϲταμαι.
Γυ. ταλάντατ' ἀνδρῶν, οὐκ ἐδεδοίκειϲ τὸν θεόν;
Κα. νὴ τοὺϲ θεοὺϲ ἔγωγε, μὴ φθάϲειέ με
ἐπὶ τὴν χύτραν ἐλθὼν ἔχων τὰ ϲτέμματα·
ὁ γὰρ ἱερεὺϲ αὐτοῦ με προὐδιδάξατο.
τὸ γρᾴδιον δ', ὡϲ ᾔϲθετο δή μου τὸν ψόφον,
τὴν χεῖρ' ὑφείρει· κᾆτα ϲυρίξαϲ ἐγὼ
ὀδὰξ ἐλαβόμην ὡϲ παρείαϲ ὢν ὄφιϲ.

666 ὑπερηκόντικεν] -ιϲεν R in linea, KL, Su. ν 193 668 ἀποϲβέϲαϲ] -ϲαι R 670 πρόπολοϲ R: πρόϲπολοϲ cett. 673 ἀθάρηϲ KUL, Su. α 708: ἀθάραϲ RVA 675 ἐφερπύϲαι] ἀφ- Su. α 4586: ὑφ- Par 9 677 ὑφαρπάζοντα Blaydes: ἀφ- codd. 678 τοῦτο] ταῦτα V 681 ταῦθ' AL: ταῦτ' RVK ἥγιζεν AL: ἤγγιζεν K: ηίτιζεν R: ἤκιζεν V ϲάκταν] ϲάκκον v.l. ap. sch. 683 ἀθάρηϲ RUL: ἀθάραϲ VAK 688 δή om. RVK 689 ὑφείρει Chantry post Lowe et Fraenkel: ὑφῄρει codd.

ἡ δ' εὐθέωϲ τὴν χεῖρα πάλιν ἀνέϲπαϲεν,
κατέκειτο δ' αὑτὴν ἐντυλίξαϲ' ἡϲυχῇ,
ὑπὸ τοῦ δέουϲ βδέουϲα δριμύτερον γαλῆϲ.
κἀγὼ τότ' ἤδη τῆϲ ἀθάρηϲ πολλὴν ἔφλων·
ἔπειτ' ἐπειδὴ μεϲτὸϲ ἦν, ἀνεπαυόμην.
Γυ. ὁ δὲ θεὸϲ ὑμῖν οὐ προϲῄειν;
Κα. οὐδέπω,
μετὰ τοῦτο δ' ἤδη. καὶ γελοῖον δῆτά τι
ἐποίηϲα. προϲιόντοϲ γὰρ αὐτοῦ μέγα πάνυ
ἀπέπαρδον· ἡ γαϲτὴρ γὰρ ἐπεφύϲητό μου.
Γυ. ἦ πού ϲε διὰ τοῦτ' εὐθὺϲ ἐβδελύττετο.
Κα. οὔκ, ἀλλ' Ἰαϲὼ μέν γ' ἐπακολουθοῦϲ' ἅμα
ὑπηρυθρίαϲε χἠ Πανάκει' ἀπεϲτράφη
τὴν ῥῖν' ἐπιλαβοῦϲ'· οὐ λιβανωτὸν γὰρ βδέω.
Γυ. αὐτὸϲ δ' ἐκεῖνοϲ;
Κα. οὐ μὰ Δί' οὐδ' ἐφρόντιϲεν.
Γυ. λέγειϲ ἄγροικον ἄρα ϲύ γ' εἶναι τὸν θεόν.
Κα. μὰ Δί' οὐκ ἔγωγ', ἀλλὰ ϲκατοφάγον.
Γυ. αἴ, τάλαν.
Κα. μετὰ ταῦτ' ἐγὼ μὲν εὐθὺϲ ἐνεκαλυψάμην
δείϲαϲ, ἐκεῖνοϲ δ' ἐν κύκλῳ τὰ νοϲήματα
ϲκοπῶν περιῄει πάντα κοϲμίωϲ πάνυ.
ἔπειτα παῖϲ αὐτῷ λίθινον θυείδιον
παρέθηκε καὶ δοίδυκα καὶ κιβώτιον.
Γυ. λίθινον;
Κα. μὰ Δί' οὐ δῆτ', οὐχὶ τό γε κιβώτιον.
Γυ. ϲὺ δὲ πῶϲ ἑώραϲ, ὦ κάκιϲτ' ἀπολούμενε,

692 δ' om. R: θ' Blaydes 694 ἀθάρηϲ UL: ἀθάραϲ RVAK 695 ἀνεπαυόμην Rγρ, Vγρ, AKL: ἀνεπαλλόμην RV 696 προϲῄειν] προϲῄει γ' R 696–7 sic interpunxit Rogers 701 γ' ἐπακολουθοῦϲ' Reisig: γε τιϲ ἀκολ- R: γ' ἀκολ- V: τιϲ ἀκολ- cett. 702 ὑπηρυθρίαϲε] ὑπερυ- R: ὑπερηρυ- Bergk 707 ἐγὼ μὲν post εὐθὺϲ transp. RAK ἐνεκαλυψάμην RVK: ϲυνεκαλυψάμην cett. 708 ἐν om. RV 712 v. om. R, del. Bothe

ὃϲ ἐγκεκαλύφθαι φῄϲ;
Κα. διὰ τοῦ τριβωνίου·
ὀπὰϲ γὰρ εἶχεν οὐκ ὀλίγαϲ, μὰ τὸν Δία.
πρῶτον δὲ πάντων τῷ Νεοκλείδῃ φάρμακον
καταπλαϲτὸν ἐνεχείρηϲε τρίβειν, ἐμβαλὼν
ϲκορόδων κεφαλὰϲ τρεῖϲ Τηνίων· ἔπειτ' ἔφλα
ἐν τῇ θυείᾳ ϲυμπαραμειγνύων ὀπὸν
καὶ ϲχῖνον· εἶτ' ὄξει διέμενοϲ Ϲφηττίῳ
κατέπλαϲεν αὐτοῦ τὰ βλέφαρ' ἐκτρέψαϲ, ἵνα
ὀδυνῷτο μᾶλλον. ὁ δὲ κεκραγὼϲ καὶ βοῶν
ἔφευγ' ἀνᾴξαϲ· ὁ δὲ θεὸϲ γελάϲαϲ ἔφη·
"ἐνταῦθά νυν κάθηϲο καταπεπλαϲμένοϲ,
ἵν' ὑπομνύμενον παύϲω ϲε τὰϲ ἐκκληϲίαϲ."
Γυ. ὡϲ φιλόπολίϲ τίϲ ἐϲθ' ὁ δαίμων καὶ ϲοφόϲ.
Κα. μετὰ τοῦτο τῷ Πλούτωνι παρεκαθέζετο,
καὶ πρῶτα μὲν δὴ τῆϲ κεφαλῆϲ ἐφήψατο,
ἔπειτα καθαρὸν ἡμιτύβιον λαβὼν
τὰ βλέφαρα περιέψηϲεν· ἡ Πανάκεια δὲ
κατεπέταϲ' αὐτοῦ τὴν κεφαλὴν φοινικίδι
καὶ πᾶν τὸ πρόϲωπον· εἶθ' ὁ θεὸϲ ἐπόππυϲεν.
ἐξῃξάτην οὖν δύο δράκοντ' ἐκ τοῦ νεὼ
ὑπερφυεῖϲ τὸ μέγεθοϲ.
Γυ. ὦ φίλοι θεοί.
Κα. τούτω δ' ὑπὸ τὴν φοινικίδ' ὑποδύνθ' ἡϲυχῇ
τὰ βλέφαρα περιέλειχον, ὥϲ γ' ἐμοὶ δοκεῖ·
καὶ πρίν ϲε κοτύλαϲ ἐκπιεῖν οἴνου δέκα,
ὁ Πλοῦτοϲ, ὦ δέϲποιν', ἀνειϲτήκει βλέπων·

717 *κατάπλαϲτον* hoc accentu R, *κατάπλαϲτὸν* K 721 *ἐκτρέψαϲ* RV: *ἐκϲτρέψαϲ* cett.: [P82] 725 *ὑπομνύμενον* Girardus, cf. sch.: *ἐπ-* codd. *τὰϲ ἐκκληϲίαϲ*] *τῆϲ ἐκκληϲίαϲ* AL: [P82]: *ταῖϲ –αιϲ* Bergk 727 *τοῦτο*] *ταῦτα* P83, V 729 *ἡμιτύβιον* KL, lm. sch. R, Su. η 353: *ἡμιτύμβιον* cett. 731 *κατεπέταϲ'* AKL: *κατέπαϲϲ'* R: *κατέπλαϲ'* V 734 *ὑπερφυεῖϲ*] *-φυεῖ* van Leeuwen post Blaydes 736 *ὥϲ γ'* RV: *ὥϲτ'* A: *ὡϲ* L *ἐμοὶ*] *μοι* R 738 *ἀνειϲτήκει* codd. recc., Meineke: *ἀνεϲτήκει* RVKL: *γ' ἑϲτήκει* A

ἐγὼ δὲ τὼ χεῖρ' ἀνεκρότηϲ' ὑφ' ἡδονῆϲ
τὸν δεϲπότην τ' ἤγειρον. ὁ θεὸϲ δ' εὐθέωϲ
ἠφάνιϲεν αὑτὸν οἵ τ' ὄφειϲ εἰϲ τὸν νεών.
οἱ δ' ἐγκατακείμενοι παρ' αὐτῷ πῶϲ δοκεῖϲ
τὸν Πλοῦτον ἠϲπάζοντο καὶ τὴν νύχθ' ὅλην
ἐγρηγόρεϲαν, ἕωϲ διέλαμψεν ἡμέρα.
ἐγὼ δ' ἐπῄνουν τὸν θεὸν πάνυ ϲφόδρα,
ὅτι βλέπειν ἐποίηϲε τὸν Πλοῦτον ταχύ,
τὸν δὲ Νεοκλείδην μᾶλλον ἐποίηϲεν τυφλόν.
Γυ. ὅϲην ἔχειϲ τὴν δύναμιν, ὦναξ δέϲποτα.
ἀτὰρ φράϲον μοι, ποῦ 'ϲθ' ὁ Πλοῦτοϲ;
Κα. ἔρχεται.
ἀλλ' ἦν περὶ αὐτὸν ὄχλοϲ ὑπερφυὴϲ ὅϲοϲ.
οἱ γὰρ δίκαιοι πρότερον ὄντεϲ καὶ βίον
ἔχοντεϲ ὀλίγον αὐτὸν ἠϲπάζοντο καὶ
ἐδεξιοῦνθ' ἅπαντεϲ ὑπὸ τῆϲ ἡδονῆϲ·
ὅϲοι δ' ἐπλούτουν οὐϲίαν τ' εἶχον ϲυχνήν,
οὐκ ἐκ δικαίου τὸν βίον κεκτημένοι,
ὀφρῦϲ ϲυνῆγον ἐϲκυθρώπαζόν θ' ἅμα.
οἱ δ' ἠκολούθουν κατόπιν ἐϲτεφανωμένοι,
γελῶντεϲ, εὐφημοῦντεϲ· ἐκτυπεῖτο δὲ
ἐμβὰϲ γερόντων εὐρύθμοιϲ προβήμαϲιν.
ἀλλ' εἶ', ἁπαξάπαντεϲ ἐξ ἑνὸϲ λόγου
ὀρχεῖϲθε καὶ ϲκιρτᾶτε καὶ χορεύετε·
οὐδεὶϲ γὰρ ὑμῖν εἰϲιοῦϲιν ἀγγελεῖ,
ὡϲ ἄλφιτ' οὐκ ἔνεϲτιν ἐν τῷ θυλάκῳ.
Γυ. νὴ τὴν Ἑκάτην, κἀγὼ δ' ἀναδῆϲαι βούλομαι
εὐαγγέλιά ϲε κριβανωτῶν ὁρμαθῷ
τοιαῦτ' ἀπαγγείλαντα.
Κα. μή νυν μέλλ' ἔτι,
ὡϲ ἄνδρεϲ ἐγγύϲ εἰϲιν ἤδη τῶν θυρῶν.

754 τ'] δ' R 764 δ' R: γ' VAKL 765 ϲε R: ϲ' ἐκ vel ϲ' ἐν cett. κριβανωτῶν] -ιτῶν Caninius 767 ἄνδρεϲ Dindorf: ἅ- codd.

Γυ. φέρε νυν ἰοῦϲ' εἴϲω κομίϲω καταχύϲματα
ὥϲπερ νεωνήτοιϲιν ὀφθαλμοῖϲ ἐγώ.
Κα. ἐγὼ δ' ἀπαντῆϲαί γ' ἐκείνοιϲ βούλομαι.

ΚΟΜΜΑΤΙΟΝ ΧΟΡΟΥ

Πλ. καὶ προϲκυνῶ γε πρῶτα μὲν τὸν ἥλιον,
ἔπειτα ϲεμνῆϲ Παλλάδοϲ κλεινὸν πέδον
χώραν τε πᾶϲαν Κέκροποϲ ἥ μ' ἐδέξατο.
αἰϲχύνομαι δὲ τὰϲ ἐμαυτοῦ ϲυμφοράϲ,
οἵοιϲ ἄρ' ἀνθρώποιϲ ξυνὼν ἐλάνθανον,
τοὺϲ ἀξίουϲ δὲ τῆϲ ἐμῆϲ ὁμιλίαϲ
ἔφευγον, εἰδὼϲ οὐδέν. ὢ τλήμων ἐγώ,
ὡϲ οὔτ' ἐκεῖν' ἄρ' οὔτε ταῦτ' ὀρθῶϲ ἔδρων·
ἀλλ' αὐτὰ πάντα πάλιν ἀναϲτρέψαϲ ἐγὼ
δείξω τὸ λοιπὸν πᾶϲιν ἀνθρώποιϲ ὅτι
ἄκων ἐμαυτὸν τοῖϲ πονηροῖϲ ἐνεδίδουν.
Χρ. βάλλ' ἐϲ κόρακαϲ. ὡϲ χαλεπόν εἰϲιν οἱ φίλοι
οἱ φαινόμενοι παραχρῆμ' ὅταν πράττῃ τιϲ εὖ.
νύττουϲι γὰρ καὶ φλῶϲι τἀντικνήμια,
ἐνδεικνύμενοϲ ἕκαϲτοϲ εὔνοιάν τινα.
ἐμὲ γὰρ τίϲ οὐ προϲεῖπε; ποῖοϲ οὐκ ὄχλοϲ
περιεϲτεφάνωϲεν ἐν ἀγορᾷ πρεϲβυτικόϲ;
Γυ. ὦ φίλτατ' ἀνδρῶν, καὶ ϲὺ καὶ ϲὺ χαίρετε.
φέρε νυν, νόμοϲ γάρ ἐϲτι, τὰ καταχύϲματα
ταυτὶ καταχέω ϲου λαβοῦϲα.
Πλ. μηδαμῶϲ.
ἐμοῦ γὰρ εἰϲιόντοϲ εἰϲ τὴν οἰκίαν
πρώτιϲτ' ἀναβλέψαντοϲ οὐδὲν ἐκφέρειν
πρεπῶδέϲ ἐϲτιν, ἀλλὰ μᾶλλον εἰϲφέρειν.

768 ante *καταχύϲματα* add. *τὰ* codd. praeter RKL 770 *δ'*] *γ'* V post hunc v. add. *ΚΟΜΜΑΤΙΟΝ ΧΟΡΟΥ* RVKL: om. cett. 772 *κλεινὸν πέδον*] *κλεινὴν πόλιν* Stephanus Byzantinus s.v. *Ἀθῆναι*, lm. sch. V 781 *ἐνεδίδουν*] *ἐπε-* V 787 *περιεϲτεφάνωϲεν*] *-ωϲέ μ'* Blaydes 792 *ἀναβλέψαντοϲ* van Leeuwen: *καὶ βλέψαντοϲ* codd.

Γυ. εἶτ' οὐχὶ δέξει δῆτα τὰ καταχύϲματα,
Πλ. ἔνδον γε παρὰ τὴν ἑϲτίαν, ὥϲπερ νόμοϲ·
ἔπειτα καὶ τὸν φόρτον ἐκφύγοιμεν ἄν.
οὐ γὰρ πρεπῶδέϲ ἐϲτι τῷ διδαϲκάλῳ
ἰϲχάδια καὶ τρωγάλια τοῖϲ θεωμένοιϲ
προβαλόντ' ἐπὶ τούτοιϲ εἶτ' ἀναγκάζειν γελᾶν.
Γυ. εὖ πάνυ λέγειϲ· ὡϲ Δεξίνικόϲ γ' οὑτοϲὶ
ἀνίϲταθ' ὡϲ ἁρπαϲόμενοϲ τὰϲ ἰϲχάδαϲ.

ΧΟΡΟΥ

Κα. ὡϲ ἡδὺ πράττειν, ὦνδρέϲ, ἐϲτ' εὐδαιμόνωϲ,
καὶ ταῦτα μηδὲν ἐξενεγκόντ' οἴκοθεν.
ἡμῖν γὰρ ἀγαθῶν ϲωρὸϲ εἰϲ τὴν οἰκίαν
ἐπειϲπέπαικεν οὐδὲν ἠδικηκόϲιν.
ἡ μὲν ϲιπύη μεϲτή 'ϲτι λευκῶν ἀλφίτων,
οἱ δ' ἀμφορῆϲ οἴνου μέλανοϲ ἀνθοϲμίου.
ἅπαντα δ' ἡμῖν ἀργυρίου καὶ χρυϲίου
τὰ ϲκευάρια πλήρη 'ϲτίν, ὥϲτε θαυμάϲαι.
τὸ φρέαρ δ' ἐλαίου μεϲτόν· αἱ δὲ λήκυθοι
μύρου γέμουϲι, τὸ δ' ὑπερῷον ἰϲχάδων.
ὀξὶϲ δὲ πᾶϲα καὶ λοπάδιον καὶ χύτρα
χαλκῆ γέγονε· τοὺϲ δὲ πινακίϲκουϲ τοὺϲ ϲαπροὺϲ
τοὺϲ ἰχθυηροὺϲ ἀργυροῦϲ πάρεϲθ' ὁρᾶν.
ὁ δ' ἰπνὸϲ γέγον' ἡμῖν ἐξαπίνηϲ ἐλεφάντινοϲ.
ϲτατῆρϲι δ' οἱ θεράποντεϲ ἀρτιάζομεν
χρυϲοῖϲ· ἀποψώμεϲθα δ' οὐ λίθοιϲ ἔτι,
ἀλλὰ ϲκοροδίοιϲ ὑπὸ τρυφῆϲ ἑκάϲτοτε.
καὶ νῦν ὁ δεϲπότηϲ μὲν ἔνδον βουθυτεῖ

799 εἶτ' RK: om. cett. 800 γ' R: om. cett. 801 τὰϲ ἰϲχάδαϲ] τῶν ἰϲχάδων Su. ι 711 post hunc v. praebent *ΧΟΡΟΥ* R^{pc}VL: om. cett. v. 805a οὕτω τὸ πλουτεῖν ἐϲτιν ἡδὺ (δὴ K) πρᾶγμα δή (RV: τι L: που AK) del. Bentley 807 ἀμφορῆϲ (sic) RL: -ρεῖϲ cett. 813 ϲαπροὺϲ] ϲαθροὺϲ Par25, Kuster 815 ἰπνὸϲ] ἶποϲ Bentley e Polluce 10.155, deleto γέγον', quod om. AKL ; sed ἰπνὸϲ legebat Athenaeus 6.229 F 818 ϲκοροδίοιϲ] -δοιϲ V: -δοιϲιν van Leeuwen

ὗν καὶ τράγον καὶ κριὸν ἐϲτεφανωμένοϲ·
ἐμὲ δ' ἐξέπεμψεν ὁ καπνόϲ. οὐχ οἷόϲ τε γὰρ
ἔνδον μένειν ἦν· ἔδακνε γὰρ τὰ βλέφαρά μου.

ΑΝΗΡ ΔΙΚΑΙΟϹ

ἕπου μετ' ἐμοῦ, παιδάριον, ἵνα πρὸϲ τὸν θεὸν
ἴωμεν.
Κα. ἔα, τίϲ ἐϲθ' ὁ προϲιὼν οὑτοϲί;
Δι. ἀνὴρ πρότερον μὲν ἄθλιοϲ, νῦν δ' εὐτυχήϲ.
Κα. δῆλον ὅτι τῶν χρηϲτῶν τιϲ, ὡϲ ἔοικαϲ, εἶ.
Δι. μάλιϲτ'.
Κα. ἔπειτα τοῦ δέει;
Δι. πρὸϲ τὸν θεὸν
ἥκω· μεγάλων γάρ μοὐϲτὶν ἀγαθῶν αἴτιοϲ.
ἐγὼ γὰρ ἱκανὴν οὐϲίαν παρὰ τοῦ πατρὸϲ
λαβὼν ἐπήρκουν τοῖϲ δεομένοιϲ τῶν φίλων,
εἶναι νομίζων χρήϲιμον πρὸϲ τὸν βίον.
Κα. ἦ πού ϲε ταχέωϲ ἐπέλιπεν τὰ χρήματα.
Δι. κομιδῇ μὲν οὖν.
Κα. οὐκοῦν μετὰ ταῦτ' ἦϲθ' ἄθλιοϲ.
Δι. κομιδῇ μὲν οὖν. κἀγὼ μὲν ᾤμην, οὓϲ τέωϲ
εὐηργέτηϲα δεομένουϲ, ἕξειν φίλουϲ
ὄντωϲ βεβαίουϲ, εἰ δεηθείην ποτέ·
οἱ δ' ἐξετρέποντο κοὐκ ἐδόκουν ὁρᾶν μ' ἔτι.
Κα. καὶ κατεγέλων δ', εὖ οἶδ' ὅτι.
Δι. κομιδῇ μὲν οὖν·
αὐχμὸϲ γὰρ ὢν τῶν ϲκευαρίων μ' ἀπώλεϲεν.
ἀλλ' οὐχὶ νῦν· ἀνθ' ὧν ἐγὼ πρὸϲ τὸν θεὸν
προϲευξόμενοϲ ἥκω δικαίωϲ ἐνθάδε.

823 post *ἕπου* add. *δὲ* R, quod recepit Bergk, deleto *ἵνα* 824 *ἴωμεν*] *ἔλθωμεν* V 834 *τέωϲ*] *τότε* V 837 *κοὐκ*] *κοὐδ'* Blaydes 838 δ' R: *γ'* fere cett. 839 *ὢν τῶν*] *ὄντωϲ* Fritzsche: *ὦ τᾶν* Reiske: *οὖν τῶν* Blaydes: *οὖν τοῖϲ* (*ϲκευαρίοιϲ*) von Velsen 840 *ἀλλ' οὐχὶ νῦν* Carioni tribuunt multi; quod si facias, fortasse *ἀνθ' ὧν* ⟨*γ'*⟩ scribendum

Κα. τὸ τριβώνιον δὲ τί δύναται, πρὸϲ τῶν θεῶν,
ὃ φέρει μετὰ ϲοῦ τὸ παιδάριον τουτί; φράϲον.
Δι. καὶ τοῦτ᾽ ἀναθήϲων ἔρχομαι πρὸϲ τὸν θεόν.
Κα. μῶν ἐνεμυήθηϲ δῆτ᾽ ἐν αὐτῷ τὰ μεγάλα;
Δι. οὔκ, ἀλλ᾽ ἐνερρίγωϲ᾽ ἔτη τριακαίδεκα.
Κα. τὰ δ᾽ ἐμβάδια;
Δι. καὶ ταῦτα ϲυνεχειμάζετο.
Κα. καὶ ταῦτ᾽ ἀναθήϲων ἔφερεϲ οὖν;
Δι. νὴ τὸν Δία.
Κα. χαρίεντά γ᾽ ἥκειϲ δῶρα τῷ θεῷ φέρων.

ϹΥΚΟΦΑΝΤΗϹ

οἴμοι κακοδαίμων, ὡϲ ἀπόλωλα δείλαιοϲ,
καὶ τρὶϲ κακοδαίμων καὶ τετράκιϲ καὶ πεντάκιϲ
καὶ δωδεκάκιϲ καὶ μυριάκιϲ· ἰοὺ ἰού.
οὕτω πολυφόρῳ ϲυγκέκραμαι δαίμονι.
Κα. Ἄπολλον ἀποτρόπαιε καὶ θεοὶ φίλοι,
τί ποτ᾽ ἐϲτὶν ὅ τι πέπονθεν ἅνθρωποϲ κακόν;
Ϲυ. οὐ γὰρ ϲχέτλια πέπονθα νυνὶ πράγματα,
ἀπολωλεκὼϲ ἅπαντα τἀκ τῆϲ οἰκίαϲ
διὰ τὸν θεὸν τοῦτον, τὸν ἐϲόμενον τυφλὸν
πάλιν αὖθιϲ, ἤνπερ μὴ ᾽λλίπωϲιν αἱ δίκαι;
Δι. ἐγὼ ϲχεδὸν τὸ πρᾶγμα γιγνώϲκειν δοκῶ.
προϲέρχεται γάρ τιϲ κακῶϲ πράττων ἀνήρ.
ἔοικε δ᾽ εἶναι τοῦ πονηροῦ κόμματοϲ.
Κα. νὴ Δία, καλῶϲ τοίνυν ποιῶν ἀπόλλυται.
Ϲυ. ποῦ ποῦ ᾽ϲθ᾽ ὁ μόνοϲ ἅπανταϲ ἡμᾶϲ πλουϲίουϲ
ὑποϲχόμενοϲ οὗτοϲ ποιήϲειν εὐθέωϲ,
εἰ πάλιν ἀναβλέψειεν ἐξ ἀρχῆϲ; ὁ δὲ

844 *καὶ*] *ὅ τι*; temptavit Blaydes post Lenting 845 *ἐνεμυήθηϲ* RK: *οὖν ἐμυήθηϲ* fere cett. 849 *δῶρα* post *τῷ θεῷ* transp. RA 852 post *μυριάκιϲ* add. *καὶ* codd. vett.: om. L 855 *ἅνθρωποϲ* Dindorf: *ἄ-* codd. 859 *᾽λλίπωϲιν* Dawes: *λίπωϲιν* codd.: *᾽πιλίπωϲιν* Hemsterhuys 862–3 personarum vices non ita certae 865 *οὗτοϲ*] *αὐτὸϲ* Blaydes

πολὺ μᾶλλον ἐνίουϲ ἐϲτὶν ἐξολωλεκώϲ.
Κα. καὶ τίνα δέδρακε δῆτα τοῦτ';
Ϲυ. ἐμὲ τουτονί.
Κα. ἦ τῶν πονηρῶν ἦϲθα καὶ τοιχωρύχων;
Ϲυ. μὰ Δί', οὐ μὲν οὖν ἐϲθ' ὑγιὲϲ ὑμῶν οὐδὲ ἕν,
κοὐκ ἔϲθ' ὅπωϲ οὐκ ἔχετέ μου τὰ χρήματα.
Κα. ὡϲ ϲοβαρόϲ, ὦ Δάματερ, εἰϲελήλυθεν
ὁ ϲυκοφάντηϲ. δῆλον ὅτι βουλιμιᾷ.
Ϲυ. ϲὺ μὲν εἰϲ ἀγορὰν ἰὼν ταχέωϲ οὐκ ἂν φθάνοιϲ·
ἐπὶ τοῦ τροχοῦ γὰρ δεῖ ϲ' ἐκεῖ ϲτρεβλούμενον
εἰπεῖν ἃ πεπανούργηκαϲ.
Κα. οἰμώξἄρα ϲύ.
Δι. νὴ τὸν Δία τὸν ϲωτῆρα πολλοῦ γ' ἄξιοϲ
ἅπαϲι τοῖϲ Ἕλληϲιν ὁ θεὸϲ οὗτοϲ, εἰ
τοὺϲ ϲυκοφάνταϲ ἐξολεῖ κακοὺϲ κακῶϲ.
Ϲυ. οἴμοι τάλαϲ· μῶν καὶ ϲὺ μετέχων καταγελᾷϲ;
ἐπεὶ πόθεν θοἰμάτιον εἴληφαϲ τοδί;
ἐχθὲϲ δ' ἔχοντ' εἶδόν ϲ' ἐγὼ τριβώνιον.
Δι. οὐδὲν προτιμῶ ϲου. φορῶ γὰρ πριάμενοϲ
τὸν δακτύλιον τονδὶ παρ' Εὐδάμου δραχμῆϲ.
Κα. ἀλλ' οὐκ ἔνεϲτι "ϲυκοφάντου δήγματοϲ".
Ϲυ. ἆρ' οὐχ ὕβριϲ ταῦτ' ἐϲτὶ πολλή; ϲκώπτετον,
ὅ τι δὲ ποιεῖτον ἐνθάδ' οὐκ εἰρήκατον.
οὐκ ἐπ' ἀγαθῷ γὰρ ἐνθάδ' ἐϲτὸν οὐδενί.
Κα. μὰ τὸν Δί' οὔκουν τῷ γε ϲῷ, ϲάφ' ἴϲθ' ὅτι.
Ϲυ. ἀπὸ τῶν ἐμῶν γὰρ ναὶ μὰ Δία δειπνήϲετον.
Δι. ὡϲ δὴ 'π' ἀληθείᾳ ϲὺ μετὰ τοῦ μάρτυροϲ
διαρραγείηϲ—
Κα. μηδενόϲ γ' ἐμπλήμενοϲ.
Ϲυ. ἀρνεῖϲθον; ἔνδον ἐϲτίν, ὦ μιαρωτάτω,

870 οὐδὲ ἕν Scaliger: οὐδενόϲ codd. (ante ὑμῶν transp. V) 876 οἰμώξἄρα R: οἴμωζ' ἄρα VAL: οἴμωζ' ἄρτι K 878 οὗτοϲ, εἰ U: ἐϲθ' οὑτοϲὶ RA: ἐϲθ', ὅτι V,K ut videtur, L 885 ἔνεϲτι] ἔπεϲτι Blaydes; cf. *Eq.* 955 δήγματοϲ] δήγματα Thiercy 891 ὡϲ] καὶ Richards

πολὺ χρῆμα τεμαχῶν καὶ κρεῶν ὠπτημένων.
ὖ ὖ ὖ ὖ ὖ ὖ ὖ ὖ ὖ ὖ ὖ ὖ.
Κα. κακόδαιμον, ὀςφραίνει τι;
Δι. τοῦ ψύχους γ' ἴςως.
ἐπεὶ τοιοῦτόν γ' ἀμπέχεται τριβώνιον.
Cυ. ταῦτ' οὖν ἀναςχέτ' ἐςτίν, ὦ Ζεῦ καὶ θεοί,
τούτους ὑβρίζειν εἰς ἔμ'; οἴμ', ὡς ἄχθομαι,
ὅτι χρηςτὸς ὢν καὶ φιλόπολις πάςχω κακῶς.
Δι. cὺ φιλόπολις καὶ χρηςτός;
Cυ. ὡς οὐδείς γ' ἀνήρ.
Δι. καὶ μὴν ἐπερωτηθεὶς ἀπόκριναί μοι—
Cυ. τὸ τί;
Δι. γεωργὸς εἶ;
Cυ. μελαγχολᾶν μ' οὕτως οἴει;
Δι. ἀλλ' ἔμπορος;
Cυ. ναί, ςκήπτομαί γ', ὅταν τύχω.
Δι. τί δαί; τέχνην τιν' ἔμαθες;
Cυ. οὐ μὰ τὸν Δία.
Δι. πῶς οὖν διέζης ἢ πόθεν μηδὲν ποιῶν;
Cυ. τῶν τῆς πόλεώς εἰμ' ἐπιμελητὴς πραγμάτων
καὶ τῶν ἰδίων πάντων.
Δι. cύ; τί μαθών;
Cυ. βούλομαι.
Δι. πῶς οὖν ἂν εἴης χρηςτός, ὦ τοιχωρύχε,
εἴ ςοι προςῆκον μηδὲν εἶτ' ἀπεχθάνει;
Cυ. οὐ γὰρ προςήκει τὴν ἐμαυτοῦ μοι πόλιν
εὐεργετεῖν, ὦ κέπφε, καθ' ὅςον ἂν ςθένω;
Δι. εὐεργετεῖν οὖν ἐςτι τὸ πολυπραγμονεῖν;
Cυ. τὸ μὲν οὖν βοηθεῖν τοῖς νόμοις τοῖς κειμένοις
καὶ μὴ 'πιτρέπειν ἐάν τις ἐξαμαρτάνῃ.

897 *γ'* om. VL 901 *γ'* om. VL 902 *τὸ τί;*] *τοδί* Hirschig, ut ab Iusto dictum 905 *τιν'* Bentley: *τίν'* codd. 910 *μηδὲν*] *δεινὸν* R 912 post *εὐεργετεῖν* add. *μ'* A,K ut videtur, L 915 *ἐάν*] *ἤν* RL

Δι. οὔκουν δικαστὰς ἐξεπίτηδες ἡ πόλις
ἀρχὴν καθίστησιν;
Cυ. κατηγορεῖ δὲ τίς;
Δι. ὁ βουλόμενος.
Cυ. οὔκουν ἐκεῖνός εἰμ᾽ ἐγώ;
ὥστ᾽ εἰς ἔμ᾽ ἥκει τῆς πόλεως τὰ πράγματα.
Δι. νὴ Δία, πονηρόν γ᾽ ἆρα προστάτην ἔχει.
ἐκεῖνο δ᾽ οὐ βούλοι᾽ ἄν, ἡσυχίαν ἔχων
ζῆν ἀργός;
Cυ. ἀλλὰ προβατίου βίον λέγεις,
εἰ μὴ φανεῖται διατριβή τις τῷ βίῳ.
Δι. οὐδ᾽ ἂν μεταμάθοις;
Cυ. οὐδ᾽ ἂν εἰ δοίης γέ μοι
τὸν Πλοῦτον αὐτὸν καὶ τὸ Βάττου σίλφιον.
Κα. κατάθου ταχέως θοἰμάτιον.
Δι. οὗτος, σοὶ λέγει.
Κα. ἔπειθ᾽ ὑπόλυσαι.
Δι. πάντα ταῦτα σοὶ λέγει.
Cυ. καὶ μὴν προσελθέτω πρὸς ἔμ᾽ ὑμῶν ἐνθαδὶ
ὁ βουλόμενος.
Κα. οὔκουν ἐκεῖνός εἰμ᾽ ἐγώ;
Cυ. οἴμοι τάλας, ἀποδύομαι μεθ᾽ ἡμέραν.
Κα. σὺ γὰρ ἀξιοῖς τἀλλότρια πράττων ἐσθίειν.
Cυ. ὁρᾷς ἃ ποιεῖς; ταῦτ᾽ ἐγὼ μαρτύρομαι.
Κα. ἀλλ᾽ οἴχεται φεύγων ὃν εἶχες μάρτυρα.
Cυ. οἴμοι, περιείλημμαι μόνος.
Κα. νυνὶ βοᾷς;
Cυ. οἴμοι μάλ᾽ αὖθις.
Κα. δὸς σύ μοι τὸ τριβώνιον,
ἵν᾽ ἀμφιέσω τὸν συκοφάντην τουτονί.

917 ἀρχὴν Meineke: ἄρχειν codd. 926–34 personarum vices parum certae 927 πάντα post ταῦτα transp. A 932 ποιεῖς] ποιεῖ Budaeus 933 εἶχες RA: ἦγες VKL 934 βοᾷς;] βόα Lenting

Δι. μὴ δῆθ᾽· ἱερὸν γάρ ἐϲτι τοῦ Πλούτου πάλαι.
Κα. ἔπειτα ποῦ κάλλιον ἀνατεθήϲεται
ἢ περὶ πονηρὸν ἄνδρα καὶ τοιχωρύχον;
Πλοῦτον δὲ κοϲμεῖν ἱματίοιϲ ϲεμνοῖϲ πρέπει.
Δι. τοῖϲ δ᾽ ἐμβαδίοιϲ τί χρήϲεταί τιϲ; εἰπέ μοι.
Κα. καὶ ταῦτα πρὸϲ τὸ μέτωπον αὐτίκα δὴ μάλα
ὥϲπερ κοτίνῳ προϲπατταλεύϲω τουτῳί.
Ϲυ. ἄπειμι· γιγνώϲκω γὰρ ἥττων ὢν πολὺ
ὑμῶν· ἐὰν δὲ ϲύζυγον λάβω τινὰ
καὶ ϲύκινον, τοῦτον τὸν ἰϲχυρὸν θεὸν
ἐγὼ ποιήϲω τήμερον δοῦναι δίκην,
ὁτιὴ καταλύει περιφανῶϲ εἷϲ ὢν μόνοϲ
τὴν δημοκρατίαν, οὔτε τὴν βουλὴν πιθὼν
τὴν τῶν πολιτῶν οὔτε τὴν ἐκκληϲίαν.
Δι. καὶ μὴν ἐπειδὴ τὴν πανοπλίαν τὴν ἐμὴν
ἔχων βαδίζειϲ, εἰϲ τὸ βαλανεῖον τρέχε·
ἔπειτ᾽ ἐκεῖ κορυφαῖοϲ ἑϲτηκὼϲ θέρου.
κἀγὼ γὰρ εἶχον τὴν ϲτάϲιν ταύτην ποτέ.
Κα. ἀλλ᾽ ὁ βαλανεὺϲ ἕλξει θύραζ᾽ αὐτὸν λαβὼν
τῶν ὀρχιπέδων· ἰδὼν γὰρ αὐτὸν γνώϲεται
ὅτι ἔϲτ᾽ ἐκείνου τοῦ πονηροῦ κόμματοϲ.
νὼ δ᾽ εἰϲίωμεν, ἵνα προϲεύξῃ τὸν θεόν.

ΧΟΡΟΥ

ΓΡΑΥϹ

ἆρ᾽, ὦ φίλοι γέροντεϲ, ἐπὶ τὴν οἰκίαν
ἀφίγμεθ᾽ ὄντωϲ τοῦ νέου τούτου θεοῦ,
ἢ τῆϲ ὁδοῦ τὸ παράπαν ἡμαρτήκαμεν;
Χο. ἀλλ᾽ ἴϲθ᾽ ἐπ᾽ αὐτὰϲ τὰϲ θύραϲ ἀφιγμένη,

946 *καὶ*] *κἂν* Hemsterhuys 948 *ὁτιὴ* Bentley: *ὅτι ἢ* V: *ὅτι* cett. 949–50 *βουλὴν πιθὼν* et *ἐκκληϲίαν* fortasse inter se traicienda censent Hall & Geldart 958 *προϲεύξῃ*] *προϲδέξῃ* R *τὸν θεόν*] *τῷ θεῷ* codd. recc., Blaydes post 958 *ΧΟΡΟΥ* praebet L, lacunam idoneam P83: om. cett.

ὦ μειρακίσκη· πυνθάνει γὰρ ὡρικῶς.
Γρ. φέρε νυν ἐγὼ τῶν ἔνδοθεν καλέσω τινά.
Χρ. μὴ δῆτ᾽· ἐγὼ γὰρ αὐτὸς ἐξελήλυθα.
ἀλλ᾽ ὅ τι μάλιστ᾽ ἐλήλυθας λέγειν c᾽ ἐχρῆν.
Γρ. πέπονθα δεινὰ καὶ παράνομ᾽, ὦ φίλτατε·
ἀφ᾽ οὗ γὰρ ὁ θεὸς οὗτος ἤρξατο βλέπειν,
ἀβίωτον εἶναί μοι πεποίηκε τὸν βίον.
Χρ. τί δ᾽ ἐστίν; ἦ που καὶ cὺ cυκοφάντρια
ἐν ταῖς γυναιξὶν ἦcθα;
Γρ. μὰ Δί᾽ ἐγὼ μὲν οὔ.
Χρ. ἀλλ᾽ οὐ λαχοῦc᾽ ἔπινες ἐν τῷ γράμματι;
Γρ. cκώπτεις· ἐγὼ δὲ κατακέκνιcμαι δειλάκρα.
Χρ. οὔκουν ἐρεῖς ἀνύcαcα τὸν κνιcμὸν τίνα;
Γρ. ἄκουέ νυν. ἦν μοί τι μειράκιον φίλον,
πενιχρὸν μέν, ἄλλως δ᾽ εὐπρόcωπον καὶ καλὸν
καὶ χρηcτόν· εἰ γάρ του δεηθείην ἐγώ,
ἅπαντ᾽ ἐποίει κοcμίως μοι καὶ καλῶς·
ἐγὼ δ᾽ ἐκείνῳ πάντ᾽ ἂν ἀνθυπηρέτουν.
Χρ. τί δ᾽ ἦν ὅ τι cου μάλιστ᾽ ἐδεῖθ᾽ ἑκάcτοτε;
Γρ. οὐ πολλά· καὶ γὰρ ἐκνομίως μ᾽ ᾐcχύνετο.
ἀλλ᾽ ἀργυρίου δραχμὰς ἂν ᾔτης᾽ εἴκοcιν
εἰς ἱμάτιον, ὀκτὼ δ᾽ ἂν εἰς ὑποδήματα·
καὶ ταῖς ἀδελφαῖς ἀγοράcαι χιτώνιον
ἐκέλευcεν ἂν τῇ μητρί θ᾽ ἱματίδιον·
πυρῶν τ᾽ ἂν ἐδεήθη μεδίμνων τεττάρων.
Χρ. οὐ πολλὰ τοίνυν, μὰ τὸν Ἀπόλλω, ταῦτά γε
εἴρηκας, ἀλλὰ δῆλον ὅτι c᾽ ᾐcχύνετο.

966 c᾽ om. P83, VAKL   967 ὦ om. P83   968 ante vel post hunc v. spatium unius v. deperditi sed fortasse interpolati habet P83   973 κατακέκνιcμαι] -κνηcμαι codd. recc.   974 κνιcμὸν] κνηcμὸν V^{ac}L, lm. sch. ΘN   979 πάντ᾽ ἂν ἀνθ- Porson (πάντα γ᾽ ἀνθ- iam Hemsterhuys), cf. sch. M: πάντα ταῦθ᾽ VKL: ταῦτα πάνθ᾽ RA: γ᾽ αὖ τὰ πάνθ᾽ Holden   980 cου] cοῦ RU   985 θ᾽ ἱματίδιον MU: τε θοἰματίδιον RAL: τ᾽ εἰς ἱμάτιον V: τε τί ἱματίδιον K

Γρ. καὶ ταῦτα τοίνυν οὐχ ἕνεκεν μιϲητίαϲ
αἰτεῖν μ’ ἔφαϲκεν, ἀλλὰ φιλίαϲ οὕνεκα,
ἵνα τοὐμὸν ἱμάτιον φορῶν μεμνῇτό μου.
Χρ. λέγειϲ ἐρῶντ’ ἄνθρωπον ἐκνομιώτατα.
Γρ. ἀλλ’ οὐχὶ νῦν ὁ βδελυρὸϲ ἔτι τὸν νοῦν ἔχει
τὸν αὐτόν, ἀλλὰ πολὺ μεθέϲτηκεν πάνυ.
ἐμοῦ γὰρ αὐτῷ τὸν πλακοῦντα τουτονὶ
καὶ τἄλλα τἀπὶ τοῦ πίνακοϲ τραγήματα
ἐπόντα πεμψάϲηϲ ὑπειπούϲηϲ θ’ ὅτι
εἰϲ ἑϲπέραν ἥξοιμι—
Χρ. τί ϲ’ ἔδραϲ’; εἰπέ μοι.
Γρ. ἄμητα προϲαπέπεμψεν ἡμῖν τουτονί,
ἐφ’ ᾧ τ’ ἐκεῖϲε μηδέποτέ μ’ ἐλθεῖν ἔτι,
καὶ πρὸϲ ἐπὶ τούτοιϲ εἶπεν ἀποπέμπων ὅτι
“πάλαι ποτ’ ἦϲαν ἄλκιμοι Μιλήϲιοι.”
Χρ. δῆλον ὅτι τοὺϲ τρόπουϲ τιϲ οὐ μοχθηρὸϲ ἦν.
ἔπειτα πλουτῶν οὐκέθ’ ἥδεται φακῇ·
πρὸ τοῦ δ’ ὑπὸ τῆϲ πενίαϲ ἅπανθ’ ὑπήϲθιεν.
Γρ. καὶ μὴν πρὸ τοῦ γ’ ὁϲημέραι, νὴ τὼ θεώ,
ἐπὶ τὴν θύραν ἐβάδιζεν ἀεὶ τὴν ἐμήν.
Χρ. ἐπ’ ἐκφοράν;
Γρ. μὰ Δί’, ἀλλὰ τῆϲ φωνῆϲ μόνον
ἐρῶν ἀκοῦϲαι.
Χρ. τοῦ λαβεῖν μὲν οὖν χάριν.
Γρ. καὶ νὴ Δί’ εἰ λυπουμένην γ’ αἴϲθοιτό με,
νηττάριον ἂν καὶ φάττιον ὑπεκορίζετο.

989 ἕνεκεν] ἕνεκα V, Su. μ 1113 991 μεμνῇτο] -ῷτο M[ac]U 993 νῦν] τοίνυν R: νῦν γε K: νυνί γ’ L ἔτι V: om. cett. 998 τί ϲ’ RV: τίϲ L: τί A 999 προϲαπέπεμψεν R: προϲεπέπεμψεν K: προϲέπεμψεν VA: τε προϲέπεμψεν L 1005 ὑπήιϲθιεν (sic) R: γ’ ἤϲθιεν V, Su. φ 23: κατήϲθιε(ν) cett.: ἐπήϲθιεν Athenaeus 170 D: ἂν ἤϲθιεν Dobree 1008 ἐκφοράν] -ρᾷ V, K s.l. 1010 γ’ om. R (sed habet Su. ν 430) 1011 νηττάριον Thomas Magister, Bentley: νιττα- K: νιτάριον cett. φάττιον Bentley: βάττιον Su. ν 430 codd. GM: βάτιον RVAKL: βιτάριον Su. codd. AV

Χρ. ἔπειτ᾽ ἴϲωϲ ᾔτηϲ᾽ ἂν εἰϲ ὑποδήματα.
Γρ. μυϲτηρίοιϲ δὲ τοῖϲ μεγάλοιϲ ὀχουμένην
ἐπὶ τῆϲ ἁμάξηϲ ὅτι προϲέβλεψέν μέ τιϲ,
ἐτυπτόμην διὰ τοῦθ᾽ ὅλην τὴν ἡμέραν.
οὕτω ϲφόδρα ζηλότυποϲ ὁ νεανίϲκοϲ ἦν.
Χρ. μόνοϲ γὰρ ἥδεθ᾽, ὡϲ ἔοικεν, ἐϲθίων.
Γρ. καὶ τάϲ γε χεῖραϲ παγκάλαϲ ἔχειν μ᾽ ἔφη.
Χρ. ὁπότε προτείνοιέν γε δραχμὰϲ εἴκοϲιν.
Γρ. ὄζειν τε τῆϲ χροιᾶϲ ἔφαϲκεν ἡδύ μου.
Χρ. εἰ Θάϲιον ἐνέχειϲ, εἰκότωϲ γε νὴ Δία.
Γρ. τὸ βλέμμα θ᾽ ὡϲ ἔχοιμι μαλακὸν καὶ καλόν.
Χρ. οὐ ϲκαιὸϲ ἦν ἅνθρωποϲ, ἀλλ᾽ ἠπίϲτατο
γραὸϲ καπρώϲηϲ τἀφόδια κατεϲθίειν.
Γρ. ταῦτ᾽ οὖν ὁ θεόϲ, ὦ φίλ᾽ ἄνερ, οὐκ ὀρθῶϲ ποιεῖ,
φάϲκων βοηθεῖν τοῖϲ ἀδικουμένοιϲ ἀεί.
Χρ. τί γὰρ ποιήϲῃ; φράζε, καὶ πεπράξεται.
Γρ. ἀναγκάϲαι δίκαιόν ἐϲτι, νὴ Δία,
τὸν εὖ παθόνθ᾽ ὑπ᾽ ἐμοῦ πάλιν μ᾽ ἀντευποιεῖν·
ἢ μηδ᾽ ὁτιοῦν ἀγαθὸν δίκαιόϲ ἐϲτ᾽ ἔχειν.
Χρ. οὔκουν καθ᾽ ἑκάϲτην ἀπεδίδου τὴν νύκτα ϲοι;
Γρ. ἀλλ᾽ οὐδέποτέ με ζῶϲαν ἀπολείψειν ἔφη.
Χρ. ὀρθῶϲ γε· νῦν δέ γ᾽ οὐκέτι ϲὲ ζῆν οἴεται.
Γρ. ὑπὸ τοῦ γὰρ ἄλγουϲ κατατέτηκ᾽, ὦ φίλτατε.
Χρ. οὔκ, ἀλλὰ καταϲέϲηπαϲ, ὥϲ γ᾽ ἐμοὶ δοκεῖϲ.
Γρ. διὰ δακτυλίου μὲν οὖν ἐμέ γ᾽ ἂν διελκύϲαιϲ.
Χρ. εἰ τυγχάνοι γ᾽ ὁ δακτύλιοϲ ὢν τηλίαϲ.

1012 *ᾔτηϲ᾽*] *ᾔτει ϲ᾽* R[pc] ut videtur, U: *ᾔτηϲεν ἂν* L 1013 *μεγάλοιϲ ὀχουμένην*] *μεγάλοιϲι νὴ Δία* V 1018 *παγκάλαϲ*] -*λουϲ* M[pc]L 1020 *χροιᾶϲ* R: *χρόαϲ* cett., Su. *ο* 73 *μου*] *με* edd.: *μοι* codd. recc. 1022 *θ᾽* RL: *δ᾽* VA 1023 *ἅνθρωποϲ* Bekker: *ἄ*- codd. 1027 *ποιήϲῃ* Bekker: -*ϲει* codd. 1029 *μ᾽* L: om. cett. 1030 *ἀγαθὸν* post *δίκαιον* transp. codd. praeter R *δίκαιοϲ* Brunck: *δίκαιον* codd. 1031 v. om. R 1033 *ϲε ζῆν* R: *ζῆν ϲ᾽* cett. 1034 *ὑπὸ*] *ἀπὸ* R 1035 *γ᾽ ἐμοὶ* V: *γέ μοι* cett. 1037 *τυγχάνοι* V: -*νει* cett. *τηλίαϲ* R: *τηλία* cett.

Γρ. καὶ μὴν τὸ μειράκιον τοδὶ προϲέρχεται,
οὗπερ πάλαι κατηγοροῦϲα τυγχάνω·
ἔοικε δ' ἐπὶ κῶμον βαδίζειν.
Χρ. φαίνεται·
ϲτεφάνουϲ γέ τοι καὶ δᾳ̂δ' ἔχων πορεύεται.

ΝΕΑΝΙΑϹ
ἀϲπάζομαί ϲε.
Γρ. τί φηϲιν;
Νε. ἀρχαία φίλη,
πολιὰ γεγένηϲαι ταχύ γε, νὴ τὸν οὐρανόν.
Γρ. τάλαιν' ἐγὼ τῆϲ ὕβρεοϲ ἧϲ ὑβρίζομαι.
Χρ. ἔοικε διὰ πολλοῦ χρόνου ϲ' ἑορακέναι.
Γρ. ποίου χρόνου, ταλάνταθ', ὃϲ παρ' ἐμοὶ χθὲϲ ἦν;
Χρ. τοὐναντίον πέπονθε τοῖϲ ἄλλοιϲ ἄρα·
μεθύων γάρ, ὡϲ ἔοικεν, ὀξύτερον βλέπει.
Γρ. οὔκ, ἀλλ' ἀκόλαϲτόϲ ἐϲτιν ἀεὶ τοῖϲ τρόποιϲ.
Νε. ὦ Ποντοπόϲειδον καὶ θεοὶ πρεϲβυτικοί,
ἐν τῷ προϲώπῳ τῶν ῥυτίδων ὅϲαϲ ἔχει.
Γρ. ἆ ἆ,
τὴν δᾳ̂δα μή μοι πρόϲφερ'.
Χρ. εὖ μέντοι λέγει.
ἐὰν γὰρ αὐτὴν εἷϲ μόνοϲ ϲπινθὴρ λάβῃ,
ὥϲπερ παλαιὰν εἰρεϲιώνην καύϲεται.
Νε. βούλει διὰ χρόνου πρόϲ με παῖϲαι;
Γρ. ποῖ, τάλαν;
Νε. αὐτοῦ, λαβοῦϲα κάρυα.
Γρ. παιδιὰν τίνα;

1041 *ϲτεφάνουϲ* R: *ϲτέφανον* cett. *δᾳ̂δ'*] *δᾳ̂δαϲ* R 1042 *ϲε* om. VKL notam *Γρ.* et *τί* om. R 1044 *ἐγὼ*] *ἔγωγε* R *ὕβρεοϲ* UL: *-εωϲ* cett. *ὑβρίζομαι*] *αἰϲχύνομαι* V 1047 *ἄλλοιϲ* V, cf. sch.: *πολλοῖϲ* cett. 1049 *ἀεὶ* fortasse K, Porson: *αἰεὶ* codd. *τοῖϲ τρόποιϲ* R: *τοὺϲ -ουϲ* cett., Su. α 916 1051 *τῶν ῥυτίδων*] *τὰϲ ῥυτίδαϲ* Uγρ 1053 *λάβῃ*] *βάλῃ* Wakefield 1054 *παλαιὰν εἰρεϲιώνην*] *παλαιά γ' εἰρεϲιώνη* Wakefield 1055 *παῖϲαι*] *παῖξαι* V

Νε. πόϲουϲ ἔχειϲ ὀδόνταϲ.
Χρ. ἀλλὰ γνώϲομαι
κἄγωγ'· ἔχει γὰρ τρεῖϲ ἴϲωϲ ἢ τέτταραϲ.
Νε. ἀπότειϲον· ἕνα γὰρ γομφίον μόνον φορεῖ.
Γρ. ταλάντατ' ἀνδρῶν, οὐχ ὑγιαίνειν μοι δοκεῖϲ,
πλύνον με ποιῶν ἐν τοϲούτοιϲ ἀνδράϲιν.
Νε. ὄναιο μέν γ' ἄν, εἴ τιϲ ἐκπλύνειέ ϲε.
Χρ. οὐ δῆτ', ἐπεὶ νῦν μὲν καπηλικῶϲ ἔχει,
εἰ δ' ἐκπλυνεῖται τοῦτο τὸ ψιμύθιον,
ὄψει κατάδηλα τοῦ προϲώπου τὰ ῥάκη.
Γρ. γέρων ἀνὴρ ὢν οὐχ ὑγιαίνειν μοι δοκεῖϲ.
Νε. πειρᾷ μὲν οὖν ἴϲωϲ ϲε καὶ τῶν τιτθίων
ἐφάπτεταί ϲου λανθάνειν δοκῶν ἐμέ.
Γρ. μὰ τὴν Ἀφροδίτην, οὐκ ἐμοῦ γ', ὦ βδελυρὲ ϲύ.
Χρ. μὰ τὴν Ἑκάτην, οὐ δῆτα· μαινοίμην γὰρ ἄν.
ἀλλ', ὦ νεανίϲκ', οὐκ ἐῶ τὴν μείρακα
μιϲεῖν ϲε ταύτην.
Νε. ἀλλ' ἔγωγ' ὑπερφιλῶ.
Χρ. καὶ μὴν κατηγορεῖ γέ ϲου.
Νε. τί κατηγορεῖ;
Χρ. εἶναί ϲ' ὑβριϲτήν φηϲι καὶ λέγειν ὅτι
"πάλαι ποτ' ἦϲαν ἄλκιμοι Μιλήϲιοι."
Νε. ἐγὼ περὶ ταύτηϲ οὐ μαχοῦμαί ϲοι—
Χρ. τὸ τί;
Νε. αἰϲχυνόμενοϲ τὴν ἡλικίαν τὴν ϲήν, ἐπεὶ
οὐκ ἄν ποτ' ἄλλῳ τοῦτ' ἐπέτρεπον ⟨ἂν⟩ ποιεῖν.
νῦν δ' ἄπιθι χαίρων ϲυλλαβὼν τὴν μείρακα.
Χρ. οἶδ', οἶδα τὸν νοῦν· οὐκέτ' ἀξιοῖϲ ἴϲωϲ

1059 γομφίον R^{pc}VA: γόμφιον cett.: post μόνον transp. R 1061 πλύνον hoc accentu sch.: πλυνόν codd. 1062 μέν γ' RL: μέντ' cett. [K] 1064 ἐκπλυνεῖται] ἐκπλυνεῖ τιϲ Wakefield 1076 τὸ τί;] τιή; Blaydes 1078 τοῦτό ⟨γ'⟩ Brunck ἐπέτρεπον] ἐπέτρεψ' ἐγὼ V suppl. Bamberg post Lenting

εἶναι μετ' αὐτῆϲ.
Νε. ὁ δ' ἐπιτάξων ἐϲτὶ τίϲ;
οὐκ ἂν διαλεχθείην διεϲπλεκωμένῃ
ὑπὸ μυρίων ἐτῶν γε καὶ τριϲχιλίων.
Χρ. ὅμωϲ δ', ἐπειδὴ καὶ τὸν οἶνον ἠξίουϲ
πίνειν, ϲυνεκποτέ' ἐϲτί ϲοι καὶ τὴν τρύγα.
Νε. ἀλλ' ἔϲτι κομιδῇ τρὺξ παλαιὰ καὶ ϲαπρά.
Χρ. οὔκουν τρύγοιποϲ ταῦτα πάντ' ἰάϲεται;
ἀλλ' εἴϲιθ' εἴϲω.
Νε. τῷ θεῷ γοῦν βούλομαι
ἐλθὼν ἀναθεῖναι τοὺϲ ϲτεφάνουϲ τούϲδ' ὡϲ ἔχω.
Γρ. ἐγὼ δέ γ' αὐτῷ καὶ φράϲαι τι βούλομαι.
Νε. ἐγὼ δέ γ' οὐκ εἴϲειμι.
Χρ. θάρρει, μὴ φοβοῦ·
οὐ γὰρ βιάϲεται.
Νε. πάνυ καλῶϲ τοίνυν λέγειϲ.
ἱκανὸν γὰρ αὐτὴν πρότερον ὑπεπίττουν χρόνον.
Γρ. βάδιζ'· ἐγὼ δέ ϲου κατόπιν εἰϲέρχομαι.
Χρ. ὡϲ ἐντόνωϲ, ὦ Ζεῦ βαϲιλεῦ, τὸ γρᾴδιον
ὥϲπερ λεπὰϲ τῷ μειρακίῳ προϲείχετο.

ΧΟΡΟΥ

Κα. τίϲ ἔϲθ' ὁ κόπτων τὴν θύραν; τουτὶ τί ἦν;
οὐδείϲ, ἔοικεν· ἀλλὰ δῆτα τὸ θύριον
φθεγγόμενον ἄλλωϲ κλαυϲιᾷ;

1081 ἐπιτάξων van Leeuwen: ἐπιτρέψων AKL: ἐπιτρέπων V, lm. sch. R: ἐπιϲτρέψων R 1082 διεϲπλεκωμένῃ V^{ac}, Su. δ 964: διεϲπεκλωμένη cett. 1083 ἐτῶν γε] ἐτῶν τε Su.: γε τῶνδε Rutherford 1087 ταῦτα post πάντα transp. VU 1088 γοῦν RV: γὰρ cett. 1089 ὡϲ R: οὓϲ cett. 1093 ὑπεπίττουν L: ὑπέπιττον RV: ἐπίττουν A: ὑπεπείρων Vγρ, sch. R, sed nihil nisi interpretatio est 1095 ἐντόνωϲ Meineke: εὐτόνωϲ codd. 1096 προϲείχετο RV: προϲίϲχεται AL post hunc v. ΧΟΡΟΥ habent KL: om. cett. 1097–8 ita interpunxit post οὐδείϲ et κλαυϲιᾷ; Blaydes

ΕΡΜΗϹ

ϲέ τοι λέγω,
ὦ Καρίων, ἀνάμεινον.
Κα. οὗτοϲ, εἰπέ μοι,
ϲὺ τὴν θύραν ἔκοπτεϲ οὑτωϲὶ ϲφόδρα;
Ερ. μὰ Δί', ἀλλ' ἔμελλον· εἶτ' ἀνέῳξάϲ με φθάϲαϲ.
ἀλλ' ἐκκάλει τὸν δεϲπότην τρέχων ταχύ,
ἔπειτα τὴν γυναῖκα καὶ τὰ παιδία,
ἔπειτα τοὺϲ θεράπονταϲ, εἶτα τὴν κύνα,
ἔπειτα ϲαυτόν, εἶτα τὴν ὗν.
Κα. εἰπέ μοι,
τί δ' ἐϲτίν;
Ερ. ὁ Ζεύϲ, ὦ πόνηρε, βούλεται
εἰϲ ταὐτὸν ὑμᾶϲ ϲυγκυκήϲαϲ τρύβλιον
ἁπαξάπανταϲ εἰϲ τὸ βάραθρον ἐμβαλεῖν.
Κα. ἡ γλῶττα τῷ κήρυκι τούτῳ γίγνεται.
ἀτὰρ διὰ τί δὴ ταῦτ' ἐπιβουλεύει ποιεῖν
ἡμᾶϲ;
Ερ. ὁτιὴ δεινότατα πάντων πραγμάτων
εἴργαϲθ'. ἀφ' οὗ γὰρ ἤρξατ' ἐξ ἀρχῆϲ βλέπειν
ὁ Πλοῦτοϲ, οὐδεὶϲ οὐ λιβανωτόν, οὐ δάφνην,
οὐ ψαιϲτόν, οὐχ ἱερεῖον, οὐκ ἄλλ' οὐδὲ ἓν
ἡμῖν ἔτι θύει τοῖϲ θεοῖϲ.
Κα. μὰ Δί', οὐδέ γε
θύϲει· κακῶϲ γὰρ ἐπεμελεῖϲθ' ἡμῶν τότε.

1100 ὦ RVU^{pc}: ὁ codd. plerique 1102 με φθάϲαϲ] μ' ἔφθαϲαϲ VK, unde ἀνοίξαϲ pro ἀνέῳξαϲ temptaverunt Hirschig et Blaydes 1105 τὴν] τὸν A 1110 τούτῳ AM, Us.l.: τούτων RVKL, Su. η 62 γίγνεται RK, Us.l., Vγρ: τέμνεται cett., Kγρ, Su. 1111 δὴ R: om. VA: γε L 1114 prius οὐ om. R, unde οὐδὲ εἶϲ Blaydes alterum οὐ] ἢ R 1115 οὐ UL: οὐχὶ RVA 1116 ἔτι θύει V: ἐπιθύει RAKL 1117 ἐπεμελεῖϲθ'] ἐπι- R

Ερ. καὶ τῶν μὲν ἄλλων μοι θεῶν ἧττον μέλει,
ἐγὼ δ' ἀπόλωλα κἀπιτέτριμμαι.
Κα. σωφρονεῖϲ.
Ερ. πρότερον γὰρ εἶχον ⟨ἂν⟩ παρὰ ταῖϲ καπηλίϲιν
πάντ' ἀγάθ' ἕωθεν εὐθύϲ, οἰνοῦτταν, μέλι,
ἰϲχάδαϲ, ὅϲ' εἰκόϲ ἐϲτιν Ἑρμῆν ἐϲθίειν·
νυνὶ δὲ πεινῶν ἀναβάδην ἀναπαύομαι.
Κα. οὔκουν δικαίωϲ, ὅϲτιϲ ἐποίειϲ ζημίαν
ἐνίοτε τοιαῦτ' ἀγάθ' ἔχων;
Ερ. οἴμοι τάλαϲ,
οἴμοι πλακοῦντοϲ τοῦ 'ν τετράδι πεπεμμένου.
Κα. ποθεῖϲ τὸν οὐ παρόντα καὶ μάτην καλεῖϲ.
Ερ. οἴμοι δὲ κωλῆϲ, ἣν ἐγὼ κατήϲθιον.
Κα. ἀϲκωλίαζ' ἐνταῦθα πρὸϲ τὴν αἰθρίαν.
Ερ. ϲπλάγχνων τε θερμῶν, ὧν ἐγὼ κατήϲθιον.
Κα. ὀδύνη ϲε περὶ τὰ ϲπλάγχν' ἔοικέ τιϲ ϲτρέφειν.
Ερ. οἴμοι δὲ κύλικοϲ ἴϲον ἴϲῳ κεκραμένηϲ.
Κα. ταύτην ἐπιπιὼν ἀποτρέχων οὐκ ἂν φθάνοιϲ.
Ερ. ἆρ' ὠφελήϲαιϲ ἄν τι τὸν ϲαυτοῦ φίλον;
Κα. εἴ του δέει γ' ὧν δυνατόϲ εἰμί ϲ' ὠφελεῖν.
Ερ. εἴ μοι πορίϲαϲ ἄρτον τιν' εὖ πεπεμμένον
δοίηϲ καταφαγεῖν καὶ κρέαϲ νεανικὸν
ὧν θύεθ' ὑμεῖϲ ἔνδον.
Κα. ἀλλ' οὐκ ἐκφορά.
Ερ. καὶ μὴν ὁπότε τι ϲκευάριον τοῦ δεϲπότου
ὑφέλοι', ἐγώ ϲ' ἂν λανθάνειν ἐποίουν ἀεί.
Κα. ἐφ' ᾧ γε μετέχειν καὐτόϲ, ὦ τοιχωρύχε·
ἧκεν γὰρ ἄν ϲοι ναϲτὸϲ εὖ πεπεμμένοϲ.

1119 κἀπιτέτριμμαι] κἀπο- R 1120 post γὰρ add. ἔγωγ' K suppl. Dobree: εἶχον ⟨μὲν⟩ L 1126 τοῦ 'ν] τοῦ Porson 1128 ἣν] ἧϲ codd. recc., Casaubon 1129–30 om. RA 1131 περὶ V: πρὸϲ RAKL τιϲ ϲτρέφειν codd. recc.: τι ϲτρέφειν RV: ἐπιϲτρέφειν AKL 1138 ἐκφορά V: ἔκφορα RAL: ἔκφορά K 1139 ὁπότε τι VL: ὅτε γε RA: ὅτε τι γε K 1140 ὑφέλοι' fortasse voluit V, Dawes: -οιϲ RA: -ου U: ὑφείλου KL ϲ' ἂν RM: ϲε VAKL 1141 γε RU: om. V: τε AKL

Ερ. ἔπειτα τοῦτόν γ' αὐτὸϲ ἂν κατήϲθιεϲ.
Κα. οὐ γὰρ μετεῖχεϲ τὰϲ ἴϲαϲ πληγὰϲ ἐμοί,
ὁπότε τι ληφθείην πανουργήϲαϲ ἐγώ.
Ερ. μὴ μνηϲικακήϲῃϲ, εἰ ϲὺ Φυλὴν κατέλαβεϲ.
ἀλλὰ ξύνοικον πρὸϲ θεῶν δέξαϲθέ με.
Κα. ἔπειτ' ἀπολιπὼν τοὺϲ θεοὺϲ ἐνθάδε μενεῖϲ;
Ερ. τὰ γὰρ παρ' ὑμῖν ἐϲτι βελτίω πολύ.
Κα. τί δέ; ταὐτομολεῖν ἀϲτεῖον εἶναί ϲοι δοκεῖ;
Ερ. πατρὶϲ γάρ ἐϲτι πᾶϲ' ἵν' ἂν πράττῃ τιϲ εὖ.
Κα. τί δῆτ' ἂν εἴηϲ ὄφελοϲ ἡμῖν ἐνθάδ' ὤν;
Ερ. παρὰ τὴν θύραν ϲτροφαῖον ἱδρύϲαϲθέ με.
Κα. ϲτροφαῖον; ἀλλ' οὐκ ἔργον ἔϲτ' οὐδὲν ϲτροφῶν.
Ερ. ἀλλ' ἐμπολαῖον.
Κα. ἀλλὰ πλουτοῦμεν. τί οὖν
Ἑρμῆν παλιγκάπηλον ἡμᾶϲ δεῖ τρέφειν;
Ερ. ἀλλὰ δόλιον τοίνυν.
Κα. δόλιον; ἥκιϲτά γε·
οὐ γὰρ δόλου νῦν ἔργον, ἀλλ' ἁπλῶν τρόπων.
Ερ. ἀλλ' ἡγεμόνιον.
Κα. ἀλλ' ὁ θεὸϲ ἤδη βλέπει.
ὥϲθ' ἡγεμόνοϲ οὐδὲν δεηϲόμεϲθ' ἔτι.
Ερ. ἐναγώνιοϲ τοίνυν ἔϲομαι. καὶ τί ἔτ' ἐρεῖϲ;
Πλούτῳ γάρ ἐϲτι τοῦτο ϲυμφορώτατον,
ποιεῖν ἀγῶναϲ μουϲικοὺϲ καὶ γυμνικούϲ.
Κα. ὡϲ ἀγαθόν ἐϲτ' ἐπωνυμίαϲ πολλὰϲ ἔχειν.
οὗτοϲ γὰρ ἐξηύρηκεν αὑτῷ βιότιον.
οὐκ ἐτὸϲ ἅπαντεϲ οἱ δικάζοντεϲ θαμὰ
ϲπεύδουϲιν ἐν πολλοῖϲ γεγράφθαι γράμμαϲιν.
Ερ. οὐκοῦν ἐπὶ τούτοιϲ εἰϲίω;
Κα. καὶ πλῦνέ γε

1143 *γ'*] *κ'* V   1147 *ἀλλὰ*] *ἀλλ' οὖν* L   *ξύνοικον*] *ϲυν-* AKL   1148 *ἐνθάδε* VL: *ἐνταυθοῖ* RA: fortasse *ἐνθαδὶ* K   1150 *δοκεῖ*] *δοκεῖϲ* V   1161 post *τοίνυν* add. *γ'* L   *καὶ τί ἔτ'*] *τί δῆτ'* V   1162 *ϲυμφορώτατον*] *-ώτερον* R

αὐτὸϲ προϲελθὼν πρὸϲ τὸ φρέαρ τὰϲ κοιλίαϲ,
ἵν' εὐθέωϲ διακονικὸϲ εἶναι δοκῇϲ.

ΙΕΡΕΥϹ

τίϲ ἂν φράϲειε ποῦ 'ϲτὶ Χρεμύλοϲ μοι ϲαφῶϲ;
Χρ. τί δ' ἐϲτίν, ὦ βέλτιϲτε;
Ιε. τί γὰρ ἄλλ' ἢ κακῶϲ;
ἀφ' οὗ γὰρ ὁ θεὸϲ οὗτοϲ ἤρξατο βλέπειν,
ἀπόλωλ' ὑπὸ λιμοῦ. καταφαγεῖν γὰρ οὐκ ἔχω,
καὶ ταῦτα τοῦ ϲωτῆροϲ ἱερεὺϲ ὢν Διόϲ.
Χρ. ἡ δ' αἰτία τίϲ ἐϲτιν, ὦ πρὸϲ τῶν θεῶν;
Ιε. θύειν ἔτ' οὐδεὶϲ ἀξιοῖ.
Χρ. τίνοϲ οὕνεκα;
Ιε. ὅτι πάντεϲ εἰϲὶ πλούϲιοι· καίτοι τότε,
ὅτ' εἶχον οὐδέν, ὁ μὲν ἂν ἥκων ἔμποροϲ
ἔθυϲεν ἱερεῖόν τι ϲωθείϲ, ὁ δέ τιϲ ἂν
δίκην ἀποφυγών, ὁ δ' ἂν ἐκαλλιερεῖτό τιϲ
κἀμέ γ' ἐκάλει τὸν ἱερέα· νῦν δ' οὐδὲ εἷϲ
θύει τὸ παράπαν οὐδὲν οὐδ' εἰϲέρχεται,
πλὴν ἀποπατηϲόμενοί γε πλεῖν ἢ μύριοι.
Χρ. οὔκουν τὰ νομιζόμενα ϲὺ τούτων λαμβάνειϲ;
Ιε. τὸν οὖν Δία τὸν ϲωτῆρα καὐτόϲ μοι δοκῶ
χαίρειν ἐάϲαϲ ἐνθάδ' αὐτοῦ καταμένειν.
Χρ. θάρρει· καλῶϲ ἔϲται γάρ, ἢν θεὸϲ θέλῃ.
ὁ Ζεὺϲ ὁ ϲωτὴρ γὰρ πάρεϲτιν ἐνθάδε,
αὐτόματοϲ ἥκων.
Ιε. πάντ' ἀγαθὰ τοίνυν λέγειϲ.
Χρ. ἱδρυϲόμεθ' οὖν αὐτίκα μάλ'—ἀλλὰ περίμενε—
τὸν Πλοῦτον, οὗπερ πρότερον ἦν ἱδρυμένοϲ,

1169 προϲελθὼν] παρελθὼν K πρὸϲ] εἰϲ V 1170 ante δοκῇϲ add. μοι codd.: del. Bentley post hunc v. add. ΧΟΡΟΥ Bergk 1172 ἄλλ' RA: ἀλλ' VKL 1173 θεὸϲ Elmsley: Πλοῦτοϲ codd. οὗτοϲ AKL: om. RV: αὖθιϲ Meineke 1182 κἀμέ γ' ἐκάλει RV: καὶ μετεκάλει vel sim. cett. 1184 μύριοι AK, Su. α 3468, π 1732: μυρίοι RVL 1190 ἥκων] ἐλθών V 1191 ἱδρυϲόμεθ' A: -εϲθ' RVKL μάλ' om. L

τὸν ὀπιϲθόδομον ἀεὶ φυλάττων τῆϲ θεοῦ.
ἀλλ᾽ ἐκδότω τιϲ δεῦρο δᾷδαϲ ἡμμέναϲ,
ἵν᾽ ἔχων προηγῇ τῷ θεῷ cύ.
Ιε. *πάνυ μὲν οὖν*
δρᾶν ταῦτα χρή.
Χρ. *τὸν Πλοῦτον ἔξω τιϲ κάλει.*
Γρ. *ἐγὼ δὲ τί ποιῶ;*
Χρ. *τὰϲ χύτραϲ, αἷϲ τὸν θεὸν*
ἱδρυϲόμεθα, λαβοῦϲ᾽ ἐπὶ τῆϲ κεφαλῆϲ φέρε
ϲεμνῶϲ· ἔχουϲα δ᾽ ἦλθεϲ αὐτὴ ποικίλα.
Γρ. *ὧν δ᾽ οὕνεκ᾽ ἦλθον;*
Χρ. *πάντα ϲοι πεπράξεται.*
ἥξει γὰρ ὁ νεανίϲκοϲ ὥϲ ϲ᾽ εἰϲ ἑϲπέραν.
Γρ. *ἀλλ᾽ εἴ γε μέντοι νὴ Δί᾽ ἐγγυᾷ cύ μοι*
ἥξειν ἐκεῖνον ὡϲ ἔμ᾽, οἴϲω τὰϲ χύτραϲ.
Χρ. *καὶ μὴν πολὺ τῶν ἄλλων χυτρῶν τἀναντία*
αὗται ποιοῦϲι· ταῖϲ μὲν ἄλλαιϲ γὰρ χύτραιϲ
ἡ γραῦϲ ἔπεϲτ᾽ ἀνωτάτω, ταύτηϲ δὲ νῦν
τῆϲ γραὸϲ ἐπιπολῆϲ ἔπειϲιν αἱ χύτραι.
Χο. *οὐκ ἔτι τοίνυν εἰκὸϲ μέλλειν οὐδ᾽ ἡμᾶϲ, ἀλλ᾽ ἀναχωρεῖν*
εἰϲ τοὔπιϲθεν· δεῖ γὰρ κατόπιν τούτοιϲ ᾄδονταϲ
ἕπεϲθαι.

1198 *ἱδρυϲόμεθα* AL: -*εϲθα* RVK 1205 *ἄλλαιϲ γὰρ* L: *ἄλλαιϲ γε* V: *γὰρ ἄλλαιϲ* RV: *μὲν* et *γὰρ* inter se traiecta K 1209 *τούτοιϲ* R: *τούτων* VAL carmen chori *ἐξόδιον* excidisse statuit Meineke